国务院侨务办公室立项
彭磷基外招生人才培养改革基金资助
教育部全国党建工作样板支部教学研究成果

会计信息系统

黄微平 黄正瑞 主编

图书在版编目(CIP)数据

会计信息系统/黄微平,黄正瑞主编. —北京:北京大学出版社,2019.10
高等院校经济学管理学系列教材
ISBN 978-7-301-30564-5

Ⅰ. ①会… Ⅱ. ①黄… ②黄… Ⅲ. ①会计信息—财务管理系统—高等学校—教材 Ⅳ. ①F232

中国版本图书馆 CIP 数据核字(2019)第 126983 号

书　　　名	会计信息系统 KUAIJI XINXI XITONG
著作责任者	黄微平　黄正瑞　主编
责 任 编 辑	吕　正
标 准 书 号	ISBN 978-7-301-30564-5
出 版 发 行	北京大学出版社
地　　　址	北京市海淀区成府路 205 号　100871
网　　　址	http://www.pup.cn　　新浪微博:@北京大学出版社
电 子 信 箱	sdyy_2005@126.com
电　　　话	邮购部 010-62752015　发行部 010-62750672　编辑部 021-62071998
印 刷 者	河北涿县鑫华书刊印刷厂
经 销 者	新华书店
	787 毫米×1092 毫米　16 开本　23.25 印张　509 千字 2019 年 10 月第 1 版　2019 年 10 月第 1 次印刷
定　　　价	68.00 元

未经许可,不得以任何方式复制或抄袭本书之部分或全部内容。
版权所有,侵权必究
举报电话:010-62752024　电子信箱:fd@pup.pku.edu.cn
图书如有印装质量问题,请与出版部联系,电话:010-62756370

前　言

"会计信息系统"是一门讲授计算机在会计领域的应用原理、技术与操作方法的课程。会计信息系统一般被认为是基于计算机的、将会计数据转换为会计信息的系统。但中美两国对会计信息系统这一概念的认识似乎存在差异，其中，美国学者认为，应"更广泛地使用会计信息系统这一概念，使其包括交易处理循环、信息技术的使用以及信息系统的开发"。我国教科书一般将会计信息系统作为企业管理信息系统（如 ERP 系统）的一个子系统，而且内容越来越具有实用性，突出应用与操作方法。

本书在介绍会计信息系统基本概念与开发技术的基础上，介绍了会计信息系统主要子系统的模型、功能与应用方法。首先，本书具有系统性、实用性、可操作性等特点。全书共十章，包括会计信息系统概论、系统管理、基础设置、总账系统、报表处理系统、应收款与应付款管理系统、薪资管理系统、固定资产管理系统、供应链管理系统、计算机审计，全面介绍了财务会计的主要子系统。其次，全书以用友 ERP-U8 系统为蓝本，具有使用手册的特点，能够使读者学以致用。最后，全书附有 11 个实训题，读者据此可以进行全面演练，可操作性强。

本书不仅适合作为本科及大专院校会计电算化、理财信息化、会计信息系统专业的教材，而且对财经专业研究生以及一切从事会计电算化工作的人员，都是一本值得一读的参考书，甚至可以作为用友 ERP-U8 系统的培训教材。

需要指出的是，由于信息技术日新月异，高等教育的发展又一日千里，再加上编者水平有限，书中疏漏错误之处难免，请读者批评指正。

编　者
2019 年 5 月

目录

第一章 会计信息系统概论

第一节 信息系统 ………………………………………………………………………… 1
第二节 会计信息系统 …………………………………………………………………… 4
第三节 企业资源计划(ERP) …………………………………………………………… 9
第四节 会计电算化 ……………………………………………………………………… 11
第五节 会计信息系统的开发 …………………………………………………………… 13
第六节 会计信息系统的实施与管理 …………………………………………………… 19
本章小结 …………………………………………………………………………………… 24
基本概念 …………………………………………………………………………………… 24
练习题 ……………………………………………………………………………………… 24

第二章 系统管理

第一节 系统管理的主要功能 …………………………………………………………… 28
第二节 账套管理 ………………………………………………………………………… 31
第三节 年度账管理 ……………………………………………………………………… 38
第四节 用户与权限管理 ………………………………………………………………… 40
本章小结 …………………………………………………………………………………… 45
基本概念 …………………………………………………………………………………… 45

练习题 ··· 45
实训一　建立账套与权限设置 ····································· 47

第三章　基础设置

第一节　企业应用平台 ·· 49
第二节　基本信息设置 ·· 51
第三节　基础档案设置 ·· 52
第四节　数据和金额权限设置 ······································ 73
本章小结 ··· 77
基本概念 ··· 77
练习题 ·· 77
实训二　基础档案设置 ··· 80

第四章　总账系统

第一节　总账系统概述 ·· 90
第二节　系统初始设置 ·· 94
第三节　凭证处理 ··· 101
第四节　出纳管理 ··· 115
第五节　辅助核算与管理 ··· 121
第六节　期末处理 ··· 126
第七节　账表管理 ··· 134
本章小结 ·· 139
基本概念 ·· 140
练习题 ··· 140
实训三　总账系统初始设置与业务处理 ······················· 142
实训四　出纳管理 ·· 154
实训五　总账系统期末处理与账表管理 ······················· 155

第五章　报表处理系统

第一节　报表处理系统概述 ·· 157
第二节　报表格式设计 ·· 162
第三节　报表公式编辑 ·· 168

| 第四节 | 报表数据处理 | 178 |

第五节　报表的输出 …………………………………………………………… 182

本章小结 ……………………………………………………………………………… 183

基本概念 ……………………………………………………………………………… 183

练习题 ………………………………………………………………………………… 184

实训六　报表处理 …………………………………………………………………… 186

第六章　应收款与应付款管理系统

第一节　应收款管理系统概述 ……………………………………………………… 191

第二节　应收款管理系统的系统设置 ……………………………………………… 195

第三节　应收款管理系统的业务处理 ……………………………………………… 201

第四节　应收款系统的单据与账表输出 …………………………………………… 214

第五节　应付款管理系统 …………………………………………………………… 216

本章小结 ……………………………………………………………………………… 222

基本概念 ……………………………………………………………………………… 222

练习题 ………………………………………………………………………………… 223

实训七　应收款核算与管理 ………………………………………………………… 225

实训八　应付款核算与管理 ………………………………………………………… 228

第七章　薪资管理系统

第一节　薪资管理系统概述 ………………………………………………………… 230

第二节　薪资管理系统的初始设置 ………………………………………………… 234

第三节　薪资管理系统的业务处理 ………………………………………………… 244

第四节　薪资管理系统的统计分析 ………………………………………………… 251

本章小结 ……………………………………………………………………………… 253

基本概念 ……………………………………………………………………………… 253

练习题 ………………………………………………………………………………… 253

实训九　薪资核算与管理 …………………………………………………………… 255

第八章　固定资产管理系统

第一节　固定资产管理系统概述 …………………………………………………… 260

第二节　固定资产管理系统的初始设置 …………………………………………… 263

第三节　固定资产卡片管理 …… 272
第四节　固定资产业务处理 …… 278
第五节　固定资产的账表输出 …… 282
本章小结 …… 283
基本概念 …… 283
练习题 …… 283
实训十　固定资产核算与管理 …… 286

第九章　供应链管理系统

第一节　供应链管理系统概述 …… 290
第二节　供应链管理系统的初始设置 …… 292
第三节　采购业务处理 …… 299
第四节　销售业务处理 …… 308
第五节　库存业务处理 …… 317
第六节　存货核算业务处理 …… 320
本章小结 …… 322
基本概念 …… 322
练习题 …… 322
实训十一　供应链管理系统初始设置与业务处理 …… 324

第十章　计算机审计

第一节　计算机审计概论 …… 329
第二节　会计信息系统内部控制与审计 …… 335
第三节　会计数据的审计 …… 339
第四节　用会计软件直接审计会计数据 …… 342
第五节　用 Excel 辅助审计会计数据 …… 344
第六节　用数据库系统辅助审计会计数据 …… 346
第七节　用专用审计软件审计会计数据 …… 350
本章小结 …… 359
基本概念 …… 359
练习题 …… 359

主要参考文献 …… 363

第一章

会计信息系统概论

学习目标

1. 了解信息和信息系统的概念以及信息系统的功能、结构和主要类型。
2. 掌握会计信息系统的组成、主要子系统的功能以及相互之间的联系。
3. 了解 ERP 的概念、发展、主要功能以及与会计信息系统的关系。
4. 掌握会计电算化的内涵、意义、管理体制以及发展趋势。
5. 了解会计信息系统的开发方法。

会计信息系统是一个将会计数据转换为会计信息的信息系统。会计信息系统建立在现代信息技术的基础上,目前正以磅礴之势促进会计、审计乃至整个企业管理的信息化进程。这一章将从信息系统开始,介绍理财信息化、会计电算化以及会计信息系统的建设和实施的一些基本概念。

第一节 信 息 系 统

人类从远古开始就一直同信息打交道,当今更是通过计算机信息系统的形式收集、加工、应用信息,极大提高了信息处理与应用能力,从而催生了信息社会这样一种新的社会形态。信息社会以信息或知识为基础。

一、信息

1. 信息的定义

信息(information)一般指人类一切知识、学问以及从客观事物中产生的各种消息的总和。但不同学科对信息的认识是不尽相同的,其中信息论认为信息是经过加工、具有一定意义的数据。例如,生产计划和会计报表都可以称为信息。

信息与数据是两个既密切联系又有明显区别的概念。数据是指可以记录、通信和识别的符号。信息以数据为载体,但只有经过加工之后获得的有用数据才成为信息。例如,"80000"本身是一个数据,并不能说明什么,但当它为国民平均年收入时就是一个信息。

2. 信息的分类

信息可以从不同的角度进行分类,例如,按照应用领域可分为经济信息、社会信息、科技信息和军事信息;按重要性可分为决策信息、常规信息、战略信息、战术信息;按形式可分为数字信息、声音信息、图像信息;按信息的处理方式可分为原始信息和综合信息,等等。

3. 信息的作用

信息与人、财、物都是企业的主要资源,其中后三种资源是有形的,统称为物质资源,而信息是无形的,被称为概念资源。在工业社会,人、财、物是企业成功的主要因素,但如今,信息在生产力体系中的地位越来越突出,在某种程度上比其他资源更为重要,可以说信息是管理的基础,是企业管理人员发挥计划、组织、指挥、协调、控制等职能的依据。

二、信息系统

计算机在企业管理中的应用多数是通过信息系统的形式实现的,所以信息系统是企业信息化的主要工具和物质基础。

1. 系统

系统是具有共同目标、相互联系与作用的要素组成的集合。我们周围的一切都是系统,会计就是一个由总账、应收款、应付款等要素组成的系统。系统可从不同角度进行分类,例如,可以将系统分为自然系统与人造系统、实体系统与概念系统、封闭系统与开放系统、静态系统与动态系统,等等。但不管什么系统,一般都或多或少依赖于信息系统。

2. 信息系统

信息系统是由一组相互关联的元素组成,实现对数据进行采集、处理、存储、传输和向人们提供有用信息的系统。如图1-1所示,信息系统输入的是数据,经过加工处理后输出各种有用的信息。

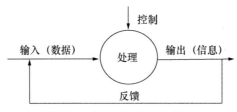

图1-1 信息系统的基本模型

3. 信息系统的分类

信息系统可以从不同角度进行分类。例如:

(1) 按信息处理技术分类。信息系统按信息处理技术可以分为手工系统和计算机信息系统。

(2) 按应用领域分类。信息系统按应用领域可以分为政府信息系统、金融信息系统、商业信息系统、教育信息系统等。

（3）按处理对象分类。信息系统按处理对象可以分为批量数据处理、查询检索等系统。其中，查询检索系统指用于支持人们查询信息资源的系统，如情报检索系统、地理信息系统、经济信息系统等。

（4）按提供信息的层次分类。根据管理和提供信息的层次不同，信息系统由低层到高层可以分为事务处理系统、管理信息系统以及决策支持系统等。其中，管理信息系统（management information system，MIS）是建立在现代信息技术基础上的、为管理和简单决策服务的综合信息系统。

三、信息系统的功能

信息系统具有多样性，各自具有不同的功能，但不管什么信息系统，一般都应该具有信息处理、业务处理、组织管理以及辅助决策等功能。

1. 信息处理

信息处理又称数据处理，是信息系统最基本的功能，一般包括：

（1）数据采集。数据采集包括数据的收集、整理和输入。即先把分散在各地各部门的数据收集起来，然后通过整理转化成信息系统所需的形式，最后由人工录入、网络获取或其他方式输入系统。

（2）数据存储。信息系统必须保存有用数据或信息，为此需要研究如何将数据存储到介质上，以及如何将数据组织成合理的结构。

（3）信息处理。信息处理的目的就是将数据加工成信息，基本方法一般有计算、统计、合并、排序、分类、汇总、查询，等等。

（4）信息传输。为了实现信息共享和分配，信息必须在系统和子系统之间、子系统之间或不同网点之间进行传输。

（5）信息输出。信息系统必须提供方法简便、响应迅速的检索功能，并可按用户习惯的格式显示与打印输出，或者发送给其他系统作进一步处理。

2. 业务处理

每一个机构都有一定的业务活动，而每一种业务活动一般都有相应信息的记录与反映，所以说信息处理蕴含于业务活动之中。企业的业务活动很多，其中有的需要联机处理，有的需要脱机处理，甚至两种处理可以并存于同一个信息系统之中。

3. 组织管理

企业的管理职能包括计划、统计、生产、质量、技术工艺、财务、供应、销售、科研、人事、后勤等，信息系统应该具有对这些管理职能信息的收集提取、统计分析、控制反馈以及简单的决策支持功能。企业信息系统一般按组织管理的职能划分子系统，因而一个子系统往往就服务于一个具体部门的组织管理。

4. 辅助决策

企业战略层、战术层、事务层都存在决策活动。信息系统必须具有支持各管理层决策活动的功能，但一般只能以信息、模型、方案的形式辅助决策，而不能代替管理

人员直接作出决策。决策问题按难易程度可以分为以下三类:

(1) 结构化决策问题,指决策目标明确、具有确定的规则、程序与信息需求的决策问题,例如,目标函数为求利润最大、费用最小之类的决策问题。

(2) 非结构化决策问题,指那些决策过程复杂、决策变量难以准确识别,无固定的决策规则和模型的问题。目前,信息系统一般只能以信息的形式提供决策支持。

(3) 半结构化决策问题,兼有结构化决策和非结构化决策的部分特点,其难度介于两者之间。

第二节 会计信息系统

会计信息系统是一个将会计数据转换为信息的信息系统,由于会计在经济管理中的重要地位,会计信息系统必定是组织信息化的一个重要系统。

一、会计信息系统的基本概念

1. 会计信息系统的定义

会计信息系统是一个通过人或计算机对物流、资金流、信息流实施管理的信息系统,其目标是将会计数据转换为会计信息。从远古的结绳记事到今天的计算机记账,会计都是一门信息处理的科学,它所从事的就是数据的采集、存储、加工、传递和提供信息,为管理者进行预测、计划、控制和决策等管理活动服务,具有信息系统的全部特征,所以人们将会计称为会计信息系统(accounting information system,AIS)。

会计信息系统可以是手工系统,也可以是以计算机为工具的系统。但本书中"会计信息系统"一词指的是计算机会计信息系统。

2. 会计信息系统的基本功能

会计信息系统具有信息系统的共性,即必须具有会计信息处理、会计业务处理、会计组织管理以及辅助决策等功能。其中,会计信息处理也包括会计数据采集、存储、处理、传输和输出五个方面的基本功能。会计数据采集包括填制或取得原始凭证以及从企业内外取得其他数据,会计数据的处理指对收集到的会计数据进行分类、汇总、记账、制表等核算处理,以及在此基础上进行的分析、预测、计划与决策。

3. 会计信息系统的基本模型

无论是传统手工系统,还是当前的计算机会计信息系统,其体系结构都是基于帕乔利所建立的会计循环和会计恒等式之上的,人们称之为 DCA(debit and credit accounting)模型,它的核心思想是基于会计科目的分类。虽然近年来理论界和实务界对 DCA 模型有不少质疑,并且人们已经对帕乔利的思想作了许多改进,但它的本质并没有改变,即使现代 IT 技术的应用也没有改变传统会计体系结构的本质。

二、会计信息系统的特点

尽管理论界曾先后为会计信息系统提出过数据库、REAL(事件驱动)等会计模型，但目前它仍然基于帕乔利所建立的会计循环和会计恒等式，其数据源仍然是历史的、能以货币计量的数据。具体特点如下：

1. 遵循世界通用的复式记账原则

会计信息系统遵循复式记账的原则，即有借必有贷、借贷必相等，资产＝负债＋所有者权益，利润＝收入－费用。但是技术手段的不同毕竟会带来核算方法的差异，计算机会计系统已经简化了会计循环，消除了手工会计下信息处理的许多技术环节，如平行登记、对账等。

2. 收集会计凭证仍然是会计处理的起点

收集和确认会计凭证仍然是会计核算的起点，而且凭证还是最主要的数据源和最重要的会计档案。但计算机会计信息系统所接受的记账凭证除了手工编制部分外，有相当部分是由系统内部自动编制或从系统外部接收的，这就是所谓的电子凭证。

3. 简化会计循环并改善信息处理的质量

会计信息系统已经简化了账簿体系和会计循环，在整个会计循环中对会计人员的技术要求，只在于从原始凭证到记账凭证的编制和确认，并由此改善了信息处理的质量。例如，实现多元分类核算，随时提供各种分类核算的汇总和明细信息；实现会计与业务的协同处理，甚至实现物资、资金、信息的三流合一；实现分散处理和集中管理相结合的会计管理模式。

4. 强化会计职能

会计信息化促进了会计职能的变化，尤其当企业推行 ERP 并且采用互联网(internet)、内联网 (intranet) 技术之后，不仅加强了财务会计与其他业务部门的协同处理，统一管理信息资源，实现数据的高度共享；而且可以通过远程处理与网上支付，实现网络财务管理，促使财务管理从静态走向动态，有利于集团公司、跨国企业的实时管理。

5. 会计内部控制程序化

由于会计数据的存储、处理方式以及会计工作组织的改变，手工条件下行之有效的许多控制方法已不再适用，而必须采取新的控制方法和技术，其中相当一部分要由计算机系统自动实现，即实现内部控制的自动化，例如，对操作权限、数据检验、处理过程、数据输出，都可由计算机系统自动进行控制。

6. 财务报告内容多元化并提供定期与实时报告相结合的报表

由于会计信息系统实现了多元分类和动态核算，财务报告正在向内容多元化、形式多样化、组合适需化以及定期与实时报告相结合的模式发展。例如，会计信息系统可以提供基于多种计量属性的财务报表；可以授权信息使用者通过网络按需求自动生成报表。

三、会计信息系统的基本组成

会计信息系统一般按会计职能来划分子系统，但由于软件公司对财务与会计的认识、理解、解决问题的方法和风格的差异，不同会计信息系统的基本结构不尽相同。一般可以将会计信息系统分为财务会计和管理会计两大职能系统。

（1）财务会计系统：一般包括总账、应收款、应付款、薪资、固定资产、存货、通用会计报表等职能子系统。

（2）管理会计系统：一般包括预算管理、项目管理、资金管理(即筹资投资管理)、成本管理、财务分析、商业智能以及决策支持等功能子系统。此外，管理会计的许多功能还分散在财务会计的不少子系统中，例如，在应收款管理系统中就有账龄分析、周转分析、欠款分析、坏账分析、收款分析以及收款预测等管理功能。

此外，由于我国许多独立型的会计软件都具有一定的购销存业务处理与管理功能，这部分业务与财务往往实现协同处理，其中包括采购计划、采购管理、销售管理、存货管理和库存管理等子系统。

四、会计信息系统的主要子系统

由于不同会计软件的基本组成不尽相同，笔者下面只简要介绍其中较常用子系统的功能，并且由于系统与子系统是一个相对的概念，为了叙述的方便，笔者把子系统直称为系统。

1. 总账系统

总账系统是会计信息系统的核心，其他职能系统必须直接或间接与它发生联系。总账系统的基本任务是记账、算账、对账、转账和结账，并生成和输出日记账、明细账、总账以及部分固定格式的报表。此外，总账系统一般还具有辅助核算功能。

2. 报表处理系统

报表处理系统主要提供一种机制让用户定义和生成各种会计报表，并在此基础上实现报表的汇总与分析。随着互联网的普及，报表系统应该逐步实现远程制表、汇总与分析功能，支持网上传输、合并报表等功能。

3. 应收款管理系统

应收款管理系统主要提供发票、应收单、收款单的录入、记账、核销与分析功能。具体可能包括客户信用控制、收款处理、现金折扣处理、单据核销处理、坏账处理、客户利息处理等业务功能，提供业务分析、预测以及对应收票据的核算与管理等功能。

4. 应付款管理系统

应付款管理系统提供发票、应付单、付款单的录入、记账、核销与分析功能，具体包括付款处理、现金折扣处理、单据核销处理等业务功能，并进一步通过业务分析、资金流出预算、对应付票据的管理，动态反映各流动负债的数额及偿还流动负债所需的资金。

5. 薪资管理系统

薪资管理系统主要提供薪资核算、薪资发放、费用计提、统计分析等功能,并生成和输出相关的工资结算单、工资条或工资单、工资汇总表、费用分配表、票面分解表等。薪资系统还必须提供自动编制转账凭证、计提个人所得税、银行代发、多次或分次发放等功能。

6. 固定资产管理系统

固定资产管理系统主要提供资产管理、折旧计提与分配、统计分析等功能。固定资产管理包括管理资产卡片、处理固定资产的增减变动并提供资产评估及资产减值准备功能。此外,还要生成资产增减变动与计提折旧的转账凭证,输出的账表比较多。

7. 存货管理系统

存货管理系统主要核算企业存货的收发存业务,及时反映存货的入库、耗用和结存情况,准确地把各类存货成本归集到各成本项目和成本对象上,为成本核算提供基础数据,并动态反映存货资金的增减变动,提供存货资金周转和占用分析,为降低库存、减少资金积压、加速资金周转提供决策依据。

8. 成本管理系统

成本管理系统主要提供成本计划、成本核算、成本预测和成本分析等功能。其中,成本核算的基本任务是归集和分配成本费用,计算产品总成本和单位成本,计算和结转成本差异,并编制转账凭证给总账系统。

9. 资金管理系统

资金管理系统用于实现企事业单位对筹资、投资等资金管理方面的需求。系统以银行存贷单据、内部存贷单据为依据,记录资金或其他涉及资金管理方面的业务,处理对内或对外的收款、付款和转账业务。系统一般提供逐笔计息功能,实现对每笔资金的管理;提供积数计息功能,实现往来存贷资金的管理。此外,还提供单据的动态查询以及统计分析功能。

10. 决策支持系统

决策支持系统是财务决策科学化的一个重要工具,目标是改善管理人员的决策能力,提高决策的科学性和信息化程度。目前,会计软件中的决策支持系统主要实现综合查询、数据分析,以及辅助决策和预测分析功能,为决策者提供不同角度、不同层次的信息。

五、会计信息系统子系统之间的联系

会计信息系统以总账为核心按高内聚低耦合的原则来划分子系统,毫无疑问,各子系统是独立的,各自有独立的输入和输出,实现特定的功能,用户可以单独选购和使用。但子系统的独立又是相对的,各子系统之间或多或少存在某些数据和控制的联系。

1. 系统之间的数据联系

会计信息系统各子系统之间的联系一般是通过数据传递来实现的,而且往往是采用数据文件的方式来间接传递数据。这种现象的实质就是共享数据。

图1-2基本反映了工业企业各系统之间的关系，其中矢线表示系统之间的联系以及数据传递的方向。显然，总账系统是会计信息系统的核心，其他系统往往需要读取总账系统的数据进行核算，而且要将处理结果汇总生成记账凭证，传送到总账系统记入总分类账。

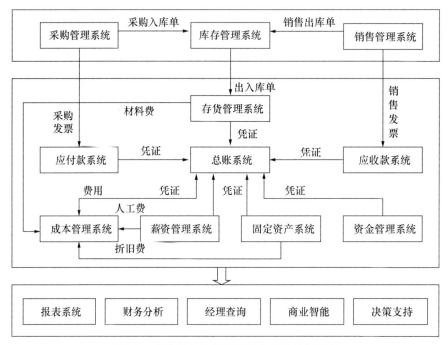

图1-2 会计信息系统子系统之间的数据联系

2. 系统之间的数据接口

在会计信息系统中数据接口即数据传递方式主要有如下两种：

（1）总账中心式。各系统将数据编制成记账凭证并直接传送给总账系统，而其他系统则选择适当时机到总账系统中读取自己所需的数据。例如，存货、薪资、固定资产等系统都分别把材料、薪资、折旧等初步分配结果以记账凭证形式直接传送至总账系统，并在分类账中归集，而成本系统则需从总账系统的分类账中读取归集的费用进行成本核算。

（2）直接传递式。各系统将要传递给其他系统的数据直接生成专门的数据文件，然后由其他系统读取整个文件。例如，存货、薪资、固定资产等系统分别把材料、工资、折旧等数据按部门分类生成专门文件，成本系统则在适当时机读取这些文件进行成本核算。

3. 系统之间的控制或制约

系统之间除了数据联系之外，相互之间还存在一定的控制或制约。例如：

（1）修改控制。将应收、应付、存货、薪资、固定资产等系统生成的记账凭证直接存入总账系统，总账系统可以对这些凭证进行审核、记账、查询、打印，但不能对其进行修改,发现错误只能将其删除,再由原系统重新生成新的正确凭证。

(2)结账控制。由于总账系统的转账业务有严格的先后次序,某些转账依赖于其他转账业务产生的数据,所以各系统的期末结账也有一定的次序,例如,在应收、应付、存货、薪资、固定资产等系统结账之前,总账系统不能执行结账操作。

第三节 企业资源计划(ERP)

会计信息系统可以是一个独立的系统,也可以是企业信息系统即企业管理软件的一个子系统。当前,企业管理软件的主要代表是 ERP(enterprise resource planning),它是信息技术与先进管理理论相融合的产物,其实施将有利于企业资源的良好配置、调度和充分运用,使企业管理规范化、科学化,提高企业管理水平与市场竞争力。

ERP 起源于制造业管理信息系统,并且经历了物料需求计划、制造资源计划、企业资源计划三个大的发展阶段。

一、物料需求计划(MRP)

MRP 主要用于制造业,其初衷是解决订货点管理问题,主要控制物料需求计划。物料需求计划 MRP 又可以分为基本 MRP 和闭环 MRP 两个阶段。其中,基本 MRP 根据对最终产品的需求(即生产计划),以完工日期为基准,按照产品结构即物料清单导出对各种物料的相关需求,并根据库存状态以及采购提前期的长短确定采购计划。基本 MRP 的简化逻辑流程如图 1-3 所示。

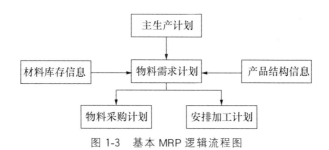

图 1-3 基本 MRP 逻辑流程图

二、制造资源计划(MRPⅡ)

20 世纪 80 年代出现的 MRPⅡ(manufacturing resource planning),即制造资源计划系统,是从 MRP 发展过来的,或者说 MRP 是 MRPⅡ 的基础和核心。MRPⅡ 与 MRP 的最大区别在于统一管理物流以及资金流,从而实现了生产与财务两大系统的统一,形成一个集采购、库存、生产、销售、人力、财务、设备、工程技术为一体的大系统。

MRPⅡ 是一个生产经营管理计划体系,一般包含分销、制造和财务三大部分,是实现制造业企业整体效益的有效管理模式。据权威机构 APICS 的统计表明,企业在使用MRPⅡ管理后，可明显改善库存管理，减少库存资金占用，提高资金周转次数，提高劳动生产率，有效降低生产成本，从而提高经济效益和企业的市场竞争力。有关统计显示，美国80％以上的大型企业采用MRPⅡ，50％以上中型企业采用MRPⅡ，30％以上小型企业采用MRPⅡ。

三、企业资源计划（ERP）

ERP是在MRPⅡ的基础上吸收JIT(适时生产)、TQC(全面质量管理)、DRP(分销资源计划)、MES(制造执行系统)、AMS(敏捷制造系统)等先进管理思想而发展起来的一个管理信息系统。ERP集成了企业物流、资金流、信息流三大资源，体现了对整个供应链进行管理、精益生产同步工程和敏捷制造、事前计划与事中控制等管理思想。

ERP的主要特点是全面集成了企业资源，并为企业提供一个系统的决策、计划、控制与经营业绩评估的管理平台。ERP集成度高、通用性强、具有跨国业务功能以及先进的管理思想与方法。所谓跨国业务能力，是指具有多种语言版本、可以定义多种货币、适应多种税制、能够合并位于不同国家的分支机构的财务报表。

ERP仍然分分销、制造、财务以及人力资源管理等几大部分，其主要模块及相互关系如图1-4所示。一般ERP系统包含的主要模块有：销售管理、采购管理、库存管理、制造标准、主生产计划(MPS)、物料需求计划(MRP)、能力需求计划(CRP)、车间管理、JIT管理、质量管理、总账(GL)、成本管理、应收账管理(AR)、应付账管理(AP)、工资管理、固定资产管理、现金管理、人力资源管理、分销资源管理、设备管理、工作流程管理、系统管理等。

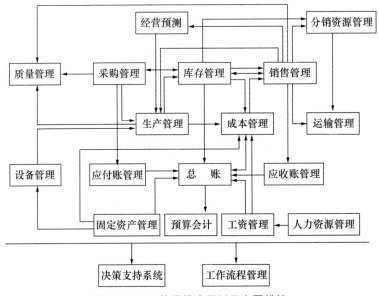

图1-4　ERP的逻辑流程以及主要模块

目前，世界上主要的ERP系统有德国SAP公司的R/3系统、美国Oracle公司的Oracle Application系统以及美国QAD公司的MFG/PRO系统，而国产ERP系统则以用友U8、用友NC、金蝶K/3最为著名。

第四节　会计电算化

会计电算化是国家信息化的一个重要组成部分。所谓信息化，是指以信息技术革命为基本特征的经济发展过程，但不同行业、不同单位、不同部门的信息化有着不同的内涵和要求。而会计信息化的早期目标即是会计电算化。

一、会计电算化的含义

会计电算化是一个约定俗成的术语，是电子计算机在会计中的应用的一种通俗称呼，其目标就是通过建立会计信息系统以及借助其他理财工具，实现会计工作的现代化与信息化。国外把利用电子数据系统的会计，称为电子数据处理会计（electronic data processing accounting，简称"EDP会计"），或计算机会计。

20世纪末，我国学术界出现一场"电算化"与"信息化"之争，沿用多年的"会计电算化"一词受到质疑，不少学者认为计算机在会计领域应用的目标不是电算化而是信息化。应该肯定，会计电算化与会计信息化确实存在差异，在本质上，会计电算化注重会计信息的处理，而会计信息化则更加注重会计信息的共享和深度利用。但是，习惯成自然，"会计电算化"一词已深入人心，人们其实可以充实其内涵，而不必计较其字面的严谨性。因此，笔者常常不加区分地使用"电算化"与"信息化"这两个词。

二、会计电算化的内涵

会计电算化包括财务会计、管理会计的计算机普及应用，即：

（1）财务会计电算化。财务会计电算化是会计电算化的早期目标，即用计算机代替手工来完成诸如记账、算账、报账等会计核算工作。这个目标在20世纪90年代中期就已在技术上全面实现，开创了会计史上的一场技术革命。

（2）管理会计电算化。管理会计电算化以现代信息技术集成为基础，利用企业管理活动中的所有信息，基于复杂的数学模型与分析工具，提供经营预测、决策、控制和分析手段，实现企业内外管理会计信息的自动处理以及共享利用，以分析过去、控制现在、规划未来，为企业正确决策和改善经营管理服务。

管理会计电算化比财务会计电算化要艰难得多，不能指望在短时间内依靠一种会计软件就可以实现。但可以肯定，其发展方向必定是用计算机辅助管理、定量与定性相结合、单目标向多目标综合管理发展。

三、会计电算化的意义

会计电算化是一个目标，也是一个由易到难、由浅入深、由点到面的过程，一般要经过较长时间才能全面实现计算机代替手工会计的核算工作，实现预测、计划、控制、决策之类的会计管理工作。

实现会计电算化是会计史上的一场技术革命，对会计科学本身以及国民经济建设都具有重要的意义，例如：

（1）提高会计数据处理的时效性和准确性，提高会计核算的水平和质量，降低会计人员的劳动强度。

（2）提高经营管理水平，使财务会计管理由事后管理向事中控制、事先预测转变，为管理信息化打下基础。

（3）推动会计技术、方法、理论创新和观念更新，促进会计工作的进一步发展以及会计职能的变化。

四、会计电算化的发展

会计电算化最早可以追溯到20世纪50年代美国企业基于计算机的工资核算。尽管我国会计电算化起步于1979年，但经过1983年到1988年的自发发展阶段，很快就步入有组织、有计划的高速发展阶段。时至今日，以用友、金蝶为代表的会计软件市场已经建立，财政部1994年的规划要求已经全面实现。会计电算化已取得丰硕的社会效益和经济效益。目前，会计电算化的发展趋势是：

（1）全面实现会计核算电算化，即除账务、报表之外，还应普及应收、应付、薪资、固定资产、成本等方面的电算化。

（2）业财融合，实现财务、业务、电子商务协同处理。业财融合基于"互联网""云计算"等技术，有机融合企业运营中的业务流程、会计核算流程和管理流程，使财务数据和业务数据融为一体，最大限度地实现数据共享，实现财务与业务的实时连带发生，消灭报销、报账流程，真正实现业务与财务的深度一体化。而大量不增值的审核、结账环节都经由系统自动化实时完成。

（3）具有层级结构的行政事业单位或母子公司，实行集中财务管理与分散就地输入处理相结合的会计管理模式。

（4）财务会计与管理会计相融合。财务会计与管理会计本来就信息同源，最终目标也都是为管理层提供对决策有用的信息，所以经济新常态要求企业基于大数据技术实现财务会计与管理会计的融合发展，互为弥补，为企业的决策和战略提供支持信息。

（5）会计智能化。从AlphaGo"人机大战"开始，人工智能就成为大众话题，并且正在逐步渗透到会计财务领域中。目前，有两个技术已经影响会计工作：一是专家系统、财务机器人，该技术应用于记账凭证的处理、现金管理、存货管理、风险评估等领域；二是神经网络，该技术应用于信用评估、预算管理、内部审计、破产预测等方面。

五、常用会计软件

会计电算化，软件是基础。我国从 1989 年开始评审会计核算软件，分别由财政部和各省市进行两级评审，全国通过评审的会计软件达 200 多个，其中通过国家级评审的就有 30 多个，可谓百花齐放，如安易、先锋、金算盘、浪潮、用友、金蝶、金蜘蛛、京粤、远方、万能等通用财务软件都曾名噪一时。但到 20 世纪末，大浪淘沙之后，仍能独树一帜的会计软件已经屈指可数，而众望所归的唯用友、金蝶而已。

（1）用友软件。用友软件公司主要软件产品有用友 UFERP 和用友通，其中 UFERP 已经包括财务、进销存、网络分销、客户关系、电子商务、生产制造、商业智能、人力资源等子系统。其中的财务系统已分为财务会计和管理会计两大部分，财务会计系统具体包括总账、应收、应付、固定资产、工资管理、行业报表、合并报表、UFO 报表等功能模块；管理会计系统具体包括资金管理、成本管理、预算管理、DSS（决策支持）以及财务分析等功能模块。

（2）金蝶软件。金蝶国际软件集团有限公司的主要产品有金蝶 K/3 和 KIS，与用友软件一样，金蝶产品版本不断更新，功能不断加强，引领我国会计软件跨上了一个又一个新的台阶。其中，金蝶 K/3 的集成功能有财务会计、管理会计、资金管理、物流管理、人力资源、绩效管理、集团分销、集团合并。金蝶 K/3 是我国中小型企业 ERP 市场中占有率最高的企业管理软件。

第五节　会计信息系统的开发

会计信息系统的开发和维护比其他工程项目要复杂与困难得多，必须用一系列行之有效的方法和技术规范开发过程，才能确保会计软件的质量。这一节中笔者将简要介绍会计信息系统开发中的主要方法与技术。

一、会计信息系统的开发方法

信息系统的开发方法主要有软件生命周期法、快速原型法、面向对象法、商业软件包法以及计算机辅助软件工程法，等等。软件公司一般综合应用这些方法，其中尤其综合应用软件生命周期法与快速原型法进行开发。

1. 软件生存周期法

软件生存周期法的基础是软件生存周期。一个软件从提出需求、形成概念开始，经过分析论证、系统开发、使用维护，直到废弃的全过程称为软件生存周期。软件生存周期包括计划、开发与运行三个时期，每一时期又分为若干个阶段；或者直接将生存周期分为可行性研究、系统分析、系统设计、系统实施、系统维护五个阶段（如图 1-5 所示）。

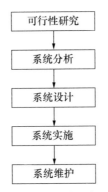

图 1-5 软件开发的生命周期法

2. 快速原型法

快速原型法的基本思想是：首先建立一个能够反映用户主要需求的原型，让用户迅速看到一个未来系统的概貌，以便判断哪些功能是需要的，哪些方面是需要改进的；然后根据用户意见反复改进原型，并最终建立符合用户要求的新系统。基于原型法的软件开发方法称为原型模型（prototyping model），大致将软件开发过程分为可行性研究、确定用户基本要求、建立初始原型、运行并评价原型、修改并完善原型等阶段（如图 1-6 所示）。

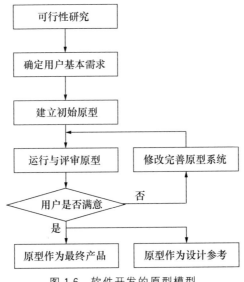

图 1-6 软件开发的原型模型

二、会计信息系统的规划

开发会计信息系统的第一步工作是系统规划，主要工作包括：

1. 确定系统的目标

确定系统目标是可行性分析的前提。系统目标一般体现在开发对象、主要功能、性能要求、系统的外部界面方面，此外，还应该确定经费、时间等方面的要求。

2. 系统的初步调查

由于开发尚未正式立项，一般只能由几人根据经验对系统进行大概的调查。调查主要内容包括：企业基本情况、会计工作水平、系统开发条件、员工的态度与要求。

3. 可行性分析

可行性一般从以下三方面进行分析：经济上的可行性（确定开发在经济上是否合算）、技术上的可行性（分析在现有技术条件下目标是否可以实现）、组织管理上的可行性。

4. 制订开发计划

信息系统的开发计划主要是为各项工作安排一个时间表，包括系统开发进度计划、设备配置计划、经费投入计划、机构与人员设置计划、员工培训计划等。

5. 编写可行性研究报告

可行性分析的结果要形成一份可行性研究报告，其主要内容包括：初步调查的情况、系统的目标、可行性分析、结论或建议。

三、会计信息系统的分析

系统分析的主要任务是在弄清用户对系统全部需求的基础上，建立新系统的逻辑模型，并形成一份系统分析说明书。系统分析有许多方法，但其中结构化分析是一个简单实用的方法。结构化分析方法（structured analysis，SA）是一种面向数据流的分析方法，一般使用数据流图、数据词典、结构化英语、判定表或判定树等工具来建立系统的逻辑模型。

1. 系统分析的步骤

如果采用结构化分析方法，则系统分析一般按以下步骤进行：

（1）抽象出当前系统的逻辑模型。通过详细调查理解当前系统，并通过数据流分析与处理逻辑分析，抽象出当前系统的逻辑模型。

（2）建立目标系统的逻辑模型。分析用户需求，在当前系统的基础上建立目标系统的逻辑模型，同时考虑数据存储及结构的要求。

（3）编写系统分析说明书。系统分析说明书又称需求分析报告书，是系统分析的最终成果，内容主要包括：现行系统简述、新系统的逻辑模型、输入输出要求、安全性要求、系统配置要求等。

2. 结构化分析方法的描述工具

SA方法在描述上尽量采用图表工具表达，其中，数据流图、数据词典主要用于数据分析，而决策树、决策表和结构式语言主要用于功能分析。

数据流图（data flow diagram，DFD）从数据传递和处理的角度以图形的方式表达信息系统的逻辑模型，它既可以描述人工系统，也可以描述计算机系统。

（1）数据流图的基本符号

数据流图一般由数据流、处理、文件和外部实体等基本要素组成，但却有多种不同的表示符号，图 1-7 给出本书图形的表示方法。

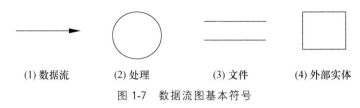

图 1-7 数据流图基本符号

① 数据流（data flow）。数据流由一组固定成分的数据组成，指出了数据及其流动方向。数据流用带箭头的弧线表示，必要时也可用双向箭头。数据流除流入或流出文件者外都必须命名，而且名字应写在弧线的旁边。

② 处理。处理也称加工，是对进入的数据流进行特定加工的过程，处理后将产生新的数据流。图 1-9 中"输入""记账"都是处理。处理用圆圈表示，每个处理都应有一个唯一的名称，而且当数据流图是一张层次图时还应加上编号。每一个处理必定有流入和流出数据流，而且进出数据流都可以多于一个。

③ 文件。文件又称数据存储，表示需要暂存或永久保存的数据集合。图 1-9 中"记账凭证""日记账""总账"都是文件。文件用平行双线表示，所有文件都必须命名。

④ 外部实体。外部实体又称外部项，用以表示数据的来源和去向，例如，客户、供应商、职工，等等，也可以是与本系统有关的外部系统。外部实体用方框表示，而且也必须命名。但如果某个数据流的来源或去向已不言而喻，则为了简洁也可省略不画。

（2）数据流图的绘制方法

数据流图的绘制是一个逐步细化的过程，即一般同时使用"自顶向下逐层分解"和"由外到内逐步深化"两种方法进行绘制。例如，图 1-8 是手工账务处理系统的顶层图，它指出了系统输入的是各种凭证，输出的是各种报表和账簿。但这张图是很抽象的，必须将其中的处理进行分解，于是便形成了图 1-9 所示的第一个中间层。显然这个中间层图有些处理还不够明确，仍应该继续细分，如"记账"就可分解成记总账、记明细账、记日记账。

图 1-8 账务处理系统的顶层数据流图

此外，为了表示数据流图之间的层次关系，处理的编号必须明示其上层处理，如"账务处理系统"的编号为 1，则由它分解出来的输入、审核、记账、输出等处理就必须分别以 1.1、1.2、1.3、1.4 来编号。

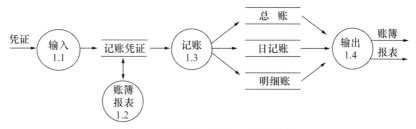

图 1-9　账务处理系统第二层数据流图

四、会计信息系统的系统设计

系统设计的任务是根据新系统的逻辑模型建立系统的物理模型,一般又分总体设计和详细设计两个阶段。其中,总体设计的主要任务是设计系统的模块结构以及数据的逻辑结构,而详细设计的主要任务则是为每一个模块设计其内部执行过程。

1. 系统设计的方法

系统设计也必须借助某种方法或工具进行,其中总体设计较常采用结构化设计方法(structured design,SD),而详细设计一般要按结构化程序设计(structured programming,SP)的思路进行。SD 方法的核心是通过模块分解将系统划分为模块,确定系统的总体结构。SD 方法可以同系统分析阶段的 SA 方法以及详细设计的 SP 方法衔接使用,并以数据流图为基础构造模块结构。

(1) 模块。模块通常指可以调用的一段程序,是可以组合、分解和更换的单元,是组成系统的基本元素。任何一个处理功能都可以看作是一个模块。

(2) 模块分解。模块分解是 SD 方法的关键技术之一,它往往将一个复杂的系统分解为若干个子系统,然后再将其层层分解为相对独立、功能单一、按层次结构组织的模块。模块分解的方法是按功能由顶向下、由抽象到具体地逐层进行。

(3) 模块结构图。SD 方法使用的主要描述工具是模块结构图。结构图是一种树形图,它描述了系统的模块结构,并反映了块间联系等特性。结构图的主要符号有表示模块的方框、表示调用的箭头和表示通讯的小箭头。此外,还用菱形符号表示有条件地调用,用环形箭头表示循环地调用。图 1-10 表示模块 A 无条件地调用 B、C、D、E,在调用 E 时将数据 X 传送给 E;模块 D 无条件调用 G、H;B 有条件调用 F,而且从 F 返回时将控制信息 e 带回给 B。

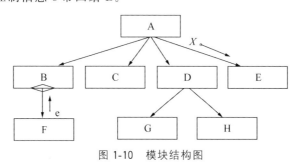

图 1-10　模块结构图

2. 模块结构的设计

系统模块结构的设计一般分两步进行：

(1) 从数据流图导出初始模块结构图

SD方法以数据流图为基础设计模块结构图，数据流图一般有变换型和事务型两种典型结构，可以分别应用变换分析和事务分析技术导出标准形式的结构图。

① 变换型数据流图与变换分析。变换型结构的数据流图是一种线状结构（如图1-11(a)所示），它明显地分成输入、主处理和输出三部分。所以必须先找出主处理、逻辑输入和逻辑输出，并据此设计模块结构图的最上两层的模块，即将整个数据流图反映的系统用一个模块来表示，这就是顶层主模块，再将顶层模块分解为"输入""主处理""输出"三个子模块。然后按由顶向下逐步细化的原则设计每个模块的下属模块。这个过程可以由顶向下递归地进行。例如，运用这种技术可将图1-11(a)的会计账务处理数据流图转换成图1-11(b)所示的模块结构图。

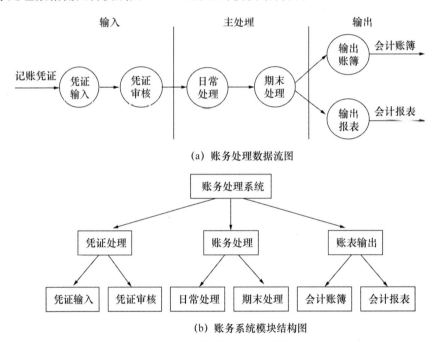

图 1-11 从变换型数据流图导出模块结构图

② 事务型数据流图与事务分析。事务型结构的数据流图一般呈束状（如图1-12(a)所示），即一束数据流平行输入或平行输出，同时可能有几个事务需要处理。事务型数据流图也遵从自顶向下逐步细化的原则，先设计主模块，再为每一种类型的事务处理设计一个事务处理模块，然后为每个事务处理模块设计下面的操作模块，并为操作模块设计细节模块。图1-12(b)的上两层就是从图1-12(a)的事务型数据流图导出模块结构图。

(2) 初始模块结构图的优化处理

初始结构图一般应按高内聚低耦合的原则进行优化处理，目标是使模块内部具

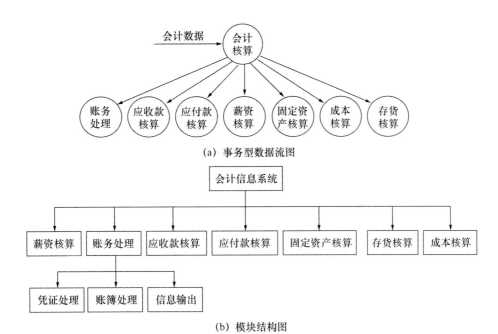

图 1-12 从事务型数据流图导出模块结构图

有更强的聚合性,模块之间只有很少的耦合,这个过程可能还需要对模块进行合并或进一步分解。最后还要相应修改数据词典,加入数据元素的有关细节和数据结构。

优化处理时考虑的因素有:模块的大小、消除重复功能、降低接口的复杂性、确保单一入口与出口,等等。

第六节 会计信息系统的实施与管理

一、会计信息系统的实施

会计信息系统的实施本质就是在计算机上建立会计信息系统。会计信息系统的建立是一项复杂的工程,在配置合适设备的基础上,需要经过制定总体规划与解决方案、培训人员、重整业务流程、形成信息规范、制定管理制度、配置系统与测试、试运行,才能最终实现用计算机替代手工会计。

1. 制定总体规划

会计电算化的实施首先需要制定规划,然后按步实施。总体规划的内容主要包括会计电算化的总目标、实施步骤、机构与人员分工、经费预算计划。其中,总目标指在多长时间内实现会计电算化,即明确要实现哪些功能以及在什么时候实现这些功能。

2. 会计软件或 ERP 的选择

会计电算化,软件是基础,所以购买或开发一个合适的软件是成功的保证,绝大多数企事业单位都要面临如何选择软件的问题。

(1) 对软件类型与方式的选择

企业在推行会计电算化之前必须对软件作出选择，即根据需求分析，明确目标与需求，在以下诸多方面作出选择：

① 开发与购买的选择。一般企业没有理由去自行开发软件，而只有特殊需求的企业才需要考虑开发软件的问题。

② 国内外软件的选择。国外的会计软件一般具有技术先进、集成度高等诸多优点，但如果国产软件能够满足需求就没有必要盲目崇洋。

③ 会计软件与ERP的选择。这需要根据企业的整体规划作出选择。中小企业不妨先购买独立的会计软件以先推行会计电算化，等日后需要时再购买ERP软件。

④ 购买软件与购买服务的选择。购买服务指用户无须购买与安装软件，就可以通过远程网络从应用服务提供商（application service provider，ASP）获得软件的应用。选择购买服务的应用方式，用户只用较少的投入，就可以获得技术先进、功能全面的全天候服务。

(2) 会计软件的选择

企业选购会计软件首先必须作一个简单的需求分析，明确自己的目标、计算机系统配置结构、会计软件的职能结构，然后根据需求从软件的合法性、适应性、正确性、安全性、操作的方便性以及售后服务的可靠性和软件公司的实力几个方面进行综合选择。需要注意的是，只有软件公司有可持续发展的实力，软件才能推陈出新，软件寿命才能长久。

(3) ERP软件的选择

ERP是一个大型软件，它的选择比会计软件更为困难。而且没有一个软件是完美的，ERP也不例外，所以只能根据以下原则选择一个比较合适的ERP软件：

① 符合ERP标准模式，根据ERP的基本原理判断是否为标准的ERP系统。

② 系统的集成度高，指ERP各功能的集成以及与其他软件产品的集成。

③ 功能满足企业需求，选择那些能够提供企业所需功能的ERP软件。

④ 产品的国际化，具有多种货币、多种语言、适用多国财政与税制。

⑤ 系统的开放性，能够在不同计算机、不同操作系统、不同数据库上运行。

⑥ 用户化的工具，选择CASE功能较强的ERP软件，以便二次开发。

⑦ 界面友好、操作简便。

⑧ 良好的服务支持，版本不断升级。

⑨ 足够广大的用户群，用户越多，软件越成熟、错误越少，软件开发商越能持续发展。

⑩ 性价比高，开发商发展前景好。

3. 安装系统和测试运行环境

(1) 运行环境的设置。会计软件或ERP的用户手册上一般都明确规定运行环境的要求。运行环境包括硬件环境和软件环境。硬件环境除了设备机型、内存大小、硬盘空间、显示器及打印机等设备之外，还包括硬件组成结构，即单机还是网络结构。软件环境主要指操作系统以及数据库管理系统，安装之后必须根据会计软件或 ERP 的要求设置各种参数。

（2）安装会计软件和测试运行环境。按用户手册的说明完成系统安装工作，并检查运行环境是否正常。许多软件都提供一套学习用的账套，用户可以利用它执行一些简单的操作，测试环境设置的完备性和正确性。

4. 业务流程重整与规范会计基础工作

（1）业务流程重整

会计软件或 ERP 体现了先进的业务流程，因此企业在实施会计电算化时必须按它的流程行事，这就需要对现行业务流程进行改造，即根据企业信息化的应用目标，采用改进、优化、再造的策略，打破旧的流程，从数据到业务环节逐步规范业务流程，为会计软件或 ERP 的实施打下基础。

（2）规范会计基础工作

会计业务流程重整的一个主要任务是规范会计基础工作，使会计基础工作与会计电算化相适应。规范内容主要包括：

① 会计业务流程的规范。分析现行会计业务处理流程（例如，账务处理程序），并与会计软件的功能与所设定的处理程序相比较，在此基础上重整会计业务流程。

② 会计核算方法的规范。根据软件系统的功能与企业的实际情况，确定各种核算方法，例如，确定材料用什么方法计价、固定资产用什么方法折旧。

③ 会计数据的规范。主要规范需要输入系统的数据，包括初始设置涉及的数据与日常处理的输入数据。其中，系统初始设置所涉及的数据主要包括：

一是各种代码体系。例如，会计科目、客户、供应商、存货、固定资产等代码体系。

二是各种余额与发生额。例如，存货余额、科目余额与累计发生额。

三是手工处理延续数据。例如，尚未结清的各种发票与单据、现有固定资产的卡片。

四是其他数据。例如，整理常用摘要、操作人员的权限等资料。

④ 会计账表的规范。主要是根据会计制度规范各种账簿与报表的种类、内容与格式，并利用系统功能设置合格的账表。

5. 系统试运行的组织

会计软件的使用或者说从旧系统切换到新系统一般要通过试运行（或称双轨运行），让新旧系统同步运行一段时期。在试运行阶段的主要工作包括：

（1）设置账套。在会计软件中一般以账套为单位管理会计资料，在试运行阶段必须根据实际需要建立会计账套，并为它设置参数。

（2）系统初始设置。初始设置的目的是将一个通用系统转化为满足企业实际需求的专用系统。例如，总账系统的初始设置有会计科目、核算项目、货币，等等。

（3）日常处理。试运行必须同正式运行一样要求，即必须按软件规定的业务流程处理会计业务，从实际出发完成日常会计核算和管理的一切工作。

（4）审查与分析运行结果。经常关注计算机处理过程，检查是否有异常情况发生，比较计算机处理与手工处理双方的处理结果，如果出现不一致则要分析原因。

6. 系统的正式运行

系统的正式运行即以计算机替代手工记账。新系统进入正常运行阶段之后要做的主要工作包括：严格执行各项规章制度、及时录入和审核各种记账凭证、完成各种核算处理、打印各种会计报表和账簿、为企业经营决策提供各项会计信息。要按时做好数据备份，同时，也要做好系统的运行记录，为系统评价和扩展准备数据资料。此外，还要及时做好软硬件的维护工作。

二、会计电算化的管理与要求

会计电算化需要管理。管理既有微观的，也有宏观的。微观管理是指企业自身对会计电算化所制定的管理办法、措施和制度；而宏观管理则指国家或地区为保证会计电算化的顺利开展所制定的法律、法规和制度。

1. 会计电算化的法规制度

世界各国特别是发达国家都很重视对会计电算化的管理，例如，美国早在1976年就发布了管理咨询服务公告第4号《计算机应用系统开发和实施指南》。为了会计电算化的规范化和科学化，我国政府对会计电算化的管理也一直给予高度重视，并且通过制度建设加强宏观管理。自20世纪80年代以来，财政部以及各级财政部门在制度建设上都做了不少工作，并先后颁布了不少法律法规。

（1）《会计法》以及其他会计法规

我国政府首先通过会计法规对会计电算化进行管理，尤其在《会计法》以及财政部发布的《会计基础工作规范》《会计档案管理办法》等国家统一会计制度中，对单位会计电算化工作作了具体规范。

（2）有关会计电算化的专门法规

按照《会计法》的规定，财政部先后制定了《会计电算化管理办法》《会计电算化工作规范》等一系列有关会计电算化的专门制度，对会计核算软件、软件生成的会计资料、计算机替代手工记账、电算化会计档案保管等工作作了具体规范。这些制度对提高会计软件的质量，确保会计电算化事业健康发展具有重大意义，而且其基本精神至今仍然适用。

2. 会计电算化岗位及其权限设置的基本要求

实现会计电算化后，单位要按照"责、权、利相结合"的原则，明确系统内各类人员的职责、权限并与利益挂钩，建立、健全岗位责任制。会计电算化岗位及其权限设置一般在系统初始化时完成，平时根据人员的变动可进行相应调整。电算主管负责定义各操作人员的权限，具体操作人员只有修改自己口令的权限，无权更改自己和他人的操作权限。

实行会计电算化的工作岗位可分为基本会计岗位和电算化会计岗位。基本会计岗位可分为：会计主管、出纳、会计核算、稽核、会计档案管理等工作岗位。会计电算化会计岗位是指直接管理、操作、维护计算机及会计软件系统的工作岗位，一般可设立如下岗位：

（1）电算主管。该岗位负责协调计算机及会计软件系统的运行工作，要求具备会计和计算机知识以及相关的会计电算化组织管理经验。电算主管可由会计主管兼任。

（2）软件操作。该岗位负责输入记账凭证和原始凭证等会计数据，输出记账凭证、会计账簿、报表和进行部分会计数据处理工作，基本会计岗位人员应能兼任软件操作工作。

（3）审核记账。该岗位负责对输入的会计数据进行审核，操作会计软件登记机内账簿，对打印输出的账簿、报表进行确认。此岗位要求具备会计和计算机知识，可由主管会计兼任。

（4）电算维护。该岗位负责保证计算机硬件、软件的正常运行，管理会计数据。此岗位要求具备计算机和会计知识，维护员一般不对实际会计数据进行操作。

（5）电算审查。该岗位负责监督计算机及会计软件系统的运行，防止利用计算机进行舞弊。此岗位可由会计稽核人员兼任。

（6）数据分析。该岗位负责对计算机内的会计数据进行分析，要求具备计算机和会计知识，可由主管会计兼任。

上述电算化会计岗位中，软件操作岗位与审核记账、电算维护、电算审查岗位为不相容岗位。此外，基本会计岗位和电算化会计岗位可在保证会计数据安全的前提下交叉设置。

3. 会计电算化档案的管理要求

会计电算化档案包括存储在计算机中或打印输出的书面形式的会计数据，即记载会计业务的原始凭证、记账凭证、会计账簿、会计报表；会计软件开发和实施资料；其他会计资料，如客户资料、供应商资料等。会计电算化档案管理的基本要求是：

（1）应当保存打印出的纸质会计档案

实行会计电算化后，必须将记录会计业务的资料打印输出保存。但在会计资料生成方面有一些灵活规定，包括：

① 日记账的处理。日记账要每天打印输出，做到日清月结。可打印输出活页账页并装订成册；如果每天业务较少，可按旬打印输出。

② 明细账的处理。明细账要求每年打印一次或在需要时打印，发生业务少的账簿可满页打印。

③ 总分类账的处理。在所有记账凭证都存储在计算机的情况下，总分类账可用"总分类科目余额、发生额对照表"替代，并每月打印一次。

④ 会计报表的处理。会计报表每月打印一次进行保管。

（2）会计档案的保管期限

① 原始凭证、记账凭证保管期限为15年，其中涉及外来和对私的会计凭证要永久保管。

② 银行存款余额调节表保管期限为 3 年。

③ 会计账簿类日记账保管期限为 15 年，现金和银行存款日记账保管期限为 25 年，明细账、总账、辅助账保管期限为 15 年。

④ 报表类、财务指标表保管期限为 15 年，年度会计报表要永久保管。

⑤ 财务成本计划保管期限为 3 年，主要财务会计合同、文件、协议要永久保管。

本章小结

会计信息系统是一个将会计数据转换为信息的信息系统，而会计电算化即是电子计算机在会计中应用的一种通俗称呼，其目标就是通过建立会计信息系统以及借助其他理财工具，实现会计工作的现代化与信息化。

本章从信息系统开始介绍了会计信息系统、ERP 和会计电算化的一些基本概念以及会计信息系统的开发方法、实施与管理。其中尤其重点介绍了会计信息系统的特点、基本组成、主要子系统的功能以及相互之间的联系。

基本概念

信息、系统、信息系统、信息处理、会计信息系统、内部控制程序化、数据联系、数据接口、会计电算化、会计信息化、ERP、系统分析、结构化分析方法、系统设计、总体设计、详细设计、结构化设计方法、系统实施、业务流程重整。

练习题

一、单项选择题

1. 信息、人、财、物都是企业的主要资源，其中称为概念资源的是_____。

    A. 人　　　　　　B. 财　　　　　　C. 物　　　　　　D. 信息

2. 信息系统的功能不包括_____。

    A. 信息处理　　　B. 业务处理　　　C. 工资管理　　　D. 辅助决策

3. 会计信息系统的特点不包括_____。

    A. 遵循世界通用的复式记账原则　　　B. 不用处理会计凭证

    C. 简化会计循环　　　　　　　　　　D. 会计内部控制程序化

4. 下列子系统不属于会计软件的是_____。

    A. 工资核算系统　　　　　　　　　　B. 应收款核算系统

    C. 生产计划管理系统　　　　　　　　D. 固定资产核算系统

5. ERP 一般分为_____三大部分以及人力资源管理。

    A. 采购、销售、财务　　　　　　　　B. 分销、制造、财务

C. 计划、制造、销售　　　　　　D. 输入、处理、输出

6. 下列系统不属于 ERP 的是_____。
   A. SAP 公司的 R/3 系统　　　　B. Oracle 公司的 Oracle Application 系统
   C. 微软公司的 Office 系统　　　D. 金蝶 K/3

7. 国外把利用电子数据系统的会计，称为电子数据处理会计，简称_____会计。
   A. EDP　　　　B. MIS　　　　C. DSS　　　　D. ERP

8. 会计电算化的作用之一是_____。
   A. 提高会计数据处理的安全性　　B. 提高会计数据处理的可行性
   C. 提高会计数据处理的完整性　　D. 提高会计数据处理的时效性

9. 软件生存周期包括三个时期，但其中不包括_____。
   A. 计划　　　　B. 开发　　　　C. 运行　　　　D. 总结

10. 开发会计信息系统的第一步工作是系统规划，但主要工作不包括_____。
    A. 确定系统的目标　　　　　　B. 系统的初步调查
    C. 可行性分析　　　　　　　　D. 制订开发计划
    E. 编写系统分析说明书　　　　F. 编写可行性研究报告

11. 企业实施电算化必须对现行业务流程进行改造，即进行_____。
    A. 程序流程重整　　　　　　　B. 数据流程重整
    C. 设计流程重整　　　　　　　D. 业务流程重整

12. 会计业务流程重整的一个任务是_____，使之与会计电算化相适应。
    A. 规范会计基础工作　　　　　B. 规范会计核算制度
    C. 整理与输入会计凭证　　　　D. 设计与输出会计报表

13. _____负责协调计算机及会计软件系统的运行工作，要求具备会计和计算机知识以及相关的会计电算化组织管理的经验。
    A. 电算主管　　B. 软件操作　　C. 审核记账　　D. 电算维护

14. _____岗位与审核记账、电算维护、电算审查岗位为不相容岗位。
    A. 电算主管　　B. 软件操作　　C. 基本电算　　D. 数据分析

15. 系统开发资料和会计软件系统应_____会计档案保管。
    A. 不作　　　　B. 参照　　　　C. 视同　　　　D. 超越

二、多项选择题

1. 现代企业的整个生产经营活动存在三种"流"，即_____。
   A. 人流　　　　B. 物流　　　　C. 资金流　　　D. 信息流

2. 信息系统按管理层次和信息层次的不同可以分为_____。
   A. 事务处理系统　　　　　　　B. 会计信息系统
   C. 管理信息系统　　　　　　　D. 决策支持系统

3. 会计信息系统的基本功能包括_____。

A. 会计信息处理　　　　　　　　B. 会计业务处理
C. 会计组织管理　　　　　　　　D. 会计辅助决策

4. 会计信息系统的两大职能系统是_____。
   A. 财务会计系统　　　　　　　　B. 成本会计系统
   C. 税务会计系统　　　　　　　　D. 管理会计系统

5. 下列功能软件属于会计软件的有_____。
   A. 账务处理系统　　　　　　　　B. 固定资产核算系统
   C. 采购计划系统　　　　　　　　D. 薪资核算系统

6. 通用会计软件的特点是_____。
   A. 通用性强　　　　　　　　　　B. 功能全面
   C. 需要初始化处理　　　　　　　D. 软件质量高

7. 下列软件属于通用会计软件的是_____。
   A. Excel　　　B. Word　　　C. 金蝶 KIS　　　D. 用友通

8. 会计电算化包括财务会计和_____电算化两大任务。
   A. 成本会计　　B. 管理会计　　C. 预算会计　　D. 银行会计

9. 企业在推行会计电算化之前必须对软件作出选择，包括_____。
   A. 开发与购买　　　　　　　　　B. 国产软件与国外软件
   C. 会计软件与 ERP　　　　　　　D. 购买软件与购买服务

10. 单位根据需求从_____等方面综合选择会计软件。
    A. 软件的合法性　　　　　　　　B. 软件的适应性与正确性
    C. 操作的方便性　　　　　　　　D. 软件的开发工具

11. 信息系统的开发方法主要有_____。
    A. 软件生存周期法　　　　　　　B. 程序设计法
    C. 数据库应用法　　　　　　　　D. 快速原型法

12. 数据流图以图形的方式表达信息系统的逻辑模型，其组成的基本要素有_____。
    A. 数据流　　　B. 处理　　　C. 文件　　　D. 外部实体

13. 系统分析若采用结构化分析方法，则其步骤包括_____。
    A. 抽象出当前系统的逻辑模型　　B. 编写可行性研究报告
    C. 建立目标系统的逻辑模型　　　D. 编写系统分析说明书

14. 系统初始设置所涉及的数据主要包括_____。
    A. 各种代码体系　　　　　　　　B. 各种余额与发生额
    C. 手工处理延续数据　　　　　　D. 各种计算机软件

15. 会计软件试运行阶段的主要工作包括_____。
    A. 设置账套　　　　　　　　　　B. 系统初始设置
    C. 日常处理　　　　　　　　　　D. 审查与分析运行结果

16. 下列岗位属于会计电算化岗位的有_____。

A. 会计主管　　　B. 出纳　　　　　C. 电算主管　　　D. 会计核算各岗
E. 软件操作　　　F. 审核记账　　　G. 电算维护　　　H. 会计数据分析

17. 会计电算化档案包括_____。
A. 机内会计证账表数据　　　　　B. 打印输出的会计证账表数据
C. 操作系统与数据库系统　　　　D. 会计软件开发和实施资料

18. 下列资料应视同会计档案保管的有_____。
A. 网络软件系统　　　　　　　　B. 数据库管理系统
C. 系统开发资料　　　　　　　　D. 会计软件系统

三、判断题

1. 信息论认为信息是经过加工、具有一定意义的数据。　　　　　（　）
2. 信息与数据是两个既密切联系又无区别的概念。　　　　　　　（　）
3. 管理信息系统（MIS）是一个为管理和简单决策服务的综合信息系统。（　）
4. 会计信息系统是一个将会计信息转换为会计数据的信息系统。　（　）
5. 会计信息系统的体系结构是基于帕乔利所建立的会计循环和会计恒等式之上。
　　　　　　　　　　　　　　　　　　　　　　　　　　　　　（　）
6. 会计信息系统分为财务会计和管理会计两大职能系统。　　　　（　）
7. 会计软件系统是一个独立的系统，不可以是 ERP 的一个子系统。（　）
8. 在会计软件中一个功能模块所需的数据不能从另一功能模块取得。（　）
9. MRP Ⅱ是一个生产经营管理计划体系，一般包含分销、制造和财务三大部分。
　　　　　　　　　　　　　　　　　　　　　　　　　　　　　（　）
10. ERP 全面集成了企业资源，并为企业提供一个系统的决策、计划、控制与经营业绩评估的管理平台。　　　　　　　　　　　　　　　　　　　（　）
11. 数据流图一般由数据流、处理、文件和外部实体等基本要素组成。（　）
12. 模块结构图描述了系统的模块结构，并反映了块间联系等特性。（　）
13. 审核记账人员可以兼任出纳工作。　　　　　　　　　　　　　（　）
14. 基本会计岗位的会计人员不能兼任软件操作岗位的工作。　　　（　）
15. 电算化会计档案包括存储在计算机中或打印输出的书面形式的会计数据。
　　　　　　　　　　　　　　　　　　　　　　　　　　　　　（　）

第二章

系统管理

学习目标

1. 掌握系统管理的启动方法与主要功能。
2. 掌握会计账套的建立、修改、备份与恢复。
3. 掌握年度账的建立、引入、输出、结转、清空。
4. 掌握角色与用户的设置以及权限分配。

ERP与其他大型管理软件一样拥有众多的子系统，其中仅财务会计就包括总账、应收、应付、固定资产、薪资管理、报表管理、供应链管理等功能子系统。为了实现子系统之间的信息共享以及实现财务、业务的一体化管理，它们必须拥有相同的账套、共享一些基础信息、共用一个数据库。系统管理正是为此设置并站在整个应用的高度进行集中管理的一个独立系统。

第一节 系统管理的主要功能

一、系统管理功能概述

系统管理的主要功能包括系统的登录、账套管理、年度账的建立与备份、权限管理等功能。用友ERP-U8系统管理模块的主要功能如图2-1所示。其中：

（1）系统包括注册、注销、设置自动备份计划、初始化数据库、SQL数据库升级以及安全策略设置。

（2）账套管理包括账套的建立、修改、引入和输出（恢复和备份）。

（3）年度账管理包括建立、引入、输出年度账，以及语言扩展、结转上年数据、清空年度数据。

（4）权限管理为统一管理操作员及其功能权限，包括用户、角色和权限设置。

（5）视图主要包括刷新、清除异常任务、清除选定任务、清除所有任务、清退站点、清除单据锁定以及上机日志等功能。

第二章 系统管理

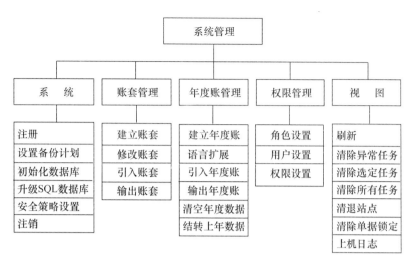

图 2-1 用友 ERP-U8 系统管理模块的主要功能

二、系统管理的启动

在用友 ERP-U8 系统，选择【开始】|【所有程序】|【用友 ERP-U8】|【系统服务】|【系统管理】命令，即打开如图 2-2 所示的"系统管理"主界面。

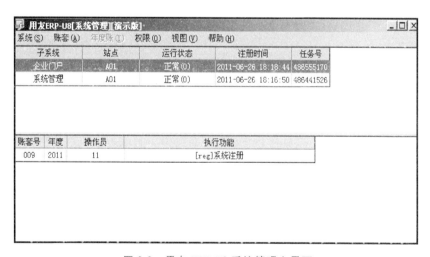

图 2-2 用友 ERP-U8 系统管理主界面

系统管理主界面分上下两部分，如图 2-2 所示，上部列示的是已经登录到系统管理的子系统，下部列示的是光标所在子系统中正在执行的功能。这两部分的内容都是动态的，即根据系统的执行情况而自动变化。

三、系统注册与注销

在系统管理主界面首先要做的工作是以系统管理员（系统默认管理员是 admin）或账套主管的身份注册，只有经过注册才能执行账套、权限、视图等管理功能。其中：

（1）以系统管理员的身份注册进入，可以进行账套的建立、引入、输出，设置用户、角色和权限，设置备份计划，清除异常任务等。

(2) 以账套主管的身份注册进入系统，可以进行账套修改、创建、清空、引入、输出和年末结账(包括年度账)，设置账套操作人员权限。

1. 注册

注册的操作流程是：

(1) 在系统管理主界面单击【系统】|【注册】按钮，打开如图2-3所示的"登录"对话框。

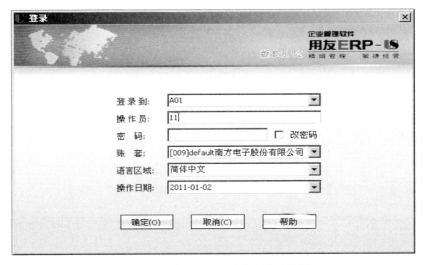

图2-3 用友ERP-U8系统注册对话框

(2) 在登录对话框中依次选择或输入服务器、操作员、密码、账套等信息。需要注意的是，在【登录到】栏单击下拉列表框可有两种选择：如果是在客户端登录，则选择服务器名称；如果是在服务端登录或是单机用户，则选择本机计算机名。

(3) 单击【确定】按钮即可完成注册。

注意：

(1) 初次使用时系统默认的系统管理员是"admin"，密码为空。

(2) 注册可以不选择账套，但如果选择了账套则必须确定操作日期。

(3) 只有系统管理员才可以启用【账套】和【权限】菜单。

(4) 只有账套主管才能使用【年度账】菜单。

2. 注销

在系统管理主界面选择【系统】|【注销】命令即注销当前的操作员。

3. 修改密码

在"注册"对话框中选择"改密码"并单击【确定】按钮，即打开"设置操作员口令"对话框，在该对话框中输入并确认新的口令即可；或者在图2-2所示的"登录"对话框中选择【改密码】复选框，在【密码】文本框中输入所要设置的密码后，单击【确定】按钮即可完成修改密码。

第二节 账套管理

账套是用于存放核算单位会计与业务数据的实体,一个会计软件通常允许同时建立多个账套,分别代表不同的会计核算主体。

一、账套的建立

在系统管理主界面以系统管理员(如 admin)身份注册登录,然后选择【账套】|【建立】命令,即打开"创建账套"向导的第一步设置窗口(如图 2-4 所示)。需要注意的是,在各个录入窗口中蓝色是必须输入的项目。

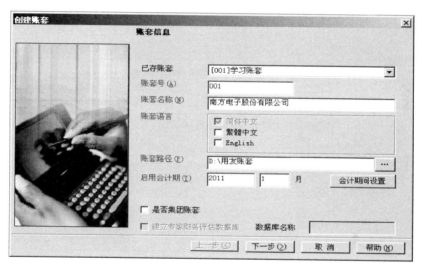

图 2-4 创建账套窗口

1. 输入账套信息

建账向导的第一步是输入账套信息,主要包括:

(1) 已存账套:以下拉菜单形式显示已经存在的账套,供参照。

(2) 账套号:账套编号范围限于 001-999 之间,例如,001、666 等。

(3) 账套名称:一般为单位名称,例如,南方电子股份有限公司。

(4) 账套语言:包括简体中文、繁体中文、English,默认简体中文。

(5) 账套路径:即存放新建账套的路径,系统给出一个缺省路径(例如,"C:\U8SOFT\admin"),但用户可以单击【…】进行路径选择。

(6) 启用会计期:设置新建账套的启用期间,可以直接输入,或点击【会计期间设置】设置启用年、月,设置后单击【确定】按钮。

账套信息设置完毕,单击【下一步】按钮进入"单位信息"设置窗口。

【例 2-1】 建立账套并设置账套信息。单击【账套】|【建立】命令,系统弹出如图 2-4 所示的"创建账套"向导首页,逐一输入以下信息:

(1) 账套号：001(建议以学号最后 3 位为账套号)；

(2) 账套名称：南方电子公司；

(3) 账套语言：选择简体中文；

(4) 账套路径：统一在服务器上建立"用友账套"文件夹，账套均存于此；

(5) 启用会计期：20××年 1 月。

2. 输入单位信息

单位信息设置窗口如图 2-5 所示，用于输入核算单位的基本信息，包括单位名称、机构代码、单位简称、单位域名、单位地址、法人代表、邮政编码、联系电话、传真、电子邮件、税号、备注以及公司标志(Logo)等信息。其中单位名称是必需的，其他信息可以不输入。需要注意的是，单位名称一般默认为报表的编制单位。

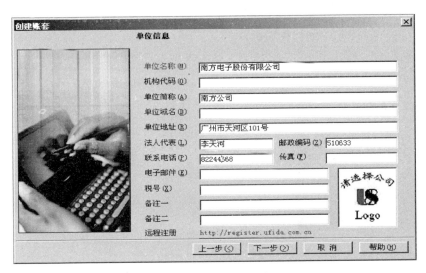

图 2-5 单位信息设置窗口

【例 2-2】 设置南方电子公司的单位信息。在图 2-5 所示的对话框中逐一输入以下单位信息。

(1) 单位名称：南方电子股份有限公司；

(2) 机构代码：400000168；

(3) 单位简称：南方电子；

(4) 单位网址：www.dongfang.com；

(5) 单位地址：南都市新技术开发区 801 号；

(6) 邮政编码：510369；

(7) 法人代表：李温；

(8) 联系电话：020-85228888；传真：020-85225678；

(9) 电子邮件：dongfang@163.com；

(10) 税号：13520110101。

单位信息设置完毕，单击【下一步】按钮进入"核算类型"设置窗口。

3. 设置核算类型

核算类型设置窗口如图 2-6 所示，设置内容包括本币代码与名称、企业类型、行业性质、账套主管、科目预置语言以及确定是否按行业性质预置科目。

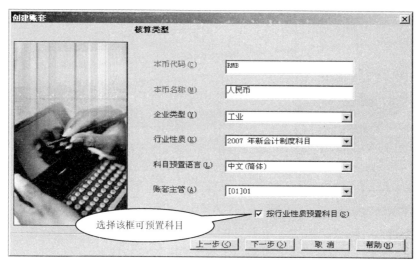

图 2-6　核算类型设置窗口

（1）本币代码与名称：直接手工输入，缺省值为 RMB 和人民币。

（2）企业类型：下拉列表提供工业和商业两种类型，必须从中选择。

（3）行业性质：从下拉列表中选择，选择结果将影响预置会计科目。

（4）账套主管：账套主管具有某些特权，必须从下拉列表中选择。

（5）科目预置语言：从下拉列表中选择科目所使用的语言。

（6）按行业性质预置科目：如选择，则系统按行业性质预置一级会计科目，用户只需增加明细科目。

【例 2-3】　设置核算类型。在图 2-6 所示的对话框中设置南方电子的核算信息：

（1）本币代码与名称为 RMB 与人民币；

（2）企业类型为工业；

（3）行业性质为 2007 年新会计制度科目；

（4）账套主管为系统默认；

（5）选择按行业性质预置科目。

核算类型信息设置完毕，单击【下一步】按钮进入"基础信息"设置窗口。

4. 设置基础信息

基础信息设置窗口如图 2-7 所示，主要确定存货、客户、供应商是否分类以及有无外币核算。一般而言，只有单位涉及的存货、客户、供应商较多才需要选择分类，需要注意的是，该项设置将对后续设置产生影响，例如，如果选择存货分类，则设置存货档案前必须先设置存货分类。另外，基础信息也可以在启用系统时设置，设置窗口与此窗口相同。

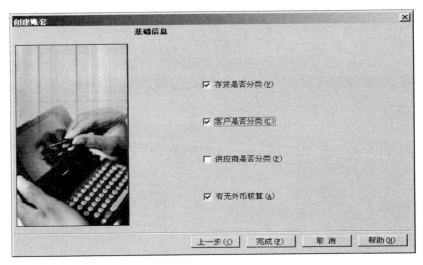

图 2-7 基础信息设置窗口

【例 2-4】 设置基础信息。在打开的"基础信息"设置对话框中,按以下要求设置:存货要分类、客户要分类、供应商不分类、有外币核算。

基础信息设置完毕,单击【完成】按钮,系统即提示"可以创建账套了么?",此时选择【是】则开始建账过程。需要注意的是,创建账套的时间较长,需要耐心等待。

5. 其他设置

内部建账过程结束后,系统管理员还可以根据系统提示继续进行下列设置,当然这些设置也可以留待以后由账套主管在【企业应用平台】|【基础设置】|【基本信息】(在较低版本的用友 ERP-U8 中为【企业门户—基础信息】)中进行设置或修改。

(1) 分类编码方案设置。分类编码方案设置如图 2-8 所示,主要确定各种编码的最大级数、最大长度、单级最大长度以及各级编码的长度。例如,科目编码可以选择最大为 6 级、最大长度为 14 位、单级最大长度为 4 位、各级编码长度为 4-2-2-2-2-2,即:

　　　　××××　　××　　××　　××　　××　　××
　　　　一级　　　二级　　三级　　四级　　五级　　六级

【例 2-5】 设置编码方案。科目编码为 42222,客户分类编码为 13,其他采用默认值。

分类编码方案设置完毕单击【确定】以及【退出】按钮,即进入数据精度设置。

(2) 数据精度设置。在数据精度设置界面主要根据实际需要确定存货数量、体积、重量、单价以及开票单价、件数、换算率、税率的小数位数,最后单击【确认】按钮退出,并进入系统启用设置界面。其中,大部分选择两位小数即可,但存货单位成本可能要考虑选择五位到六位小数。

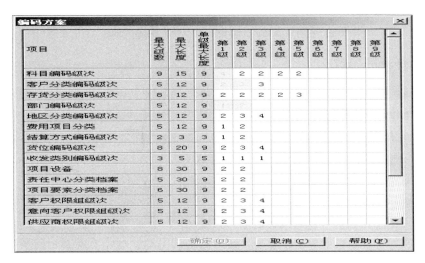

图 2-8 分类编码方案设置

【例 2-6】 全部按两位小数设置数据精度。

(3) 系统启用设置。分类码设置和数据精度定义完成后，系统提示"[XXX]建立成功，您可以现在进行系统启用设置，或以后从［企业门户_基础信息］进入［系统启用］功能，现在进行系统启用的设置？"，选择【是】则进入如图 2-9 所示的系统启用设置界面。用户在系统启用设置界面根据企业的实际，选择需要启用的功能模块（在左侧的小方框中选中"√"），并根据提示确定启用会计期间等信息。

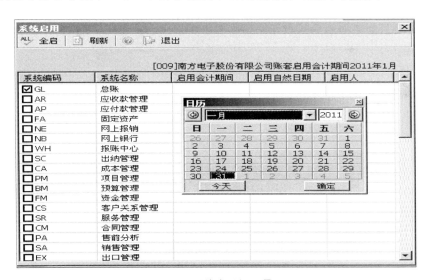

图 2-9 系统启用设置界面

【例 2-7】 启用总账、UFO、应收、应付、固定资产、报表薪资等系统，启用日期为 20××-01-01。方法是在如图 2-9 所示的系统启用设置界面中，选择总账，并在弹出的"日期"窗口设置启用日期，最后单击【确定】按钮即可。其他功能的启用方法类似。

系统启用设置完毕后，单击【退出】按钮，系统提示："请进入企业应用平台进行业务操作"，此时单击【确定】按钮即返回系统管理主界面。

二、账套的修改

账套新建后且在相关信息未使用的前提下，可以修改某些账套信息。但只有账套主管才有权修改。需要注意的是，系统管理员无权修改。可以修改的信息主要有：账套名称、所有单位信息、所有编码分类信息和数据精度信息，以及允许更改核算信息中的商业类型，除此以外的其他信息均不得修改。

修改账套信息的操作流程是：

（1）账套主管登录系统管理。

（2）选择【账套】|【修改】命令，系统弹出"修改账套"向导首页供修改。

（3）账套主管根据需要对账套信息进行修改或补充，其中，灰色区域表示不可修改。账套主管可以单击【上一步】或者【下一步】按钮逐个进行修改。

（4）修改完毕后，单击【完成】按钮保存修改，或单击【取消】按钮放弃所作的修改。

【例2-8】 修改账套。将单位地址改为：南都市高新技术开发区801号；法人代表改为：李文。按上述流程修改之后，单击【完成】按钮并选择【是】结束账套修改。

三、账套的备份

为了确保数据的安全，可以定期将账套数据备份到不同的介质（如光盘、USB闪存盘）上，日后如果账套受到破坏，则可以将备份账套重新导入系统，从而减少故障造成的损失。

1. 账套的备份

账套的备份用账套的输出功能实现，输出账套的操作步骤是：

（1）以系统管理员身份注册登录后，选择【账套】|【输出】命令，即打开如图2-10所示的输出账套对话框。

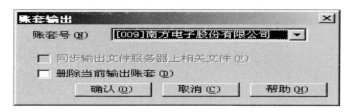

图2-10 账套输出对话框

（2）在"账套号"的下拉列表中选择需要输出的账套，单击【确认】按钮。

（3）系统打开选择备份目标对话框，选择输出账套的存放路径。

（4）单击【确认】按钮完成输出，并提示输出是否成功。

【例2-9】 在E盘新建"会计账套"文件夹，将账套"001南方电子"输出到这个文件夹。操作流程如下：

（1）在E盘新建"会计账套"文件夹。

（2）系统管理员（admin）登录系统管理，选择【账套】｜【输出】命令，弹出如图2-10所示的账套输出对话框。

（3）在【账套号】下拉列表中选择001号账套，单击【确定】按钮。

（4）在弹出的选择账套备份路径对话框中，选择文件夹"E:\会计账套"后单击【确定】按钮即完成输出操作。

2．账套的删除

删除账套的操作方法与账套输出的操作方法基本一样，即如果在图2-10所示的"账套输出"对话框中选中【删除当前输出账套】选项，则在输出的同时将原账套删除。

需要注意的是，这是唯一一个在用友ERP-U8系统中删除账套的方法。

3．设置自动备份计划

设置自动备份计划可由系统按照备份计划对账套自动备份，其优点是定时、自动备份以及可以同时对多个账套进行备份。操作方法如下：

（1）系统管理员或账套主管登录进入系统管理，选择【系统】｜【设置备份计划】命令，打开"备份计划设置"窗口。

（2）单击【增加】按钮，打开如图2-11所示的"备份计划详细情况"对话框。

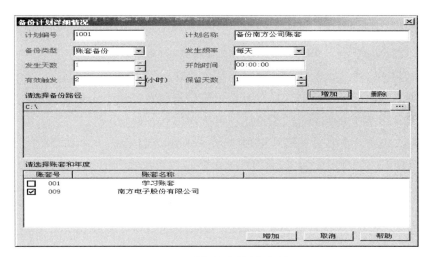

图2-11　增加备份计划对话框

（3）在对话框中输入计划编号、计划名称，选择备份类型、发生频率、备份路径、需要备份的账套和年度等信息。

（4）单击【增加】按钮保存设置。

其中，备份类型分账套备份和年度账备份，但只有系统管理员（admin）才可以任意选择，而账套主管只能选择年度备份。发生频率指备份周期，可以选择每天、每周或每月。

四、账套的恢复

账套恢复是指将系统外的备份账套引入本系统。引入的账套可以是本系统或其他计算机上的用友 ERP-U8 系统的备份账套。因此，本功能除了用于恢复受损数据之外，还可以用于将其他系统的账套引入本系统作分析或合并处理，例如，将子公司的备份账套引入母公司系统进行处理。

账套的恢复由账套引入功能实现，其操作步骤是：

(1) 以系统管理员身份登录后，选择【账套】|【引入】命令，打开如图 2-12 所示的存放引入账套的路径与文件选择窗口。

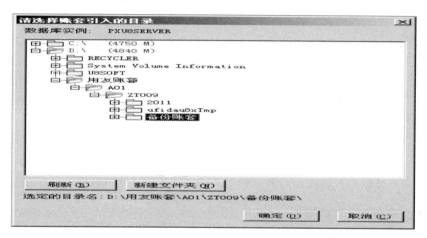

图 2-12　引入账套的路径与文件选择窗口

(2) 选择需要引入的账套备份路径和备份文件(文件名为 UfErpAct)。

(3) 单击【确定】按钮后，系统会显示另一个窗口，提示用户选择引入账套的目标，即存放引入账套的路径和文件夹。

(4) 单击【确定】按钮执行账套引入。

【例 2-10】 将【例 2-9】的备份账套("001 南方电子")引入系统默认路径。其操作步骤是：系统管理员先登录系统管理，选择【账套】|【引入】命令进入"选择账套备份文件"窗口，选择路径"E:\会计账套"和备份文件 UfErpAct.sst，然后单击【确定】按钮按系统提示选择默认路径，最后单击【确定】按钮引入账套。

第三节　年度账管理

每个会计账套一般需要保存多个年度的会计数据，而不同年度的数据存放在不同的数据表中，称为年度账。设置年度账可以方便工作人员查询历史数据以及基于历史数据进行比较分析。年度账管理必须由账套主管来完成，包括年度账的建立、引入和输出、结转上年度数据、清空年度数据等。

一、建立年度账

新年度账在上年度账套的基础上建立,即将上个年度账的基本档案数据结转到新的年度账中,而上年余额等数据则需要在年度账结转操作完成后,才自动转入新年度账中。建立新年度账的操作方法是:

(1) 账套主管登录系统管理。需要注意的是,在"登录"界面要选择需要建立新年度账的账套和年度。

(2) 选择【年度账】|【建立】命令,打开"建立年度账"对话框。

(3) 在对话框中显示用户选定的账套和会计年度,确认无误后单击【确定】按钮,即开始建立新的年度账。

二、年度账的备份与恢复

年度账的备份与恢复分别由输出和引入功能实现,其操作与账套的输出和引入操作基本一致,区别只在于操作的对象是年度数据文件。

1. 年度账的备份

(1) 账套主管登录系统管理后,选择【年度账】|【输出】命令,打开"输出年度数据"对话框。

(2) 在对话框中显示当前账套的年份,单击【确认】按钮后系统提示选择输出年度账的存放路径。

(3) 选择存放路径后,单击【确认】按钮开始输出年度账,输出完成后系统显示是否成功。

2. 年度账的恢复

(1) 账套主管登录系统管理后,选择【年度账】|【引入】命令,打开"引入年度数据"窗口。

(2) 选择需要引入年度账的路径和备份文件(文件名为 UfErpYer)。

(3) 单击【确定】按钮后,系统提示用户选择引入年度账的路径。

(4) 选择路径后,单击【确定】按钮,系统即执行年度账引入。

三、年度账的删除

年度账的删除功能可在年度账输出中实现,即在"输出年度数据"对话框中选择输出年度时,如果也选中【删除当前输出年度】选项,则输出任务完成后,系统会提示"确认是否删除当前输出的年度账",单击【确认】按钮后完成删除操作。

四、结转上年数据

按照持续经营假设,会计数据必须保持连续性。因此,年末启用新年度账时,必须将上年度的相关账户的余额及其他信息结转到新年度账。

(1) 账套主管登录系统管理,但必须选择新的会计年度。例如,账套主管若要将

2015年的数据结转到2016年,则必须选择2016年登录。

(2) 单击【年度账】|【结转上年数据】命令,进入结转上年数据的功能。

进行此操作时须注意以下两点:

(1) 在结转上年数据之前必须先建立新年度账。

(2) 结转可能涉及多个业务系统,它们的结转有一定的先后次序。

五、清空年度数据

如果某年度账中错误太多或账套主管不希望上年度信息全部结转到下一年度,则可清空年度账数据。但这并非清空年度账的全部数据,一些基础信息、系统预置的科目、报表还需要保留,以便在清空的年度账基础上重新做账。

(1) 账套主管登录系统管理,选择【年度账】|【清空年度数据】命令,打开如图2-13所示的清空年度数据库对话框。

图2-13 清空年度数据库对话框

(2) 在会计年度下拉列表中选择要清空的年度,单击【确认】按钮后,系统提示再次确认,再次单击【确认】按钮即可清除年度数据。

第四节 用户与权限管理

为了确保会计数据的安全,必须对用户进行授权管理,即对不同用户分别授予不同级别的操作权限,这样既可防止未经授权的人员有意或无意进入系统,也可防止合法用户进行越权操作。用友ERP-U8系统的权限管理包括两方面:一是角色和用户的设置,二是功能权限的分配。需要注意的是,只有系统管理员(如admin)才能进行功能权限分配。

一、角色设置

1. 角色的概念

角色是指在管理中拥有某一类职能的组织或者员工,可以是实际存在的部门,也可以是同类职能人员构成的虚拟机构。例如,会计和出纳就是两个角色,会计人员和出纳人员分别拥有不同的职能。

在用友ERP-U8系统中,系统管理员可以对角色设置权限,使得同属一个角色的用户都具有该角色的权限，从而达到依据职能统一划分权限的目的。角色和用户是一种多对多的关系，即一个角色可以拥有多个用户，一个用户也可以分属于不同的角色。用户和角色的设置不分先后顺序。

角色设置功能包括角色的增加、删除、修改等工作。

2. 增加角色

(1) 以系统管理员身份进入系统管理，选择【权限】|【角色】命令，打开如图 2-14 所示的角色管理窗口。

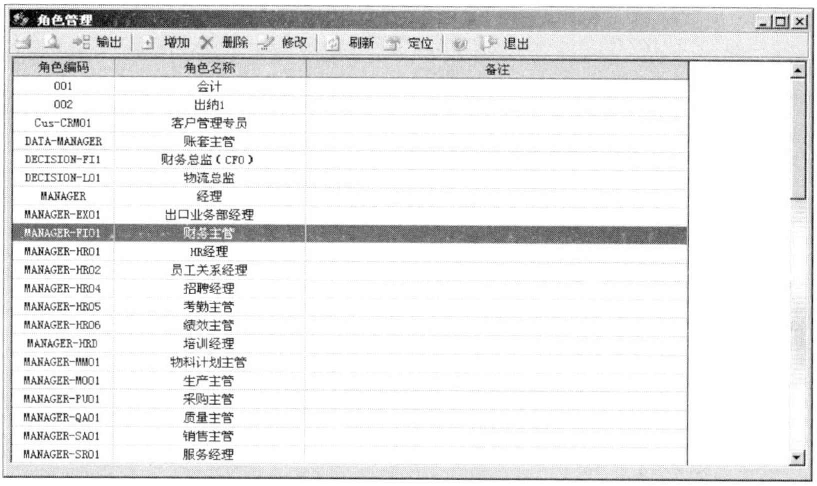

角色编码	角色名称	备注
001	会计	
002	出纳1	
Cus-CRM01	客户管理专员	
DATA-MANAGER	账套主管	
DECISION-FI1	财务总监（CFO）	
DECISION-LO1	物流总监	
MANAGER	经理	
MANAGER-EX01	出口业务部经理	
MANAGER-FI01	财务主管	
MANAGER-HR01	HR经理	
MANAGER-HR02	员工关系经理	
MANAGER-HR04	招聘经理	
MANAGER-HR05	考勤主管	
MANAGER-HR06	绩效主管	
MANAGER-HRD	培训经理	
MANAGER-MM01	物料计划主管	
MANAGER-MO01	生产主管	
MANAGER-PU01	采购主管	
MANAGER-QA01	质量主管	
MANAGER-SA01	销售主管	
MANAGER-SR01	服务经理	

图 2-14　角色管理窗口

(2) 在角色管理窗口，单击【增加】按钮，打开“增加角色”对话框，系统管理员在此输入角色编码、角色名称以及注释（必要时在备注中输入）。此外，如果已设置用户，则在“所属用户名称”中选择该角色的用户。

(3) 单击【增加】按钮，保存新增角色。

3. 修改与删除角色

在角色管理窗口选中要修改的角色，单击【修改】按钮进入角色编辑界面，就可以对所选角色进行修改，但不能修改角色编号；单击【删除】按钮则可以删除选中的角色，但不允许删除有用户的角色。

【例 2-11】　设置角色。按上述操作流程增加“会计 2”和“出纳 2”两个角色。

二、用户设置

用户是指有权登录系统并操作软件的操作人员。在建立账套之后，一般要先设置用户，并使他们具有相关的操作权限。用户设置主要包括用户的增加、删除、修改等。

1. 增加新用户

(1) 系统管理员进入系统管理，选择【权限】|【用户】命令，打开如图 2-15 所示的用户管理界面。

图 2-15 用户管理界面

（2）在用户管理界面单击【增加】按钮，打开如图 2-16 所示的增加用户窗口后，输入用户编号、姓名、认证方式、口令、所属部门、Email 地址、手机号、默认语言等，并选择该用户所属角色。

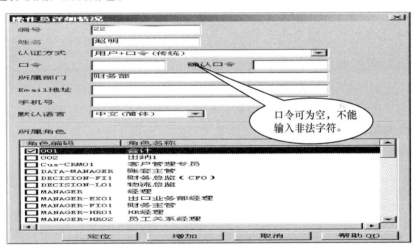

图 2-16 增加新用户窗口

（3）单击【增加】按钮，保存新增用户。

【例 2-12】 按表 2-1 中的用户信息设置用户。具体方法是在"用户管理"界面单击【增加】按钮，打开如图 2-16 所示的增加用户窗口，在此逐个输入高明、江曼、王姜的用户信息。

表 2-1 用户信息

用户编码	用户名	口令	所属角色
01	高明	1111	账套主管
02	江曼	2222	会计
03	王姜	3333	出纳

2. 修改和删除用户

(1) 修改用户。在用户管理界面选择要修改的用户,单击【修改】按钮即可进入修改状态,但已启用用户的编号不能修改。此时,在"姓名"后会出现【注销当前用户】按钮,单击此按钮将暂停使用该用户。

(2) 删除用户。在用户管理界面选择要删除的用户,单击【删除】按钮即可删除该用户,但已启用的用户不能删除。

三、权限设置

1. 权限与权限分配

用友 ERP-U8 系统提供集中权限管理,所有子系统的权限全部归集到【系统管理】和【基础设置】中设置和管理。该系统提供如下三个层次的权限管理功能,其中:

(1) 功能级权限管理提供按功能划分的权限管理。

(2) 数据级权限管理提供字段级和记录级两种权限控制。

(3) 金额级权限管理对涉及内部控制的金额数量划分级别,对不同的操作员授予不同的金额级别,限制他们制单时可以使用的金额数量。

其中,功能权限在系统管理的【权限】中分配,数据和金额权限在【企业应用平台】|【系统服务】|【权限】中进行分配,而且必须在功能权限分配之后才能进行设置。此外,只有系统管理员才有权进行功能权限分配。

2. 功能权限的设置

功能权限一般要根据财务分工进行设置,其操作流程如下:

(1) 系统管理员注册进入系统管理,选择【权限】|【权限】命令,进入如图 2-17 所示的操作员权限设置窗口。

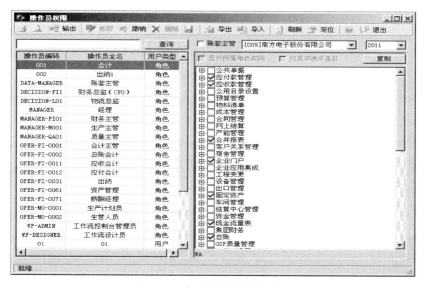

图 2-17 操作员权限设置窗口

（2）在窗口第一行选择要分配权限的账套和年度，左边表格显示所选账套的所有角色和用户的编码、名称、类型等信息，右边显示功能目录清单。

（3）在窗口左侧选择授予权限的角色或操作员，如果是账套主管则在功能清单上方的【账套主管】框中选择"√"，然后单击【修改】按钮进入分配功能状态。

（4）选择功能权限。单击子系统前的【＋】号，展开各子系统的功能清单，然后逐一选择授予的详细功能。如果选中子系统前的复选框，则其下级功能全部选中。在选择过程中，可以通过单击【复制】按钮复制其他用户或角色权限，勾选"显示所属角色权限"可以查看所属角色的权限（如图2-18所示）。

图 2-18 显示所属角色权限

（5）分配完毕后，单击【保存】按钮保存设置结果。

【例2-13】　按表2-2内容设置操作员的功能权限。即在系统管理界面选择【权限】｜【权限】命令，弹出如图2-17所示的功能权限设置窗口，并按上述流程设置。

表 2-2 操作员功能权限

用户编码	用户名	口令	所属角色	功能权限
01	高明	1111	账套主管	账套主管
02	江曼	2222	会计	在各个系统中除出纳之外具有全部权限
03	王姜	3333	出纳	在总账系统中只有出纳的全部权限，但在其他系统中具有所有权限

四、设置安全策略

系统管理员登录进入系统管理后，选择【系统】｜【安全策略】命令，即打开如图2-19所示的安全策略设置窗口，在此可以设置密码最小长度、密码最长和最小使用天数、登录时密码的最多输入次数、记忆密码个数、是否拒绝客户端用户修改密码和登录口令的安全级别等。

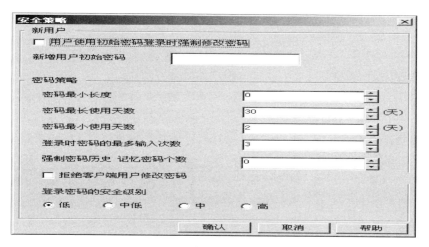

图 2-19　安全策略设置窗口

本 章 小 结

在会计软件或 ERP 系统中，系统管理是一个独立的功能模块，它站在整个应用的高度进行集中管理和设置，拥有系统、账套、年度账等管理功能，以及用户、角色和权限等设置功能。

本章在简述系统管理的启动方法、注册登录方法与主要功能的基础上，主要介绍了账套的建立、修改、备份与恢复方法，年度账的建立、引入和输出、结转、清空方法，角色与用户的设置以及权限分配方法。

系统管理是整个系统的基础，其设置内容将影响各个子系统的应用，读者必须真正理解各种概念的意义，掌握其主要操作方法。

基 本 概 念

系统管理、账套、年度账、编码方案、系统启用、备份与恢复、角色、用户、权限、系统管理员、账套主管。

练 习 题

一、单项选择题

1. 对各个子系统进行集中管理的功能模块是_____。
   A. 总账　　　　　　B. 系统初始化　　　C. 系统管理　　　　D. UFO 报表
2. 下列选项中不属于系统管理的功能的是_____。
   A. 账套管理　　　　　　　　　　　　　B. 年度账的引入和输出

C. 金额级权限设置 D. 功能权限的设置

3. 用友 ERP-U8 系统最多可以建立_____套账。
A. 998　　　　　B. 9999　　　　　C. 999　　　　　D. 1000

4. 建立账套时需要以_____的身份注册系统管理。
A. 系统管理员　　B. 财务主管　　　C. 账套主管　　　D. 财务总监

5. 有权在系统中建立账套的是_____。
A. 销售总监　　　B. 账套主管　　　C. 系统管理员　　D. 企业老总

6. 区分不同账套的唯一标识的是_____。
A. 账套主管　　　B. 单位名称　　　C. 账套号　　　　D. 账套名称

7. 下列选项中不属于年度账管理功能的是_____。
A. 建立年度账　　　　　　　　　B. 年度账的引入和输出
C. 结转上年度账　　　　　　　　D. 查询年度凭证

8. 清空年度数据是指_____。
A. 将年度数据全部删除
B. 将账套全部删除
C. 删除年度账的发生额而保留余额
D. 保留某些信息，如账套基本信息

9. 下列选项中不属于用户管理功能的是_____。
A. 增加操作人员　　　　　　　　B. 修改操作人员
C. 删除操作人员　　　　　　　　D. 复制人员编码

10. 操作员初始密码由_____指定。
A. 账套主管　　　B. 单位领导　　　C. 操作员本人　　D. 系统管理员

二、多项选择题

1. 在用友软件中系统管理的功能包括_____。
A. 账套管理　　　　　　　　　　B. 年度账管理
C. 操作员及权限管理　　　　　　D. 凭证管理

2. 下列选项中属于系统管理员的操作权限是_____。
A. 建立账套　　　　　　　　　　B. 分配操作员权限
C. 设置账套主管　　　　　　　　D. 年度账结转

3. 账套管理的主要功能包括_____。
A. 建立账套　　　　　　　　　　B. 设置用户与角色
C. 输出账套　　　　　　　　　　D. 引入账套

4. 建立账套时需设置的信息包括_____。
A. 设置账套信息　　　　　　　　B. 设置凭证类别
C. 设置启用日期　　　　　　　　D. 输入期初余额

5. 下列选项中属于建账时设置内容的是_____。

A. 编码规则　　　B. 核算类型　　　C. 单位基本信息　　D. 操作人员

6. 为防止账簿数据混乱，系统正式使用后不能修改的内容有_____。

A. 科目编码规则　　B. 单位名称　　　C. 账套号　　　　D. 启用日期

7. 下列年度账操作中，账套主管可执行的是_____。

A. 结转上年度　　　B. 删除年度账　　C. 输出　　　　　D. 引入

8. 关于用户与角色，下列选项中说法正确的是_____。

A. 为了保证系统安全，必须为用户和角色设置密码

B. 用户和角色的设置可以不分先后顺序

C. 一个角色可以拥有多个用户

D. 一个用户可以分属于多个不同的角色

9. 下列设置可在权限管理中操作的是_____。

A. 角色设置　　　　　　　　　　　B. 用户设置

C. 功能权限设置　　　　　　　　　D. 人员档案设置

10. 用友 ERP-U8 系统提供的权限管理功能包括_____。

A. 功能级权限管理　　　　　　　　B. 数据级权限管理

C. 金额级权限管理　　　　　　　　D. 系统级权限管理

三、判断题

1. 账套是用于存放核算单位会计数据的实体，一个账套代表一个核算单位，一个会计软件通常允许同时建立多套账。（　　）

2. 账套编号范围限于 001—999 之间。（　　）

3. 账套基本信息包括凭证类型、会计科目、核算项目。（　　）

4. 设置核算类型中的行业性质必须选择预置会计科目。（　　）

5. 账套语言必须选择简体中文。（　　）

6. 账套的备份与恢复分别由账套的输出与引入功能实现。（　　）

7. 系统管理员有权修改年度账套中的信息。（　　）

8. 年度账管理必须由账套主管执行，包括年度账的建立、引入和输出、结转上年度数据、清空年度数据等操作。（　　）

9. 操作权限由账套主管设置，一般操作员无权，也无法进行更改。（　　）

10. 密码是操作员进入系统的通行证，它一般由账套主管设置和更改。（　　）

实训一　建立账套与权限设置

一、实训目的

通过实训演练掌握建立账套、设置操作员和分配操作权限的方法。

二、实训内容

(1) 建立账套、修改账套以及账套的备份与恢复。
(2) 设置用户与角色(为了确定账套主管,可以先设置用户再建立账套)。
(3) 权限设置。

三、实训资料

1. 账套信息

(1) 账套号:建议以学号最后 3 位为账套号。
(2) 账套名称:南方电子。
(3) 账套路径:建议统一在服务器上建立"用友账套"文件夹,账套均存于此。
(4) 启用会计期:20××年 1 月。
(5) 单位名称:南方电子股份有限公司,简称"南方电子"。
(6) 机构代码:400000168。
(7) 单位地址:南都市高新技术开发区 801 号;邮编:510369。
(8) 联系电话:020-85228888;传真:020-85225678。
(9) 法人代表:李文。
(10) 单位网址:www.dongfang.com。
(11) 电子邮件:dongfang@163.com。
(12) 税号:13520110101。
(13) 企业类型:工业。
(14) 行业性质:2007 年新会计制度科目;要求按行业性质预置科目。
(15) 账套主管:高明。
(16) 分类编码:存货分类(采用****)、客户分类、供应商不分类、无外币核算。
(17) 启用系统:总账、UFO 报表、应收、应付、薪资、固定资产等系统,启用时间均为 20××年 1 月。

2. 角色与用户信息

(1) 角色采用系统预设角色,如会计、出纳等。
(2) 用户。本账套设如下用户:

表 2-3 用户功能权限

用户编码	用户名	口令	所属角色	功能权限
01	高明	1111	账套主管	账套主管
02	江曼	2222	会计	在各个系统中除出纳之外具有全部权限
03	王姜	3333	出纳	在总账系统中只有出纳的全部权限,但在其他系统中具有所有权限

第三章

基础设置

学习目标

1. 掌握企业应用平台的启动方法与主要功能。
2. 掌握基础档案的主要设置内容与设置方法。
3. 了解数据权限与金额权限的设置方法。

通用会计软件和ERP都提供强大而全面的功能以适合于所有企业，所以除了建立账套之外，还必须根据企业的实际需要进行初始设置。初始设置的内容可分为两类：一类是设置各个子系统共用的基础信息，称为基础设置，一般由一个独立的模块完成；另一类是各个子系统独自需要的信息，一般在各个业务系统内部完成设置。用友ERP-U8的基础设置通过【企业应用平台】|【基础设置】命令进行。

第一节 企业应用平台

用友ERP-U8由一系列既相对独立又相互联系的子系统组成，为了方便用户操作以及子系统之间的联系与信息共享，该ERP提供了一个集成的操作与管理平台，即企业应用平台或称企业门户。

一、企业应用平台的启动

企业应用平台的启动方法是：

（1）用户选择【开始】|【所有程序】|【用友 ERP-U8】|【企业应用平台】命令，进入如图3-1所示的应用平台登录界面，显然这个界面与系统管理的注册界面是相同的。

（2）输入操作员的代码和密码，选择账套、语言区域、操作日期，在第一次登录时还需要选择服务端的服务器名称，如要修改密码则选择【改密码】。

（3）单击【确定】按钮即启动如图3-2所示的用友 ERP-U8 企业应用平台。

企业应用平台集中管理用友 ERP-U8 的所有应用功能，如图3-2所示，界面左边为业务导航视图，通过控制台的形式展示可以操作的功能选项。

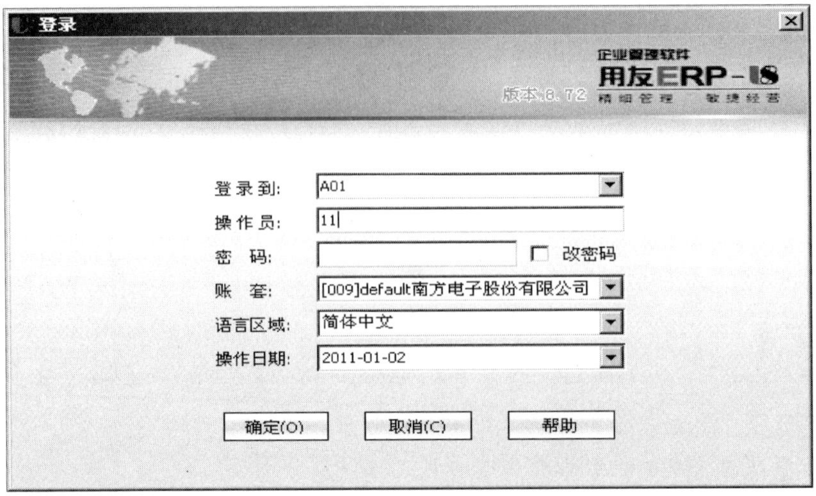

图 3-1 企业应用平台登录界面

图 3-2 用友 ERP-U8 企业应用平台

二、企业应用平台的主要功能

如图 3-2 所示,企业应用平台左下方有三个选择按钮,分别是【业务工作】、【基础设置】和【系统服务】,单击其中某一个按钮,即显示相应的业务导航视图供选择。

1. 业务工作

业务处理由【业务工作】选项按钮控制,该模块是企业应用平台提供的主要功能,它显示了登录的用户有权操作的子系统以及各个功能模块,供用户选择使用。

2. 基础设置

基础设置的主要功能如图 3-3 所示,包括基本信息、基础档案、业务参数、个人参数、单据设置、档案设置等内容。

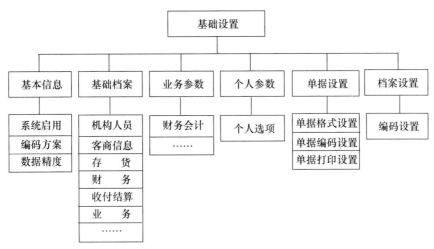

图 3-3 基础设置的主要功能

在基础设置中基础档案设置项目繁多，工作量最大，但如果不全面启用系统，则选择相关项目设置即可。例如，与财务会计有关的设置主要包括机构人员设置（部门档案、人员档案）、财务（会计科目、凭证类别、外币设置、项目目录、备查科目）以及其他（常用摘要），等等。

3. 系统服务

由【系统服务】选项按钮提供的功能主要包括：

（1）系统管理：从此可以进入系统管理主界面。

（2）服务器配置：包括应用服务器配置和远程配置。

（3）工具：包括财务、决策、数据传输、集团应用、多语言、预警和定时任务。

（4）权限：包括数据权限控制设置、数据权限分配、金额权限分配、功能权限转授、工作任务委托等。

第二节 基本信息设置

基本信息设置包括系统启用、编码方案和数据精度的设置，笔者在第二章第二节已有详细介绍，即在建立账套过程中可以由系统管理员负责完成设置，但这些设置也可以由账套主管在企业应用平台中进行设置或修改，而且设置界面、操作方法完全相同，故这里不再赘述。进入设置界面的启用命令分别是：

（1）系统启用设置

以账套主管的身份登录企业应用平台，单击导航条【基础设置】，选择【基本信息】|【系统启用】命令进行系统启用设置。

（2）编码方案设置

以账套主管的身份登录企业应用平台，单击导航条【基础设置】，选择【基本信息】|【编码方案】命令设置编码方案。

(3) 数据精确设置

以账套主管的身份登录企业应用平台,单击导航条【基础设置】,选择【基本信息】|【数据精确】命令设置数据精度。

第三节 基础档案设置

用友 ERP-U8 系统基础档案设置内容繁多,下面笔者将介绍与财务会计相关的一些设置项目,主要包括机构人员、客商、存货、财务、收付结算等档案信息。当然,要设置必须先登录用友 ERP-U8 企业应用平台,单击导航条【基础设置】|【基础档案】即可进行设置。

一、部门档案设置

部门一般是指一个单位的机构,往往就是职能部门,在会计软件中总账、应收、应付、薪资、固定资产等许多系统都涉及部门核算,常常需要按部门进行统计、汇总、分析,因此,建账之后必须设置部门档案。

部门档案设置的一般方法如下:

(1) 选择【基础设置】|【基础档案】|【机构人员】|【部门档案】命令,打开如图 3-4 所示的部门档案界面。

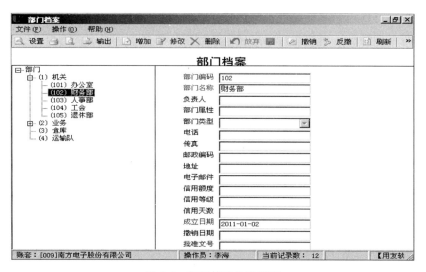

图 3-4 部门档案设置界面

(2) 单击工具栏的【增加】按钮,即可输入新的部门档案信息,内容包括部门编码、名称、负责人、部门属性、电话、地址、备注、信用额度、信用等级、信用天数,等等。

(3) 输入完毕单击【保存】按钮保存,并进入下一个部门的设置。

部门档案设置注意事项如下：

(1) 部门编码和名称必须输入。

(2) 在新增部门窗口提示："编码规则：＊＊＊"，该提示意为在编码方案设置中的部门编码分 2 级，分别为 1 位和 2 位，输入编码必须符合此要求。

(3) 负责人从职员中选择输入，如果还未建立职员档案，可暂缺。

(4) 如果在销售管理系统中选择"部门信用控制"，则需要输入部门信用信息。

(5) 部门一经使用则不能删除。

【例 3-1】 设置"001 南方电子"账套的部门档案，其信息如表 3-1 所示。

表 3-1 部门档案信息

部门编码	部门名称	部门类型
1	机关	
101	办公室	管理部门
102	财务部	管理部门
103	人事部	管理部门
104	工会	管理部门
2	生产部门	
201	一车间	生产部门
202	二车间	生产部门
3	供销部门	
301	采购科	采购部门
302	销售科	销售部门
4	退休部	

设置过程如下：

(1) 打开如图 3-4 所示的部门档案设置窗口。

(2) 在设置窗口中单击【增加】按钮，输入"机关"的部门编码、名称、类型等信息，输入完毕单击【保存】按钮保存输入信息。

(3) 反复执行步骤(2)，逐个输入其他部门信息。

二、人员档案设置

人员即企业各个部门的员工，他们既参与企业的业务活动，又是会计核算和业务管理的对象，例如，需要对职员实行个人往来核算。人员档案用于设置职员及其相关信息。具体设置方法如下：

(1) 选择【基础设置】|【基础档案】|【机构人员】|【人员档案】命令，打开如图 3-5 所示的人员列表界面。

(2) 在人员列表界面单击工具栏的【增加】按钮，打开如图 3-6 所示的人员档案设置窗口，即可在此输入新的人员档案信息，内容主要包括人员编码、人员姓名、性

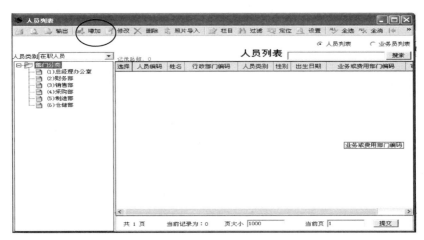

图 3-5 人员列表对话框

别、人员类别、行政部门、人员属性、证件类型、证件号码、出生日期,等等,如果该员工是业务员则要在【是否业务员】处选择。

(3) 输入完毕单击【保存】按钮保存,并进入下一个人员档案的设置。

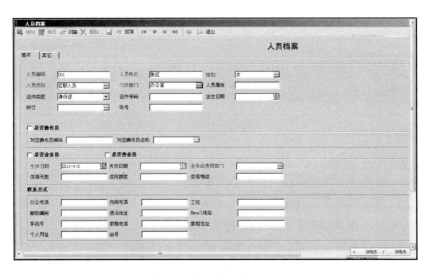

图 3-6 人员档案设置窗口

【例 3-2】 设置"001南方电子"账套的人员档案,人员信息如表 3-2 所示(更多信息请参考"实训二")。

表 3-2 人员档案信息

人员编码	人员姓名	性别	行政部门	人员类别
001	李文	女	办公室	管理人员
002	陈辉	男	办公室	管理人员
003	邓芳	女	办公室	管理人员

(续表)

人员编码	人员姓名	性别	行政部门	人员类别
004	高明	男	财务部	管理人员
005	江曼	女	财务部	管理人员
006	王姜	女	财务部	管理人员
007	范莉	女	人事部	管理人员
008	陈军	男	人事部	管理人员
009	陈玉	女	工会	管理人员
010	黄海	男	一车间	生产人员

设置过程如下：

(1) 选择【基础档案】|【机构人员】|【人员档案】命令，打开人员列表界面。

(2) 在人员列表界面单击【增加】按钮，打开人员档案设置窗口。

(3) 在人员档案窗口逐个输入人员信息，每输入一个员工的信息便单击【保存】按钮保存。

(4) 输入完毕单击【退出】按钮结束。

三、客商信息设置

客商信息是应收、应付、采购、销售、总账往来辅助核算的基础，其设置主要涉及客户和供应商的分类与档案设置。

1. 客户或供应商的分类设置

企业可以对客户或供应商进行分类管理，以便对相关数据进行统计和分析。客户或供应商一般按所属地区或行业进行分类，例如，按所属地区可分为：区、省、市或省、市、县。

如果在创建账套过程中或在【基础设置】|【基本信息】|【编码方案】中选择了客户和供应商的分类管理，则在建立档案之前必须设置客户和供应商的分类。设置客户分类方法如下：

(1) 选择【基础设置】|【基本档案】|【客商信息】|【客户分类】命令，打开如图 3-7 所示的客户分类界面。

(2) 单击【增加】按钮，输入分类编码、分类名称，单击【保存】按钮。

(3) 全部分类设置完毕，单击【退出】按钮结束。

【例 3-3】 将"001南方电子"账套的供应商按省进行分类。分类设置步骤如下：

(1) 在企业应用平台选择【基础档案】|【客商信息】|【供应商分类】命令，打开供应商分类设置窗口。

(2) 在窗口中单击【增加】按钮，即可输入类别编码和类别名称，例如，输入"01，广东"，单击【保存】按钮保存。

(3) 重复(2)的操作，继续设置其他供应商的分类信息，最后单击【退出】按钮结束。

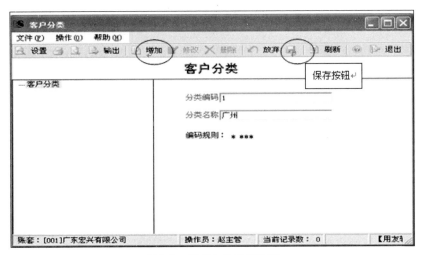

图 3-7 客户分类设置窗口

2. 客户档案设置

客户档案是指往来客户的档案资料,其设置方法如下:

(1) 选择【基础设置】|【基本档案】|【客商信息】|【客户档案】命令,打开如图 3-8 所示的客户档案窗口。

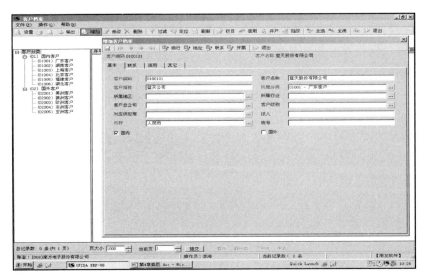

图 3-8 客户档案窗口与增加客户档案

(2) 在客户档案窗口工具栏上单击【增加】按钮,打开如图 3-8 所示的增加客户档案界面。

(3) 输入客户信息,其中客户编码、客户简称、所属分类、币种等项目是必需的,其他可暂缺。输入完毕后,单击【保存】按钮保存,可开始输入另一客户的信息。

(4) 增加完毕后,单击【退出】按钮,返回客户档案窗口。

【例 3-4】 设置"001 南方电子"账套的客户档案,客户资料如表 3-3 所示。

表 3-3 客户档案资料

客户编码	客户名称	客户简称	税　号	信用额度(元)	开户银行	银行账号
1001	南方高山销售公司	高山公司	110102567038121	250000	工商银行	13208189
1003	东升维维发展公司	维维公司	120389121618062	120000	工商银行	13228825
2002	北海绿水电子公司	绿水公司	210186456888785	350000	建设银行	45302658
2004	西山青草股份公司	青草公司	210763241567289	400000	建设银行	45032682
3005	中原苹果地产公司	苹果公司	320389121618062	800000	工商银行	13208790

设置过程如下:

(1) 在企业应用平台选择【基础档案】|【客商信息】|【客户档案】命令,打开客户档案设置窗口。

(2) 在客户档案窗口单击【增加】按钮,打开增加客户档案界面。

(3) 输入 1001 号客户信息,方法如下:

① 选择【基本】栏,输入 1001 号客户基本信息,如编码、名称、开户行银行等。

② 选择【联系】栏,输入客户电话等信息。

③ 选择【信用】栏,输入客户信用额度。

④ 1001 号客户信息输入完毕后,单击【保存】按钮。

(4) 反复执行(3),输入其他客户信息。

(5) 全部档案输入完毕后,单击【退出】按钮结束输入,返回客户档案窗口。

3. 供应商档案设置

供应商档案的设置与客户档案设置方法相似,方法是:

(1) 选择【基础设置】|【基本档案】|【客商信息】|【供应商档案】命令,打开供应商档案窗口。

(2) 在"供应商档案"窗口工具栏上单击【增加】按钮,打开如图 3-9 所示的"增加供应商档案"界面。

(3) 输入供应商信息,其中供应商编码、供应商简称、所属分类、币种等项目是必填的,其他可暂缺。输入完毕后,单击【保存】按钮保存,并开始另一供应商信息的输入。

(4) 增加完毕后,单击【退出】按钮,返回供应商档案窗口。

【例 3-5】 设置"001 南方电子"账套的供应商档案(不分类),供应商资料如表 3-4 所示。

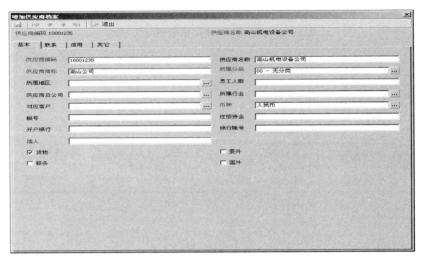

图 3-9 增加供应商档案对话框

表 3-4 供应商资料

编码	供应商名称	简称	税号	电话	开户银行	银行账号
001	上海市电子器件股份公司	上海电子	1350152384162456	68923456	建设银行	45866432
002	厦门市电子元件供应公司	厦门元件	151245687921442	84528987	建设银行	45356872
003	左营市线材生产集团公司	左营线材	326856700345218	46854365	工商银行	13226797
004	右安市万福塑料制品公司	右安塑料	248691256786543	55498022	建设银行	45487642
005	中国正方材料供应总公司	中国材料	458691256781231	31890114	工商银行	13254761

（1）选择【基础档案】│【客商信息】│【供应商档案】命令，打开供应商档案窗口。

（2）在供应商档案窗口单击【增加】按钮，打开增加供应商档案界面。

（3）输入 001 号供应商信息，方法如下：

① 选择【基本】栏，输入供应商的基本信息，如编码、名称、简称、开户银行等。

② 选择【联系】栏，输入供应商地址及电话等相关信息。

③ 选择【信用】栏，输入供应商信用额度及相关信息。

④ 选择【其它】栏，输入供应商其他相关信息。

⑤ 输入完毕后，单击【保存】按钮保存。

（4）反复执行(3)输入其他供应商信息。

（5）全部档案输入完毕后，单击【退出】按钮，返回供应商档案窗口。

四、会计科目设置

会计科目是对经济业务和会计核算具体内容所作的科学分类，是填制会计凭证、登记会计账簿、编制会计报表的基础。会计科目设置是最为重要的，为此要求：第一，科目体系必须具有完整性，使全部经济业务在所设的科目中都能得到反映；第二，科目要满足报表的要求，因为报表中的各个要素大多与某一个或几个科目对应；第三，要注意科目的层次性，因为明细程度将直接影响会计核算的详细和准确程度；第四，科目设置要便于计算机的分类、合并、更新等处理。

企业建立账套时如果选择"按行业预置科目"，系统则根据选择的行业，自动装入一套符合制度的标准会计科目，因此，科目设置的任务主要是增加明细科目和设置有关的核算信息。

选择【基础设置】|【基础档案】|【财务】|【会计科目】命令，即进入如图3-10所示的会计科目设置界面，用户在此可以根据业务的需要增加、删除、查询、修改、打印会计科目以及执行相关的操作。

图 3-10 会计科目设置界面

1. 增加会计科目

在会计科目设置界面单击【增加】按钮，即打开如图 3-11 所示的新增会计科目窗口，用户在此可输入科目编码、名称以及各种辅助信息。

（1）科目编码与名称。科目编码必须符合编码方案的设定，且同级明细科目编码与名称都必须唯一。

（2）科目类型。科目类型一般分资产、负债、共同、权益、成本、损益六大类，明细科目的类型自动保持与上级科目一致，且不能修改。

（3）账页格式。指定科目的账簿打印格式，用友 ERP-U8 系统一般提供金额式、

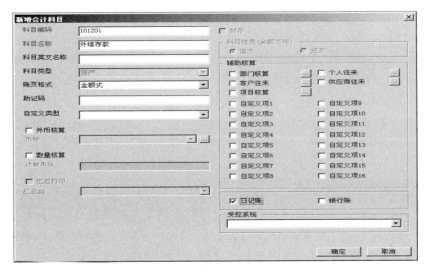

图 3-11 新增会计科目窗口

外币金额式、数量金额式、数量外币式供企业选择。

(4) 科目性质。即余额方向,分借方余额和贷方余额,但明细科目的余额方向自动与上级科目保持一致,且不能修改。

(5) 外币核算。指定科目是否进行外币核算,若进行外币核算,则可以从下拉列表中选择币种,也可单击【…】按钮进入外币设置界面。

(6) 数量核算。指定是否进行数量核算以及核算的计量单位。

(7) 辅助核算。指定是否进行部门、个人往来、客户往来、供应商往来、项目或自定义项等辅助核算,单击【…】按钮可以设置具体的核算项目。

(8) 受控系统。为了确保科目数据与相关子系统一致,必须指定受控系统,系统预置的受控系统有应收、应付和存货系统,例如,为了确保应收账款科目的余额与应收款系统一致,可以在此指定应收账款的受控系统为应收款系统。但如果该账套不使用应收及应付系统,应收、应付业务均以辅助账的形式在总账系统中进行核算,则不应指定受控系统。

(9) 其他信息,如指定是否需要日记账、是否需要银行账、是否需要汇总打印、是否封存等。

输入完毕后,单击【确定】保存新增科目,按【增加】按钮开始另一科目的设置。

【例 3-6】 为"001 南方电子"账套增加会计科目。"001 南方电子"账套的会计科目如表 3-5 所示,更多信息请参照"实训二"。

表 3-5 "001 南方电子"账套会计科目表

序号	科目代码	科目名称	余额方向	单位/外币	辅助账	账页格式
1	1001	库存现金	借			
2	1002	银行存款	借			
3	1012	其他货币资金	借			
	101201	外部存款				
	101202	银行本票				
	101203	银行汇票				
4	1101	交易性金融资产	借			
	110101	成本				
	11010101	股票				
	11010102	债券				
	11010103	基金				
	11010104	其他				
	110102	公允价值变动				
5	1121	应收票据	借			
6	1122	应收账款	借			
	…					

新增科目的操作过程如下：

(1) 选择【基础档案】|【财务】|【会计科目】命令，打开会计科目设置界面。

(2) 在会计科目设置界面单击【增加】按钮，打开如图 3-11 所示的新增会计科目窗口。

(3) 输入新增科目代码、科目名称以及各种辅助信息，然后单击【确定】按钮。需要注意的是，本例由于在建立账套时选择了"按行业性质预置科目"，所以总账科目已经由系统预置，只需增加各级明细科目。

(4) 重复执行(3)输入其他新增明细科目。

2. 复制会计科目

为了快速、准确建立会计科目体系，【编辑】菜单提供"复制"和"成批复制"功能，其中，利用成批复制功能复制下级科目最为有效。例如，应收账款和预收账款科目往往有相同的下级科目，在应收账款下级科目全部设置完毕后，即可以使用成批复制功能快速而准确地为预收账款科目增加全部明细科目。

【例 3-7】 在"001 南方电子"账套中，将"应收账款"的下级科目全部复制到"预收账款"科目。操作方法如下：

(1) 选择【基础档案】|【财务】|【会计科目】命令，打开会计科目设置界面。

(2) 在会计科目设置界面选择【编辑】|【成批复制】命令，打开如图 3-12 所示的成批复制对话框。

(3) 在对话框中分别输入源科目和目标科目编码 1122(应收账款)和 2203(预收账款)后，单击【确定】按钮，即将 1122 科目的所有下级科目复制到 2203 科目。

成批复制时的注意事项如下：

(1) 通过打勾可以选择复制源科目的辅助核算、外币核算、数量核算等属性。

图 3-12 成批复制对话框

（2）源科目与目标科目的级次必须相同，而且源科目为非末级、目标科目为末级。

（3）复制之后，可能需要进行适当的修改。

3. 指定会计科目

指定科目主要用于确定出纳管理科目和在报表系统中编制现金流量表。只有经过指定，出纳才可以对凭证进行签字、在出纳管理功能中查询现金和银行日记账、执行银行对账、在制单中进行支票管理和资金赤字控制。另外，只有指定为现金流量的科目，系统才会在凭证输入时要求指定现金流量项目。

指定科目包括现金总账科目、银行总账科目和现金流量科目。指定科目的操作方法如下：

（1）在会计科目设置界面选择【编辑】|【指定科目】命令，打开如图3-13所示的指定科目对话框。

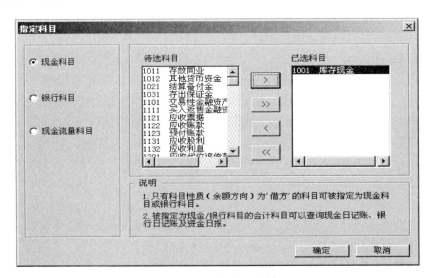

图 3-13 指定科目对话框

（2）在对话框的左侧单击指定科目（如"现金科目""银行科目"），在【待选科目】中选择对应的科目，如对"现金科目"选择"1001 库存现金"，然后单击【>】按钮将其添加到【已选科目】中。

(3) 科目全部指定完毕后,单击【确认】按钮结束。

【例 3-8】 为"001 南方电子"账套指定科目。操作方法如下:

(1) 在会计科目设置界面选择【编辑】|【指定科目】命令,打开如图 3-13 所示的指定科目对话框。

(2) 指定和选择对应科目:

① 在对话框左侧单击"现金科目",在【待选科目】中选择"1001 库存现金",然后单击【>】按钮将 1001 科目添加到【已选科目】中。

② 在对话框左侧单击"银行科目",在【待选科目】中选择"1002 银行存款",然后单击【>】按钮将 1002 科目添加到【已选科目】中。

③ 在对话框左侧单击"现金流量科目",在【待选科目】中选择"1001""1002"以及"1012"的所有下级明细科目,然后单击【>】按钮将这些科目添加到【已选科目】中。

(3) 单击【确认】按钮完成科目指定。

4. 修改会计科目

如果已经存在的科目设置有误或需要改变已有科目的某些属性,可以使用科目修改功能。例如,通过修改功能可以将 1121(应收票据)、1122(应收账款)、2203(预收账款)科目设置为"客户往来"辅助核算,将 2201(应付票据)、1122(应付账款)、2203(预付账款)科目设置为"供应商往来"辅助核算,将 1605(工程物资)科目及其明细科目设置为"项目核算"辅助核算,等等。

【例 3-9】 通过修改功能将 1122 科目设置为客户往来核算科目。操作方法如下:

(1) 在会计科目设置界面选择需要修改的科目"1122 应收账款",单击工具栏上的【修改】按钮,即打开如图 3-14 所示的"会计科目_修改"对话框。

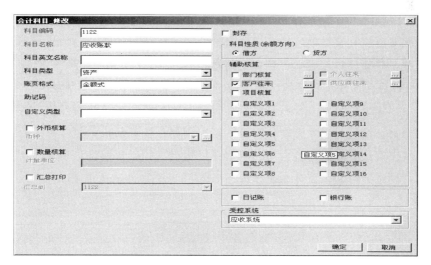

图 3-14 会计科目_修改对话框

(2)单击对话框的【修改】按钮即进入修改状态,选择"客户往来"后,单击【确定】按钮保存,返回会计科目设置界面。

操作时的注意事项如下:

(1)已有下级科目的科目不能修改编码,如要修改则必须先删除下级科目。

(2)已有余额的科目也不能修改编码,如要修改则必须先删除各级科目的余额。

5. 删除会计科目

对已不再需要的科目,可以将其删除。操作方法如下:

(1)在会计科目设置界面选择需要删除的科目(如选择1122科目),单击工具栏上的【删除】按钮或选择【编辑】|【删除】命令,打开"删除记录"对话框。

(2)单击对话框的【确定】按钮即可将选定的科目删除。

删除科目时应注意如下事项:

(1)不允许删除已有余额或已经制单的科目。

(2)不允许删除被指定为现金或银行存款的科目。

五、项目档案设置

1. 关于项目核算

(1)何为项目核算。项目核算是总账系统为实现更广泛的账务处理而引入的一种核算功能,一般用于对某一类项目进行专门的反映与管理。

(2)常见项目核算。部门核算、个人往来、客户往来、供应商往来其实都是一种项目核算。一般而言,企业可以将需要单独统计与核算的内容设置为一种项目核算,例如,现金流量、生产成本、在建工程、新产品开发、科研费用都可以设置为项目核算。

(3)核算项目。项目核算一般通过核算项目来实现。核算项目是会计科目的一种延伸,设置某科目有某类项目核算就相当于设置了该科目按核算项目进行更为细致的核算。因此,核算项目与明细科目有相同之处。

(4)核算项目与明细科目的区别。一个核算项目可以接在多个科目下,而且一个会计科目可以设置单一或多种项目核算。因此,项目核算不仅能对经济业务进行更细致的分类核算,而且可以大大简化科目体系。例如,在产品成本核算中,每一种产品的成本主要由直接材料、直接人工、制造费用构成,如果用明细科目设置费用,则生产成本及其明细科目必须设计为表3-6的形式:

表 3-6 不设项目核算的生产成本及其明细科目设置

科目编码	科目名称	项目核算
5001	生产成本	
500101	基本生产成本	
50010101	产品 1	
5001010101	直接材料	
5001010102	直接人工	
5001010103	制造费用	
50010102	产品 2	
5001010201	直接材料	
5001010202	直接人工	
5001010203	制造费用	
……		

显然，如果产品种类较多，则以上科目设置方式将带来庞大的科目体系，明细科目不胜其烦。但如果引入产品成本项目核算，科目设置将大为简化，如表 3-7 所示，相当于每一种费用都按产品设置了明细科目。

表 3-7 设置项目核算的生产成本及其明细科目设置

科目编码	科目名称	项目核算
5001	生产成本	产品成本项目核算
500101	基本生产成本	产品成本项目核算
50010101	直接材料	产品成本项目核算
50010102	直接人工	产品成本项目核算
50010103	制造费用	产品成本项目核算
……		

2. 项目核算的应用步骤

项目核算的应用步骤是相同的，都涉及初始设置、日常处理与账表输出，而且首先都需要进行项目的初始设置。项目初始设置包括：

(1) 项目大类与分类设置。

(2) 项目结构设置。

(3) 项目档案设置。项目档案是指具体的核算项目，例如，在生产成本项目中就是产品目录。

(4) 核算科目设置。

3. 项目大类设置

(1) 选择【基础设置】|【基础档案】|【财务】|【项目目录】命令，打开项目档案界面。

(2) 单击界面上方的【增加】按钮，打开如图 3-15 所示的"项目大类定义_增加"向导，第一步是定义项目大类名称并选择属性，项目大类属性有 5 种选择，分别为普通项目、使用存货目录定义项目、成本对象、现金流量项目、项目成本核算大类。例如，输入"生产成本项目"，选择普通项目，单击【下一步】按钮。

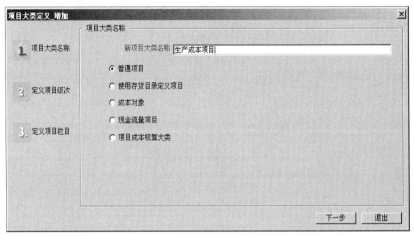

图 3-15 "项目大类定义_增加"向导

(3) 定义项目级次。即定义项目编码规则,系统规定编码最大为 8 级,总长度不超过 22 位,每级不超过 9 位。定义完毕单击【下一步】按钮。

(4) 定义项目栏目。如图 3-16 所示,系统默认栏目有项目编号、项目名称、是否结算、所属分类码,可以根据实际需要增加、修改或删除栏目。

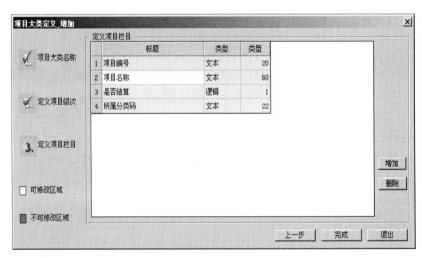

图 3-16 定义项目栏目

(5) 设置完毕后,单击【完成】按钮保存设置。

4. 指定核算科目

指定核算科目是指具体确定按此大类项目核算的会计科目。但此项指定之前,必须在会计科目设置中将这些科目的辅助核算属性设置为项目核算。下面将举例说明指定核算科目的操作方法。

【例 3-10】 指定"生产成本项目"的核算科目。操作方法如下:

(1) 选择【基础档案】|【财务】|【项目目录】命令,打开项目档案界面。

(2) 在项目档案界面,从【项目大类】下拉列表中选择"生产成本项目",并单击

【核算科目】标签,界面如图 3-17 所示。

图 3-17 指定核算科目

(3) 从"待选科目"中选择会计科目,单击【>】按钮将其移入"已选科目"。

(4) 选择完毕后,单击【确定】按钮结束。

5. 修改项目结构

项目结构一般在定义大类时定义,如果需要修改,可以在"项目档案"窗口选择【项目大类】之后,依次单击【项目结构】标签以及右侧的【修改】按钮进行。

6. 项目分类定义

项目分类是对大类的进一步分类,当项目较多时设置分类是必要的。例如,如果将产品分为自制产品和委托加工产品,则项目分类的定义方法是:

(1) 打开项目档案界面,从【项目大类】下拉列表中选择"生产成本项目",单击【项目分类定义】标签,界面显示如图 3-18 所示。

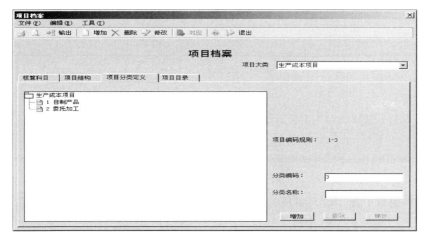

图 3-18 项目分类定义

(2) 在窗口右下方逐一输入分类编码和名称,每输入一个分类要单击【确定】按钮保存。需要注意的是,分类编码必须符合项目编码规则。

7. 设置项目目录

项目目录是指具体的核算项目,例如,在生产成本项目中就是产品目录。下面将举例说明项目目录的设置方法。

【例3-11】 按表3-8提供的资料设置"生产成本项目"的核算项目。

表3-8 产品成本项目目录

项目编码	项目名称
0001	电视机
0002	录像机
0003	收录机
0004	电冰箱
0005	洗衣机
……	

操作方法如下:

(1) 选择【基础档案】|【财务】|【项目目录】命令,打开项目档案界面。

(2) 在项目档案界面,从【项目大类】下拉列表中选择"生产成本项目",选择【项目目录】标签后,单击右边的【维护】按钮,打开如图3-19所示的项目目录维护窗口。

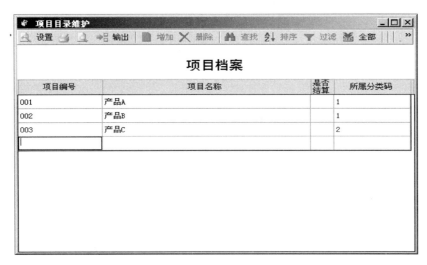

图3-19 项目目录维护窗口

(3) 在窗口中逐个输入项目的编号、名称、是否结算、所属分类等信息,如本例中的电视机、录像机、收录机等信息。

(4) 全部输入完毕后,单击【退出】按钮返回项目档案界面。

六、凭证类别设置

会计业务一般对会计凭证进行分类管理，为此，用友 ERP-U8 系统提供了凭证类别的设置功能。企业可以根据管理的需求自行设置，例如，可以为凭证设置收、付、转三类凭证，也可以不分类统称为记账凭证。企业可以对各类凭证设置一些限制条件，例如，要求收款凭证借方必须有现金或银行存款科目。凭证类别的设置方法是：

(1) 选择【基础设置】|【基础档案】|【财务】|【凭证类别】命令，打开凭证类别预置窗口。

(2) 系统预置有 5 种类别供选择，从中选择一种后单击【确定】按钮，进入如图 3-20 所示的凭证类别设置窗口。

(3) 在此可以在预置的基础上进行增加、修改、删除操作，操作完毕后单击【退出】按钮返回。

【例 3-12】 设置"001 南方电子"账套的凭证类别。假设公司对凭证不分类，即统称为记账凭证。设置方法如下：

(1) 选择【基础档案】|【财务】|【凭证类别】命令，打开凭证类别预置对话框。

(2) 在对话框中选择"记账凭证"之后，单击【确定】按钮，系统会弹出如图 3-20 所示的对话框。

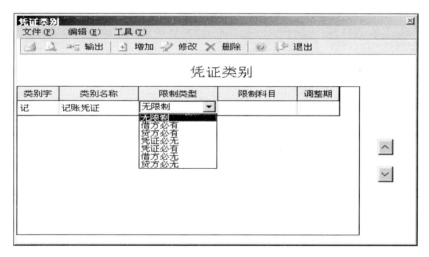

图 3-20　凭证类别设置窗口

(3) 在图 3-20 的对话框中可以设置限制条件，由于记账凭证一般难以设置条件，所以单击【退出】按钮结束即可。

需要注意的是，凭证类别一经使用则不能删除，也不能修改。限制类型与限制科目应配合使用，例如，收款凭证的限制类型可设置为"借方必有"，限制科目设为"1001，1002"，意为要求收款凭证的借方一级科目至少有一个是 1001 或 1002，否则系统会判定该凭证不属于收款凭证类别，无法保存。

七、外币设置

用友 ERP-U8 系统的币种一般预设为人民币，如果企业有外币业务，则必须进行外币与汇率设置。外币设置有两种方法：一种是从"会计科目新增"界面选择外币核算后，单击【…】按钮进入外币设置窗口；另一种是选择【基础档案】|【财务】|【外币设置】命令，进入外币设置窗口。外币设置窗口提供增加、删除、打印、输出外币等功能。

增加外币的具体操作方法如下：

（1）选择【基础设置】|【基础档案】|【财务】|【外币设置】命令，打开如图 3-21 所示的外币设置窗口。

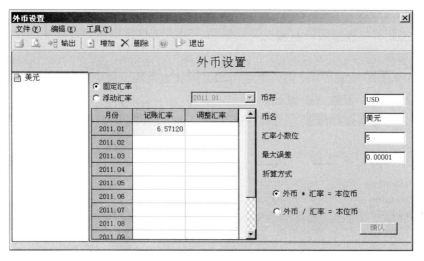

图 3-21 外币设置窗口

（2）单击【增加】按钮进入外币设置状态，输入信息除了货币符号、货币名称、汇率小数位、最大误差、折算方式之外，还应选定固定汇率或浮动汇率，并至少给出本期记账汇率。

（3）外币设置完毕后，单击【确认】按钮保存。

外币设置注意事项如下：

（1）币符和币名：币符用缩写表示，如 USD、HKD，币名则用中文表示，如美元、港币，币符为必输项目。

（2）固定汇率与浮动汇率：若以期初或年初汇率将外币折算为人民币入账则称为固定汇率，但如果以业务发生当日的汇率进行折算则称为浮动汇率。如果选择以浮动汇率入账，每天在填制第一张外币凭证之前必须录入当天的记账汇率。

（3）记账汇率与调整汇率：记账汇率指外币到人民币的折算汇率，根据对固定汇率与浮动汇率的选择，可以是期初汇率或业务发生日的汇率。调整汇率指月末汇率，主要用于期末编制汇兑损益凭证。

（4）折算方式：通过折算公式给出外币、汇率、本位币三者之间的关系，一般有以下两种折算方式：

本位币＝外币×汇率

本位币＝外币÷汇率

【例 3-13】 假设 001 账套有外币业务，按表 3-9 提供的信息练习外币设置。

表 3-9　外币资料

币符	币名	汇率小数位	折算方式	固定或浮动汇率	记账汇率
USD	美元	4	本位币＝外币×汇率	固定汇率	6.4612
JPY	日元	5	本位币＝外币×汇率	固定汇率	0.08162
HKD	港币	4	本位币＝外币×汇率	固定汇率	0.8301

操作流程如下：

(1) 单击导航条【基础设置】，选择【基础档案】|【财务】|【外币设置】命令。

(2) 在外币设置对话框中单击【增加】按钮，可输入美元的货币符号、币名、汇率小数位及最大误差，选择固定汇率以及折算方式，并在汇率表中输入启动月份记账汇率 6.4612。

(3) 单击【确定】按钮保存设置。

(4) 重复执行(2)和(3)，继续对日元和港币的设置。

(5) 全部设置完毕后，点击【退出】按钮结束。

八、收付结算设置

用友 ERP-U8 系统提供企业款项收付结算功能，以便于管理并提高与银行对账的效率。收付结算设置包括结算方式、付款条件、银行档案、本单位开户银行、收付款协议档案等内容，其中，结算方式即财务结算方式，如现金结算、支票结算、本票结算，等等。

结算方式的设置内容主要包括结算方式编码、名称、是否票据管理等。后者用于确定是否需要进行票据管理，即是否需要类似手工系统的支票登记簿那样进行管理。下面将通过举例介绍收付结算方式的设置方法。

【例 3-14】 按表 3-10 设置"001 南方电子"账套的结算方式。

表 3-10　结算方式

结算方式编码	结算方式名称	票据管理	对应票据类型
1	现金结算	否	
2	支票		
201	现金支票	是	支票结算
202	转账支票	是	支票结算
3	商业汇票	否	
301	商业承兑汇票	否	
302	银行承兑汇票	否	
4	银行汇票	否	
5	委托收款	否	
6	托收承付	否	
7	汇兑	否	
8	现金交款单	否	

操作流程如下：

（1）选择【基础设置】|【基础档案】|【收付结算】|【结算方式】命令，打开如图 3-22 所示的结算方式窗口。

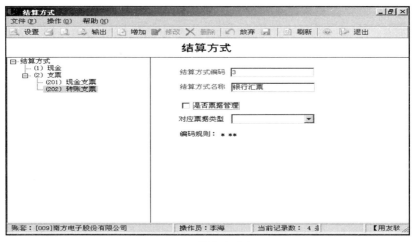

图 3-22　结算方式窗口

（2）单击【增加】按钮，输入现金结算方式的编码、名称以及选择是否票据管理和对应票据类型等内容。

（3）输入完毕后，单击【保存】按钮保存设置。

（4）重复执行（2）和（3），逐个设置其他结算方式，最后单击【退出】按钮结束。

本操作注意事项如下：

（1）结算方式编码必须符合建账时设定的编码规则；

（2）如果出纳业务要求进行支票登记簿管理则要选择票据管理，对应票据类型有现金支票、转账支票、普通支票、商业汇票等。

九、常用摘要设置

摘要是凭证中一项必不可少的、用以说明经济业务的内容，所以《会计核算软件基本功能规范》将摘要列为必须输入的项目。为了提高凭证录入的速度，会计软件一般都会设置常用摘要库，在录入凭证过程中供参照输入，以减免汉字输入之苦。当然，这就要求企业在系统初始化时，从以往凭证中整理出若干个常用摘要，并将它们输入系统。

设置常用摘要也有两种方法：一种是在输入凭证摘要时即时设置，另一种是在【基础设置】中提前集中设置。下面笔者介绍的是后者的具体操作方法：

（1）选择【基础设置】|【基础档案】|【其他】|【常用摘要】命令，打开如图 3-23 所示的常用摘要设置窗口。

（2）在常用摘要设置窗口中单击【增加】按钮，输入一条摘要信息，内容包括摘要编码、摘要内容、相关科目。

图 3-23 常用摘要设置窗口

(3) 输入完毕后,单击【退出】按钮返回。

操作中的注意事项如下:

(1) 摘要编码:用以标识常用摘要。如果用户在制单时录入摘要,只要在摘要区输入摘要编码,系统即自动调入其摘要正文和相关科目。

(2) 相关科目:如果某条摘要对应某科目,可在相关科目中设置,将来在调用该常用摘要的同时,其所对应的科目也将一同被调入,以提高录入速度。

第四节 数据和金额权限设置

用友 ERP-U8 系统提供三个层次的权限管理功能,其中,功能级权限在系统管理的【权限】中分配,数据权限和金额权限在企业应用平台的【系统服务】|【权限】或【财务会计】|【总账】|【设置】中进行分配,且数据和金额权限设置必须在功能权限分配之后才能进行。

一、数据权限控制设置

数据权限控制设置是数据权限分配的前提,即在分配之前必须确定哪些业务对象需要进行数据权限控制。一般的设置方法是,根据需要先在数据权限默认设置表中选择需要进行权限控制的对象(包括记录级和字段级),系统将根据选择在数据权限设置中显示所选对象。具体操作方法如下:

(1) 选择【系统服务】|【权限】|【数据权限控制设置】命令,打开如图 3-24 所示的数据权限控制设置对话框。

(2) 在对话框中分别对记录级和字段级选择需要控制的业务对象。

(3) 选择完毕后,单击【确定】按钮结束设置。

需要注意的是,系统预设了 3 个敏感业务对象:存货、供应商、客户。另外,只有账套主管才有权进行数据权限控制设置和数据权限分配。

■ 会计信息系统

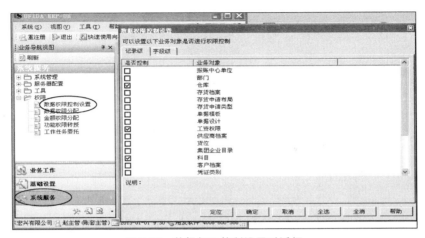

图 3-24 数据权限控制设置对话框

二、数据权限分配

数据权限分配包括记录级和字段级两个层次的权限分配，其中，记录权限分配是指对具体业务对象进行权限分配，而字段权限分配是对单据中包含的字段进行权限分配。记录权限分配的具体操作方法如下：

（1）选择【系统服务】|【权限】|【数据权限分配】命令，打开权限浏览界面。

（2）在权限浏览界面先选择要分配权限的角色或用户，再选择"记录"级权限页签，然后单击【授权】按钮，打开如图 3-25 所示的记录权限设置对话框。

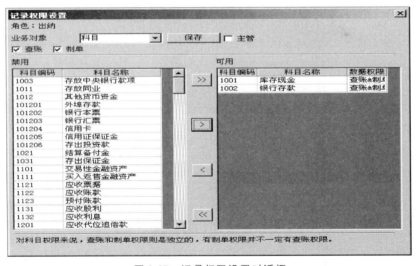

图 3-25 记录权限设置对话框

（3）在对话框中选择分配业务对象，即在对话框的左边"禁用"框中显示相应的具体业务对象。

（4）根据需要选择"查账""制单"权限。查账与制单是两个互相独立的权限，因此对科目有制单权并不意味着有权查询该科目的账簿。

（5）根据所选的用户或角色、业务对象进行数据权限分配，方法是从"禁用"区域选择业务对象移入"可用"区域,"可用"区域的业务对象就是有权操作的业务。

(6) 分配完毕后,单击【保存】按钮保存并返回权限浏览界面,并在"拥有的权限"区内显示该用户或角色拥有的权限内容。

【例 3-15】 为"001 南方电子"账套中"出纳 2"角色分配查账、制单权限,业务对象为"科目",可操作科目为 1001 库存现金、1002 银行存款。操作流程如下:

(1) 选择【系统服务】|【权限】|【数据权限分配】命令,打开权限浏览界面。

(2) 在权限浏览界面先选择要分配权限的角色"出纳 2",再选择"记录"级权限页签,然后单击【授权】按钮,打开如图 3-25 所示的记录权限设置对话框。

(3) 在对话框的【业务对象】下拉列表中选择"科目",并根据出纳的业务需要选择"查账""制单"权限。

(4) 从"禁用"区域中选择 1001、1002 科目移入可用区。

(5) 分配完毕单击【保存】按钮返回权限浏览界面。

操作中的注意事项如下:

(1) 在记录权限设置对话框中,如果选择"主管",则全部业务对象自动移入可用区域,意味着主管有权操作全部业务对象。

(2) 对凭证类别、项目、客户、供应商、存货、部门、业务员、仓库、货位、资金单位等档案权限,录入权限自动包含查询权限。例如,如果设置部门权限类型为录入权限,则该角色或用户既可录入该部门的所有单据信息,同时还可以查询该部门的所有数据信息。除此之外的业务对象,"查账"与"制单"是两个互相独立的权限,即有制单权限并不意味着有查询权。

(3) 在权限浏览界面单击【修改】按钮,进入如图 3-26 所示的权限分配界面,可以根据所选的用户或角色、业务对象进行数据权限分配。

图 3-26 单击【修改】进入的权限分配界面

三、金额权限分配

金额级权限管理用于对内部金额的控制，即对金额划分权限级别，并对不同的操作员授予不同的操作级别，限制用户制单时可以使用的金额额度。目前，系统只对科目金额和采购订单金额上限进行权限管理。

1. 金额级别设置

在分配金额权限之前必须先设置金额级别，分别限定每一级别可操作金额的上限。具体操作步骤如下：

(1) 选择【系统服务】|【权限】|【金额权限分配】命令，打开金额权限设置界面，选择"科目级别"或"采购订单级别"后，单击【级别】按钮，打开如图 3-27 所示的金额级别设置窗口。

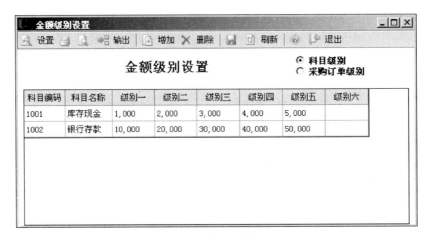

图 3-27 金额级别设置窗口

(2) 在金额级别设置窗口单击【增加】按钮，依次输入项目名称和各级金额上限。例如，如果选择"科目级别"，则在级别列表中依次输入科目编码 1001、1002，并分别设置科目的各级金额的上限值。

(3) 单击【保存】按钮，返回金额权限设置界面。

2. 金额权限设置

(1) 选择【系统服务】|【权限】|【金额权限分配】命令，打开如图 3-28 所示的金额权限设置界面。

(2) 单击【增加】按钮，在金额权限设置列表中增加一空白行，在"用户编码"栏选择操作员编码，在"级别"栏选择金额级别。

(3) 反复执行第(2)步直至设置完毕，最后单击【保存】和【退出】按钮。

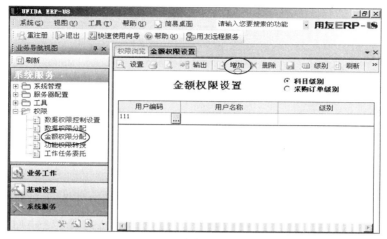

图 3-28　金额权限设置界面

本章小结

企业应用平台或(称企业门户)是用友 ERP-U8 系统提供的一个集成操作与管理平台，它通过三个选择按钮，分别提供业务工作、基础设置和系统服务等功能。其中，基础设置和系统服务的许多设置，均是业务应用的基础。

本章在介绍企业应用平台的启动方法与基本功能的基础上，先后介绍了基本信息、基础档案和数据权限设置，其中较详细地介绍了基础档案设置，内容包括部门档案、职员档案、客商信息、会计科目、项目档案、凭证类别、外币、收付结算、常用摘要等设置。

本章介绍的设置内容是总账、应收应付、薪资、固定资产等系统的应用基础，读者必须通过实训，在理解的基础上掌握其操作方法。

基本概念

企业应用平台、业务工作、基础设置、系统服务、基础档案、项目档案、凭证类别、收付结算、常用摘要、数据权限控制设置、数据权限设置、金额权限设置。

练习题

一、单项选择题

1. 下列不属于企业应用平台基本功能的是_____。
   A. 业务工作　　　B. 基础设置　　　C. 系统服务　　　D. 用户设置
2. 部门设置操作是在_____功能模块中进行的。
   A. 基础设置　　　　　　　　　　　B. 建立工资核算账套

C. 日常工资业务处理　　　　　　D. 月末工资业务处理

3. 下列不属于会计科目设置内容的是_____。
   A. 科目余额　　　　　　　　　　B. 是否核算数量
   C. 是否核算现金流量　　　　　　D. 是否辅助核算

4. 若会计科目编码方案为 4-2-2，则下列正确的编码为_____。
   A. 10010101　　B. 1002002　　C. 10101　　D. 1020201

5. 由于科目修改所造成的影响不只限于科目本身，所以修改必须受到限制，例如，_____一般是不能修改的。
   A. 科目名称　　B. 科目类别　　C. 助记忆码　　D. 科目代码

6. 下列科目可以删除的是_____。
   A. 无发生额与余额的明细科目　　B. 年内有发生额的科目
   C. 有明细科目的科目　　　　　　D. 余额不为零的科目

7. 辅助核算一般通过设置_____来实现。
   A. 核算项目　　B. 会计科目　　C. 会计报表　　D. 会计账簿

8. 辅助核算的设置主要包括两个方面：一是_____；二是具体的核算项目。
   A. 辅助科目种类　　　　　　　　B. 核算种类与结构
   C. 核算项目性质　　　　　　　　D. 核算项目的内容

9. 设置凭证类别时，对于收款凭证通常选择_____限制类型。
   A. 借方必有　　B. 贷方必有　　C. 凭证必有　　D. 凭证必无

10. 用户设置的每一种外币，除了给出货币代码、名称、折算方式、小数位数之外，还应选定是固定汇率还是浮动汇率，并至少给出本期_____。
    A. 期末汇率　　B. 期末余额　　C. 期初汇率　　D. 期初余额

11. 结算方式的设置内容主要包括结算方式编码、名称以及_____。
    A. 是否金额管理　　　　　　　　B. 是否票据管理
    C. 是否凭证管理　　　　　　　　D. 是否权限管理

12. 数据权限和金额权限在_____分配。
    A. 企业应用平台中的【基础设置】|【权限】
    B. 系统管理中的【权限】
    C. 企业应用平台中的【系统服务】|【权限】
    D. 账套管理中的【权限】

13. 数据权限分配包括两个层次的权限分配，即_____。
    A. 记录级和字段级　　　　　　　B. 金额级和数量级
    C. 凭证级和账簿级　　　　　　　D. 总账级和明细账级

二、多项选择题

1. 下列属于基础设置的主要功能是_____。
   A. 基础信息　　B. 基础档案　　C. 业务参数　　D. 个人参数
   E. 单据设置　　F. 档案设置

2. 设置基础档案主要包括_____。
A. 设置职员档案　　　　　　　　B. 设置客户档案
C. 设置供应商档案　　　　　　　D. 设置部门档案
3. 下列属于基本信息的功能是_____。
A. 系统启用　　　B. 编码方案　　　C. 数据精确度　　　D. 个人选项
4. 在部门档案设置中必须输入（不可或缺）的内容有_____。
A. 部门编码　　　B. 部门名称　　　C. 电话地址　　　D. 信用额度
5. 在客户档案设置中必须输入（不可或缺）的内容有_____。
A. 客户编码　　　B. 客户简称　　　C. 所属分类　　　D. 币种
6. 会计科目的设置一般涉及以下内容：_____。
A. 科目代码与助记码　　　　　　B. 科目名称
C. 科目类型　　　　　　　　　　D. 余额方向
E. 辅助核算种类　　　　　　　　F. 现金流量
7. 建立会计科目时输入的基本内容包括_____。
A. 科目编码　　　B. 科目名称　　　C. 受控系统　　　D. 账页格式
8. 在账务处理系统进行科目设置时，设置的会计科目编码应_____。
A. 符合会计制度规定　　　　　　B. 编码必须唯一
C. 符合级次、级长要求　　　　　D. 编码只有两位
9. 下列关于会计科目的描述中，错误的有_____。
A. 要修改和删除某个会计科目，应先选中该会计科目
B. 科目一经使用，即已经输入凭证，则不允许修改或删除该科目
C. 有余额的会计科目可直接修改
D. 删除会计科目应从一级科目开始
10. 下列核算可以用辅助核算功能实现的有_____。
A. 部门核算　　　B. 个人往来　　　C. 客户往来　　　D. 现金流量
E. 银行对账　　　F. 生产成本
11. 往来核算辅助账初始化的主要内容包括_____。
A. 设置往来核算项目
B. 输入期初余额和未结清的往来业务
C. 输入本期发生的往来业务
D. 输入期末余额和已结清的往来业务
12. 用友 ERP-U8 系统提供三个层次的权限管理功能，其中包括_____。
A. 系统级权限　　　B. 功能级权限　　　C. 数据级权限　　　D. 金额级权限

三、判断题

1. 企业应用平台左下方的三个选择按钮分别是【业务工作】【基础设置】和【系

统服务】。( )

2. 基本信息设置包括系统启用、编码方案和数据精度的设置。( )

3. 选择【基础设置】|【基础档案】命令，即可进行机构人员、客商、存货、财务、收付结算等档案信息的设置。( )

4. 科目编码规则是指代码共有多少个以及各级代码的长度。( )

5. 会计科目代码一般使用数字进行编码。( )

6. 如果科目编码规则设置为 4-2-1-1，则设 8 级科目，科目代码的最大长度为 4 位。( )

7. 科目编码规则一经设定，在账套正式启用之后即不允许修改。( )

8. 凭证审核控制规定凭证是否需要审核、是否允许成批审核、出纳是否需要签字等。( )

9. 科目名称一般用汉字或英文字符表示，系统只在输出时使用。( )

10. 客户档案用于存放客户基本信息以及按客户统计的应收账款数据。系统正式启用之后，客户档案不能增删客户。( )

11. 余额方向是用于指定科目余额的计算方法，其中，贷方余额=期初余额－本期借方发生额＋本期贷方发生额。( )

12. 辅助核算项目是会计科目的一种延伸，所以核算项目与明细科目是完全相同的。( )

13. 凭证类别一经使用则不能删除，但可以修改类别字。( )

14. 结算方式的设置内容主要包括结算方式编码、名称、余额、是否票据管理等。( )

15. 金额级权限管理用于对内部金额控制，限制操作员制单时可以使用的金额额度。( )

实训二　基础档案设置

一、实训目的

通过实训演练掌握与用友 ERP-U8 系统有关的基础档案的设置方法。

二、实训内容

(1) 机构人员设置，包括部门档案、职员档案设置。

(2) 客商信息设置，包括客户档案、供应商档案设置。

(3) 存货档案设置，包括计量单位、存货分类、存货档案设置。

(4) 会计科目设置，包括会计科目的新增、修改、删除、复制、指定等。

(5) 凭证类别、外币、核算项目、结算方式、常用摘要等设置。

三、实训资料

1. 部门档案

表 3-11　部门信息

部门编码	部门名称	部门类型
1	机关	
101	办公室	管理部门
102	财务部	管理部门
103	人事部	管理部门
104	工会	管理部门
2	生产部门	
201	一车间	生产部门
202	二车间	生产部门
3	供销部门	
301	采购科	采购部门
302	销售科	销售部门
4	退休部	

2. 人员档案

表 3-12　人员信息

人员编码	人员姓名	性别	部门	人员类别
001	李文	女	办公室	管理人员
002	陈辉	男	办公室	管理人员
003	邓芳	女	办公室	管理人员
004	高明	男	财务部	管理人员
005	江曼	女	财务部	管理人员
006	王姜	女	财务部	管理人员
007	范莉	女	人事部	管理人员
008	陈军	男	人事部	管理人员
009	陈玉	女	工会	管理人员
010	黄海	男	一车间	生产人员
011	高旭	男	一车间	生产人员
012	何伟	男	一车间	生产人员
013	陈菁	女	一车间	生产人员
014	黄强	男	二车间	生产人员
015	陈涛	男	二车间	生产人员
016	黎静	女	二车间	生产人员
017	李海	男	二车间	生产人员

(续表)

人员编码	人员姓名	性别	部门	人员类别
018	梁容	女	销售科	营销人员
019	刘宁	男	销售科	营销人员
020	龙勇	男	销售科	营销人员
021	庞渝	男	销售科	营销人员
022	乔瑛	女	采购科	营销人员
023	沈玥	女	采购科	营销人员
024	宋科	男	采购科	营销人员
025	孙阳	男	退休部	退休人员
026	谭娜	女	退休部	退休人员

3. 客户档案

表 3-13 客户信息

客户编码	客户名称	客户简称	税号	信用额度（元）	开户银行	银行账号
1001	南方高山销售公司	高山公司	110102567038121	250000	工商银行	13208189
1003	东升维维发展公司	维维公司	120389121618062	120000	工商银行	13228825
2002	北海绿水电子公司	绿水公司	210186456888785	350000	建设银行	45302658
2004	西山青草股份公司	青草公司	210763241567289	400000	建设银行	45032682
3005	中原苹果地产公司	苹果公司	320389121618062	800000	工商银行	13208790

4. 供应商档案

表 3-14 供应商信息

编码	供应商名称	简称	税号	电话	开户银行	银行账号
001	上海市电子器件股份公司	上海电子	1350152384162456	68923456	建设银行	45866432
002	厦门市电子元件供应公司	厦门元件	151245687921442	84528987	建设银行	45356872
003	左营市线材生产集团公司	左营线材	326856700345218	46854365	工商银行	13226797
004	右安市万福塑料制品公司	右安塑料	248691256786543	55498022	建设银行	45487642
005	中国正方材料供应总公司	中国材料	458691256781231	31890114	工商银行	13254761

5. 存货

（1）计量单位

表 3-15 计量单位信息

计量单位组编码	计量单位组别	单位编码	单位名称	换算率
01	独立单位	01	台	无换算
01	独立单位	02	箱	无换算

(2) 存货分类

表 3-16 存货分类信息

类别编码	类别名称
1	产成品
2	原材料

(3) 存货档案

表 3-17 存货信息

存货编码	存货名称	存货分类	计量单位组	计量单位	销项税率
1001	电视机	1	独立单位	台	17%
1002	录像机	1	独立单位	台	17%
1003	电冰箱	1	独立单位	台	17%
1004	音响	1	独立单位	台	17%
2001	元件 A	2	独立单位	箱	
2002	元件 B	2	独立单位	箱	
2003	元件 C	2	独立单位	箱	

6. 会计科目与年初余额

标志为"*"的科目为本次实训中用到的科目。

表 3-18 会计科目信息

一、资产					
序号	科目代码	科目名称	余额方向	年初余额	标志
1	1001	库存现金	借	724200.00	*
2	1002	银行存款	借	2008000.00	*
3	1012	其他货币资金	借		
	101201	外埠存款		15500.00	*
	101202	银行本票			
	101203	银行汇票		249300.00	*
	101204	信用卡			
	101205	信用证保证金			
	101206	存出投资款			
4	1101	交易性金融资产	借		*
	110101	成本			*
	11010101	股票		31900.00	*
	11010102	债券			*
	11010103	基金			*
	11010104	其他			*
	110102	公允价值变动			*

(续表)

一、资产					
序号	科目代码	科目名称	余额方向	年初余额	标志
5	1121	应收票据	借	524300.00	※
6	1122	应收账款	借	639400.00	※
7	1123	预付账款	借	213150.00	※
8	1131	应收股利	借		※
9	1132	应收利息	借		※
10	1221	其他应收款	借	10600.00	※
11	1231	坏账准备	贷	19182.00	※
12	1321	受托代销商品	借		※
13	1401	材料采购	借		※
	140101	元件A		409200.00	※
	140102	元件B		70330.00	※
14	1403	原材料	借		
	140301	元件A		532875.00	※
	140302	元件B		639450.00	※
15	1404	材料成本差异	借		※
	140401	元件A		31970.00	※
	140402	元件B		46786.00	※
16	1405	库存商品	借		※
	140501	电视机		1449420.00	
	140502	录像机		2131500.00	※
17	1406	发出商品	借		
18	1407	商品进销差价	借		
19	1408	委托加工物资	借		
20	1411	周转材料	借		※
	141101	包装物		81103.00	※
	141102	低值易耗品		106575.00	※
21	1471	存货跌价准备	贷		
22	1511	长期股权投资	借		※
	151101	成本		550197.00	※
	151102	损益调整			※
	151103	其他权益变动			
23	1512	长期股权投资减值准备	贷		
24	1601	固定资产	借	2912481.00	※
25	1602	累计折旧	贷	1066994.00	※
26	1603	固定资产减值准备	贷		※
27	1604	在建工程	借	3197250.00	※

(续表)

一、资产

序号	科目代码	科目名称	余额方向	年初余额	标志
28	1605	工程物资	借		∗
	160501	专用材料			∗
	160502	专用设备			∗
	160503	预付大型设备款			∗
	160504	为生产准备的工具及器具			∗
29	1606	固定资产清理	借		∗
30	1701	无形资产	借	1278900.00	∗
31	1702	累计摊销	贷		
32	1703	无形资产减值准备	贷		
33	1801	长期待摊费用	借	426300.00	∗
34	1811	递延所得税资产	借		∗
35	1901	待处理财产损溢	借		∗
	190101	待处理流动资产损溢			∗
	190102	待处理固定资产损溢			∗

二、负债

序号	科目代码	科目名称	余额方向	年初余额	标志
36	2001	短期借款	贷	639450.00	∗
37	2201	应付票据	贷	426300.00	∗
38	2202	应付账款	贷	2033020.00	∗
39	2203	预收账款	贷		∗
40	2211	应付职工薪酬	贷		
	221101	工资		213150.00	∗
	221102	职工福利费		21315.00	∗
41	2231	应付利息	贷		∗
42	2232	应付股利	贷		∗
43	2221	应交税费	贷		∗
	222101	应交增值税			∗
	22210101	进项税额			∗
	22210102	已交税金			∗
	22210103	转出未交增值税			∗
	22210104	减免税款			∗
	22210105	销项税额			∗
	22210106	出口退税			∗
	22210107	进项税额转出			∗
	22210108	出口抵减内销产品应纳税额			∗
	22210109	转出多交增值税			∗

(续表)

二、负债

序号	科目代码	科目名称	余额方向	年初余额	标志
	22210110	未交增值税		63945.00	*
	222102	应交营业税			*
	222103	应交消费税			*
	222104	应交资源税			*
	222105	应交所得税			*
	222106	应交土地增值税			*
	222107	应交城市维护建设税			*
	222108	应交房产税			
	222109	应交土地使用税			
	222110	应交车船使用税			
	222111	应交个人所得税			*
	222112	教育费附加		14067.00	*
44	2241	其他应付款	贷	108706.00	*
45	2501	长期借款	贷	2911230.00	*
46	2502	应付债券	贷		*
	250201	面值			*
	250202	利息调整			*
	250203	应计利息			*
47	2701	长期应付款	贷		
48	2702	未确认融资费用	借		
49	2711	专项应付款	贷		
50	2801	预计负债	贷		
51	2901	递延所得税负债	贷		

三、所有者权益

序号	科目代码	科目名称	余额方向	年初余额	标志
52	4001	实收资本	贷	8000000.00	*
53	4002	资本公积	贷		*
	400201	股本溢价			*
	400202	其他资本公积			
54	4101	盈余公积	贷		*
	410101	法定盈余公积		1600000.00	*
	410102	任意盈余公积			*
	410103	储备基金			
	410104	企业发展基金			
	410105	利润归还投资			
55	4103	本年利润	贷		*

(续表)

三、所有者权益					
序号	科目代码	科目名称	余额方向	年初余额	标志
56	4104	利润分配	贷		＊
	410401	提取法定盈余公积			＊
	410402	提取任意盈余公积			＊
	410403	应付现金股利或利润			＊
	410404	转作股本的股利			
	410405	盈余公积补亏			
	410406	提取企业发展基金			
	410407	提取职工奖励及福利基金			
	410408	未分配利润		1163328.00	＊
四、生产成本					
57	5001	生产成本	借		＊
	500101	基本生产成本			＊
	50010101	电视机			＊
	50010102	录像机			＊
	500102	辅助生产成本			＊
58	5101	制造费用	借		＊
59	5201	劳务成本	借		
五、损益					
60	6001	主营业务收入	贷		＊
61	6051	其他业务收入	贷		＊
62	6111	投资收益	贷		＊
63	6301	营业外收入	贷		＊
64	6401	主营业务成本	借		＊
65	6402	其他业务成本	借		＊
66	6403	营业税金及附加	借		
67	6601	销售费用	借		＊
68	6602	管理费用	借		＊
69	6603	财务费用	借		＊
70	6701	资产减值损失	借		
71	6711	营业外支出	借		＊
72	6801	所得税费用	借		＊
73	6901	以前年度损益调整	借		＊

7. 凭证类型

表 3-19 凭证类型信息

类别字	类别名称	限制类型	限制科目
记	记账凭证	无	无

8. 结算方式

表 3-20 结算方式信息

结算方式编码	结算方式名称	票据管理	对应票据类型
1	现金结算	否	
2	支票		
201	现金支票	是	支票结算
202	转账支票	是	支票结算
3	商业汇票	否	
301	商业承兑汇票	否	
302	银行承兑汇票	否	
4	银行汇票	否	
5	委托收款	否	
6	托收承付	否	
7	汇兑	否	
8	现金交款单	否	

9. 外币与汇率

本次实训不涉及外币核算，但可按以下资料练习外币与汇率的设置方法。

表 3-21 外币与汇率信息

币符	币名	汇率小数位	折算方式	固定或浮动汇率	记账汇率
USD	美元	4	本位币＝外币×汇率	固定汇率	6.4612
JPY	日元	5	本位币＝外币×汇率	固定汇率	0.08162
HKD	港币	4	本位币＝外币×汇率	固定汇率	0.8301

10. 核算项目

本次实训不涉及项目核算，但可以练习核算项目的设置方法。

（1）项目大类：产品成本项目。

表 3-22 产品成本项目信息

核算科目编码	核算科目名称	项目大类
5001	生产成本	产品成本项目
500101	基本生产成本	产品成本项目
50010101	直接材料	产品成本项目
50010102	直接人工	产品成本项目
50010103	制造费用	产品成本项目
……		

（2）项目分类：可以设置产成品、半成品，等等。

（3）产品成本项目目录。

表 3-23　产品成本项目目录

项目编码	项目名称
0001	电视机
0002	录像机
0003	收录机
0004	电冰箱
0005	洗衣机
……	

11. 常用摘要

常用摘要的项目包括摘要编码与摘要内容，读者可从"实训三"的凭证中整理出摘要内容，然后为每条摘要加一个两位数或三位数的编码即可。

第四章

总 账 系 统

学习目标

1. 了解总账系统的主要特点、功能和操作流程。
2. 掌握总账系统的初始设置方法。
3. 掌握凭证的填制、查询、修改、审核、记账等操作方法。
4. 了解出纳管理与辅助核算功能的操作方法。
5. 掌握期末处理与主要的账表管理。

总账系统又称账务处理系统，通过凭证的输入、审核、记账、对账、结账和账表输出，实现会计核算的自动处理。传统会计是在账务处理的基础上发展起来的，没有账务处理也就没有会计。在会计信息系统中，总账系统仍然是最重要的。

第一节 总账系统概述

总账系统是会计信息系统的核心，其他业务系统往往需要读取它的数据进行核算，并将处理结果以记账凭证的形式传送到总账系统再作处理。因此，总账系统不但要满足账务处理与控制的需要，而且还要充分考虑与其他业务系统的数据共享需求。

一、总账系统的主要特点

总账系统具有会计信息系统的全部特征，如遵循世界通用的复式记账原则、数据处理一般以记账凭证为起点、简化会计循环并改善信息处理的质量、强化会计职能、会计内部控制程序化、财务报告内容多元化并提供定期与实时相结合的报表等，除此之外还具有以下几个特点：

1. 内部账簿体系有较大变化

账簿体系反映的是总账系统的数据结构，而数据结构必须与核算形式相适应，为此，总账系统的内部账簿体系发生了较大变化：

(1) 记账凭证成了第一重要的账簿，它是永久性的会计档案，是生成其他序时账和分类账的基础，因此它的数据必须正确、项目必须完整。

(2) 总账也是永久性的账簿，但它更多元化，即除了科目总账，还应该有部门、客户、供应商等总账，以满足快速查询和编制报表的需求。

(3) 序时账和明细账在系统内可以不是永久性的，只在需要时才临时生成。

2. 记账已实现全自动化

在总账系统中，记账只是一个沿用以往习惯的旧名词，不仅记账程序与记账内涵已不相同，而且记账已实现全自动化。记账一般采用一种固定的处理程序，根据凭证自动更新各种总账文件，包括科目总账以及各种辅助总账文件。

3. 内部控制的重点在于凭证处理

会计人员不必理会数据在系统内部的处理方法，而只需保证凭证的正确性。只要凭证正确，由此产生的总账、明细账和日记账就不会出现错误。因此，保证凭证的正确性成了总账系统内部控制的关键。

4. 通用性和规范性最强

在会计信息系统中，总账系统的通用性是最强的，它不仅适用于任何类型的企业，也适用于形形色色的行政事业单位。当然，其通用性来源于规范性，任何一个会计软件的总账系统都必须严格按照统一的会计制度设计。

二、总账系统的逻辑模型

总账系统的逻辑模型是建立在账务处理程序的基础上的，目前，各种会计软件提供的总账系统都大同小异，其基本的账务处理程序是：

(1) 输入记账凭证、原始凭证，或由本系统、其他系统自动生成记账凭证。

(2) 审核已输入的或自动生成的记账凭证，以确保数据正确无误。

(3) 根据已审核的记账凭证更新科目总账、辅助总账以及相关文件。

(4) 需要时，根据凭证文件生成并输出日记账或明细账，根据总账文件编辑输出总账。

(5) 会计期末自动结账，并根据总账文件自动编制和输出各种会计报表。

总账系统的数据流如图4-1所示，该图基本上反映了总账系统的逻辑模型。

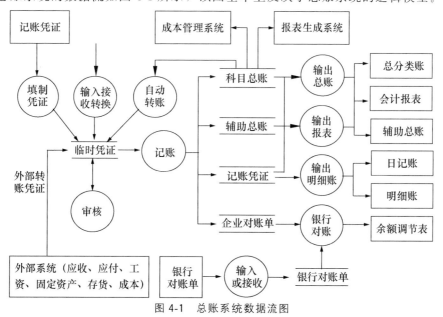

图4-1 总账系统数据流图

三、总账系统的主要功能

总账系统的基本任务是力求实现会计循环自动化,即由计算机实现自动记账、对账、转账、结账、查账和编制报表。但其中从原始凭证到记账凭证的确认,因其制度复杂、规则灵活、业务多变,目前尚不可能全部实现自动化。由于会计核算与管理的需要以及计算机处理的优越性,总账系统一般还提供往来、部门、项目等辅助核算功能,以提供多元分类核算的会计信息。

为了实现以上基本任务,总账系统一般设有系统设置、凭证处理、出纳管理、辅助核算、期末处理、账表管理等功能。但不同会计软件如何组织这些功能存在很大差异,而且随着技术的进步和管理的需要,输入、输出的形式与管理功能也都在不断发展。用友 ERP-U8 总账系统的主要功能如图 4-2 所示。

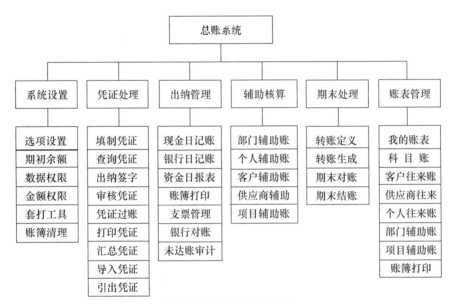

图 4-2　总账系统功能结构

1. 系统设置

总账系统是一个通用系统,在正式使用之前必须进行一系列初始设置,包括科目、项目、外币、期初余额、凭证类别、结算方式、分类定义、编码档案、权限分配,等等,但其中许多设置在系统管理和基础设置中已经完成,真正留待总账系统中设置的只有选项设置、录入期初余额、套打设置等内容。

2. 凭证处理

凭证处理的主要功能有:填制凭证、查询凭证、出纳和主管签字、审核凭证、凭证过账、打印凭证、汇总凭证、导入和引出凭证等。

3. 出纳管理

出纳管理功能除了凭证签字之外,还包括:查询日记账和资金日报表、账簿打印、支票管理、银行对账、未达账审计等。

4. 辅助核算

辅助核算主要提供部门、个人往来、客户往来、供应商往来和项目往来等辅助核算功能。辅助核算除了需要初始设置、日常处理功能之外,还要提供各种辅助明细账、辅助总账以及相关信息的查询输出功能。

5. 期末处理

会计期末必须编制分摊、计提、汇兑损益等转账凭证,并进行试算平衡、对账、结账业务。因此,总账系统提供转账定义、转账生成、期末对账和期末结账等功能。

6. 账表管理

总账系统提供的账表比较多,主要包括我的账表、科目账、客户往来辅助账、供应商往来辅助账、个人往来辅助账、部门辅助账、项目辅助账以及账簿打印等功能。

四、总账系统与其他系统的关系

总账系统是会计信息系统的核心,它与其他系统必然存在紧密联系,成本、报表、财务分析等多个系统需要读取总账系统的数据进行处理,而应收、应付、薪资、固定资产、存货、成本、资金等系统则要将处理结果汇总生成记账凭证,传送到总账系统记入总分类账。此外,总账系统还与其他系统共享编码方案、存货分类、存货档案、部门档案等基础数据。

用友 ERP-U8 总账系统与其他系统的关系如图 4-3 所示。

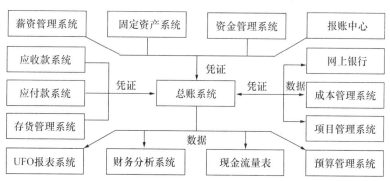

图 4-3 用友 ERP-U8 总账系统与其他系统的关系

五、总账系统的操作流程

总账系统的基本业务包括初始设置、日常处理和期末处理三大部分,其操作流程如图 4-4 所示,即必须从建立账套和初始设置开始,启用账套后即进入周而复始的日常账务处理和期末处理。日常最基本的业务是凭证处理,其流程是:

(1)填制凭证:手工输入记账凭证或由系统自动生成记账凭证。

(2)凭证审核:审核每一张记账凭证,确保数据合规和正确无误。

(3)凭证记账:定期或随时根据已审核的记账凭证更新总账。

此外,考虑到企业一般不能在会计期末及时结账,所以总账系统允许本期结账之前输入下一期的记账凭证,但这些凭证必须在本期结账之后才能审核与记账。

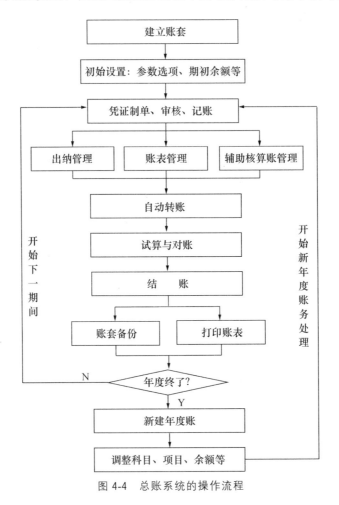

图 4-4 总账系统的操作流程

第二节 系统初始设置

总账系统的许多设置在系统管理和基础设置中已经完成,这些设置包括科目设置、项目设置、外币设置、期初余额、凭证类别、结算方式、分类定义、编码档案、权限分配,等等,真正留待总账系统中设置的内容不多,其中主要是参数设置和录入期初余额。

一、系统参数设置

总账系统是一个通用系统,企业在正式启用之前必须根据核算的需求确定系统的各种参数,从而将一个通用的总账系统转化为一个满足本企业实际需求的专用系统。系统参数是总账系统运行的基础,它的设置将决定系统的输入控制、处理方式、输出格式等许多方面,而且设定后一般不能随意更改,所以企业必须慎重考虑并正确设置。

系统参数通过"选项"的选择进行设置，具体操作方法是：账套主管在企业应用平台中选择【业务工作】|【财务会计】|【总账】|【设置】|【选项】命令，打开选项窗口进行设置。选项窗口有凭证、账簿、凭证打印、预算控制、权限、会计日历、其他以及自定义项核算等标签页，系统参数一般是以选项的形式设置。需要注意的是，如无特殊要求，一般可采用系统默认参数。

1. 凭证选项

在选项窗口单击【凭证】页签，即进入如图 4-5 所示的凭证选项设置，这是一项重要设置，主要选项有：

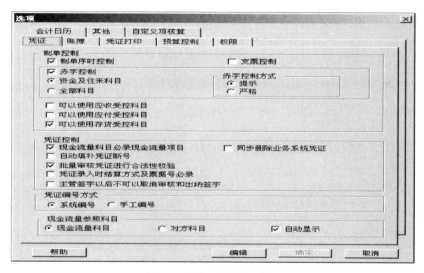

图 4-5　凭证选项设置窗口

（1）制单控制。该部分主要确定在填制凭证时系统应对哪些操作进行控制，选项包括：是否需要制单序时控制、支票控制、赤字控制，以及是否使用应收、应付、存货受控科目。

（2）凭证控制。该部分的选择对凭证处理将产生很大影响。选项包括：现金流量科目必录现金流量项目、自动填补凭证断号、批量审核凭证进行合法性校验、凭证录入时结算方式及票据号是否必录、主管签字以后不可取消审核和出纳签字、同步删除外部系统凭证。例如，若选择"现金流量科目必录现金流量项目"，则在录入凭证时如果出现现金流量科目则必须输入现金流量项目及金额。

（3）凭证编号方式。该部分提供系统编号和手工编号两种选择，若选择"系统编号"，则填制凭证时，系统按凭证类别按月自动编制凭证编号。

（4）现金流量参照科目。该部分设置现金流量录入界面的参照内容和方式。

【例 4-1】　设置"001 南方电子"账套总账系统参数。凭证要求进行支票控制；可以使用应收、应付、存货受控科目；现金流量表科目必录流量项目；其他采用默认设置。操作流程如下：

(1) 以账套主管身份登录南方电子账套,在企业应用平台设置参数。

(2) 选择【财务会计】|【总账】|【设置】|【选项】命令,打开选项对话框。

(3) 单击【凭证】页签和【编辑】按钮。

(4) 在如图 4-5 所示的窗口中选中"支票控制""可以使用应收、应付、存货受控科目""现金流量表科目必录流量项目"等复选框,单击【确定】按钮返回。

2. 账簿选项

在"选项"窗口单击【账簿】页签,即进入如图 4-6 所示的"账簿"选项设置,主要设置内容有:

(1) 打印位数宽度。该部分定义账簿打印时,摘要、金额、外币、数量、汇率等各栏的宽度。

(2) 凭证、账簿是否套打。可以选择套打,总账系统内置了四种套打纸型供选择。

(3) 明细账打印方式。该部分确定明细账等账簿打印时按年排页还是按月排页。

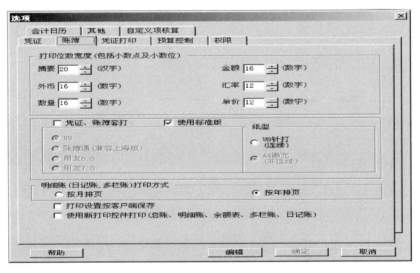

图 4-6 账簿选项设置窗口

3. 凭证打印选项

凭证打印选项主要设置凭证打印的格式以及其他具体内容。在"选项"窗口单击【凭证打印】页签,即进入"凭证打印"选项设置,主要选项或设置内容如下:

(1) 合并凭证显示、打印。

(2) 打印凭证的制单、出纳、审核、记账等人员姓名。

(3) 打印包含科目编码。

(4) 摘要与科目打印内容设置。

(5) 打印转账通知书。

(6) 凭证、正式账簿每页打印行数。

4. 预算控制选项

预算控制选项主要设置专家财务评估和预算财务管理系统的具体内容。在"选项"

窗口单击【预算控制】页签,即进入"预算控制"选项设置,主要选项或设置内容有:

(1)专家财务评估。选择"专家财务评估"选项,即可从专家财务评估取得预算数,输入分录即使超过预算也可以保存。

(2)预算管理系统。在此显示预算管理系统是否启用总账预算控制,当启用该控制时选中该选项。

5. 权限选项

在"选项"窗口单击【权限】页签,即进入如图 4-7 所示的权限选项设置,这也是一项重要设置,主要选项如下:

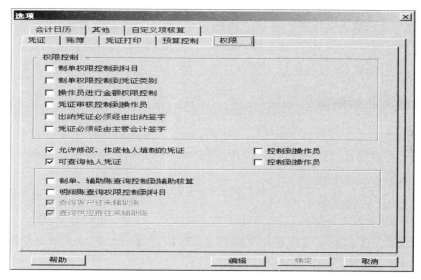

图 4-7　权限选项设置窗口

(1)权限控制。该部分提供一组权限供选择,包括:制单权限控制到科目、制单权限控制到凭证类别、操作员进行金额权限控制、凭证审核控制到操作员、出纳凭证必须经由出纳签字、凭证必须经由主管会计签字。

(2)操作他人凭证权限。该部分提供的选择包括:允许修改、作废他人填制的凭证以及可查询他人凭证。

(3)查询权限。该部分提供的选项包括:明细账查询权限控制到科目、制单与辅助账查询控制到辅助核算、查询客户往来辅助账、查询供应商往来辅助账。

【例 4-2】　设置"001 南方电子"账套总账系统的权限,要求凭证审核控制到操作员、出纳凭证必须经由出纳签字;不允许修改、作废他人填制的凭证;其他采用默认设置。操作方法如下:

(1)选择【财务会计】|【总账】|【设置】|【选项】命令,打开"选项"对话框。

(2)单击【编辑】按钮。

(3)在【权限】选项卡中,选中"凭证审核控制到操作员""出纳凭证必须经由出纳签字”，不选“允许修改、作废他人填制的凭证”。

(4) 单击【确定】按钮返回。

6. 会计日历

在“选项”窗口单击【会计日历】页签，可查看启用会计年度、启用日期、各会计期间的起始日期与结束日期，以及账套名称、单位名称、账套路径、行业性质、科目级长等账套信息。这些信息不能修改，若要修改则必须到系统管理模块操作。这里只能更改数量小数位、单价小数位、本位币精度。

7. 其他

在“选项”窗口单击【其他】页签，可以选择外币核算汇率的方式(固定汇率、浮动汇率)，选择部门、个人、项目的排序方式(按编码排序或名称排序)、显示本位币的币符和币名，以及输入分销系统的网址以便联查分销系统的单据。此外，如果希望在结账后仍然可以填制凭证用来调整报表数据，可在此选择“启用调整期”。

二、录入初始余额

为了保证会计数据的连续完整，并与手工会计数据衔接，在会计科目、核算项目、货币的初始设置完成之后，即可录入初始数据。初始数据一般包括科目以及所设置的辅助核算项目的本位币、外币、数量的期初余额以及系统启用前各月的累计发生额。显然，如果企业在某年年初启用系统，则只需要输入该年年初余额即可。

1. 期初余额录入界面

选择【业务工作】|【财务会计】|【总账】|【设置】|【期初余额】命令，打开如图 4-8 所示的期初余额录入界面。

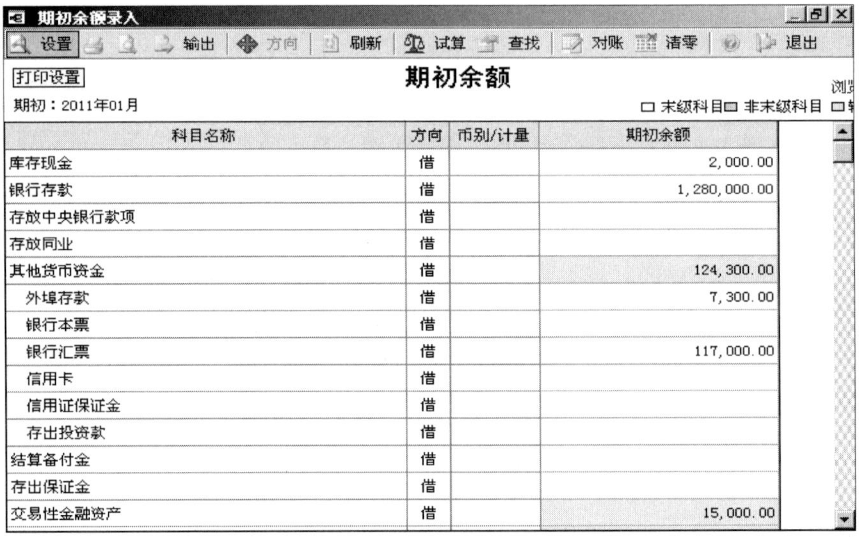

科目名称	方向	币别/计量	期初余额
库存现金	借		2,000.00
银行存款	借		1,280,000.00
存放中央银行款项	借		
存放同业	借		
其他货币资金	借		124,300.00
外埠存款	借		7,300.00
银行本票	借		
银行汇票	借		117,000.00
信用卡	借		
信用证保证金	借		
存出投资款	借		
结算备付金	借		
存出保证金	借		
交易性金融资产	借		15,000.00

图 4-8　期初余额录入界面

操作中的注意事项如下：

(1) 期初余额单元格的颜色。期初余额单元格有三种颜色,其中:

① 白色单元为末级科目余额,可以直接输入期初余额。

② 灰色单元为非末级科目余额,不允许录入余额,由下级科目余额自动汇总生成。

③ 黄色单元表示该科目设置有辅助核算,不允许直接录入余额,必须双击该单元格以进入"辅助期初余额"窗口进行设置。

(2) 在未录入余额的情况下,单击【方向】按钮可以改变余额的方向。

(3) 总账与其下级科目的方向必须一致,如果明细余额的方向与总账余额方向相反,录入时余额用负数表示。

(4) 如果年中启用账套,则需要输入启用月份的月初余额及年初到该启用月份的借贷方累计发生额,而年初余额则由系统自动计算生成。

(5) 凭证记账后,期初余额变为只读状态,无法再修改。

2. 输入一般科目的期初余额

逐一单击白色单元格并输入期初余额,如果系统在年中启用,则须输入累计发生额。需要注意的是,红字余额用负数输入,修改时直接输入正确数据。

3. 输入外币核算科目的期初余额

如果某科目定义为外币核算,则录入界面须增加一外币余额行,而且要先录入本币余额,再录入外币余额。同样,期初余额只能在白色单元输入。

4. 输入数量核算科目的期初余额

如果某科目定义为数量核算,则录入界面增加一数量余额行,而且要先录入本币余额,再录入数量余额。同样,只能在白色单元输入期初余额。

5. 输入其他辅助核算科目的期初余额

如果某科目涉及部门往来、个人往来、客户往来、供应商往来等辅助核算,则需要进入辅助期初余额窗口进行设置。例如,客户核算期初余额的输入方法如下:

(1) 双击需要辅助核算的黄色单元格,打开如图 4-9 所示的辅助期初余额输入窗口。

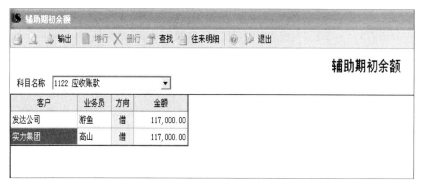

图 4-9 辅助期初余额输入窗口

(2)在窗口中单击【增行】按钮,输入客户、业务员等信息。

(3)在窗口中单击【往来明细】按钮,打开图4-10所示的期初往来明细窗口。

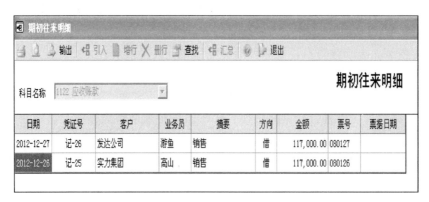

图4-10 期初往来明细窗口

(4)在期初往来明细窗口单击【增行】按钮,逐一输入每一笔客户业务单据的日期、凭证号、客户、业务员、摘要、方向、金额、票号、票据日期等信息。全部输入完毕后单击【退出】按钮,返回辅助期初余额窗口。

(5)在辅助期初余额窗口单击【退出】按钮,返回期初余额录入界面。

6. 期初对账

期初余额全部输入完毕后,在期初余额录入界面单击【对账】按钮,打开如图4-11所示的期初对账窗口,单击【开始】按钮系统即开始对账,核对总账上下级、总账与辅助账、辅助账与明细账是否一致,对账完毕后,系统给出提示,单击【取消】按钮返回。

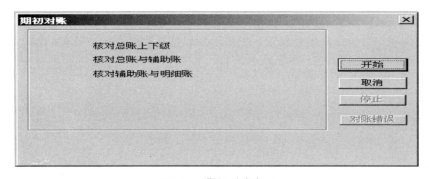

图4-11 期初对账窗口

7. 试算平衡

期初余额及累计发生额输入完成后,必须依据"资产=负债+所有者权益+收入－成本费用"的原则进行试算平衡。方法是单击【试算】按钮,由计算机自动完成校验工作。试算平衡完毕后,系统会弹出如图4-12所示的期初试算平衡表,并提示试算结果是否平衡,最后单击【确定】按钮退出。需要注意的是,如果期初余额试算不平衡,可以填制凭证但不允许记账。

图 4-12 期初试算平衡表

【例 4-3】 按照实训二中"会计科目与年初余额"的资料,录入"001 南方电子"账套的期初余额。操作流程如下:

(1) 登录"001 南方电子"账套并选择【业务工作】|【财务会计】|【总账】|【设置】|【期初余额】命令,打开如图 4-8 所示的期初余额录入界面。

(2) 逐一选择白色单元输入科目余额。

(3) 单击【对账】按钮打开期初对账窗口,在其中单击【开始】按钮开始对账,对账完毕后,单击【取消】按钮返回。

(4) 单击【试算】按钮,系统自动校验并显示"期初试算平衡表",单击【确定】按钮退出。

第三节 凭证处理

记账凭证是总账系统唯一的数据源,是永久性的会计档案,是赖以生成其他序时账和分类账的数据基础,因此它必须合法合规、数据正确、项目完整。总账系统处理的会计凭证按其来源一般分为以下几大类:

(1) 手工填制的记账凭证。这是目前条件下总账系统的主要数据源。

(2) 内部转账凭证。总账系统内部有部分转账凭证可以由系统自动生成。例如,费用分配(如工资分配)、费用分摊(如制造费用分摊)、损益结转、计提各项费用等。

(3) 外部系统生成的凭证。外部系统指总账外部的应收、应付、薪资、固定资产、存货、成本等管理系统,这些需要传递给总账系统的数据,都必须按统一格式自动生成记账凭证,并直接存入记账凭证文件。

总账系统的日常处理主要是凭证处理,涉及凭证的填制、查询、修改、审核、签字、记账、打印、汇总、导入、导出等多种操作,但其主要流程是凭证的输入、审核、记账,这是凭证处理的三个关键环节。凭证未经审核不能记账,但凭证记账后则不允许修改。

一、填制凭证

在计算机上填制凭证是账务处理的开始,由于会计软件一般不直接处理原始凭

证,所以需要填制的主要是记账凭证。在企业应用平台选择【业务工作】|【财务会计】|【总账】|【凭证】|【填制凭证】命令,系统即弹出如图4-13所示的"填制凭证"主界面。

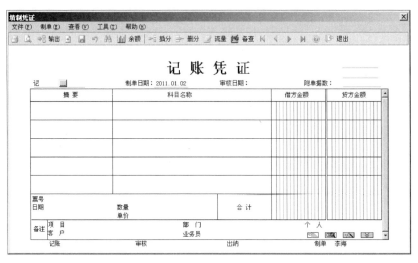

图4-13 填制凭证主界面

1. 凭证的新增

在填制凭证主界面单击【增加】按钮或按【F5】键,即可增加一张新的空白凭证,用户就可在此填制新凭证。记账凭证的内容一般包括两部分:一是凭证头部分,包括凭证字号、凭证日期和附件张数等;二是凭证正文部分,主要包括摘要、会计科目和金额。录入凭证时,应先输入凭证头部分,然后输入凭证正文部分。如果输入的会计科目有辅助核算要求,则还要输入辅助核算内容。

凭证输入信息较多,包括:

(1)凭证字号。凭证字即凭证类别,可以直接输入,也可以单击【…】按钮或按【F2】键参照输入。如果已在选项中选择"自动编号",则凭证编号由系统按时间自动生成。

(2)制单日期。系统以登录系统时输入的操作日期为记账凭证的填制日期,可修改或单击【F2】键参照输入。

(3)附单据数。即本张凭证涉及的原始单据张数。

(4)摘要。摘要可直接输入或参照输入,方法是单击【…】按钮或按【F2】键打开常用摘要窗口,选择后单击【选入】按钮将摘要填入摘要栏。

(5)科目。科目以代码或助记忆码输入。科目代码可以直接输入,也可以单击【…】按钮或按【F2】键参照输入,科目参照如图4-14所示。系统要对科目代码进行多方面检查,例如,要检查它是否存在、是否为最明细科目、是否与凭证类型一致。

(6)金额。金额一般分为借方输入与贷方输入。对一个会计科目,系统不允许借贷双方都输入金额或都没有金额;而对整张凭证,系统则要求借贷金额必须平衡。

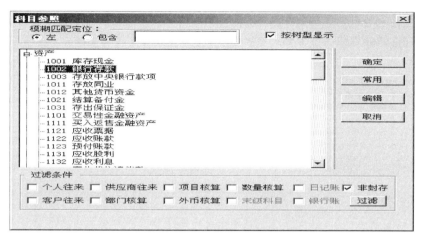

图 4-14 科目参照窗口

(7) 结算方式与支票登记簿。如果已将银行存款科目设置"银行账"属性，在录入凭证时，系统会弹出如图 4-15 所示的辅助项窗口，并提示输入结算方式、票号以及发生日期，其中结算方式可以单击【…】按钮参照选入。如果已在选项中选择"支票控制"，而结算方式使用支票登记簿，在输入支票号后，系统会自动勾销支票登记簿中未报销的支票。

(8) 结算方式与支票登记簿。如果科目为银行存款科目，并已设置"银行账"属性，系统会弹出如图 4-15 所示的"辅助项"窗口，提示输入结算方式、票号以及发生日期，其中结算方式可以单击【…】按钮参照选入。此外，如果已在选项中选择"支票控制"，而结算方式使用支票登记簿，在输入支票号后，系统会自动勾销支票登记簿中未报销的支票。

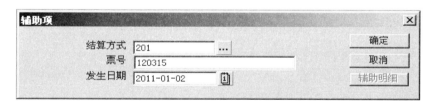

图 4-15 辅助项窗口

(9) 外币数据的输入。如果输入科目为外币核算科目，系统会自动将凭证格式改为如图 4-16 所示的外币式，即增加一"外币"列，并强制输入外币金额与汇率等数据。其中，外币金额直接输入，汇率可参照输入，即单击【…】按钮弹出汇率参照窗口，从中选择汇率后单击【确定】按钮返回。

本位币金额按折算公式自动计算，操作方法是：将光标移到借方或贷方金额栏，然后按【F11】键，系统会自动将本位币计算结果填入金额栏。

如果科目定义其他辅助核算，则先输入其他辅助核算信息后再输入外币信息。

(10) 数量数据的输入。如果输入科目为数量核算科目，系统会弹出辅助项录入窗

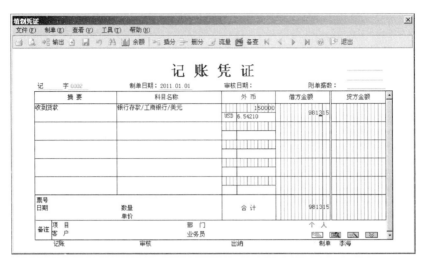

图 4-16 外币式记账凭证

口,提示用户输入数量和单价,输入后单击【确定】按钮返回。系统根据"数量×单价"公式自动计算出金额。

(11) 辅助核算信息的输入。凡定义辅助核算的科目,系统都会根据科目属性强制要求输入相应信息。用户双击需要输入的辅助核算项,即可在系统弹出的窗口中输入。部门、职员、供应商、客户、项目核算一般只要求输入相应的代码(如部门代码、客户代码),且一般采用参照选入方式。

(12) 现金流量信息的输入。如果凭证中有现金流量科目,则必须确定具体的现金流量项目以及相应金额。操作方法是:由系统根据现金流量科目或者由操作员在凭证界面单击【流量】按钮,系统会弹出如图 4-17 所示的现金流量录入修改窗口,单击【增加】按钮输入科目、现金流量项目及所对应的金额。其中,现金流量项目代码可参照选入。

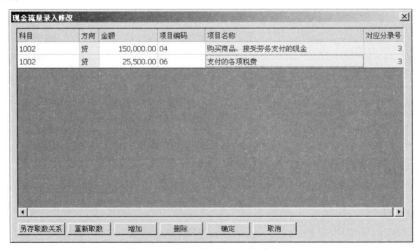

图 4-17 现金流量录入修改窗口

2. 凭证的保存

当一张凭证的信息全部录入完毕，必须按【保存】按钮或【F6】键保存，或单击【增加】按钮保存当前输入的凭证并继续填制下一张凭证。

【例 4-4】 按实训二提供的凭证资料为"001 南方电子"账套输入记账凭证。表 4-1 是其中的第 1、2 号凭证。

表 4-1　第 1、2 号记账凭证

日期	编号	摘要	科目代码	科目名称	借方金额	贷方金额
1/1	1	采购材料	140101	材料采购—元件 A	30000.00	
			22210101	应交税费—应交增值税—进项税额	5100.00	
			1002	银行存款		35100.00
1/1	2	材料入库	140301	原材料—元件 A	36000.00	
			140101	材料采购—元件 A		30000.00
			140401	材料成本差异—元件 A		6000.00
…	…	…	…	…	…	…

操作方法如下：

(1) 以"02 江曼"或自定义的会计身份登录"南方电子 001"账套，进入企业应用平台。

(2) 选择【总账】│【凭证】│【填制凭证】命令，打开填制凭证窗口。

(3) 单击【增加】按钮或者按【F5】键，系统即弹出一张新的空白凭证。

(4) 输入第 1 号凭证：

① 在凭证【字】参照输入凭证类别"记"，凭证自动编号"0001"，将凭证制单日期改为 2016 年 1 月 1 日。

② 在【摘要】栏直接输入或参照输入摘要"采购材料"。

③ 在【科目名称】栏单击参照按钮(或按【F2】键)，选择科目"140101 材料采购—元件 A"，或在科目名称栏直接录入"140101"。

④ 单击【借方金额】栏，录入借方金额 30000.00。

⑤ 在第 2 行【摘要】栏按回车键复制上一行摘要内容；单击第 2 行【科目名称】栏选择科目"22210101 应交税费—应交增值税—进项税额"或直接录入"22210101"；单击【借方金额】栏，录入金额 5100.00。

⑥ 在第 3 行【摘要】栏按回车键复制上一行摘要内容；单击第 3 行【科目名称】栏选择科目"1002 银行存款"或直接录入"1002"；单击【贷方金额】栏，录入金额 35100.00。

⑦ 单击【流量】按钮，打开现金流量录入修改窗口(如图 4-17 所示)，选择项目编码与名称("04 购买商品、接受劳务支付的现金")；然后单击【确定】返回填制凭证窗口。

⑧ 单击【保存】按钮，系统提示"凭证已成功保存"，并弹出一张新的空白凭证供用户填写。

(5) 输入第 2 号凭证：

① 在凭证【字】参照输入凭证类别"记"，凭证自动编号"0002"，制单日期不变。

② 在【摘要】栏直接输入或参照输入摘要"材料入库"。

③ 在【科目名称】栏单击参照按钮（或按【F2】键），选择科目"140301 原材料—元件 A"；单击【借方金额】栏录入借方金额 36000.00。

④ 在第 2 行【摘要】栏按回车键复制上一行摘要内容；单击第 2 行【科目名称】栏选择科目"140101 材料采购—元件 A"；单击【贷方金额】栏录入金额 30000.00。

⑤ 在第 3 行【摘要】栏按回车键复制上一行摘要内容；单击第 3 行【科目名称】栏选择科目"140401 材料成本差异—元件 A"；单击【贷方金额】栏，录入金额 6000.00。

⑥ 单击【保存】按钮，系统提示"凭证已成功保存"。

操作中的注意事项如下：

(1) 如果科目表中没有要录入的会计科目，首先要新增该科目。

(2) 在凭证的最后一个金额栏按【=】键（半角），则取借贷方的差额会移动到光标位置。

二、修改与删除凭证

1. 凭证的修改与冲销

(1) 不同状态的凭证的修改方法

凭证有错必须更正，这是毫无疑问的，但凭证的主要处理流程是输入、审核、记账，对不同处理状态的凭证当然就有不同的更正方法。

① 对尚未审核的错误凭证，可在填制凭证窗口直接进行修改。

② 对已经审核但尚未记账的错误凭证，系统不允许直接修改，可在取消审核后按①的方法进行修改。

③ 对已经记账的错误凭证，系统不允许直接修改，其错误只能采取补充凭证法或红字冲销法进行更正。其中，红字冲销法是指编制一张全额冲销的红字凭证以及一张正确凭证去更正错误的凭证。当然，必要时也可执行反记账、取消审核等功能，然后修改凭证。

【例 4-5】 修改第 1 号凭证，增加附单据 2 张。操作方法如下：

假定 1 号凭证出纳尚未签字，则修改过程是：

① 以"02 江曼"或自定义的会计身份登录"001 南方电子"账套，进入企业应用平台。

② 选择【总账】|【凭证】|【填制凭证】命令，打开填制凭证窗口。

③ 找到并显示 1 号凭证，然后在【附单据数】栏输入 2，最后单击【保存】按钮保存。

(2) 红字冲销凭证的编制

进入填制凭证窗口并找到已记账的错误凭证，然后选择【制单】|【冲销凭证】

命令，系统弹出如图4-18所示的冲销凭证对话框，在对话框中输入红字冲销凭证的日期、凭证类别、凭证号，最后单击【确定】按钮，系统即自动生成一张红字凭证。需要注意的是，被冲销的凭证仍然存在，所以冲销不等于删除，且红字冲销凭证也需要经过审核和记账处理。

图4-18　冲销凭证对话框

2. 凭证的作废或删除

（1）作废凭证

进入填制凭证窗口后，首先通过翻页查找或单击【查询】图标，输入条件找到要作废的凭证，然后选择【制单】｜【作废/恢复】命令，凭证左上角即显示"作废"字样，表示系统已将该凭证作废。作废的凭证仍被保留，但既不能修改也不能审核，账簿查询也无法找到。

作废的凭证可以恢复，方法是单击菜单【制单】｜【作废/恢复】，即可取消作废标志，并将当前凭证恢复为有效凭证。

（2）删除凭证

删除凭证必须在作废的基础上进行，具体操作方法如下：

① 进入填制凭证界面后，选择【制单】｜【整理凭证】命令。

② 选择要整理的月份后，单击【确定】按钮，系统会弹出作废凭证表窗口，列出已经作废的凭证。

③ 选择要删除的作废凭证后，单击【确定】按钮，系统会弹出提示窗口，征求删除意见以及重新排序的方式。

④ 选择重排凭证方式后，单击【是】按钮，系统即将选中的凭证从数据库中删除，并对剩下的凭证重新排号。

操作中的注意事项如下：

（1）未审核、未签字的凭证可以直接修改，但凭证类别、凭证号不能修改。

（2）如果在系统选项中选中"允许修改、作废他人填制的凭证"，则原制单人和非原制单人都可以对凭证进行修改和作废，否则他人不能修改、作废原制单人填制的凭证。

（3）如果凭证已经签字、审核，原签字人和原审核人要先分别取消签字与审核，取消之后方可由原制单人对凭证进行修改。

三、凭证签字与审核

已输入凭证在记账之前一般需要经过出纳或主管签字以及审核，其中，审核是必需的一个环节，未经审核的凭证不允许登记入账。

1. 出纳签字

出纳凭证涉及企业现金的收入与支出，如果已在设置中选择"出纳凭证必须由出纳签字"，则每一张出纳凭证必须由出纳核对签字。出纳人员主要核对科目和金额是否正确，审查无误后方可签字。出纳签字的操作方法如下：

（1）选择【凭证】｜【出纳签字】命令，打开如图 4-19 所示的出纳签字条件设置窗口。

图 4-19　出纳签字条件设置窗口

（2）在条件窗口输入凭证的日期、凭证号、操作员、来源等查询条件，单击【确定】按钮，系统会显示出纳凭证一览表。

（3）单击【确定】按钮或双击要签字的凭证记录，打开如图 4-20 所示的出纳凭证显示界面，单击【签字】按钮即在出纳处自动签上出纳人姓名，也可以单击【取消】按钮取消签字。

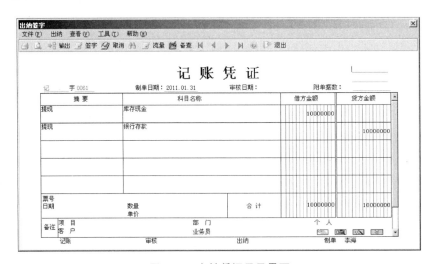

图 4-20　出纳凭证显示界面

需要注意的是，为了提高效率，可以选择"成批出纳签字"功能。此外，凭证一经签字，就不能被修改或删除，如果确实需要修改或删除，则必须取消签字，而取消签字只能由出纳操作。

【例 4-6】 出纳王姜对 2011 年 1 月 1—10 日凭证进行核对与签字。操作方法如下：
(1) 以出纳王姜身份登录"001南方电子"账套，进入企业应用平台。
(2) 选择【总账】｜【凭证】｜【出纳签字】命令，打开出纳签字条件窗口。
(3) 在出纳签字条件窗口输入凭证的日期区间 2011 年 1 月 1 日到 2011 年 1 月 10 日，单击【确定】按钮，系统即显示符合条件的出纳凭证一览表，包括第 1、3、4、6、7、8、10 号凭证。
(4) 在出纳签字列表窗口单击【确定】按钮，打开待签字的第一张凭证，单击【签字】按钮即在出纳处自动签上出纳姓名"王姜"。
(5) 逐一单击右三角按钮显示下一张待签字凭证并单击【签字】按钮签字，直至全部签字完毕。

2. 主管签字

如果企业采取主管签字的财务管理模式，则记账凭证必须经主管会计签字后才能记账。主管签字的操作方法与出纳签字类同。需要注意的是，签字与制单不能是同一个人，且取消签字必须由签字的本人进行。

3. 凭证审核

无论是手工填制还是自动生成的记账凭证，都必须严格审核，核对其内容是否与原始凭证相符、会计分录是否填制正确，以确保凭证的合法合规和数据的正确性。凭证审核也与出纳签字方法类同，即：
(1) 选择【凭证】｜【审核凭证】命令，打开凭证审核条件设置窗口，该窗口与图 4-19 所示的出纳签字条件窗口完全相同。
(2) 在窗口输入查询条件后单击【确定】按钮，系统会显示如图 4-21 所示的符合条件的凭证列表。

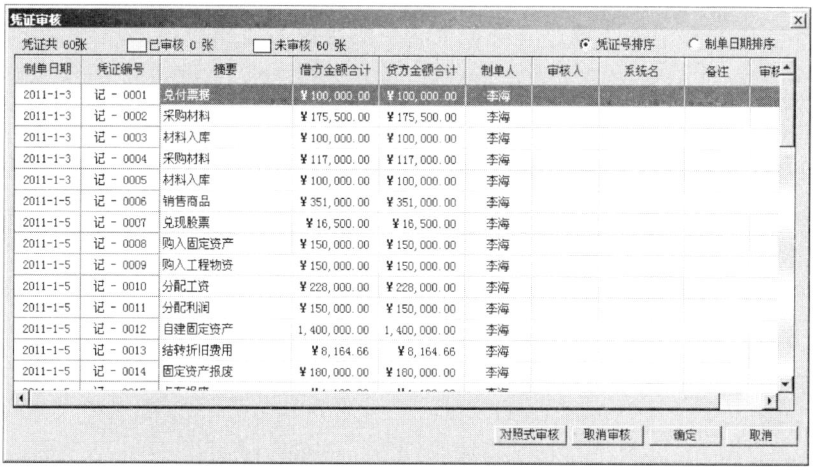

图 4-21 凭证审核之凭证列表

(3)单击【确定】按钮,或双击要审核的凭证记录,打开凭证显示界面,单击【审核】按钮即在【审核】栏自动签上审核人姓名,也可以单击【取消】按钮取消审核签字。

(4)单击【首张】【上张】【下张】【末张】按钮找出其他需要审核的凭证,继续审核操作。

(5)审核完毕后单击【退出】按钮返回。

需要注意的是,为了提高效率,可以选择【审核】|【成批审核】命令进行成批审核签字,还可以单击【成批取消审核】按钮成批取消审核签字。

【例 4-7】 账套主管高明审核已填制的会计凭证。操作方法如下:

(1)以账套主管高明的身份登录"001 南方电子"账套,进入企业应用平台。

(2)选择【凭证】|【审核凭证】命令,打开凭证审核条件设置对话框。在窗口单击【确定】按钮,进入凭证审核列表窗口,列出全部未审核凭证。

(3)单击【确定】按钮打开待审核的第一张凭证,审核无误后,单击【对照式审核】按钮在【审核】栏自动签上审核人"高明"的姓名。

(4)系统自动翻页,显示下一张待审核的凭证,或单击【首张】【上张】【下张】【末张】按钮,查找需要审核的凭证,直到凭证全部审核签字。

(5)审核完毕后,单击【退出】按钮返回。

操作中的注意事项如下:

(1)签字、审核人与凭证制单人不能为同一人。

(2)出纳签字、主管签字、审核凭证三项操作没有先后之分。

(3)如果系统选项已设置出纳签字、主管签字,那么只有在签字和审核完成后,才可记账。如果选项中没有设置签字要求,则凭证审核后即可记账。

四、凭证记账

凭证记账又称过账,即将经过审核签字的凭证信息登记总账以及明细账、日记账、部门账、往来账、项目账、备查账等。记账是由系统按照预先设定的记账程序自动进行。

1. 凭证记账的操作流程

凭证记账一般要经过选择范围、显示记账报告、记账等环节。操作流程如下:

(1)登录账套,进入企业应用平台。

(2)选择【总账】|【凭证】|【记账】命令,进入如图 4-22 所示的记账界面,列出当前期间未记账凭证的清单,以及其中的空号与已审核凭证范围,若编号不连续则用逗号分隔。需要注意的是,如果有已结账月份待过账的调整期凭证,系统也会将其一并列出。

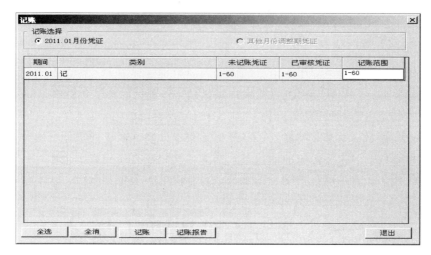

图 4-22 凭证记账界面

(3) 在【记账范围】栏中输入凭证编号,或单击【全选】按钮选择本次记账范围。

(4) 单击【记账报告】按钮,系统会显示如图 4-23 所示的所选凭证的汇总表及凭证总数,供用户进行核对。

图 4-23 记账报告

(5) 核对无误后,单击【记账】按钮,系统即进行试算,若试算结果平衡,系统则开始登记总账和有关账簿。

【例 4-8】 由账套主管高明对 2011 年 1 月份的凭证进行记账。操作方法如下:

(1) 以账套主管高明的身份登录"001 南方电子"账套,进入企业应用平台。

(2) 选择【凭证】|【记账】命令,进入记账对话框,选择记账期间并单击【全选】按钮,系统即选择全部已经审核的凭证记账。

(3) 单击【记账报告】按钮,系统即显示所选凭证的汇总表及凭证总数。

(4) 核对无误后,单击【记账】按钮,系统开始试算和记账。

(5) 记账完成后,单击【确定】按钮。

2. 恢复记账前状态

在记账过程中,如果由于断电或其他原因导致记账失败,系统会自动调用"恢复记账前状态"功能,以使相关的账簿文件恢复到记账前的状态,然后再重新记账。

此外,如果由于某种原因,记账之后发现其中某些凭证尚有不妥,这时也可以通过调用"恢复记账前状态"功能,将本月全部或部分凭证恢复到未记账的状态,以便进行必要的修改。但恢复记账前的状态实质是"反记账"或称取消记账,一般只允许特定用户使用,而且平时该功能并不显示,如要使用必须将其激活。恢复记账前状态的方法如下:

(1) 进入"对账"界面,按【Ctrl】键+【H】键,在【凭证】菜单中出现【恢复记账前状态】功能菜单(再次按下【Ctrl】键+【H】键则隐藏此菜单)。

(2) 选择【凭证】│【恢复记账前状态】,打开如图4-24所示的恢复记账前状态窗口。该窗口有多项选择,包括:

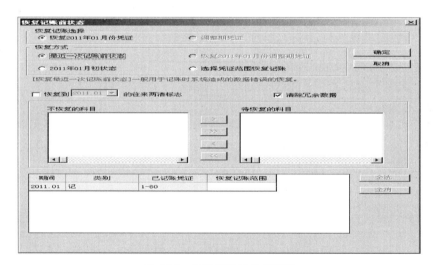

图4-24 恢复记账前状态窗口

① 恢复记账选择包括恢复最近记账月份凭证和调整期凭证两种选择。

② 恢复方式包括最近一次记账前状态、最近记账月的月初状态、选择凭证范围恢复记账、恢复调整期凭证四种选择。

③ 选择是否"恢复到…的往来两清标志"并选择其中的月份,系统会根据选择在恢复时清除指定月份的两清标志。

④ 选择"不恢复的科目"或"待恢复的科目",即只恢复指定的科目。

(3) 单击【确定】按钮,系统即根据选择进行恢复。

操作中的注意事项如下:

(1) 期初余额试算不平衡,不允许记账;未审核凭证,不允许记账;上月未记账、未结账,本月都不能记账。

(2) 已记账的凭证不能在"填制凭证"中查询,只能在查询凭证窗口查询。

(3) 已结账月份不能恢复记账前状态,只有账套主管才能恢复到月初状态。

五、凭证查询

查询凭证有两种途径:一种是在填制凭证窗口通过翻页或单击【查询】按钮查询凭证;另一种是通过凭证查询命令查询。后者是更常用的方法,其操作过程如下:

(1) 登录账套进入企业应用平台。

(2) 选择【总账】|【凭证】|【查询凭证】命令,打开如图 4-25 所示的凭证查询条件设置窗口。

图 4-25　凭证查询条件设置窗口

(3) 在条件窗口选择记账范围、凭证标志、凭证头尾等内容。如要按科目、摘要、金额等条件进行查询,可单击【辅助条件】按钮设置辅助查询条件;如要按科目自定义项查询,可单击【自定义项】按钮输入自定义项查询条件。

(4) 条件设置完毕后,单击【确定】按钮,系统即显示符合条件的凭证一览表。双击其中的某张凭证,即打开凭证界面显示凭证。

(5) 在凭证界面可以执行其他操作,例如,单击【修改】按钮可以修改凭证,选择【制单】|【生成常用凭证】命令可以制作常用凭证,等等。

六、凭证汇总

凭证汇总是指按科目或按摘要汇总记账凭证并生成科目汇总表。

1. 科目汇总的操作方法

(1) 选择【凭证】|【科目汇总】命令,打开如图 4-26 所示的科目汇总条件设置窗口。

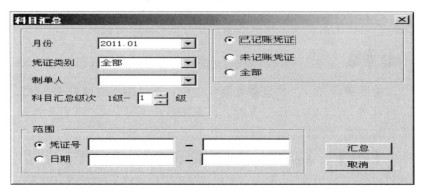

图 4-26 科目汇总条件设置窗口

(2) 在窗口中选择凭证的月份、凭证类别、制单人、科目汇总级次、凭证号、日期以及是否记账等汇总条件。

(3) 单击【汇总】按钮，系统即根据条件生成科目汇总表(如图 4-27 所示)。其中，显示背景色的数据具有辅助核算功能，双击此行或将光标移到此行并单击【专项】按钮，即可查看该科目的专项明细情况。将光标移到某一行并单击【详细】按钮，则显示对方明细科目汇总表。

科目汇总表

共60张凭证，其中作废凭证0张，原始单据共0张　　月份:2011.01

科目编码	科目名称	外币名称	计量单位	金额合计		外币合
				借方	贷方	借方
1001	库存现金			550,000.00	538,491.12	
1002	银行存款			2,149,034.00	2,721,028.00	
1012	其他货币资金				117,000.00	
101203	银行汇票				117,000.00	
1101	交易性金融资产				15,000.00	
110101	成本				15,000.00	
11010101	股票				15,000.00	
1121	应收票据			292,500.00	492,500.00	
1122	应收账款			501,000.00	51,000.00	
1231	坏账准备				1,350.00	
1401	材料采购			459,750.00	409,750.00	
140101	A材料			256,700.00	206,700.00	
140102	B材料			203,050.00	203,050.00	
1403	原材料			395,000.00	700,000.00	
140301	A材料			195,000.00	250,000.00	
140302	B材料			200,000.00	450,000.00	
1404	材料成本差异			14,950.00	37,700.00	
140401	A材料			11,700.00	15,000.00	
140402	B材料			3,250.00	22,700.00	
1405	库存商品			1,016,248.50	1,016,248.50	
140501	甲商品			407,689.10	407,689.10	
140502	乙商品			608,559.40	608,559.40	
1411	周转材料				50,000.00	
141102	低值易耗品				50,000.00	
1601	固定资产			1,550,000.00	230,000.00	

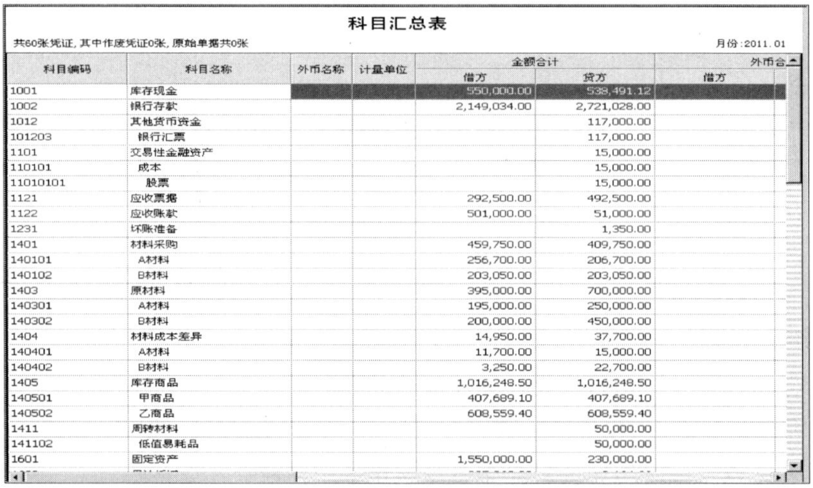

图 4-27 科目汇总表

2. 摘要汇总的操作方法

(1) 选择【凭证】|【摘要汇总表】命令，打开如图 4-28 所示的摘要汇总表查询条件设置窗口。

(2) 在设置窗口参照输入科目以及部门、项目、客户等内容，输入余额范围和汇总月份等条件，选择摘要前多少位为汇总关键字以及摘要中包含的内容。

(3) 单击【确定】按钮，系统即根据条件生成摘要汇总表。

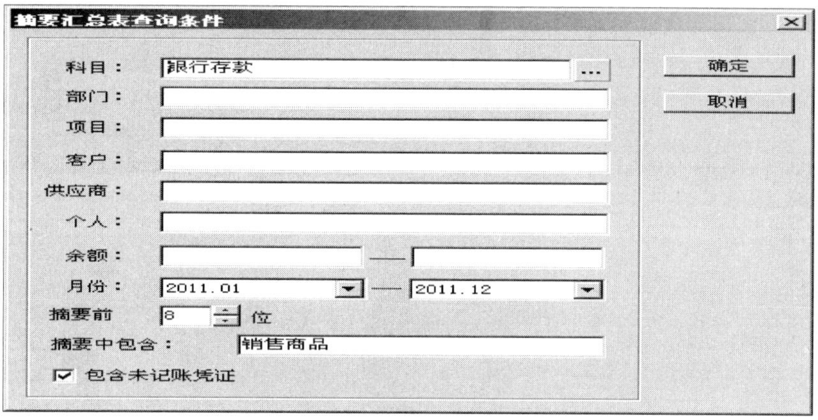

图 4-28　摘要汇总表查询条件设置窗口

第四节　出纳管理

在 ERP 或会计软件中，出纳管理有两种方式：一种是将出纳工作纳入总账系统，并将有关功能分散在不同的模块里，如在凭证处理过程中引入出纳签字和支票管理，在账表输出中包含日记账和资金日报表；另一种是将出纳管理设计为一个独立的子系统。本节中，笔者将介绍总账系统中的出纳管理，出纳主要负责对现金和银行存款的管理，包括输出日记账和资金日报表、支票管理、银行对账等功能。

一、查询账表

出纳需要查询的账表主要是现金日记账、银行存款日记账和资金日报表，一般的操作步骤是首先打开查询条件设置窗口，然后设置查询条件，最后在查询结果界面执行所需的操作，诸如浏览、打印、查看凭证、查看总账，等等。日记账的查询操作方法与其类同，而资金日报表的查询方法更为简单。下面，笔者以现金日记账为例介绍账表查询的操作方法：

(1) 选择【财务会计】|【总账】|【出纳】|【现金日记账】命令，打开如图 4-29 所示的现金日记账查询条件窗口。

(2) 在条件窗口中选择科目范围、查询月或日、科目自定义类型、确定对方科目的显示形式，等等。如果需要，可单击【保存】按钮将所设的查询条件命名后保存，以备下次使用。

(3) 单击【确定】按钮，系统显示如图 4-30 所示的现金日记账的查询结果。

(4) 查询结果界面提供打印、还原、凭证、总账等多种功能，用户可以根据需要选择使用。例如，双击某行或单击【凭证】按钮可以查看相应的凭证，单击【总账】按钮可以查看现金科目的三栏式总账，等等。

现金日记账有四种账页格式：金额式、外币金额式、数量金额式、数量外币式。

图 4-29 现金日记账查询条件窗口

图 4-30 现金日记账的查询结果

二、支票管理

支票管理包括支票的购置管理和领用管理，而领用支票一般通过"支票登记簿"进行管理，以详细登记支票领用人、领用日期、支票用途、是否报销等信息。

1. 支票登记簿的使用条件

(1) 在总账系统的选项设置中选择"支票控制"。
(2) 在相应的结算方式设置中设置"票据管理"标志。
(3) 在会计科目设置中指定银行科目。

2. 支票的领用登记

(1) 领用支票时，出纳员登录企业应用平台选择【财务会计】｜【总账】｜【出纳】｜【支票登记簿】命令，系统会弹出银行科目选择对话框。
(2) 在对话框中选择某一银行科目后，单击【确定】按钮，打开如图 4-31 所示的支票登记簿界面，显示该科目的支票领用情况。

图 4-31 支票登记簿界面

（3）单击【增加】按钮，按系统提示输入支票领用日期、领用部门、领用人、支票号、支票用途、预计金额、支票用途、预计金额、备注等信息。

（4）单击【保存】按钮保存后，单击【退出】按钮退出。

3. 支票的报销登记

在填制涉及支票报销的凭证时，系统要求输入对应支票的结算方式与支票号，并自动在支票登记簿中将报销日期、金额等数据记入有关支票，该支票即为已报销。

4. 支票登记簿的其他功能

支票登记簿界面还提供打印、套打、过滤、批删、删除、统计等功能。

（1）统计支票领用情况。单击【过滤】按钮可对支票按领用人或部门进行各种统计。

（2）删除已报销的支票。单击【批删】按钮后，输入需要删除已报销支票的起止日期，即可删除此期间内的已报销支票。

（3）修改登记的支票。将光标移到数据项直接修改，但不能修改已报销的支票。

三、银行对账

银行对账是出纳人员的一项基本工作。由于企业账务处理与银行的入账时间存在差异，双方账面记录往往存在不一致现象，为了防止差错并正确掌握银行存款余额，企业必须定期执行银行对账。银行对账是在银行存款日记账与银行对账单之间的核对，其中，银行对账单由开户行提供，可以手工录入或直接读入电子对账单。

银行对账的主要业务有：录入银行对账期初数据、录入银行对账单、银行对账、输出银行余额调节表、查询勾对情况、核对银行账等。

1. 录入银行对账期初数据

（1）选择【财务会计】｜【总账】｜【出纳】｜【银行对账】｜【银行对账期初录入】命令，系统会弹出银行科目选择对话框。

（2）在对话框中选择某一银行科目后单击【确定】按钮，打开如图 4-32 所示的银行对账期初界面。

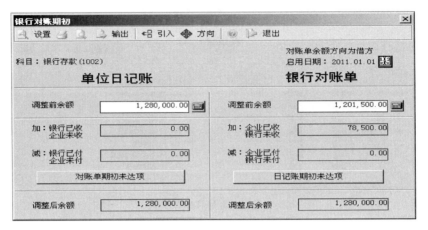

图 4-32　银行对账期初界面

（3）在"启用日期"处参照输入银行账户的对账启用日期（即最近一次手工对账的截止日期），输入单位日记账与银行对账单的调整前余额。

（4）单击【对账单期初未达项】按钮以及【增加】按钮，录入银行对账单期初未达项，项目包括日期、结算方式、票号、借方金额、贷方金额等。

（5）单击【日记账期初未达项】按钮以及【增加】按钮，录入单位日记账期初未达项，项目包括凭证日期、凭证类别、凭证号、结算方式、票号、借方金额、贷方金额、票据日期、摘要等。如果没有期初未达账项则不需要录入。

（6）单击【保存】按钮保存后，单击【退出】按钮退出。

【例 4-9】　为准备对"001 南方电子"账套 2011 年 1 月份的数据进行银行对账，录入银行对账期初数据。根据实训四的资料，企业日记账、银行对账单期初余额均为 2008000 元，而且均没有期初未达账项。此外，对账的截止日期为每月月末。操作方法如下：

（1）出纳王姜登录"001 南方电子"账套，启动企业应用平台。

（2）选择【财务会计】│【总账】│【出纳】│【银行对账】│【银行对账期初录入】命令，系统即弹出银行科目选择对话框。

（3）选择"银行存款"科目后，单击【确定】按钮，打开银行对账期初窗口。

（4）在"启用日期"处参照输入银行对账的启用日期，输入单位日记账与银行对账单的调整前余额 2008000。

（5）因为均无期初未达账项，所以单击【保存】按钮保存后，单击【退出】按钮退出。

2．录入银行对账单

（1）选择【财务会计】│【总账】│【出纳】│【银行对账】│【银行对账单】命令，系统即弹出"银行科目选择"对话框。

(2) 在对话框中选择银行科目和对账月份后，单击【确定】按钮，打开如图 4-33 所示的银行对账单列表界面。

(3) 单击【增加】按钮，录入新增对账单。

(4) 录入完毕后，单击【保存】按钮保存后，单击【退出】按钮退出。

图 4-33 银行对账单列表界面

【例 4-10】 录入"001 南方电子"账套 1 月份银行存款账户对账单(如表 4-2 所示)。

表 4-2 银行存款对账单

日期	摘要	结算方式	票号	借方金额	贷方金额
1/1	支付采购材料款	托收承付	1011		35100.00
1/2	购入股票	转账支票	2104		300700.00
1/3	收到销售货款	转账支票	3013	1755000.00	
1/5	收到账款	转账支票	3212	150000.00	
1/6	支付广告费	现金支票	0132		30000.00
1/6	兑付票据	转账支票	2105		126300.00
1/8	购入固定资产	托收承付	1012		320000.00
1/9	购入工程物资	托收承付	1013		200000.00
1/13	借入银行款项			380000.00	
1/14	收到股利	转账支票	3275	60000.00	
1/15	出售设备	现金支票	0256	23000.00	
1/18	收到账款	转账支票	3312	134000.00	
1/19	归还短期借款	转账支票	2106		250950.00
1/31	收到账款	现金支票	0293	48000.00	
1/31	采购材料	现金支票	0257		234000.00

操作方法如下：

(1) 以出纳王姜身份登录"001 南方电子"账套，启动企业应用平台。

(2) 选择【财务会计】|【总账】|【出纳】|【银行对账】|【银行对账单】命令，系统即弹出"银行科目选择"对话框。

(3) 选择"银行存款"科目和对账月份后，单击【确定】按钮打开银行对账单窗口。

(4) 单击【增加】按钮，按表4-2内的信息逐一录入对账单。

(5) 单击【保存】按钮保存后，再单击【退出】按钮退出。

3. 银行对账

系统提供自动对账与手工对账两种方式。自动对账是系统逐个核对单位日记账与银行对账单中的记录，能够匹配的则显示两清标志，视为已达账项，剩下的可能就是未达账项。手工对账一般是自动对账的补充，具体方法是由人工核对双方记录，对自动对账没有找出的一些已达账项用手工勾对进行调整。

(1) 选择【财务会计】|【总账】|【出纳】|【银行对账】|【银行对账】命令，系统即弹出银行科目选择对话框。

(2) 选择银行科目和对账月份后单击【确定】按钮，打开如图4-34所示的银行对账界面，左边为单位日记账，右边为银行对账单。

图 4-34 银行对账界面

(3) 自动对账。单击【对账】按钮，系统即弹出如图4-35所示的自动对账条件设置窗口，首先在其中选择截止日期并设置对账条件（系统默认的对账条件为日期相差

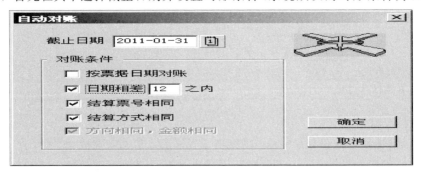

图 4-35 自动对账条件设置窗口

12天之内,结算方式、票号相同),然后单击【确定】按钮,系统即开始按照设定的条件对账,并自动对两清的记录标记"○"并置背景为黄色。需要注意的是,自动对账可多次执行,每次可选择不同对账条件对账。

(4) 手工对账。方法一是在图4-34的单位日记账中选择一个要进行勾对的记录,然后单击【对照】按钮,系统即在右边的银行对账单区列示相似的银行对账单,用户可参照进行勾对。方法二是直接在可以匹配的双方记录【两清】处双击鼠标以标上两清标记。

4. 查询银行存款余额调节表

银行存款余额调节表是对账的结果,它分为总表和分表。总表列出各银行对账前双方的账面余额和对账后的调整存款余额,分表用于反映某一个银行的存款余额调节表,列出具体的未达账项。用户显示或打印输出余额调节表的操作方法如下:

(1) 选择【财务会计】|【总账】|【出纳】|【银行对账】|【余额调节表查询】命令,打开银行存款余额调节表(总表)界面,在此可以浏览各个银行的余额调整情况。

(2) 在总表中将光标移到某一个银行记录,单击【查看】按钮或双击该行,系统即显示该银行账户的银行存款余额调节表(如图4-36所示)。

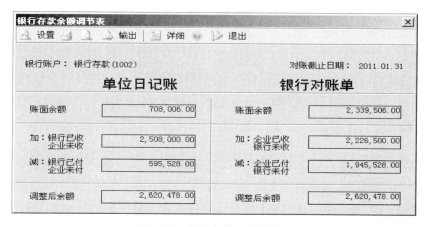

图4-36 银行存款余额调节表

第五节 辅助核算与管理

辅助核算是总账系统的一项重要内容,顾名思义,它是辅助实现对会计数据的多元分类核算,为企业提供多样化的信息。辅助核算主要包括部门、个人往来、客户往来、供应商往来和项目辅助核算,其中客户和供应商辅助核算业务可以在应收应付系统里核算,但对部门经费、个人借款、特殊项目(如工程项目、研究课题)之类却只能用此功能核算。

辅助核算的应用一般涉及初始设置、日常处理、账表输出三个环节,其中初始设置主要在基础设置和总账系统的初始设置中完成，内容主要包括设置核算类别与项目、指定会计科目的辅助核算属性、输入核算项目的初始数据等；日常处理主要包括输入数据、记账以及往来核算的销账与对账处理，一般与凭证处理同时完成。由于前面章节已对初始设置与日常处理进行详细介绍，所以下面只简单介绍辅助账的输出管理。

一、部门辅助账管理

部门辅助核算主要用于考核部门费用收支情况，及时控制各部门费用的支出，为部门考核提供依据。部门核算的主要输出有部门总账、明细账以及部门收支分析。

1. 部门总账

部门总账主要用于汇总部门发生的各项收入和费用，用友 ERP-U8 系统提供按科目、部门、科目和部门三种方式查询部门总账。例如，按科目查询的操作方法如下：

（1）选择【财务会计】|【总账】|【账表】|【部门辅助账】|【部门总账】|【部门科目总账】命令，打开部门科目总账条件设置对话框（如图 4-37 所示）。

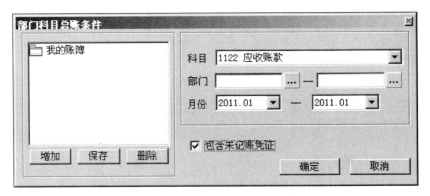

图 4-37　部门科目总账条件设置对话框

（2）在对话框中选择要查询的科目、部门和月份范围，单击【确定】按钮，打开指定科目按不同部门归集费用或支出的部门科目总账列表。

（3）在总账列表中单击【明细】按钮，即可查询光标所在科目的明细账。

2. 部门明细账

用友 ERP-U8 系统提供部门科目、部门、三栏式、多栏式四种明细账，因此在【财务会计】|【总账】|【账表】|【部门辅助账】|【部门明细账】菜单下设有四个相应的查询命令，具体操作方法与部门总账类同。

3. 部门收支分析

收支分析功能用于按部门对所有部门核算科目的发生额及余额进行分析。操作方法如下：

（1）选择【财务会计】|【总账】|【账表】|【部门辅助账】|【部门收支分析】命令，启动部门收支分析条件设置向导。

（2）在向导中先后选择分析科目、分析部门、分析月份，最后单击【完成】按钮，系统即显示如图 4-38 所示的部门收支分析表。

图 4-38 部门收支分析表

(3) 在分析表中可以选择全部、收入科目、费用科目页签查询数据。例如，单击【收入科目】页签，可以显示收入科目发生额的分析表。

二、个人往来辅助账管理

个人往来是指企业与内部职工之间发生的往来业务，主要用于管理单位内部职工个人借款和还款。个人往来辅助账主要提供个人往来余额表、个人往来明细账、个人往来清理、个人往来催款单、个人往来账龄分析表的查询与打印输出。

1. 个人往来余额表

个人往来余额表包括科目余额表、部门余额表、个人余额表、三栏式余额表四种，提供期初余额、本期借贷方合计发生额和期末余额等信息。例如，科目余额表的查询方法如下：

(1) 选择【财务会计】|【总账】|【账表】|【个人往来辅助账】|【个人往来余额表】|【个人科目余额表】命令，系统即弹出个人往来_科目余额表查询条件设置窗口（如图 4-39 所示）。

图 4-39 个人往来_科目余额表查询条件设置窗口

(2) 选择要查询的会计科目、起止月份、余额范围以及统计方向，然后单击【确定】按钮，系统即显示个人往来的科目余额表。

2. 个人往来明细账

个人往来明细账也有多种查询形式，包括个人科目明细账、个人部门明细账、个人明细账、三栏式明细账、多栏式明细账，操作方法与个人往来余额表类同。

3. 个人往来清理

本功能用于清理个人的借款和还款情况，一般用勾对的方法将已达账项打上结清标记。勾对类似出纳对账，也分自动勾对和手工勾对，操作方法如下：

(1) 选择【财务会计】|【总账】|【账表】|【个人往来辅助账】|【个人往来清理】命令，系统即弹出个人往来两清条件设置窗口。

(2) 选择会计科目、部门、个人姓名、截止月份后，单击【确定】按钮，即可打开如图 4-40 所示的个人往来两清窗口，列出该职工的所有借款和还款记录，供勾对清理。

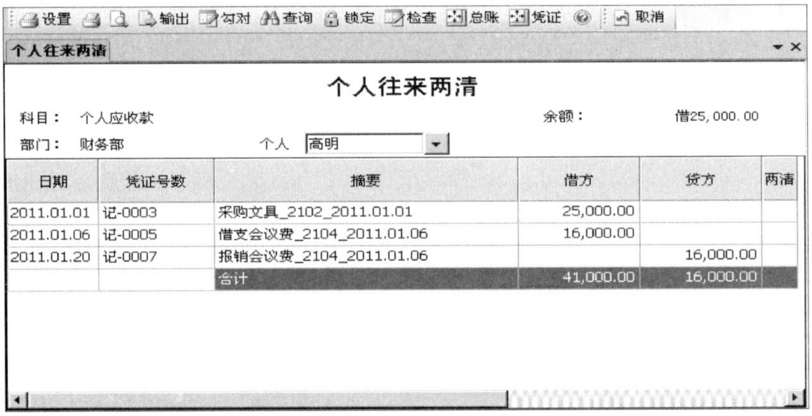

图 4-40 个人往来两清窗口

(3) 自动勾对。在个人往来两清窗口单击【勾对】按钮，系统则按票号、逐笔、总额三种方式先后自动进行勾对，将所有已结清的往来业务打上"○"标记。其中，票号勾对是对同一科目下票号相同、借贷方向相反、金额一致的两笔分录自动勾对；逐笔勾对是按照金额一致、方向相反的原则自动勾对；总额勾对是指当某个人的所有未勾对的借方发生额之和等于所有未勾对的贷方发生额之和时，系统将这几笔业务自动勾对。

(4) 手工勾对。在个人往来两清窗口双击已结清业务所在行的"两清"栏，即打上两清标记。

4. 打印个人往来催款单

(1) 选择【财务会计】|【总账】|【账表】|【个人往来辅助账】|【个人往来催款单】命令，系统即弹出个人往来催款单条件设置窗口。

(2) 选择会计科目、部门、个人姓名、截止日期，以及输入催款单信息后，单击

【确定】按钮，即可显示和打印个人往来催款单。

5. 个人往来账龄分析

(1) 选择【财务会计】|【总账】|【账表】|【个人往来辅助账】|【个人往来账龄分析】命令，系统即弹出"个人往来账龄分析条件"设置窗口。

(2) 选定账龄分析科目、截止日期、设置账龄分析的区间等条件后，单击【确定】按钮，系统即显示个人往来账龄分析表。

三、客户和供应商往来辅助账管理

客户与供应商往来的辅助账管理主要有余额表、明细账、往来清理、催款单、账龄分析表等，与个人往来辅助账类同，笔者相信读者能举一反三，故在此不再详述。

四、项目辅助账管理

项目核算主要用于核算项目的收支情况，归集项目发生的各项费用与成本，通过输出项目总账、明细账、统计分析、成本列表以及多栏明细账等，帮助管理人员及时掌握项目完成进度、项目超预算等情况。项目核算常用于产品成本、在建工程等业务的核算，也可用于核算科研课题、专项工程、书刊成本、旅游团队、合同、订单，等等。

1. 项目总账

项目总账用于汇总各项目的经济业务，用友 ERP-U8 系统提供项目科目总账、项目总账、项目三栏式总账、项目分类总账、项目部门总账五种查询方式。其中，科目总账用于查询某科目下各明细项目的发生额及余额情况，其操作方法如下：

(1) 选择【财务会计】|【总账】|【账表】|【项目辅助账】|【项目总账】|【项目科目总账】命令，系统即弹出项目科目总账条件对话框。

(2) 在对话框中选定项目大类、科目、起止月份，并设置项目范围选择条件后，单击【确定】按钮，系统即显示如图 4-41 所示的项目科目总账界面。

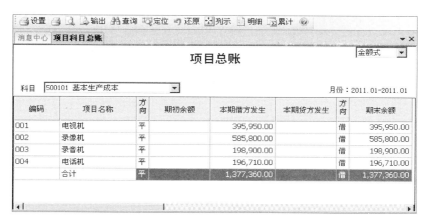

图 4-41 项目科目总账

2. 项目明细账

项目明细账反映各项目核算科目的明细信息，系统提供项目科目明细账、项目明细账、项目三栏式明细账、项目分类明细账、项目部门明细账、项目多栏式明细账、项目分类多栏明细账七种查询方式。明细账的查询有以下两种方法：

（1）在项目总账界面查询。将光标移到要联查的月份，单击【明细】按钮，即可直接查询指定月份的明细账。

（2）选择【项目明细账】中的下级菜单，根据查询条件对话框的提示设置查询条件，单击【确定】按钮获得项目明细账。具体操作方法与项目总账类同。

第六节 期末处理

期末处理是指本期所发生的经济业务全部登记入账后所要做的工作，主要包括计提、分摊、结转、对账和结账，以使会计资料完整、正确，便于编制会计报表和进行财务分析。

一、期末转账

转账是结账之前必须执行的固定业务，总账系统的转账一般是内部科目间的转账，即将一个或多个科目的余额或发生额转到另一个或多个会计科目。

（一）期末转账的特点

期末转账业务每月都要重复进行，其特点是：

（1）转账业务多数在会计期末进行，而且一般通过编制转账凭证实现。

（2）转账凭证可以自动生成。即对于每月有固定格式与数据来源的转账凭证可由系统自动编制，这就是所谓的自动转账。自动转账凭证可以分为两类：一类由系统预设的向导生成，用户按向导规定的步骤就能自动生成转账凭证；另一类是自定义转账凭证，用户为此必须预先设置转账凭证模板。

（3）转账凭证一般从会计账簿中生成，这要求转账前所有业务必须输入系统。

（4）转账业务有严格的先后次序。由于某些转账依赖于其他转账业务产生的数据，所以期末转账应有一定的次序，例如，成本费用必须按图4-42的次序进行结转。如果次序有误，生成的凭证也将出现数据错误。

（5）结转凭证与其他凭证一样，需要经过审核才能记账，但一般不允许修改或删除。

（二）转账凭证的定义

用友 ERP-U8 系统提供八种转账功能的定义：自定义比例结转、自定义转账、对应结转设置、销售成本结转设置、售价（计划价）销售成本结转、汇兑损益结转设置、期间损益结转设置、费用摊销和预提设置。

1. 自定义转账凭证的设置

自定义转账功能可以完成的转账业务主要有：费用分配（如工资分配）、费用分摊

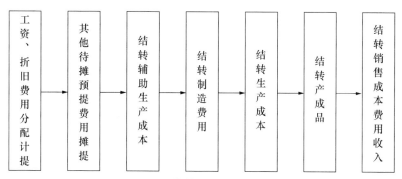

图 4-42 期末结转的处理顺序

(如制造费用分摊)、税金计算(如增值税)、提取各项费用(如提取福利费),以及部门核算、项目核算、个人核算、客户核算、供应商核算等结转业务。

自定义转账凭证设置的主要内容包括转账序号、凭证类型、转账类型、摘要、科目代码、借贷方向、金额计算公式等。具体的操作方法如下:

(1)选择【财务会计】|【总账】|【期末】|【转账定义】|【自定义转账】命令,打开如图 4-43 所示的自定义转账设置界面。

(2)单击【增加】按钮,系统即弹出转账目录对话框,其中要求输入转账序号、转账说明、凭证类别等信息,然后单击【确定】按钮,开始定义凭证分录。

(3)单击【增行】按钮,定义转账凭证正文的一行,内容包括摘要、科目、借贷方向、金额公式,如果科目有部门、项目、个人、客户、供应商属性,也应参照输入相关信息。金额公式也可以用公式向导定义,方法是在金额公式栏单击【…】按钮,系统即弹出公式向导(如图 4-43 所示),先后选择函数、科目、期间后,单击【完成】按钮,系统即自动生成金额公式。

(4)一张转账凭证定义完毕,单击【保存】按钮保存。图 4-43 是计提坏账准备的定义界面,假设坏账准备按应收账款的 3‰ 计提。

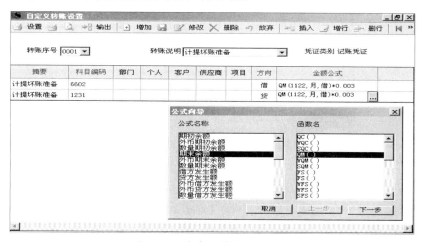

图 4-43 自定义转账设置界面

【例 4-11】 结转制造费用。其中，电视机分摊 60%，录像机分摊 40%。操作方法如下：

(1) 以会计江曼身份登录"001 南方电子"账套，启动企业应用平台。

(2) 选择【财务会计】|【总账】|【期末】|【转账定义】|【自定义转账】命令，打开如图 4-44 所示的自定义转账设置窗口。

摘要	科目编码	部门	个人	客户	供应商	项目	方向	金额公式
分摊制造费用	500101						借	FS(5101,月,借)*0.6
分摊制造费用	500102						借	FS(5101,月,借)*0.4
分摊制造费用	5101						贷	JG0

图 4-44 定义结转制造费用凭证

(3) 单击【增加】按钮，打开"转账目录"设置对话框。选择转账序号"0001"，转账说明"分摊制造费用"，选择凭证类别"记账凭证"；然后单击【确定】按钮，开始定义凭证分录。

(4) 单击【增行】按钮，录入科目编码"500101"，方向"借"，在金额公式栏单击【…】按钮，系统弹出公式向导，选择"借方发生额"公式，选中"JE()"，单击【下一步】，录入科目"5101"，期间"月"，单击完成，回到"金额公式栏"，继续输入"*0.6"，系统即自动生成金额公式。

(5) 单击【增行】按钮参照以上方法，录入科目"500102"，方向"借"，在金额公式栏单击【…】按钮，系统弹出公式向导，选择"借方发生额"公式，选中"JE()"，单击【下一步】，录入科目"5101"，期间"月"，单击完成，回到"金额公式栏"，继续输入"*0.4"，系统即自动生成金额公式。

(6) 单击【增行】按钮参照以上方法，录入"5101"会计科目，方向"贷"，金额公式选择"取对方科目计算结果"，单击【下一步】|【完成】。

(7) 单击【保存】按钮结束设置。

2. 对应结转设置

对应结转一般指两个科目之间进行一一对应的结转。对应结转的科目可以是非末级科目，但双方科目的下级科目结构必须一致（即明细科目完全相同），如有辅助核算，则两者也必须一一对应。对应结转也可以进行一个对多个科目的结转。需要注意的是，对应结转只结转期末余额。

(1) 选择【财务会计】|【总账】|【期末】|【转账定义】|【对应结账】命令，打开如图 4-45 所示的对应结转设置界面。

(2) 输入编号（即转账凭证序号）、凭证类别、摘要、转出科目。

(3)单击【增行】按钮,输入转入科目编码、名称、辅助项和结转系数。其中,结转系数反映转出金额的比例,即转入科目取数=转出科目取值×结转系数,系统默认值为1。

(4)定义完毕后,单击【保存】按钮保存。

【例4-12】 将所得税费用结转本年利润。操作方法如下:

(1)以会计江曼身份登录"001南方电子"账套,启动企业应用平台。

(2)选择【财务会计】|【总账】|【期末】|【转账定义】|【对应结转】命令,打开如图4-45所示的对应结转设置窗口。

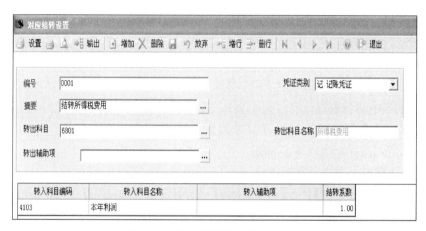

图4-45 所得税费用结转本年利润

(3)单击【增加】按钮,开始对应结转设置,输入转账凭证的编号"0001",凭证类别"记账凭证",摘要"结转所得税费用",转出科目编码"6801",转出科目名称"所得税费用"。

(4)单击【增行】按钮,输入转入科目编码"4103",转入科目名称"本年利润",结转系数"1"。

(5)单击【保存】按钮,保存设置。

3. 汇兑损益结转设置

汇兑损益结转用于计算期末资产性外币账户发生的汇总损益,并自动生成汇总损益转账凭证,但汇兑损益不处理所有者权益类、成本类和损益类账户。具体操作方法如下:

(1)选择【财务会计】|【总账】|【期末】|【转账定义】|【汇兑损益】命令,打开如图4-46所示的汇兑损益结转设置界面。

(2)输入凭证类别和汇兑损益入账科目的科目代码。

(3)在列出的外币科目中选择需要计算汇兑损益的科目。

(4)单击【确定】按钮,保存设置并退出。

图 4-46 汇兑损益结转设置界面

4．销售成本结转设置

销售成本结转是指月末将本月销售的库存商品成本结转到本期产品销售成本科目。结转销售成本凭证的设置方法如下：

（1）会计登录账套，启动企业应用平台。

（2）选择【财务会计】│【总账】│【期末】│【转账定义】│【销售成本结转】命令，打开如图 4-47 所示的销售成本结转设置窗口。

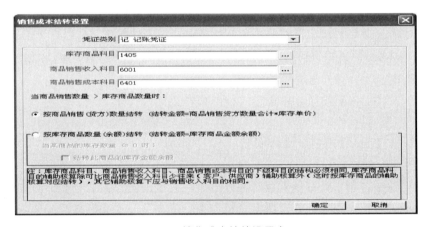

图 4-47 销售成本结转设置窗口

（3）输入库存商品科目（如 1405）、商品销售收入科目（如 6001）、销售成本科目（如 6401）。需要注意的是，库存商品科目、销售成本科目、销售收入科目如有下级科目，其结构必须完全相同。

（4）单击【保存】按钮，保存设置。

5．期间损益结转设置

每个会计期末必须将所有损益类科目的期末余额结转到本年利润科目，以便及时反映企业利润的盈亏情况，这种结转就称为期间损益结转，下面笔者将通过实例介绍其操作方法。

【例 4-13】 定义期间损益结转凭证。操作方法如下：

(1) 会计江曼登录"001 南方电子"账套，启动企业应用平台。

(2) 选择【财务会计】|【总账】|【期末】|【转账定义】|【期间损益】命令，打开如图 4-48 所示的期间损益结转设置界面。

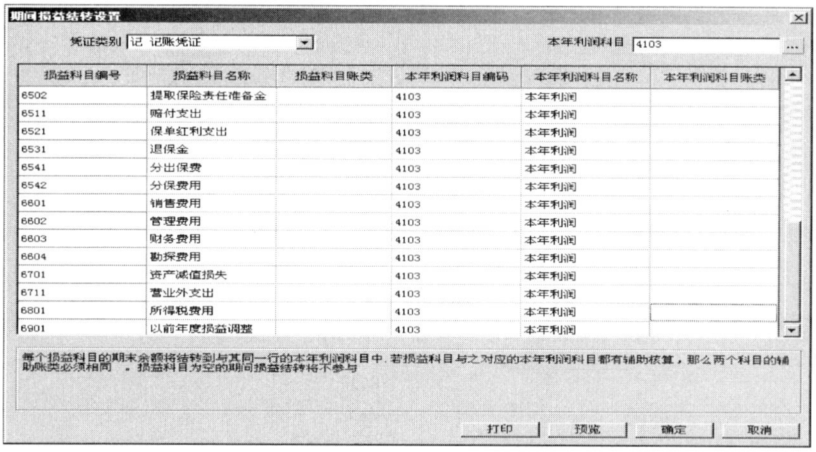

图 4-48 期间损益结转设置界面

(3) 单击【凭证类别】栏下的三角按钮，选择"记账凭证"，在【本年利润科目】栏录入"4103"或单击参照选择"4103 本年利润"。

(4) 系统在结转表中自动列出所有损益类科目，如果希望某损益科目参与期间损益的结转，则应填写相应的本年利润科目（必须为末级科目）。

(5) 设置完毕后，单击【确定】按钮保存。

（三）转账凭证的生成

转账凭证定义之后，每月月末只需执行"转账生成"功能，系统即根据定义计算出借贷金额自动生成转账凭证，并将其存入凭证文件。转账凭证生成的操作方法如下：

(1) 选择【财务会计】|【总账】|【期末】|【转账生成】命令，打开如图 4-49 所示的转账生成界面，在此可选择要结转的月份。

(2) 转账生成界面的左侧列出 8 种转账方式，用户从中选择需要的方式（如自定义转账、对应结转等），并双击要结转的凭证，选中的凭证背景变为黄色，"是否结转"栏显示"Y"。也可以单击【全选】按钮，选择全部结转。

(3) 单击【确定】按钮，系统即可生成结转凭证，但有些种类的结转还有一些后续操作。

操作中的注意事项如下：

(1) 由于转账是按照已记账的数据计算的，所以在月末执行转账生成命令之前，必须将所有未记账凭证记账，否则生成的转账凭证数据可能有误。

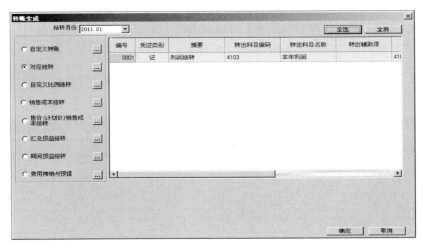

图 4-49 转账生成界面

（2）如果有多个转账凭证，一定要注意转账的先后次序。先转账的凭证要先完成转账生成、审核、记账，才能进行下一个转账凭证的生成。

二、期末对账

对账主要是通过核对总账与明细账、总账与辅助账，以检查数据是否正确、账簿是否平衡。为了保证账账相符，用户至少在月末结账前对账一次。对账的操作方法如下：

（1）选择【财务会计】｜【总账】｜【期末】｜【对账】命令，打开如图 4-50 所示的对账窗口。

图 4-50 对账窗口

（2）要先选择是否"检查科目档案辅助项与账务数据的一致性"，再选择核对内容，如选择总账与明细账、总账与辅助账等。

(3) 选择对账月份，方法是将光标移到要对账的月份并单击【选择】图标，或双击需要对账的月份的"是否对账"栏。

(4) 单击【对账】图标，系统即开始自动对账，对账结束后，系统在"对账结果"栏显示"正确"或"错误"信息。

(5) 如果对账正确，单击【退出】按钮，完成对账工作。如果对账错误，可以在对账窗口单击【错误】按钮，查找引起账账不符的原因。

三、期末结账

手工会计和计算机会计都需要在会计期末执行结账过程。但不同会计软件结账的处理内容存在差异，用友 ERP-U8 系统的期末结账主要是终止当月的账务处理和对下月账簿进行初始化。

1. 结账的操作方法

(1) 选择【财务会计】|【总账】|【期末】|【结账】命令，打开如图 4-51 所示的结账向导首页，用户可在此选择结账月份。

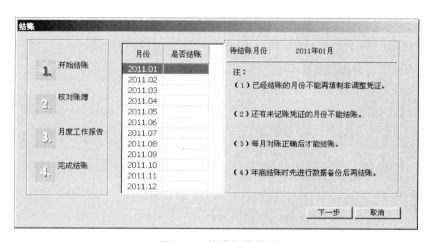

图 4-51　结账向导首页

(2) 单击【下一步】按钮，进入结账向导之第二步"核对账簿"，单击下方的【对账】按钮，系统即自动对本月进行账账核对。

(3) 对账结束后，单击【下一步】按钮，系统即显示如图 4-52 所示的月度工作报告。若需要打印，则单击【打印月度工作报告】按钮。

(4) 如果月度工作报告满足结账条件，单击【下一步】按钮进入向导第四步"完成结账"，单击【结账】按钮，最终完成结账过程。

2. 反结账的操作方法

结账后若发现尚有未完业务、凭证有错或其他故障，可以取消结账，这俗称反结账。反结账的操作方法如下：

(1) 账套主管选择【财务会计】|【总账】|【期末】|【结账】命令，打开如图 4-51 所示的结账向导首页。

图 4-52　月度工作报告

（2）选择要反结账的月份，然后按【Ctrl＋Shift＋F6】组合键即可，此操作需要验证操作员口令，只有通过验证才能取消结账。

3. 有关结账的控制或注意事项如下：

（1）如果上月未结账，则本月不能记账，但可以填制、复核凭证。

（2）如果本月还有未记账的凭证，则本月不能结账。

（3）如果总账与明细账对账不符，则不能结账。

（4）每月只结账一次，已结账月份不能再填制凭证。

（5）年末结账前必须先备份数据。

（6）如果系统内子系统本月未结账，则本月总账系统不能结账。

（7）反结账功能只能由账套主管执行。

第七节　账 表 管 理

总账系统提供的账表包括传统的科目账表和辅助核算账表两大类，但后者在本章第五节已进行详细介绍，所以这一节主要介绍科目账表，包括总账、明细账以及余额表，此外现金流量表也在此一并介绍。

一、总账

总账不仅反映各总账科目，也提供各级明细科目的年初余额、各月发生额合计和月末余额。总账的查询方法如下：

（1）选择【财务会计】｜【总账】｜【账表】｜【科目账】｜【总账】命令，打开如图 4-53 所示的总账查询条件设置对话框。

图 4-53 总账查询条件设置对话框

（2）在对话框可输入科目范围、科目级次，确定是否"包含未记账凭证"。所设置的条件可以命名后保存到"我的账簿"，以备日后使用。

（3）条件设置完毕单击【确定】按钮，系统显示如图 4-54 所示的三栏式总账。也可以通过科目下拉列表，选择查看其他科目的总账。此外，单击【明细】按钮可联查相应的明细账。

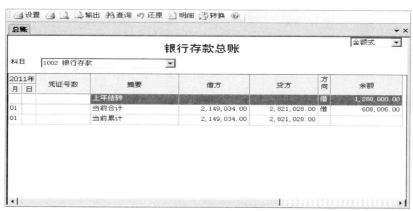

图 4-54 三栏式总账

二、余额表

余额表能够提供各级科目某一个月或某几个月的期初余额、本期发生额、累计发生额和期末余额等信息。它比传统三栏式总账形式更灵活、信息更丰富，所以《会计核算软件基本功能规范》和《会计电算化工作规范》均提出，总账可以由总分类账户本期发生额及余额对照表代替。余额表的查询方法如下：

（1）选择【财务会计】|【总账】|【账表】|【科目账】|【余额表】命令，系统即弹出发生额及余额查询条件设置对话框。

（2）设置查询条件后单击【确定】按钮，系统即显示发生额及余额表（如图 4-55 所示）。

（3）在余额表中单击【累计】按钮，系统将显示或取消显示借贷方累计发生额。单击【专项】按钮，可查到相应科目的辅助总账或余额表；单击屏幕右上方账页格式下拉框，可以选择金额式、外币金额式、数量金额式或数量外币式显示账页。

科目编码	科目名称	期初余额		本期发生		期末余额	
		借方	贷方	借方	贷方	借方	贷方
1001	库存现金	2,000.00		550,000.00	538,491.12	13,508.88	
1002	银行存款	1,280,000.0		2,149,034.0	2,721,028.00	708,006.00	
1012	其他货币资金	124,300.00			117,000.00	7,300.00	
1101	交易性金融资产	15,000.00			15,000.00		
1121	应收票据	246,000.00		292,500.00	492,500.00	46,000.00	
1122	应收账款	300,000.00		501,000.00	51,000.00	750,000.00	
1123	预付账款	200,000.00				200,000.00	
1221	其他应收款	5,000.00				5,000.00	
1231	坏账准备		900.00		1,350.00		2,250.
1401	材料采购	225,000.00		459,750.00	409,750.00	275,000.00	

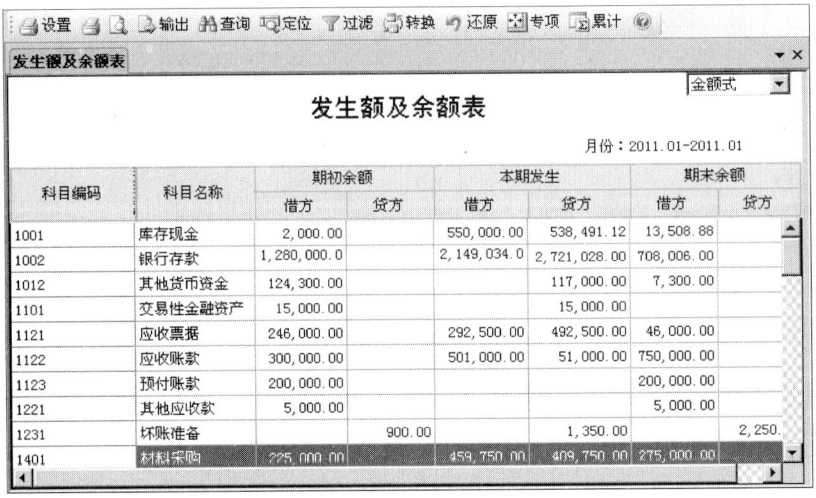

图 4-55　发生额及余额表

三、明细账

总账系统提供三种三栏式明细账，即普通明细账、按科目排序明细账、月份综合明细账。其中，普通明细账按科目查询，按发生日期排序；按科目排序明细账按非末级科目查询，按其有发生额的末级科目排序；月份综合明细账按非末级科目查询，包含非末级科目总账数据及末级科目明细数据的明细账。

明细账的查询方法是：

(1) 选择【财务会计】｜【总账】｜【账表】｜【科目账】｜【明细账】命令，系统即弹出如图 4-56 所示的明细账查询条件设置对话框。

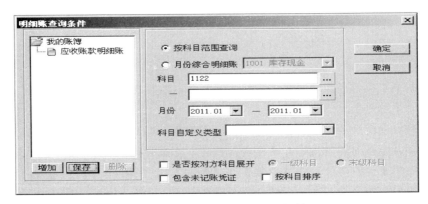

图 4-56　明细账查询条件设置对话框

(2) 在对话框中输入科目范围、月份范围，确定是否“包含未记账凭证”。

(3) 选择排序方式。例如，可选择“月份综合明细账”“按科目排序明细账”。

(4) 单击【确定】按钮，系统即显示查询结果。在明细账显示界面可以执行多种操作，其中，单击凭证可联查到光标所在行的对应凭证。

四、多栏式明细账

多栏式明细账必须先定义后查询。多栏账的主要定义内容是核算科目、多栏账名称和栏目，系统一般提供自动和手动两种方式编制栏目。

1. 多栏账的定义

下面笔者以实例介绍多栏式明细账的定义方法。

【例 4-14】 定义"应交增值税"多栏式明细账。操作方法如下：

（1）选择【财务会计】|【总账】|【账表】|【科目账】|【多栏账】命令，系统即弹出如图 4-57 所示的多栏账操作界面。

图 4-57 多栏账操作界面

（2）在多栏账界面单击【增加】按钮，打开如图 4-58 所示的多栏账定义窗口。

（3）从【核算科目】下拉列表中选择多栏账科目"222101 应交增值税"，系统根据科目自动给出多栏账的名称，但该名称可以修改。需要注意的是，核算科目不能是末级科目。

（4）定义多栏账的栏目。一般先自动编制栏目，然后进行手动调整。

① 自动编制。单击【自动编制】按钮，系统即自动把核算科目的下级科目设为多栏账分析栏目。

② 手动编制。单击【增加栏目】【删除栏目】按钮可自行增加、修改、删除栏目，单击【转换】按钮可将栏目名称切换为英文科目名称，此外还可调整栏目的排列顺序。

（5）定义完毕后，单击【确定】按钮结束。

2. 多栏账的查询

（1）选择【财务会计】|【总账】|【账表】|【科目账】|【多栏账】命令，系统即弹出如图 4-57 所示的多栏账界面。

（2）在多栏账界面选择所要查询的多栏账后，单击【查询】按钮，或者直接双击需要查询的多栏账，系统即弹出多栏账查询条件设置对话框。

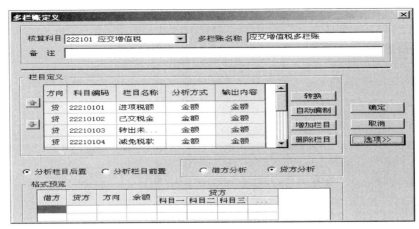

图 4-58 多栏账定义窗口

（3）选择月份等查询条件后，单击【确定】按钮，系统即显示多栏账的查询结果。

五、现金流量表

现金流量表有多种编制方法，其中，如果总账系统预置现金流量主表和附表项目，用户又在初始设置中指定了现金科目并在【凭证控制】选项中选择"现金流量科目必录现金流量项目"，则总账系统中可以输出现金流量表。

1. 现金流量明细表

（1）选择【财务会计】|【总账】|【账表】|【现金流量表】|【现金流量明细表】命令，系统即弹出如图 4-59 所示的现金流量明细表查询条件设置界面。

图 4-59 现金流量明细表查询条件设置界面

（2）在条件设置界面首先确定按月或按日查询，输入具体的月份或日期范围，然后根据需要指定现金流量项目、科目、部门等辅助查询条件。

（3）查询条件设置完毕后，单击【确定】按钮，系统即显示如图 4-60 所示的现金流量明细表。

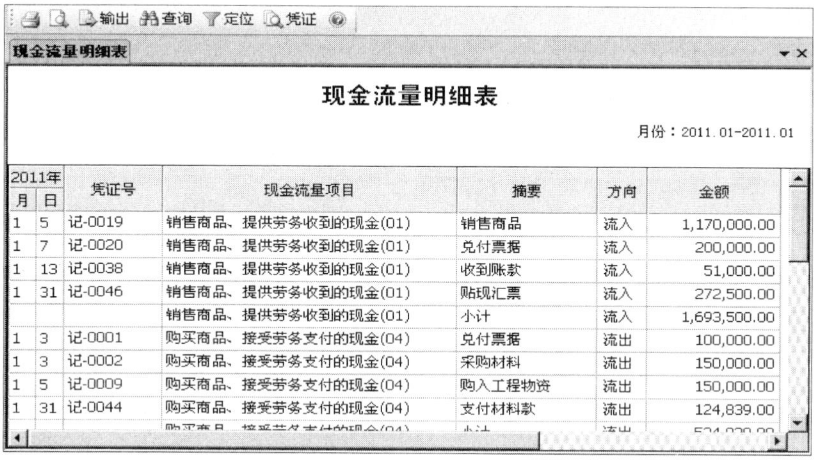

现金流量明细表

月份：2011.01-2011.01

2011年 月	日	凭证号	现金流量项目	摘要	方向	金额
1	5	记-0019	销售商品、提供劳务收到的现金(01)	销售商品	流入	1,170,000.00
1	7	记-0020	销售商品、提供劳务收到的现金(01)	兑付票据	流入	200,000.00
1	13	记-0038	销售商品、提供劳务收到的现金(01)	收到账款	流入	51,000.00
1	31	记-0046	销售商品、提供劳务收到的现金(01)	贴现汇票	流入	272,500.00
			销售商品、提供劳务收到的现金(01)	小计	流入	1,693,500.00
1	3	记-0001	购买商品、接受劳务支付的现金(04)	兑付票据	流出	100,000.00
1	3	记-0002	购买商品、接受劳务支付的现金(04)	采购材料	流出	150,000.00
1	5	记-0009	购买商品、接受劳务支付的现金(04)	购入工程物资	流出	150,000.00
1	31	记-0044	购买商品、接受劳务支付的现金(04)	支付材料款	流出	124,839.00
			购买商品、接受劳务支付的现金(04)	小计	流出	524,839.00

图 4-60　现金流量明细表

2. 现金流量统计表

（1）选择【财务会计】｜【总账】｜【账表】｜【现金流量表】｜【现金流量统计表】命令，系统即弹出查询条件设置界面。

（2）查询条件设置界面与现金流量明细表查询条件界面类同。查询条件设置完毕后，单击【确定】按钮，系统即显示如图 4-61 所示的现金流量统计表。

现金流量统计表

月份：2011.01-2011.01

现金流量项目	方向	金额
销售商品、提供劳务收到的现金(01)	流入	1,693,500.00
现金流入(0101)(分类小计)	净流入	1,693,500.00
购买商品、接受劳务支付的现金(04)	流出	524,839.00
支付给职工以及为职工支付的现金(05)	流出	538,491.12
支付的各项税费(06)	流出	222,589.00
支付的与其他经营活动有关的现金(07)	流出	10,000.00
现金流出(0102)(分类小计)	净流出	1,295,919.12
经营活动(01)(分类小计)	净流入	397,580.88
收回投资所收到的现金(08)	流入	15,000.00
取得投资收益所收到的现金(09)	流入	21,500.00

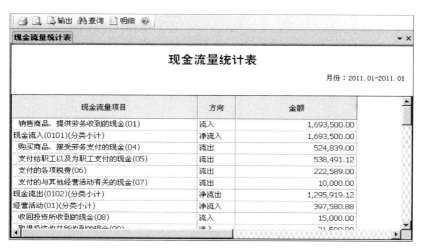

图 4-61　现金流量统计表

本章小结

总账系统是会计信息系统的核心子系统，往往也是企事业单位最为重视并最先投入使用的系统，所以这一章是本书的重点之一，读者务必理解和掌握。

本章在概要介绍总账系统的特点、主要功能和操作流程的基础上，较详细地介绍了用友 ERP-U8 系统的初始设置、凭证处理、出纳管理、辅助核算、期末处理、账表管理等功能的操作方法。其中，尤其要求重点掌握初始设置、凭证处理和期末处理等功能。

为了真正理解总账系统的原理、功能与操作方法，本章附有较详细的实训资料，希望读者以这些资料为依据，全面演练总账系统的使用。

基本概念

初始设置、选项、期初余额、期初对账、试算平衡、科目参照、凭证冲销、凭证审核、支票登记簿、自动对账、辅助核算、个人往来、项目总账、自动转账、凭证生成、反结账、期末处理。

练习题

一、单项选择题

1. 下述设置项目中，只能在总账系统中设置的是_____。
   A. 会计科目　　　　B. 结算方式　　　　C. 权限分配　　　　D. 选项设置
2. 总账系统的"凭证控制"参数设置中不包括_____。
   A. 现金流量科目必录现金流量项目　　　B. 自动填补凭证号
   C. 凭证编号方式控制　　　　　　　　　D. 自动填补凭证号
3. 总账系统初始数据录入之后，一般要通过_____检验是否满足公式"资产＝负债＋所有者权益"，如不符合等式，输入数据必然有错。
   A. 试算平衡　　　　B. 分析比较　　　　C. 报表　　　　　　D. 账簿
4. 在总账系统中建立常用摘要库的目的是为了_____。
   A. 提高凭证的输出速度　　　　　　　　B. 提高凭证的录入速度
   C. 提高凭证的记账速度　　　　　　　　D. 提高凭证的汇总速度
5. 在总账系统中，记账凭证按其形成方式可以分几类，但其中不包括_____。
   A. 手工填制的记账凭证　　　　　　　　B. 内部转账生成的凭证
   C. 报表系统生成的凭证　　　　　　　　D. 由应收应付等系统生成的凭证
6. 在总账系统输入科目初始数据时，用户一般只需要输入_____的数据。
   A. 总账级科目　　　B. 上级科目　　　　C. 下级科目　　　　D. 最明细级科目
7. 凭证处理的主要流程是_____。
   A. 凭证录入、审核、记账　　　　　　　B. 凭证录入、查询、修改
   C. 凭证修改、汇总、记账　　　　　　　D. 凭证审核、汇总、记账
8. 当凭证中有设置为现金流量的科目时，必须确定相应的_____与金额。
   A. 资产项目　　　　B. 现金流量表　　　C. 负债项目　　　　D. 现金流量项目
9. 凭证一经审核就不能再修改或删除，若要修改或删除必须先取消审核签名才能进行，但取消审核签名只能由_____进行。

A. 审核人自己 　　　　　　　　B. 凭证输入人员
C. 电算主管 　　　　　　　　　D. 电算维护人员

10. 下列功能不属于银行对账模块的是_____。

A. 输出银行存款日记账 　　　　B. 银行对账初始化
C. 输入银行对账单 　　　　　　D. 自动或手工对账

11. 转账凭证的定义内容主要包括转账序号、凭证类型、转账类型、摘要、科目代码、借贷、_____，等等。

A. 金额 　　　　　　　　　　　B. 金额计算公式
C. 余额计算公式 　　　　　　　D. 余额

12. 账簿的输出一般以_____为基础，即先按用户要求找到数据，然后输出。

A. 传输　　　B. 显示　　　C. 查询　　　D. 打印

二、多项选择题

1. 下列功能属于总账系统的是_____。

A. 系统设置　　B. 出纳管理　　C. 辅助核算　　D. 账表管理

2. 总账系统的参数是通过选项选择进行设置的，选项窗口的主要标签页有_____。

A. 凭证　　　B. 账簿　　　C. 凭证打印　　　D. 权限
E. 预算控制　　F. 会计日历

3. 下列凭证可以由机器自动生成的是_____。

A. 总账系统内部待摊、预提、摊销等每月固定的转账凭证
B. 成本、存货业务核算系统转给总账系统的凭证
C. 工资、固定资产业务核算系统转给总账系统的凭证
D. 汇兑损益转账凭证

4. 用户可通过多栏明细账设置窗口定义多栏明细账，主要设置_____。

A. 多栏式明细账的内容 　　　　B. 多栏式明细账的核算科目
C. 多栏式明细账的页面格式 　　D. 多栏式明细账的栏目名称

5. 总账系统提供的总账格式是_____。

A. 传统的三栏式总账 　　　　　B. 科目发生额与余额表式总账
C. 数量金额式总账 　　　　　　D. 科目明细表式总账

6. 记账后修改错误凭证的方法有_____。

A. 直接修改错误凭证 　　　　　B. 补录红字冲销凭证和正确凭证
C. 补录一张差额凭证 　　　　　D. 删除错误凭证后再输入正确凭证

7. 在凭证输入过程中，系统对会计科目的检验内容可能包括_____。

A. 检查科目与借贷金额是否一致 　　B. 检查科目与凭证类型是否一致
C. 检查借贷科目是否非法对应科目 　　D. 检查科目是否存在和是否为最明细级

8. 计算机出纳管理的主要功能包括_____。

A. 凭证签字 B. 支票管理
C. 银行对账 D. 输出日记账和资金日报表

9. 结账要在本期所有业务处理完毕之后进行，所以系统在结账之前必须检查_____。

A. 本期是否还有未过账的凭证 B. 是否已经进行银行对账
C. 是否已经执行期末调汇 D. 是否已经进行结转损益

10. 用户可定义多栏明细账，主要设置内容包括_____。

A. 多栏式账科目 B. 明细账科目代码
C. 栏目名称 D. 借或贷方

三、判断题

1. 总账系统的特点之一是部分凭证可以由机器自动生成，实现所谓的自动转账。（ ）

2. 总账系统允许本期结账之前输入下一期间的记账凭证。（ ）

3. 总账系统一般具有用户设置、凭证处理、期末处理、出纳管理、账表管理等功能。（ ）

4. 发现凭证有误，可随时删除或修改。（ ）

5. 凭证记账又称登账或过账，主要是将已审核凭证的信息更新各种账簿文件。（ ）

6. 在总账系统中输入记账凭证时，会计科目可以不用代码，应直接用汉字输入。（ ）

7. 冲销凭证功能用于自动制作一张与错误凭证科目相同、金额相反的凭证。（ ）

8. 银行对账可以采用自动对账与手工勾对相结合的方式完成。（ ）

9. 银行对账的初始化主要是输入银行对账单。（ ）

10. 总账系统期末转账的特点之一是转账凭证生成没有先后次序问题。（ ）

实训三　总账系统初始设置与业务处理

一、实训目的

通过实训演练掌握总账系统的初始设置与日常业务处理方法。

二、实训内容

（1）总账系统初始设置，包括参数设置、录入期初余额、试算平衡。

（2）凭证处理，包括凭证的填制、查询、修改、审核、出纳签字、记账、打印、汇总、导入、导出等多种操作。

三、实训资料

（一）选项参数

读者在理解选项参数的基础上可作适当选择，参数选择要求如下：

（1）凭证选项。要求制单序时控制；支票控制；可以使用应收应付受控科目；现金流量科目必录现金流量项目；自动填补凭证断号；批量审核凭证进行合法性校验；凭证录入时结算方式及票据号必录；同步删除外部系统凭证；凭证编号方式为系统编号。

（2）账簿。要求定义账簿打印时各栏目的宽度；明细账打印输出方式（按年排页还是按月排页）；凭证账簿选择套打。

（3）凭证打印。要求打印凭证的制单、出纳、审核、记账等人员姓名；打印包含科目编码；选择凭证、正式账簿每页打印行数。

（4）权限。要求凭证审核控制到操作员；出纳凭证必须经由出纳签字；不允许修改、作废他人填制的凭证；可查询他人凭证。

（二）年初余额

本账套的年初余额已在实训二的会计科目表中列出。

（三）日常业务分工

会计江曼填制凭证、出纳王姜负责出纳事务、主管高明负责审核记账。

（四）一月份业务资料

1. 一月份经济业务

南方电子公司20××年1月发生的经济业务如下：

（1）购入一批元件A，用银行存款支付货款30000元以及这批元件的增值税额5100元，款项已付，材料未到。

（2）上述元件经验收入库，计划成本为36000元。

（3）以银行存款300700元购入股票作为短期投资。

（4）销售一批电视机给客户，销售款为1500000元，税款为255000元，已存入银行。该批产品的实际成本为808000元。

（5）摊销无形资产127890元。

（6）收到200×年11月26日销售给高山公司商品的应收账款150000元（此为销售收入，不含增值税），存入银行。

（7）用银行存款支付广告费30000元。

（8）收到银行通知，用银行存款支付到期的商业承兑汇票（购买商品）126300元。

（9）销售一批产品给苹果公司，销售价款380000元（不含应收取的增值税），该批产品实际成本为230000元，产品已发出，销售价款未收到。

（10）购入不需安装的设备1台，价款为270000元，增值税为45900元，包装费、运费为4100元。价款及包装费、运费均以银行存款支付。设备已交付使用。

（11）购入一批工程物资，价款为200000元（含已交纳的增值税），已用银行存款支付。

（12）工程应付职工工资为 180000 元，应付职工福利费为 25200 元。

（13）工程完工，计算应负担的长期借款利息为 180000 元，该项借款本息未付。

（14）从银行借入 3 年期借款 380000 元，款已入银行账户，该款用于购入固定资产。

（15）收到现金股利 60000 元（该项投资为成本法核算，对方税率和本企业一致，均为 33%），已存入银行。

（16）出售打印机 A（编号 02201），打印机原价值为 50000 元，已提折旧 29291.67 元。

（17）收到价款 23000 元。

（18）上述打印机清理完毕，已办理转让手续。

（19）采购元件 A，价款为 118000 元，进项税为 20060 元，均未付款。

（20）上述元件 A 入库，计划成本为 110000 元。

（21）收到应收客户维维公司账款 134000 元，存入银行。

（22）归还短期借款本金 239000 元，利息为 11950 元，已预提。

（23）采购元件 B，价款为 100200 元，进项税为 17034 元，均未付款。

（24）上述材料入库，计划成本为 96300 元。

（25）分配应支付的职工工资 367720.50 元（不包括在建工程应负担的工资），其中生产人员工资为 189630.00 元（生产电视机员工工资为 114240.00 元，生产录像机员工工资为 75390.00 元），经营费用为 46830.00 元，行政管理部门人员工资为 131260.50 元。

（26）计提固定资产折旧 17549.15 元，其中计入制造费用的为 6347.91 元，计入管理费用的为 5201.24 元，计入销售费用的为 6000 元。

（27）支付职工工资 547720.50 元，其中包括支付给参与在建工程职工的工资 180000 元，代交个人所得税 45877.10 元，代扣社会保险 31128.30 元，代扣住房公积金 17293.50 元，实发工资 453421.60 元。

（28）基本生产领用原材料（元件 A 为 300000 元，元件 B 为 480000 元），计划成本共 780000 元（电视机领用元件 A，录像机领用元件 B）。

（29）结转领用原材料应分摊的材料成本差异共 39500 元，其中元件 A 的成本差异为 16000 元，元件 B 的成本差异为 23500 元，该差异分别由电视机和录像机分摊。

（30）领用低值易耗品，计划成本为 88000 元，采用一次摊销法摊销。

（31）结转制造费用 94347.91 元。其中，电视机分摊 60%，录像机分摊 40%。

（32）没有期初产品，本期生产的产品全部完工入库。其中，电视机为 486848.75 元，录像机为 616629.16 元。

（33）用银行存款交纳增值税 150000 元。

（34）按应收账款余额百分比法计提坏账准备 4818 元。

（35）结转产品销售成本，其中，电视机成本为 486848.75 元，录像机成本为

616629.16 元。

(36) 将各收入科目结转本年利润。
(37) 将成本费用科目结转本年利润。
(38) 计算本年应交所得税。
(39) 将所得税费用结转本年利润。
(40) 提取法定盈余公积金。
(41) 分配普通股现金股利 43987.68 元。
(42) 将利润分配各明细科目的余额转入"未分配利润"明细科目。
(43) 结转本年利润。
(44) 用银行存款交纳所得税 86780.64 元。

2. 一月份会计凭证

说明：

(1) 其中部分凭证可以通过"自动转账"功能生成。
(2) 如果使用工资系统，则第 25 号凭证可以由工资系统自动生成。
(3) 如果使用固定资产系统，则第 10、16、17、18、27 号凭证可以由该系统自动生成。
(4) 如果使用应收款系统，则第 6、9、21、34 号凭证可以由应收账款系统自动生成。
(5) 如果使用应付款系统，则第 8、19、23 号凭证可以由应付账款系统自动生成。

表 4-1 一月份凭证清单

日期	编号	摘要	科目代码	科目名称	借方金额	贷方金额
1/1	1	采购材料	140101	材料采购—元件 A	30000.00	
			22210101	应交税费—应交增值税—进项税额	5100.00	
			1002	银行存款		35100.00
1/1	2	材料入库	140301	原材料—元件 A	36000.00	
			140101	材料采购—元件 A		30000.00
			140401	材料成本差异—元件 A		6000.00
1/2	3	购入股票	11010101	交易性金融资产—成本—股票	300700.00	
			1002	银行存款		300700.00
1/3	4	销售商品	1002	银行存款	1755000.00	
			6001	主营业务收入		1500000.00
			22210105	应交税费—应交增值税—销项税额		255000.00
1/4	5	摊销费用	6602	管理费用	127890.00	
			1702	累计摊销		127890.00
1/5	6	收到账款	1002	银行存款	150000.00	
			1122	应收账款		150000.00
1/6	7	支付广告费	6601	销售费用	30000.00	
			1002	银行存款		30000.00
1/6	8	兑付票据	2201	应付票据	126300.00	
			1002	银行存款		126300.00
1/7	9	销售商品	1122	应收账款	444600.00	

(续表)

日期	编号	摘要	科目代码	科目名称	借方金额	贷方金额
			6001	主营业务收入		380000.00
			22210105	应交税费—应交增值税—销项税额		64600.00
1/8	10	购入固定资产	1601	固定资产	320000.00	
			1002	银行存款		320000.00
1/9	11	购入工程物资	160501	工程物资—专用材料	200000.00	
			1002	银行存款		200000.00
1/10	12	分配工资	1604	在建工程	205200.00	
			221101	应付职工薪酬—工资		180000.00
			221102	应付职工薪酬—职工福利费		25200.00
1/11	13	分配利息	1604	在建工程	180000.00	
			2231	应付利息		180000.00
1/13	14	借入银行款项	1002	银行存款	380000.00	
			2501	长期借款		380000.00
1/14	15	收到股利	1002	银行存款	60000.00	
			6111	投资收益		60000.00
1/15	16	出售设备	1602	累计折旧	29291.67	
			1606	固定资产清理	20708.33	
			1601	固定资产		50000.00
1/15	17	出售设备	1002	银行存款	23000.00	
			1606	固定资产清理		23000.00
1/15	18	出售设备	1606	固定资产清理	2291.67	
			6301	营业外收入		2291.67
1/16	19	采购材料	140101	材料采购—元件A	118000.00	
			22210101	应交税费—应交增值税—进项税额	20060.00	
			2202	应付账款		138060.00
1/17	20	材料入库	140301	原材料—元件A	110000.00	
			140401	材料成本差异	8000.00	
			140101	材料采购—元件A		118000.00
1/18	21	收到账款	1002	银行存款	134000.00	
			1122	应收账款		134000.00
1/19	22	归还短期借款	2001	短期借款	239000.00	
			2241	其他应付款	11950.00	
			1002	银行存款		250950.00
1/20	23	采购材料	140102	材料采购—元件B	100200.00	
			22210101	应交税费—应交增值税—进项税额	17034.00	
			2202	应付账款		117234.00
1/20	24	材料入库	140302	原材料—元件B	96300.00	
			140401	材料成本差异	3900.00	

(续表)

日期	编号	摘要	科目代码	科目名称	借方金额	贷方金额
			140102	材料采购—元件B		100200.00
1/21	25	分配工资费用	50010101	生产成本—基本生产成本—电视机	114240.00	
			50010102	生产成本—基本生产成本—录像机	75390.00	
			6601	销售费用	46830.00	
			6602	管理费用	131261.50	
			221101	应付职工薪酬—工资		367720.50
1/22	26	结转折旧费用	5101	制造费用	6347.91	
			6602	管理费用	5201.24	
			6601	销售费用	6000.00	
			1602	累计折旧		17549.15
1/23	27	发放工资	221101	应付职工薪酬—工资	547720.50	
			222111	应交税费—应交个人所得税		45877.10
			2241	其它应付款		48421.80
			1001	库存现金		453421.60
1/24	28	生产领用材料	50010101	生产成本—基本生产成本—电视机	300000.00	
			50010102	生产成本—基本生产成本—录像机	480000.00	
			140301	原材料—元件A		300000.00
			140302	原材料—元件B		480000.00
1/25	29	结转差异	50010101	生产成本—基本生产成本—电视机	16000.00	
			50010102	生产成本—基本生产成本—录像机	23500.00	
			140401	材料成本差异—元件A		16000.00
			140402	材料成本差异—元件B		23500.00
1/26	30	摊销周转材料	5101	制造费用	88000.00	
			141102	周转材料—低值易耗品		88000.00
1/27	31	结转制造费用	50010101	生产成本—基本生产成本—电视机	56608.75	
			50010102	生产成本—基本生产成本—录像机	37739.16	
			5101	制造费用		94347.91
1/28	32	结转销售成本	140501	库存商品—电视机	486848.75	
			140502	库存商品—录像机	616629.16	
			50010101	生产成本—基本生产成本—电视机		486848.75
			50010102	生产成本—基本生产成本—录像机		616629.16
1/31	33	交纳税金	22210102	应交税费—应交增值税—已交税金	150000.00	
			1002	银行存款		150000.00
1/31	34	计提坏账准备	6602	管理费用	4818.00	
			1231	坏账准备		4818.00
1/31	35	结转成本	6401	主营业务成本	1103477.91	
			140501	库存商品—电视机		486848.75
			140502	库存商品—录像机		616629.16

(续表)

日期	编号	摘要	科目代码	科目名称	借方金额	贷方金额
1/31	36	结转收入	6001	主营业务收入	1880000.00	
			6301	营业外收入	2291.67	
			6111	投资收益	60000.00	
			4103	本年利润		1942291.67
1/31	37	结转成本费用	4103	本年利润	1455477.65	
			6401	主营业务成本		1103477.91
			6601	销售费用		82830.00
			6602	管理费用		269169.74
			6603	财务费用		0.00
			6711	营业外支出		0.00
1/31	38	计算所得税	6801	所得税费用	121703.51	
			222105	应交税费—应交所得税		121703.51
1/31	39	结转所得税	4103	本年利润	121703.51	
			6801	所得税费用		121703.51
1/31	40	提取盈余公积	410401	利润分配—提取法定盈余公积	36511.05	
			410101	盈余公积—法定盈余公积		36511.05
1/31	41	分配股利	410403	利润分配—应付现金股利	43987.68	
			2232	应付股利		43987.68
1/31	42	利润分配	410408	利润分配—未分配利润	80498.73	
			410401	利润分配—提取法定盈余公积		36511.05
			410403	利润分配—应付现金股利		43987.68
1/31	43	结转本年利润	4103	本年利润	365110.51	
			410408	利润分配—未分配利润		365110.51
1/31	44	交纳税款	222105	应交税费—应交所得税	86780.64	
			1002	银行存款		86780.64

（五）二月份业务资料

1. 二月份经济业务

南方电子公司20××年2月份发生的经济业务如下：

（1）收到200×年11月19日销售给绿水公司商品的应收账款48000元（此为销售收入，不含增值税），存入银行。

（2）购入一批元件A，用银行存款支付货款200000元，以及购入这批元件的增值税额34000元，款项已付，材料未到。

（3）上述元件经验收入库，计划成本为195000元。

（4）用银行支票支付元件B采购价款100000元以及增值税额17000元。

（5）上述原材料经验收入库，计划成本为103000元。

（6）归还短期借款本金100000元，利息5000元，已预提。

（7）销售一批产品给维维公司，销售价款80000元（不含应收取的增值税），产品已发出，价款未收到。

（8）发行5年期面值为210万元的债券，年利率为10%，企业按220万元的价格出售（债券发行费用略）。

（9）用银行存款支付业务招待费22000元。

（10）销售一批录像机，价款为2000000元，销项税为340000元。款项由银行收取。

（11）基本生产领用原材料（元件A为350000元、元件B为480000元），计划成本共830000元（电视机领用元件A、录像机领用元件B）。

（12）领用低值易耗品，计划成本为75000元，采用一次摊销法摊销。

（13）结转领用原材料应分摊的材料成本差异共37500元，其中，元件A的成本差异为15000元，元件B的成本差异为22500元，该差异分别由电视机分摊和录像机分摊。

（14）销售一批产品给客户高山公司，销售价格为280000元，应收的增值税额47600元，货款未收到。

（15）摊销无形资产127890元。

（16）按应收账款账龄计提坏账准备11196元。

（17）购入一批工程专用物资，价款为250000元（含已交纳的增值税），已用银行存款支付。

（18）应付工程职工工资为200000元，应付职工福利费为28000元。

（19）工程完工，应负担的长期借款利息15000元，该项借款本息未付。

（20）支付购买元件A的应付款124000元。

（21）购入不需安装的电信设备1台，价款为70000元，增值税为11900元，包装费、运费为13100元。价款及包装费、运费均以银行存款支付。设备已交付使用。

（22）偿还长期借款500000元。

（23）公司采用商业承兑汇票结算方式销售产品一批，价款为300000元，增值税为51000元，收到351000元的商业承兑汇票1张，产品实际成本为200000元。

（24）公司将上述承兑汇票到银行办理贴现，贴现息28000元。

（25）提取现金500000元，准备发放工资。

（26）职工工资581048.16元，其中包括支付给在建工程职工的工资200000元，代交个人所得税48148.61元，代扣社会保险32684.75元，代扣住房公积金18158.21元，实发工资482056.59元。

（27）分配应支付的职工工资381048.16元（不包括在建工程应支付的职工工资），其中生产职工工资为195790.88元（生产电视机的职工工资为117705.00元，生产录像机的职工工资为78085.88元），经营费用48683.25元，行政管理部门职工工资为136574.03元。

（28）计提固定资产折旧18090.81元，其中计入制造费用的为7681.24元，计入管理费用的为 4409.57 元，计入销售费用的为 6000 元。

（29）结转制造费用 82681.24 元。其中，电视机分摊 60%，录像机分摊 40%。

（30）没有期初产品，本期生产的产品全部完工入库。其中，电视机为 532313.74 元，录像机为 613658.38 元。

（31）用银行存款支付产品展览费 33000 元。

（32）用银行存款交纳增值税 180000 元。

（33）结转产品销售成本，其中，电视机成本为 532313.74 元，录像机成本为 613658.38 元。

（34）将各收入科目结转本年利润。

（35）将成本费用科目结转本年利润。

（36）计算本年应交所得税。

（37）将所得税费用结转本年利润。

（38）提取法定盈余公积金。

（39）分配普通股现金股利 98829.99 元。

（40）将利润分配各明细科目的余额转入"未分配利润"明细科目。

（41）结转本年利润。

（42）用银行存款交纳所得税 165780.23 元。

2. 二月份会计凭证

说明：

（1）其中部分凭证可以通过"自动转账"功能生成。

（2）如果使用工资系统，则第 27 号凭证可以由工资系统自动生成。

（3）如果使用固定资产系统，则第 21、28 号凭证可以由该固定资产系统自动生成。

（4）如果使用应收款系统，则第 1、7、14、16、23、24 号凭证可以由应收款系统生成。

（5）如果使用应付款系统，则第 20 号凭证可以由应付款系统自动生成。

表 4-2　二月份凭证清单

日期	编号	摘要	科目代码	科目名称	借方金额	贷方金额
2/1	1	收到账款	1002	银行存款	48000.00	
			1122	应收账款		48000.00
2/1	2	采购材料	140101	材料采购—元件 A	200000.00	
			22210101	应交税费—应交增值税—进项税额	34000.00	
			1002	银行存款		234000.00
2/2	3	材料入库	140301	原材料—元件 A	195000.00	
			140401	材料成本差异—元件 A	5000.00	
			140101	材料采购—元件 A		200000.00

(续表)

日期	编号	摘要	科目代码	科目名称	借方金额	贷方金额
2/3	4	采购材料	140102	材料采购—元件 B	100000.00	
			22210101	应交税费—应交增值税—进项税额	17000.00	
			1002	银行存款		117000.00
2/3	5	材料入库	140302	原材料—元件 B	103000.00	
			140102	材料采购—元件 B		100000.00
			140402	材料成本差异—元件 B		3000.00
2/4	6	归还短期借款	2001	短期借款	100000.00	
			2241	其他应付款	5000.00	
			1002	银行存款		105000.00
2/5	7	销售商品	1122	应收账款	93600.00	
			6001	主营业务收入		80000.00
			22210105	应交税费—应交增值税—销项税额		13600.00
2/6	8	发行长期债券	1002	银行存款	2200000.00	
			250201	应付债券—面值		2100000.00
			250202	应付债券—利息调整		100000.00
2/7	9	支付招待费	6602	管理费用	22000.00	
			1002	银行存款		22000.00
2/8	10	销售商品	1002	银行存款	2340000.00	
			6001	主营业务收入		2000000.00
			22210105	应交税费—应交增值税—销项税额		340000.00
2/9	11	生产领用材料	50010101	生产成本—基本生产成本—电视机	350000.00	
			50010102	生产成本—基本生产成本—录像机	480000.00	
			140301	原材料—元件 A		350000.00
			140302	原材料—元件 B		480000.00
2/10	12	摊销周转材料	5101	制造费用	75000.00	
			141102	周转材料—低值易耗品		75000.00
2/11	13	结转差异	50010101	生产成本—基本生产成本—电视机	15000.00	
			50010102	生产成本—基本生产成本—录像机	22500.00	
			140401	材料成本差异—元件 A		15000.00
			140402	材料成本差异—元件 B		22500.00
2/12	14	销售商品	1122	应收账款	327600.00	
			6001	主营业务收入		280000.00
			22210105	应交税费—应交增值税—销项税额		47600.00
2/13	15	摊销费用	6602	管理费用	127890.00	
			1702	累计摊销		127890.00
2/14	16	计提坏账准备	6602	管理费用	11196.00	
			1231	坏账准备		11196.00

(续表)

日期	编号	摘要	科目代码	科目名称	借方金额	贷方金额
2/15	17	购入工程物资	160501	工程物资—专用材料	250000.00	
			1002	银行存款		250000.00
2/16	18	分配工资	1604	在建工程	228000.00	
			221101	应付职工薪酬—工资		200000.00
			221102	应付职工薪酬—福利费		28000.00
2/17	19	计提利息费用	1604	在建工程	15000.00	
			2231	应付利息		15000.00
2/18	20	支付材料款	2202	应付账款	124000.00	
			1002	银行存款		124000.00
2/19	21	购入固定资产	1601	固定资产	95000.00	
			1002	银行存款		95000.00
2/20	22	偿还借款	2501	长期借款	500000.00	
			1002	银行存款		500000.00
2/21	23	销售商品	1121	应收票据	351000.00	
			6001	主营业务收入		300000.00
			22210105	应交税费—应交增值税—销项税额		51000.00
2/22	24	贴现汇票	6603	财务费用	28000.00	
			1002	银行存款	323000.00	
			1121	应收票据		351000.00
2/23	25	提现	1001	库存现金	500000.00	
			1002	银行存款		500000.00
2/24	26	发放工资	221101	应付职工薪酬—工资	581048.16	
			222111	应交税费—应交个人所得税		48148.61
			2241	其他应付款		50842.96
			1001	库存现金		482056.59
2/25	27	分配工资费用	50010101	生产成本—基本生产成本—电视机	117705.00	
			50010102	生产成本—基本生产成本—录像机	78085.88	
			6601	销售费用	48683.25	
			6602	管理费用	136574.03	
			221101	应付职工薪酬—工资		381048.16
2/26	28	结转折旧费用	5101	制造费用	7681.24	
			6602	管理费用	4409.57	
			6601	销售费用	6000.00	
			1602	累计折旧		18090.81
2/27	29	结转制造费用	50010101	生产成本—基本生产成本—电视机	49608.74	
			50010102	生产成本—基本生产成本—录像机	33072.50	
			5101	制造费用		82681.24

(续表)

日期	编号	摘要	科目代码	科目名称	借方金额	贷方金额
2/28	30	结转销售成本	140501	库存商品—电视机	532313.74	
			140502	库存商品—录像机	613658.38	
			50010101	生产成本—基本生产成本—电视机		532313.74
			50010102	生产成本—基本生产成本—录像机		613658.38
2/28	31	支付费用	6601	销售费用	33000.00	
			1002	银行存款		33000.00
2/28	32	交纳税金	22210102	应交税费—应交增值税—已交税金	180000.00	
			1002	银行存款		180000.00
2/28	33	结转成本	6401	主营业务成本	1145972.12	
			140501	库存商品—电视机		532313.74
			140502	库存商品—录像机		613658.38
2/28	34	结转收入	6001	主营业务收入	2660000.00	
			6301	营业外收入	0.00	
			6111	投资收益	0.00	
			4103	本年利润		2660000.00
2/28	35	结转成本费用	4103	本年利润	1563724.97	
			6401	主营业务成本		1145972.12
			6601	销售费用		87683.25
			6602	管理费用		302069.60
			6603	财务费用		28000.00
			6711	营业外支出		0.00
2/28	36	计算所得税	6801	所得税费用	274068.76	
			222105	应交税费—应交所得税		274068.76
2/28	37	结转所得税	4103	本年利润	274068.76	
			6801	所得税费用		274068.76
2/28	38	提取盈余公积	410401	利润分配—提取法定盈余公积	82220.63	
			410101	盈余公积—法定盈余公积		82220.63
2/28	39	分配股利	410403	利润分配—应付现金股利	98829.99	
			2232	应付股利		98829.99
2/28	40	利润分配	410408	利润分配—未分配利润	181050.62	
			410401	利润分配—提取法定盈余公积		82220.63
			410403	利润分配—应付现金股利		98829.99
2/28	41	结转本年利润	4103	本年利润	822206.27	
			410408	利润分配—未分配利润		822206.27
2/28	42	交纳税款	222105	应交税费—应交所得税	165780.23	
			1002	银行存款		165780.23

实训四 出纳管理

一、实训目的

通过实训演练掌握出纳的业务处理方法,但不包括出纳签字、现金收付等工作。

二、实训内容

出纳主要负责现金和银行存款的管理,包括输出日记账和资金日报表、支票管理、银行对账等。由于出纳签字、支票管理主要在日常账务处理中完成,所以本实训主要练习以下内容:

1. 输出日记账和资金日报表。
2. 银行对账。包括录入银行对账期初余额、录入银行对账单、银行对账、编制银行余额调节表、查询勾对情况。

三、实训资料

1. 查询日记账和资金日报表。注意按不同条件、不同格式进行查询。
2. 银行对账

本账套只在一个银行开户,而且只核算人民币,对账的截止日期为每月月末。此外,涉及银行对账的实训资料主要包括:

(1) 期初资料,企业日记账、银行对账单期初余额均为 2008000 元。此外,期初没有未达账项。

(2) 一月份银行对账单

表 4-3 一月份银行对账单

日期	摘要	结算方式	票号	借方金额	贷方金额
1/1	支付采购材料款	托收承付	1011		35100.00
1/2	购入股票	转账支票	2104		300700.00
1/3	收到销售货款	转账支票	3013	1755000.00	
1/5	收到账款	转账支票	3212	150000.00	
1/6	支付广告费	现金支票	0132		30000.00
1/6	兑付票据	转账支票	2105		126300.00
1/8	购入固定资产	托收承付	1012		320000.00
1/9	购入工程物资	托收承付	1013		200000.00
1/13	借入银行款项			380000.00	
1/14	收到股利	转账支票	3275	60000.00	
1/15	出售设备	现金支票	0256	23000.00	
1/18	收到账款	转账支票	3312	134000.00	
1/19	归还短期借款	转账支票	2106		250950.00
1/31	收到账款	现金支票	0293	48000.00	
1/31	采购材料	现金支票	0257		234000.00

(3) 二月份银行对账单

表 4-4 二月份银行对账单

日期	摘要	结算方式	票号	借方金额	贷方金额
2/1	交纳增值税	转账支票	2107		150000.00
2/1	交纳所得税	转账支票	2108		86780.64
2/3	采购材料	托收承付	1014		117000.00
2/4	归还短期借款	转账支票	2109		105000.00
2/6	发行长期债券	转账支票	2670	2200000.00	
2/7	支付招待费	现金支票	0258		22000.00
2/8	销售商品	转账支票	2957	2340000.00	
2/15	购入工程物资	转账支票	2110		250000.00
2/18	支付材料款	转账支票	2111		124000.00
2/19	购入固定资产	转账支票	2112		95000.00
2/20	偿还借款	转账支票	2113		500000.00
2/22	贴现汇票	转账支票	2708	323000.00	
2/23	提现				500000.00
2/28	支付费用	现金支票	0259		33000.00
2/28	交纳税金	转账支票	2114		180000.00
2/28	交纳税款	转账支票	2115		165780.23

实训五 总账系统期末处理与账表管理

一、实训目的

通过实训演练掌握总账系统期末处理与账表管理的内容与方法。

二、实训内容

1. 定义转账凭证
2. 生成转账凭证
3. 对账
4. 结账
5. 账表查询

三、实训资料或要求

关于定义与生成转账凭证的操作提示：第一步，按以下要求定义转账凭证；第二步，对一月份或二月份反结账、反记账、取消审核，并将由系统生成的凭证作废；第三步，按定义生成转账凭证；第四步，重新审核、记账。

1. 定义转账凭证

(1) 自定义转账：

① 分摊制造费用凭证(1月第31号凭证、2月第29号凭证)；

② 计算应交所得税凭证(1月第38号凭证、2月第36号凭证)；

③ 提取法定盈余公积凭证(1月第40号凭证、2月第38号凭证)；

④ 计提坏账准备凭证(1月第34号凭证、2月第16号凭证)，按应收账款余额的3‰计提；

⑤ 结转本年利润凭证，即将本年利润科目余额转入利润分配—未分配利润科目(1月第43号凭证、2月第41号凭证)

(2) 定义对应结转。定义所得税费用结转本年利润凭证(1月第39号凭证、2月第37号凭证)。

(3) 定义销售成本结转。定义结账销售成本凭证(1月第32号凭证、2月第30号凭证)。

(4) 定义期间损益结转：

① 定义结账收入凭证，即将所有收入类科目的期末余额结转到本年利润科目贷方(1月第36号凭证、2月第34号凭证)；

② 定义结账费用凭证，即将所有成本费用类科目的期末余额结转到本年利润科目借方(1月第37号凭证、2月第35号凭证)。

2. 生成转账凭证（每月逐一或同时生成自定义的转账凭证）

3. 执行对账与结账

4. 查询账表

(1) 按不同条件查询总账、明细账、余额表以及现金流量表。

(2) 设置和查询多栏账。要求定义库存商品多栏账(1405)、应缴税费多栏账(2221)、应缴增值税多栏账(222101)。

第五章

报表处理系统

学习目标

1. 了解报表处理系统的主要功能、用友 UFO 系统的基本概念和报表编制流程。
2. 掌握用友 UFO 报表系统的格式设计内容与方法。
3. 掌握用友 UFO 报表系统的计算公式、审核公式与舍位平衡公式的定义方法。
4. 掌握用友 UFO 报表系统的数据处理内容与方法。
5. 学会编制资产负债表和利润表。

会计报表综合反映某一特定日期的财务状况和某一会计期间的经营成果、现金流量等会计信息，所以编制报表是会计信息系统的一项重要功能，它不仅要提供对外法定报表和对内管理报表的编制，而且要满足内容多元化、形式多样化、组合适需化以及定期与实时报告相结合的发展需求。这一章在讨论报表系统一般概念的基础上，主要介绍用友 UFO 报表系统的应用方法。

第一节 报表处理系统概述

会计报表是企业财务报告的重要组成部分，是会计信息系统的主要输出形式。企业会计报表种类繁多，不仅要求内容真实与完整，而且必须编制及时，因此报表处理一直是会计电算化的一项重要研究课题。

一、报表的处理方式

在会计信息系统中，报表按其设置和处理方式大体可以分为以下两类：

1. 预设报表

在会计信息系统中预设具体报表的格式和数据公式，需要时按规定的途径取得数据并生成的报表，称预设报表。由于格式基本固定且使用方便，所有会计软件几乎无一例外地尽可能提供预设报表。例如，总账系统中的科目余额表、科目汇总表、试算平衡表、资金日报表都是预设报表。

2. 自定义报表

系统提供一种由用户定义报表的格式以及数据公式的机制，然后根据用户定义自动生成具体的报表。自定义报表由通用的报表处理系统编制。例如，资产负债表、利润表等对外报表，以及许多内部管理报表，一般都由报表处理系统生成。

二、报表处理系统的逻辑模型

会计报表系统都必须具有报表定义、报表生成、报表输出三大处理功能，图 5-1 是系统的主要数据流图。

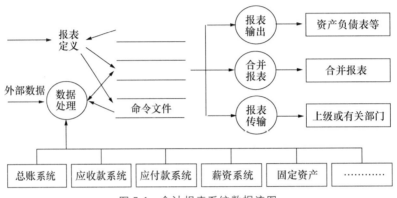

图 5-1　会计报表系统数据流图

三、报表系统的主要功能

通用报表系统一般具有文件管理、报表定义、数据处理、图形处理、报表输出等功能，此外，有些软件提供报表分析、基于财务函数的财务管理等功能。在众多的报表软件中，用友 UFO 报表系统（以下简称"UFO"）广受青睐。UFO 本质上是一个电子表格软件，它具有制作表格、数据运算、图形制作、打印输出等功能。

1. 文件管理功能

文件管理功能包括文件的新建、打开、关闭、保存、另存为、引入、引出等。此外，UFO 能够进行不同文件格式的转换，例如，可以将 UFO 报表文件转换为 Access 文件、Excel 文件、文本文件、xml 格式文件、html 格式文件。

2. 报表定义功能

报表定义功能包括报表模板管理、报表格式定义、单元公式定义、审核公式定义、批命令定义，以及报表单元的复制、清除、删除、替换、插入、融合、锁定等编辑功能。UFO 提供种类丰富的函数，可以从总账、应收、应付、薪资、固定资产等系统获取数据。

3. 数据处理功能

数据处理主要包括报表计算、表页管理、表页汇总、舍位平衡、报表排序、报表审核等功能。UFO 的每一个报表可以管理多达 99999 张不同的表页，且能在每张表页之间建立有机联系。

4. 图形处理功能

UFO 提供图形分析功能，由于它可采用图文混排，因此可以方便地组织图形数据,制作直方图、立体图、圆饼图、折线图等多种图式的分析图表,而且可以编辑图表的位置、大小、标题、字体、颜色。

5. 打印输出功能

UFO 能够将屏幕显示内容完全打印输出,而且通过打印预览功能,可以预先看到报表或图形的打印效果。此外,UFO 提供首页、尾页、自动分页、强制分页、全表打印、缩放打印、打印方向选择等功能。

6. 二次开发功能

UFO 提供批命令和自定义菜单功能,例如,可以自动记录命令窗口中输入的多个命令,并将有规律的操作过程编制成批命令文件。综合这些功能可以快速开发适合本企业的专用系统。

四、报表系统的基本概念

1. 报表结构

从结构上看,报表可以分为二维、三维和复合报表。资产负债表的一个表页是一张二维表,整个资产负债表是一张三维表,故记账凭证即是一张复合表。但无论什么报表都是由表头、表体和表尾三部分组成,UFO 报表也不例外。

(1) 表头。表头描述报表的整体性质,主要包括表名、编制单位、编制日期、计量单位等内容。表头位于每张报表的上端。

(2) 表体。表体是报表的主体,是报表的数据部分。表体被表格线分为若干个小方格,每一个小方格用于填写各种类型的数据,称为表格元素或简称为单元格。

(3) 表尾。表尾是位于表体下方进行辅助说明的部分,包括编制人、审核人等内容。

2. 报表窗口

报表系统一般设计成一个集成操作界面,即报表窗口,其功能通过菜单或工具栏图标方式提供,主菜单一般有文件、编辑、视图、插入、格式、工具、数据、合并、窗口等项目。图 5-2 是启动 UFO 报表系统后的系统窗口。

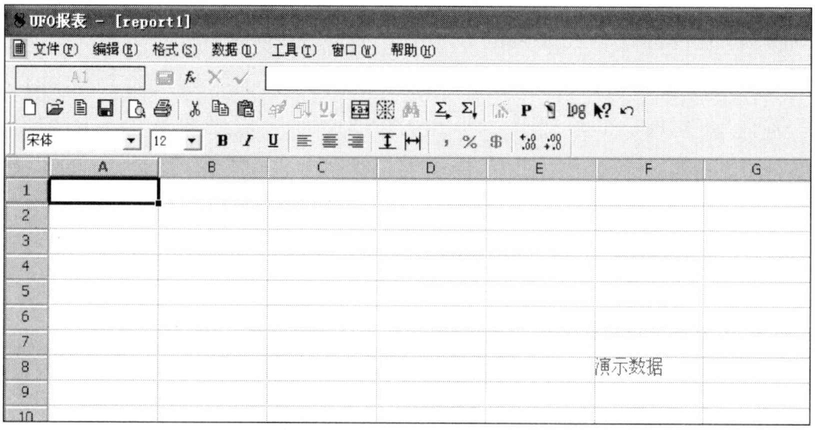

图 5-2 报表系统窗口

3. 报表单元

UFO 报表本质上是一个电子表，报表被表格线分为若干个小方格，每一个方格用于填写各种类型的数据，称为报表单元。单元是构成报表主体的基本元素。

（1）单元名称

单元是组成报表的最小单位，每一个单元都有自己的名称。单元名称通常以行列坐标标识并遵照 Excel 的命名规则。其中，行号用数字 1～9999 表示，列标用字母 A～Z 表示。例如，B5 表示第 2 列第 5 行的单元。

（2）单元类型

报表单元可以存放不同类型的数据，因而就有数值单元、字符单元、表样单元之分。其中，数值单元和字符单元用于存放报表的数据，在数据状态下输入；表样单元用于定义一个空表所需的所有文字、符号或数字，表样单元在格式状态下输入和修改。

（3）单元区域

单元区域由一组单元组成，自起点单元至终点单元是一个完整的长方形矩阵。最大区域是整个表的所有单元，最小区域是一个单元。

（4）组合单元

组合单元由相邻的两个或更多相同类型的单元组成，UFO 将组合单元视为一个单元。组合单元可用区域的名称或区域中的单元的名称来表示，例如，把 C4 和 C5 定义为一个组合单元，这个组合单元可以用 C4、C5 或 C4：C5 表示。

4. 表页与报表维度

（1）表页。UFO 提供多表页管理功能，即允许对一个报表设置多个表页。例如，对资产负债表可按月设置表页，每一个表页代表一个月的资产负债表，从而保存多个月的报表。但必须注意的是，一个报表的所有表页都具有相同的格式，而且只能有一套公式，只是不同表页代表不同会计期间，所生成的单元数据不同。表页在报表中的序号在表页的下方以标签的形式出现，称为页标。

（2）关键字。关键字是为表页设置的一个标记，目的是为了方便记忆和快速查找。例如，对资产负债表可以生成表页的年、月、日为关键字。

（3）报表的维度。如上所述，报表可以分为二维、三维和复合报表。其中，二维表通过行（横轴）和列（纵轴）确定某一单元的位置，三维表则由多个相同的二维表叠加组成，要从中找到某一个单元，则需要增加一个表页号（Z 轴）要素。UFO 报表一般都是三维表，因此，每一个报表单元需要用"表名""列""行""表页"进行标识，例如，资产负债表第 6 页的 C8 单元表示为："资产负债表－〉C8@6"。

5. 报表的格式

报表格式包括整个报表的格式和每一个单元的格式。整表格式主要有：报表尺寸、网格线、行高、列宽、关键字、组合单元等；单元格式即单元属性，它将决定单元数据的显示或打印输出的格式，主要有数据类型、字体图案、对齐方式、边框样式等。

6. 报表的格式状态与数据状态

报表处理主要包括报表定义与数据处理两大工作,为了区分这两种不同的工作环境,UFO 系统提供【格式/数据】状态转换按钮或菜单,分别处理不同的工作。

(1) 格式状态。在格式状态下设计报表的格式(如报表尺寸、行高列宽、单元属性等)以及定义报表的三类公式(单元公式、审核公式、舍位平衡公式)。在格式状态下,用户看到的是报表的格式,数据全部被隐藏而且不能输入。

(2) 数据状态。在数据状态下管理报表的数据,如输入数据、增加或删除表页、审核、舍位平衡、编辑图形、汇总、合并报表等。在数据状态下看到的是报表的全部内容,包括格式和数据,但不能修改报表的格式。

五、报表编制的基本流程

报表的处理方法是先定义后生成。报表定义相当于系统初始设置,对某一个报表而言,定义是一次性的操作,只要格式和取数关系没有改变,其定义就无须修改,所以一张表的定义往往是一劳永逸的。当然,报表的生成和输出却是经常性操作,不过这种操作相当简单。报表定义的基本流程如图 5-3 所示:

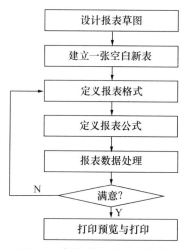

图 5-3 报表定义的基本流程

(1) 设计报表草图。在定义报表之前,首先必须分析和确定所要建立的报表的内容和式样。如果有对应的手工报表,则只需确定变动单元的计算公式,否则最好在纸上设计草图,画出应有的表格线,并依次确定报表的标题和表尾附注、表格单元中的文字以及常数值、变动单元的取数公式以及单元之间的关系。

(2) 建立一张空白新表。进入企业应用平台启动 UFO 后,选择【文件】|【新建】命令,创建一个空白的报表文件。

(3) 定义报表格式。建立新表后,首先要定义报表的格式,包括设置报表尺寸、行高列宽、组合单元、单元属性,以及录入表样单元的内容和设置关键字。

(4) 定义报表公式。定义报表公式是创建报表的关键,且该操作有一定的难度,因此，应尽可能利用 UFO 提供的财务报表模板自动生成标准财务报表。

（5）报表数据处理。报表数据处理包括：追加表页、录入表页关键字的值、报表重算、汇总报表等。如果报表中有审核公式和舍位平衡公式，则需要执行审核和舍位平衡。

（6）打印报表。设置打印方向（横向或纵向）、行列打印顺序、页眉、页脚、财务报表的页首和页尾、缩放等打印参数之后打印输出。

第二节　报表格式设计

报表格式设计的主要内容包括报表尺寸、行高、列宽、网格线、关键字、组合单元、单元属性等。格式设置必须在格式状态下进行。下面将结合报表的表头、表体和表尾设置介绍报表格式的设计。

一、UFO 报表系统的启动与建立新表

1. UFO 的启动与退出

登录企业应用平台后，选择【财务会计】|【UFO 报表】命令，启动 UFO 报表系统；单击屏幕右上角的【关闭窗口】按钮或选择【文件】|【退出】命令，都可退出 UFO 系统。

2. 创建一个新表

在报表窗口选择【文件】|【新建】命令，系统即自动创建一个新的报表文件，屏幕上会显示一张如图 5-4 所示的空白报表，并在标题栏显示临时文件名"report1"，这时可以开始设计报表格式，但在保存文件时一般要给这张报表正式命名。

图 5-4　表尺寸设置对话框

建立一个新表后，首先要确定报表尺寸。报表尺寸即报表的行数和列数，UFO 报表的最大行数是 9999（缺省值为 50 行），最大列数是 255（缺省值为 7 列）。一个报表一般包括表头（标题、副标题、编制单位、日期等）、表体（报表的数据内容）、表尾

(辅助说明)三部分，报表的大小应能容纳这三部分。具体的设置方法如下：

(1) 单击【格式/数据】按钮，进入格式状态。

(2) 选择【格式】｜【表尺寸】命令，系统即弹出如图 5-4 所示的表尺寸设置对话框。

(3) 在对话框中选择行数和列数后单击【确认】按钮，屏幕即按设置的大小显示报表。

【例 5-1】 设置"利润表"的尺寸。该表共有 26 行 4 列，包括表头 3 行、表体 21 行、表尾 2 行。操作方法如下：

(1) 选择【格式】｜【表尺寸】命令，打开如图 5-4 所示的表尺寸设置对话框。

(2) 将行数设为 26，列数设为 4，然后单击【确认】按钮。

3. 报表的打开

报表的打开一般通过【文件】｜【打开】命令进行，在打开的对话框中选择报表文件名即可打开。

4. 报表的存盘

报表每次设置完毕必须存盘，方法是选择【文件】｜【保存】命令或单击【保存】按钮保存。如果是刚建立的新表，则打开【另存为】对话框，输入文件名(如"利润表")后，单击【确认】按钮保存。

二、设置表头和关键字

表头描述报表的整体性质，主要包括表名、编制单位、编制日期、计量单位等内容，此外，关键字一般也与报表的表头有关。

1. 设置表头

表头位于每张报表的上方，下面以一个实例介绍表头的设置方法。

【例 5-2】 设计"利润表"的表头。操作方法如下：

(1) 输入表名。在打开的"利润表"窗口中，选择 A1：D1 单元，选择【格式】｜【组合单元】命令，再选择【整体组合】或【按行组合】命令，使 A1 到 D1 合并为一个单元。在第 1 行的组合单元中输入表名"利润表"。

(2) 设置表名格式，即设置表名的对齐方式、字体、字号等。首先，将"利润表"三字居中放置，方法是选择"利润表"三字，单击工具栏的【居中】按钮即将表名居中。然后，选择【格式】｜【单元属性】｜【字体图案】命令，打开如图 5-5 所示的设置表头字体对话框，在对话框中将"利润表"三字的字体设为黑体、字型为粗体、字号为 16，最后单击【确定】按钮，完成设置。

(3) 在 D2 单元输入"会企 02 表"，单击工具栏的【右对齐】按钮，将"会企 02 表"靠右对齐。同理，在 D3 单元输入"单位：元"字样，并单击工具栏的【右对齐】按钮。

2. 定义和设置关键字

关键字是为表页设置的一个标记，以便唯一标识一个表页。UFO 提供单位名称、单位编号、年、季、月、日六种关键字供用户选择，且用户也可以自定义关键字。需

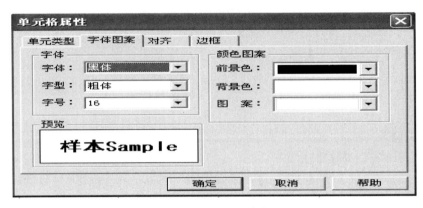

图 5-5　设置表头字体字号

要注意的是,关键字要在格式状态下设置,在数据状态下录入;每个报表可以定义多个关键字,一个单元也可以设置多个关键字。设置关键字的操作方法如下:

(1) 单击【格式/数据】按钮,进入格式状态。

(2) 选定一个用于设置关键字的单元。

(3) 选择【数据】|【关键字】|【设置】命令,打开如图 5-6 所示的设置关键字对话框,从中选择一种关键字。

(4) 单击【确定】按钮,即在选定的单元中设置了所选的关键字。

(5) 改变关键字在单元中的左右位置,方法是选择【数据】|【关键字】|【偏移】命令,系统即弹出定义关键字偏移对话框,在其中选择偏移量即可。偏移量的范围是[−300,300]负数向左、正数向右偏移。

(6) 如果要取消关键字,则选择【数据】|【关键字】|【取消】命令,系统即弹出取消关键字对话框,选择要取消的关键字即可。

【例 5-3】　设置"利润表"的关键字。操作方法如下:

(1) 选定 A3 单元,选择【数据】|【关键字】|【设置】命令,设置"单位名称"关键字,单击【确认】按钮,A3 单元中即出现红色的"单位名称:XXXXXXXXXXXXXX"关键字。

(2) 选择 B3 单元,重复上述操作,先后将"年"和"月"两个关键字加入,但由于关键字"年""月"与"单位名称"重叠在一起无法辨别,因此,需要选择【数据】|【关键字】|【偏移】命令,设置"月"的偏移量为 40,单击【确认】后,"月"的位置即向后移动设定的距离。

三、表体格式的设置

表体是报表的主体,是报表的数据部分。其中有些单元的数据(多数是字符数据)是固定不变的,有些单元的数据则由计算公式确定。

1. 输入表体字符或表样数据

后面将会介绍单元数据的三种类型,即数值、字符、表样数据。需要直接输入的就是字符和表样数据,这些大多是固定不变的数据,例如,图5-6所示利润表的第1、2列的项目和行次内容。

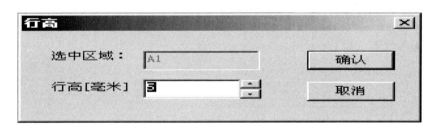

图5-6 设置关键字

2. 调整行高和列宽

UFO报表的最大行高为160毫米(缺省值为5毫米),最大列宽为220毫米(缺省值为26毫米)。调整列宽与行高的方法类同,调整行高的操作方法如下:

(1)单击【格式/数据】按钮,进入格式状态。

(2)选定要调整的行(可1到多行),选择【格式】|【行高】命令,系统即弹出如图5-7所示的行高设置对话框。

图5-7 行高设置对话框

(3)在对话框中选择行高值后,单击【确认】按钮即完成设置。

需要注意的是,列宽与行高也可以在数据状态下用拖动鼠标的方法进行调整。

【例5-4】 设定"利润表"的行高。在利润表窗口,选择【格式】|【行高】命令,系统即弹出如图5-7所示的【行高】对话框,在对话框中输入希望的行高值后单击【确定】按钮。

3. 画表格线

用户可以为单元和区域的周边绘制表格线,UFO提供的画线类型有网线、框线、横线、竖线、正斜线、反斜线6种,而线条样式则有空线、细实线、虚线、粗实线等8种。表格线的绘制方法如下:

(1)单击【格式/数据】按钮,进入格式状态。

(2)选择需要画线的区域。

(3)选择【格式】|【区域画线】命令,系统即弹出如图 5-8 所示的区域画线对话框。

图 5-8 区域画线对话框

(4)在对话框中选择画线类型和样式后,单击【确认】按钮则选定区域按所选类型和样式画线。如要删除表格线,则选择线条样式为"空线"即可。

4. 设置和取消组合单元

设置组合单元的操作方法是:

(1)单击【格式/数据】按钮,进入格式状态。

(2)设置组合单元。选择一个单元区域,单击【格式】|【组合单元】按钮,系统即弹出如图 5-9 所示的组合单元设置对话框,单击其中的【整体组合】按钮,即将整个选定区域设置为一个组合单元。

图 5-9 组合单元设置对话框

(3)取消组合单元。选定一个组合单元,单击【格式】|【组合单元】按钮,在弹出的对话框中,单击【取消组合】按钮即取消组合。

5. 设置单元属性

单元格式通过单元属性来设置。合理设置每一个单元的属性不但确保数据显示正确,而且还可以为报表的美观增色。单击【格式】|【单元属性】按钮,系统即弹出图 5-10 所示的单元格属性设置对话框,设置的内容包括:

(1)单元类型

单元类型有数值、字符、表样三种,其中表样指一个没有数据的空表所需的所有文字、符号或数字,例如,资产负债表的所有列名都可以定义为表样单元。表样单元

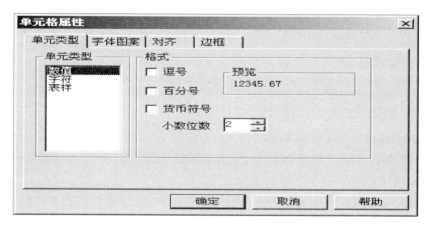

图 5-10　单元格属性设置对话框

的内容对所有表页都有效。单元数值格式可以选择逗号（分节号）、百分号、货币符号、小数位数等。

（2）字体图案

字体图案的定义内容分字体和颜色两方面，如图 5-5 所示，前者包括字体、字型和字号，后者包括前景色、背景色和图案。其中，前景色指单元数据的显示颜色（缺省为黑色），背景色指单元填充的颜色（缺省为白色），图案指单元的背景图案。

（3）对齐方式

可以选择的对齐方式，水平方向有自动、居中、居左、居右，垂直方向有自动、居下、居中、居上，缺省为水平方向居右、垂直方向居下。

（4）边框线

单元边框线样式有空线、细实线、虚线、粗实线等 8 种，缺省线型为空，即没有边框线。因此，删除边框线的方法是定义线型为空。

【例 5-5】　设置"利润表"的单元格式。设置步骤如下：

（1）登录企业应用平台后选择【财务会计】|【UFO 报表】命令，启动 UFO 报表系统，打开利润表。

（2）单击【格式】|【单元属性】|【对齐】按钮，选择 A4：D4 区域，选择居中对齐或单击工具栏的【居中】按钮，将表头栏目居中。

（3）选择 A 列后选择【居左】，设置项目栏左对齐；选择 B 列，单击工具栏的【居中】按钮，将行次栏内容居中显示。

（4）选择 C5：D24，从"单元类型"中选择数值、将小数设为 2 位，则将利润表的第 3、4 列设置为有 2 位小数的数值型数据。

需要注意的是，系统对在格式状态下录入的单元默认为表样，如 A4：D4 及 A5：A24 单元，其余单元均为"数值"。

四、制作表尾

表尾除了显示日期、责任人之外，往往还要加上附注之类的附加说明材料。例如，在利润表的 A25 单元输入"复核",B25 单元输入"制表",C25 单元输入"报送日期",然后将这些单元定义为右对齐。

五、套用模板格式设计报表

报表模板是由系统预先设计的样表。报表模板一般按行业设置,对每个行业提供若干张标准的会计报表模板,用户从中选择合适的报表模板,稍加修改即可完成报表的定义。用户也可以添加新的报表模板。

UFO 提供 11 种报表格式和 21 个行业报表模板,套用模板的方法如下:

(1)单击【格式/数据】按钮,进入格式状态。

(2)选择【格式】|【报表模板】命令,系统即弹出如图 5-11 所示的报表模板对话框,从中可选取行业和财务报表名。

图 5-11 报表模板对话框

(3)单击【确认】按钮即获得一张定义好的标准财务报表。

此外,UFO 还可以根据账套所属行业一次生成多张标准财务报表。方法是选择【格式】|【生成常用报表】命令或单击【打开模板】按钮,在弹出的对话框中单击【是】按钮,即自动生成相应的空的标准财务报表。

第三节 报表公式编辑

报表系统的魅力之处在于部分单元数据可以根据公式自动产生,所以编辑公式也就成了建立报表的一项重要而又有一定难度的工作。UFO 的报表公式有计算公式、审核公式和舍位平衡公式。

一、计算公式的定义

(一)计算公式

计算公式有单元公式、命令窗中的计算公式、批命令中的计算公式,它们都用于产生单元数据,而且格式也基本相同,即都由运算符号、常数、变量或函数构成。其中,变量可以是单元引用,函数用于从账簿或其他报表取数。

下面将主要介绍单元公式。单元公式存储在报表单元中,并以等号"="开头,例如,下列式子都是单元公式:

=QM(1002，月，，年，，)＋D6
=C15＋C16－C17
=0.45＊PTOTAL(G5：G10)

单元公式一般都是算术表达式，其结果为一个确定值。算术表达式又分为单值算术表达式和多值算术表达式。

(1) 单值算术表达式的结果为一个数值，也可为一个单纯常数，可将其赋值给一个单元，例如，C1＝10、C2＝A1＋B1。

(2) 多值算术表达式的结果为多个数值，可将其运算结果赋值给多个单元，例如，C1：C10＝A1：A10＋B1：B10(该公式表示C1＝A1＋B1，C2＝A2＋B2，……，C10＝A10＋B10)

(二) 常用函数

各种会计软件提供的函数在形式和功能上都有很大差别，一般都有总账取数、报表取数、工资取数、固定资产取数、应收取数等取数函数，有些系统甚至提供数学与三角函数、统计函数、财务函数、逻辑函数、数据库函数。UFO的常用函数有：

1. 账务取数函数

账务取数函数顾名思义是从总账系统中取数，其基本格式是：

函数名(科目代码、期间、[年度]、[方向]、[账套号]、[核算代码1]……)

其中：

(1) 中括号参数为可选项，即只有科目代码和期间是必需的。

(2) 函数名。函数名一般用字母缩写表示，主要用于区别不同的取数功能。UFO的账务取数的主要函数名如表5-1所示。

表5-1 账务取数函数

函数名称	表示方式		
	金额	数量	外币
期初余额	QC	SQC	WQC
期末余额	QM	SQM	WQM
发生额	FS	SFS	WFS
累计发生额	LFS	SLFS	WLFS
条件发生额	TFS	STFS	WTFS
对方科目发生额	DFS	SDFS	WDFS
净额	JE	SJE	WJE

(3) 科目代码，指定取哪一个科目的数据。

(4) 会计年度与期间，表示取某年某月的数据，其中期间可以是年、季、月。

(5) 方向，可以是借或贷。

(6) 核算代码，如该科目有辅助核算，可以指定核算代码。

【例5-6】 编写有关库存现金、应收账款和管理费用等账户的取数函数。

（1）取本期库存现金账户期初余额的函数是：QC（"1001"，月，，，年，，）

（2）取本期应收账款账户期末余额的函数是：QM（"1122"，月，，，年，，）

（3）取本期管理费用账户借方发生额的函数是 FS（"6602"，月，"借"，，年）

2. 统计函数

统计函数一般用于对报表单元数据的统计，如求和、求平均值、求最大值等。如图 5-12 所示，UFO 提供 20 多个统计函数，其中常用统计函数如表 5-2 所示。

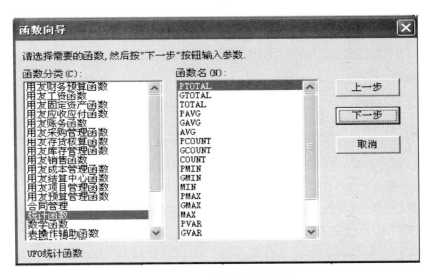

图 5-12 UFO 提供的统计函数

表 5-2 常用统计函数

函数名称	固定区	可变区	立体方向
合计函数	PTOTAL	GTOTAL	TOTAL
平均值函数	PAVG	GAVG	AVG
计数函数	PCOUNT	GCOUNT	COUNT
最小值函数	PMIN	GMIN	MIN
最大值函数	PMAX	GMAX	MAX

3. 报表取数函数

报表取数指从本表或其他报表取数，包括：

（1）表页内部取数

一个单元的数据可以从表页内部的一到多个单元或一个连续区域获取数，而且一般通过统计函数计算取得。其中，常见的取数函数有：

① 取若干单元的代数和：单元1＋单元2＋…，例如，输入"＝C14＋C19＋C27＋C30"。

② 取区域单元的代数和：PTOTAL（起始单元：终止单元），例如，输入"＝PTOTAL(B3：B15)"。

③ 取区域单元的平均值：PAVG（起始单元：终止单元），例如，输入"＝PAVG

(C3：C15)"。

④ 去区域单元的最大值：PMAX(起始单元：终止单元)，例如，输入"＝PMAX(E2：E10)"。

(2) 本表表页之间取数

表页之间取数主要指后面的表页从之前的表页中取数。

① 用页号取数。如果已知数据源所在表页的页号，则取数公式如下：

〈目标区域〉＝〈数据源区域〉@〈页号〉

例如：B2＝C5@1(本表 B2 单元取第 1 页 C5 单元的值)

② 用函数取数。表页之间的取数函数有 RELATION( )、SELECT( )，但限于篇幅，本书只给出两个例子，不作详细介绍。

例如，利润表三列分别为项目、本期金额、上期金额，即本月的上期金额取自前一个月表页的本期金额。因此，相应的取数公式为：

RELATION 月 WITH "利润表" →月＋1

C＝SELECT(B，年@＝年 and 月@＝月＋1)

③ 按一定关键字用函数取数。SELECT( )函数可以从本表他页取数。

例如，利润表如果四列分别为项目、行次、本期金额、上期金额，则本月的上期金额取自前一个月表页的本期金额。因此，相应的取数公式如下：

C5＝SELECT(B5，年@＝年 and 月@＝月＋1)

(3) 表间取数

① 取其他表确定表页的数据。通过指定表名、表页和单元，可以明确取哪一个表、哪一页、哪一个单元的数据。因此，表间取数的格式如下：

〈目标区域〉＝"〈他表表名〉"→〈数据源区域〉[@〈页号〉]

当〈页号〉缺省时，则为本表各页分别取他表各页数据。

例如，D5＝"利润表"→C14@4(本表 D5 单元取"利润表"第 4 页 C14 单元的值)

② 用关联条件从他表取数。如果希望按照年、月、日等关键字的对应关系来取其他表数据，就必须用到关联条件。从其他表取数的关联条件的公式如下：

RELATION〈单元|关键字|变量|常量〉WITH "〈表名〉"→〈单元|关键字|变量|常量〉

(三) 计算公式的定义方法

1. 关于单元公式

如前所述，为报表单元定义的计算公式称为单元公式。单元公式的书写规则是：

〈目标区域〉＝〈算术表达式〉

单元公式有绝对单元公式和相对单元公式之别。

(1) 绝对单元公式。如果单元移动到其他位置，其单元公式中引用的单元不变，这样的公式称为绝对公式。例如，在定义了 A10＝PTOTAL(A1：A9)后，即使在 A10 单元前面插入一行，单元公式依然为 PTOTAL(A1：A9)。

(2) 相对单元公式。当单元公式移动或复制到其他单元，其单元公式中引用的单元也随之改变。在单元名称的左侧输入"?"表示相对引用。例如，对于利润表中的

"主营业务收入"的本年累计数单元格定义 D5=？C5+select(？D5，年@=年 and 月@=月+1)，在 D5 单元前面插入一行后，单元公式自动变为 D6=？C6+select(？D6，年@=年 and 月@=月+1)。

2. 单元公式的输入方法

单元公式在格式状态下定义。一般方法为：在报表中选择要定义公式的单元后，选择【数据】|【编辑公式】|【单元公式】命令，或单击【fx】按钮，或按【=】号，系统即弹出如图 5-13 所示的定义公式对话框，在其中直接输入单元公式后，单击【确认】按钮即将公式写入单元中。但如果定义的公式不符合语法规则，系统将提示"输入公式失败"。

图 5-13 定义公式对话框

在定义公式对话框中，单击【筛选条件】【关联条件】按钮可以设置筛选条件或关联条件，例如，可以直接输入：B14=ptotal(B1：B10) for 年>=2015。此外，为了减少语法错误，也可以利用"函数向导"定义单元公式。

【例 5-7】 资产负债表货币资金项目的"期末数"是库存现金、银行存款和其他货币资金三个账户期末数之和，利用函数向导定义库存现金期末取数公式(C6)的方法如下：

(1) 在格式状态下选择 C6 单元，单击【fx】按钮，系统即弹出定义公式对话框。在对话框中单击【函数向导】按钮，打开如图 5-14 所示的函数向导对话框。

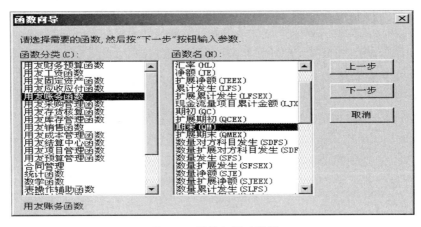

图 5-14 函数向导对话框

(2) 在函数向导对话框的【函数分类】和【函数名】栏，分别选择"用友账务函数"和"期末(QM)"。

（3）单击【下一步】按钮，进入如图 5-15 所示的用友账务函数界面，在此可以根据函数格式，直接输入函数"QM("1001"，月,,,年,,)"后，单击【确定】按钮，返回定义公式对话框。

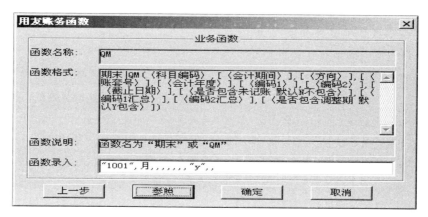

图 5-15　用友账务函数界面

（4）如果在用友财务函数界面单击【参照】按钮，则进入如图 5-16 所示的账务函数窗口，在其中选择账套号(默认)、会计年度(默认)、科目(1001)、截止日期、期间(月)和方向(默认)，选中"包含未记账凭证""包含调整期凭证"选项。设置完毕后，单击【确定】按钮，即返回定义公式对话框。

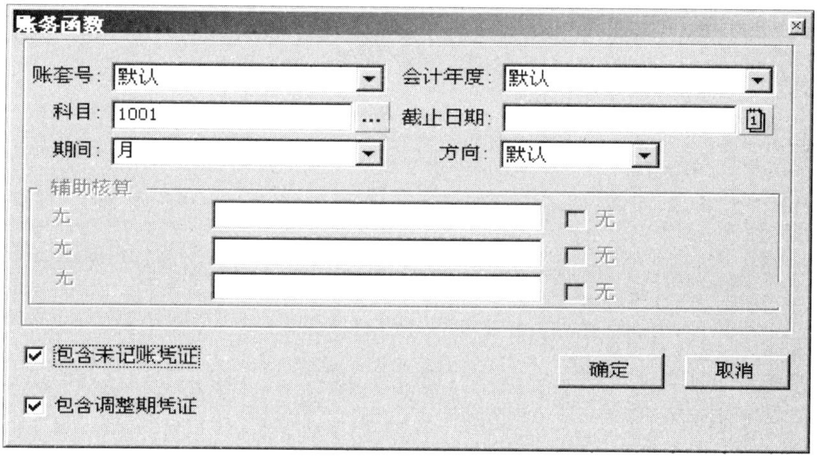

图 5-16　账务函数窗口

（5）在定义公式对话框中单击【确定】按钮，即将公式填入 C6 单元。

操作中的注意事项如下：

（1）单元公式中的单元不允许循环引用(SELECT 函数、IFF 函数除外)，即本单元的公式中不能直接引用或间接引用本单元中的数据。例如，A1＝A1＋B2(直接引用)、A1＝B1＋C1、B1＝A1＋D1(间接引用)。

(2) 在组合单元中不能定义单元公式。

(3) 在已经定义单元公式的单元中不能再输入其他数据。

3. 命令窗计算公式的定义方法

在数据状态下选择【文件】|【命令窗】命令，即可在命令窗口中输入公式，但每一个公式必须以"LET"打头，例如 LET C121＝C8＋C15＋C20。

(四) 主要报表的取数公式

1. 资产负债表的主要取数公式

资产负债表主要从总账中取年初数(QC)和期末数(QM)，其中前者通过公式可以取某科目全年的年初数，或者取本年1月份的期初数，显然两者是等效的。例如，应收票据的年初数取数公式可以是：

QC("1121"，全年,,，年,,) 或者 QC("1121"，1,,，年,,)

期末数取数公式只有一种，例如，应收票据的期末数取数公式是：QM("1121"，月,,，年,,)。下面给出资产负债表主要项目的期末数取数公式(如表5-3所示)，读者应该能根据此写出对应的年初数公式。

表5-3 资产负债表主要项目的期末数取数公式

项目	期末数公式
货币资金	QM("1001"，月,,，年,,)＋QM("1002"，月,,，年,,)＋QM("1012"，月,,，年,,)
交易性金融资产	QM("1101"，月,,，年,,)
应收票据	QM("1121"，月,,，年,,)
应收股利	QM("1131"，月,,，年,,)
应收利息	QM("1132"，月,,，年,,)
应收账款	QM("1122"，月,,，年,,)－QM("1231"，月,,，年,,)
其他应收款	QM("1221"，月,,，年,,)
预收账款	QM("1123"，月,,，年,,)
存货	QM("1401"，月,,，年,,)＋QM("1402"，月,,，年,,)＋QM("1403"，月,,，年,,)＋QM("1404"，月,,，年,,)＋QM("1405"，月,,，年,,)＋QM("1406"，月,,，年,,)＋QM("1407"，月,,，年,,)＋QM("1408"，月,,，年,,)＋QM("1421"，月,,，年,,)＋QM("1411"，月,,，年,,)＋QM("1431"，月,,，年,,)＋QM("1441"，月,,，年,,)＋QM("1451"，月,,，年,,)＋QM("1461"，月,,，年,,)－QM("1471"，月,,，年,,)
可供出售金融资产	QM("1503"，月,,，年,,) QM("1503"，月,,，年,,)
持有至到期投资	QM("1501"，月,,，年,,)－QM("1502"，月,,，年,,)
投资性房地产	QM("1521"，月,,，年,,)
长期股权投资	QM("1511"，月,,，年,,)－QM("1512"，月,,，年,,)
长期应收款	QM("1531"，月,,，年,,)
固定资产	QM("1601"，月,,，年,,)
累计折旧	QM("1602"，月,,，年,,)
固定资产减值准备	QM("1603"，月,,，年,,)
生产性生物资产	QM("1621"，月,,，年,,)－QM("1622"，月,,，年,,)

(续表)

项目	期末数公式
工程物资	QM("1605",月,,,年,,)
在建工程	QM("1604",月,,,年,,)
固定资产清理	QM("1606",月,,,年,,)
无形资产	QM("1701",月,,,年,,)－QM("1702",月,,,年,,)－QM("1703",月,,,年,,)
商誉	QM("1711",月,,,年,,)
长期待摊费用	QM("1801",月,,,年,,)
递延所得税资产	QM("1811",月,"借",,年,,)
其他非流动资产	－QM("1532",月,,,年,,)
短期借款	QM("2001",月,,,年,,)
交易性金融负债	QM("2101",月,,,年,,)
应付票据	QM("2201",月,,,年,,)
应付账款	QM("2202",月,,,年,,)
预收账款	QM("2203",月,,,年,,)
应付职工薪酬	QM("2211",月,,,年,,)
应缴税费	QM("2221",月,,,年,,)
应付利息	QM("2231",月,,,年,,)
应付股利	QC("2232",全年,,,年,,)
其他应付款	QM("2241",月,,,年,,)
长期借款	QM("2501",月,,,年,,)
应付债券	QM("2502",月,,,年,,)
长期应付款	QM("2701",全年,,,年,,)
专项应付款	QM("2711",月,,,年,,)
预计负债	QM("2801",月,,,年,,)
递延所得税负债	QM("2901",月,"贷",,年,,)
其他非流动负债	－QM("2702",全年,,,年,,)
实收资本	QM("4001",月,,,年,,)
资本公积	QM("4002",月,,,年,,)
库存股	QM("4201",月,,,年,,)
盈余公积	QM("4101",月,,,年,,)
未分配利润	QM("4104",月,,,年,,)

2. 利润表的主要取数公式

假设利润表三列分别为项目、本期金额、上期金额，而且第1、2行为表名，第3行为关键字，第4行为列标题，第5行为"营业收入"，则利润表的主要公式如表5-4所示。但如果第3列为"本年累计数"，则"营业收入"本年累计的计算公式为：B5+select(C5,年@＝年 and 月@＝月＋1)，其余则依次类推。

表5-4 利润表的主要计算公式

项目	本期金额	上期金额
一、营业收入	fs(6001,月,"贷",,年)+fs(6051,月,"贷",,年)	select(B5,年@＝年 and 月@＝月＋1)

(续表)

项目	本期金额	上期金额
减：营业成本	fs(6401，月，"借"，，年)+fs(6402，月，"借"，，年)	select(B6，年@=年 and 月@=月+1)
营业税金及附加	fs(6403，月，"借"，，年)	select(B7，年@=年 and 月@=月+1)
销售费用	fs(6601，月，"借"，，年)	select(B8，年@=年 and 月@=月+1)
管理费用	fs(6602，月，"借"，，年)	select(B9，年@=年 and 月@=月+1)
财务费用	fs(6603，月，"借"，，年)	select(B10，年@=年 and 月@=月+1)
资产减值损失	fs(6701，月，"借"，，年)	select(B11，年@=年 and 月@=月+1)
加：公允价值变动收益	fs(6101，月，"贷"，，年)	select(B12，年@=年 and 月@=月+1)
投资收益	fs(6111，月，"贷"，，年)	select(B13，年@=年 and 月@=月+1)
其中：对联营企业和合营企业的投资收益		
二、营业利润	C5－C6－C7－C8－C9－C10－C11+C12+C13	select(B15，年@=年 and 月@=月+1)
加：营业外收入	fs(6301，月，"贷"，，年)	select(B16，年@=年 and 月@=月+1)
减：营业外支出	fs(6711，月，"借"，，年)	select(B17，年@=年 and 月@=月+1)
其中：非流动资产处置损失		
三、利润总额	C15+C16－C17	select(B19，年@=年 and 月@=月+1)
减：所得税费用	fs(6801，月，"借"，，年)	select(B20，年@=年 and 月@=月+1)
四、净利润	C19－C20	select(B21，年@=年 and 月@=月+1)
五、每股收益：		
（一）基本每股收益		
（二）稀释每股收益		

二、审核公式的定义

1. 数据审核与审核公式

会计报表的数据不仅有明确的含义，而且数据之间往往存在一定的平衡关系。例如，在资产负债表中资产总计必须等于负债和所有者权益总计，等等。会计软件一般沿用报表勾稽关系的原理，通过设置数据之间的勾稽关系，以检查所编制报表的正确性。这种检查一般称为数据审核，而数据之间的勾稽关系一般都可以用公式表示，这种公式称为审核公式。

审核公式的格式：

〈表达式〉〈逻辑运算符〉〈表达式〉［MESS"说明信息"］

UFO还可以在命令窗或批命令中执行CHECK命令以实现审核。

2. 审核公式的定义

（1）在报表格式状态下选择【数据】｜【编辑公式】｜【审核公式…】命令，打开如图5-17所示的审核公式设置对话框。

（2）在审核关系编辑框中按照右侧提示的格式范例输入审核公式。

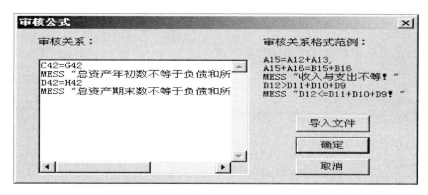

图 5-17 审核公式设置对话框

（3）审核关系编辑完毕后，单击【确定】按钮，保存设置并退出。

【例 5-8】 编制资产负债表的审核公式。具体操作流程如下：

（1）在报表格式状态下单击【数据】|【编辑公式】|【审核公式】命令，打开如图 5-17 所示的审核公式设置对话框。

（2）在审核关系编辑框中输入：

$$C42=G42$$

MESS "总资产年初数不等于负债和所有者权益的年初数！"

$$D42=H42$$

MESS "总资产期末数不等于负债和所有者权益的期末数！"

（3）审核关系输入完毕后，单击【确定】按钮保存。

三、舍位平衡公式

1. 舍位与舍位平衡公式

舍位处理是指对于数值较大的报表，通过提高计量单位以缩小数值的过程。例如，可以将资产负债表的计量单位从"元"转换为"千元"或"万元"，以缩小数值。但舍位不能破坏原来数据的平衡关系，因此需要进行调整，以保持数据之间的平衡关系。报表舍位之后，重新调整平衡关系的公式称为舍位平衡公式。

2. 舍位平衡公式的定义

（1）在格式状态下选择【数据】|【编辑公式】|【舍位公式…】命令，打开舍位平衡公式对话框。

（2）在对话框中输入舍位表名、范围、位数。其中，舍位范围指进行舍位的区域，舍位位数为 1—8 位，其中 1 表示数据除以 10，2 表示数据除以 100，以此类推。

（3）编辑平衡公式。公式格式为：〈单元〉＝〈算术表达式〉，系统要求必须按统计过程的逆方向顺序书写，公式中的单元不能带页号和表名。

（4）舍位平衡公式编辑完毕，单击【完成】按钮，保存并退出。

【例 5-9】 将利润表的计量单位由元提高为千元,定义该表的舍位平衡公式。具体操作流程如下:

(1) 单击【数据】|【编辑公式】|【舍位公式…】命令,打开如图 5-18 所示的舍位平衡公式设置对话框。

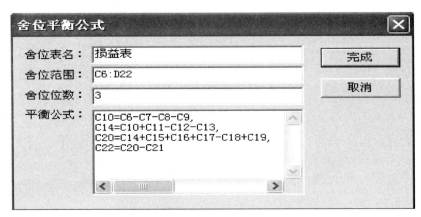

图 5-18 舍位平衡公式设置对话框

(2) 在舍位表名框中输入"利润表",在舍位范围框中输入"C5:D22",在舍位位数框中输入"3"。

(3) 在平衡公式框中输入舍位公式:

$$C10=C6-C7-C8-C9$$
$$C14=C10+C11-C12-C13$$
$$C20=C14+C15+C16+C17-C18+C19$$
$$C22=C20-C21"$$

(4) 单击【完成】按钮保存。

第四节 报表数据处理

报表的数据处理主要包括表页管理、报表计算与重算、报表汇总、报表审核、舍位平衡、报表排序、图形处理等功能。

一、表页管理

1. 插入和追加表页

增加新表页有插入和追加两种方式,插入是指在当前表页前增加新的表页,而追加是指在最后一张表页后面增加新的表页。插入表页的方法如下:

(1) 单击【格式/数据】按钮,进入数据状态。

(2) 单击要插入的表页页标,使它成为当前表页。

(3) 选择【编辑】|【插入】|【表页】命令,打开插入表页对话框(追加表页则

选择【编辑】|【追加】|【表页】命令)。

(4) 在插入表页数量编辑框中输入要插入的表页数后,单击【确认】按钮,系统即在当前表页之前插入一个到多个新表页。

2. 交换表页

交换表页是指两个或多个表页相互之间进行的数据交换。具体操作方法如下：

(1) 单击【格式/数据】按钮,进入数据设置状态。

(2) 选择【编辑】|【交换】|【表页】命令,打开交换表页对话框。

(3) 在"源表页号"和"目标表页号"编辑框中分别输入要互相交换位置的表页号,如果一次要交换多个表页,则表页号要用逗号分隔。

(4) 单击【确认】按钮完成操作。

3. 删除表页

(1) 单击【格式/数据】按钮,进入数据状态。

(2) 选择【编辑】|【删除】|【表页】命令,打开删除表页对话框。

(3) 在"删除表页"编辑框中输入要删除的表页号,如果要删除多张表页,则表页之间要用逗号分隔。在"删除条件"编辑框中可以输入删除条件。

(4) 单击【确认】按钮即删除指定或符合条件的表页。需要注意的是,如果不指定表页号和删除条件,则单击【确认】按钮即可删除当前表页。

4. 表页排序

表页排序指按表页关键字的值或按报表中的任何一个单元的值重新排列表页,UFO 允许指定三个关键字。具体操作方法如下：

(1) 单击【格式/数据】按钮,进入数据状态。

(2) 选择【数据】|【排序】|【表页】命令或单击【表页排序】按钮,系统即弹出如图 5-19 所示的表页排序对话框。

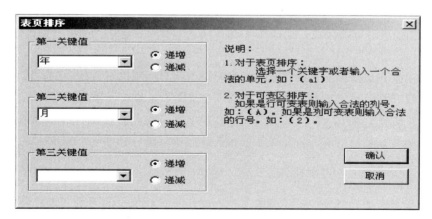

图 5-19 表页排序对话框

(3) 根据需要选择一个到多个关键字,并选择递增或递减的排序方向。

(4) 单击【确认】按钮,系统即按设置对表页进行排序。

二、报表生成与重算

报表在编辑单元公式时可以自动运算,也可以选择【数据】|【整表重算】命令或【表页重算】命令重算报表中所有单元数据。如果需要,可以单击屏幕上方的【表页不计算】按钮,使本表页以后不再重算;若要重新计算,再次单击【表页不计算】按钮取消即可。

1. 报表表页的生成

报表表页生成的一般操作过程是:

(1)打开报表文件,单击【格式/数据】按钮,进入数据状态,选择需要计算的表页。

(2)如果该表页无关键字,则选择【数据】|【关键字】|【录入】命令,打开如图 5-20 所示的录入关键字对话框,录入完毕后,单击【确定】按钮,系统会提示:"是否重算第 X 页?",单击【是】按钮,系统即开始重算表页。

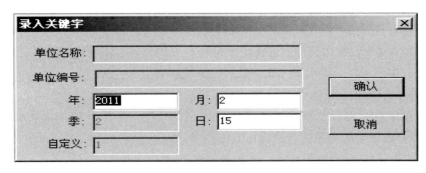

图 5-20　录入关键字对话框

(3)如果该表页已有关键字,则选择【数据】|【表页重算】命令,系统会提示:"是否重算第 X 页?",单击【是】按钮,系统即开始重算表页。

(4)如果设有审核公式,则选择【数据】|【审核】命令,系统即执行审核。

2. 报表数据的修改

生成的报表数据不能直接修改,若发现错误,只能用以下方法更正:

(1)如果属于定义方法错误,一般是检查错误单元公式,修改其定义。

(2)如果属于数据源的错误,若单元公式没有错误,则数据源必然有错,这时必须检查账簿数据,找出原因,并通过记账凭证进行调整。

三、报表正确性的审核

报表审核一般通过执行审核公式实现,即当报表数据录入完毕、修改报表数据或执行表页重算、整表重算命令后,都应对报表进行勾稽关系的审核,以检查报表数据的正确性。审核的方法如下:

(1)选择【数据】|【审核】命令,进入数据设置状态。

(2)系统按照审核公式逐一审核表内的关系,当数据不符合勾稽关系时,系统会显示提示信息，按任意键继续审核其余的公式。

四、报表的舍位平衡

报表生成后如果需要进行舍位平衡处理，则在数据状态下选择【数据】|【舍位平衡】命令，由系统按照定义先对指定区域的数据进行舍位处理，然后按照平衡公式对舍位后的数据进行平衡调整，并将舍位平衡后的数据存入指定的新表中。

五、报表的汇总

UFO 提供表页汇总和可变区汇总两种汇总功能。其中，表页汇总是将一个报表的多个表页数据进行立体叠加，汇总结果可以存放在本表的最后一张表页，或生成一个新的汇总报表；可变区汇总是把指定表页中可变区数据进行平面叠加，把汇总数据存放在本页可变区的最后一行或一列。下面主要介绍表页汇总的方法。

(1) 单击【格式/数据】按钮，进入数据状态。

(2) 选择【数据】|【汇总】|【表页】命令，系统即弹出如图 5-21 所示的汇总方向对话框，在此需要用户指定汇总结果的保存位置。如果选择"汇总到新的报表"，则需要在编辑框中输入路径和新的报表名。

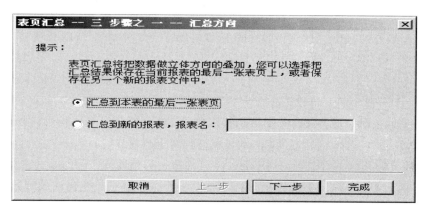

图 5-21　汇总方向对话框

(3) 单击【下一步】按钮，系统即弹出如图 5-22 所示的汇总条件设置对话框，确定汇总哪些表页。如果用户要汇总报表中的所有表页，则单击【下一步】按钮，否则必须在"表页汇总条件"中设置条件。UFO 允许以单元值、关键字值、表页号为汇总条件，且汇总条件可以有多个。单击【加入】按钮可以使汇总条件进入"表面汇总条件编辑框"，当然也可以直接在"表页汇总条件编辑框"输入和修改汇总条件。例如：

"A10>=500"表示汇总 A10 单元的值大于等于 500 的表页。

"年=2015 AND 月>6"表示汇总 2015 年下半年的表页。

"MREC( )>=1 AND MREC( )<=6"表示汇总第 1 页到第 6 页的表页。

(4) 单击【下一步】按钮，系统即弹出汇总位置对话框，在此用户可以指定"按物理位置汇总"或"按关键值汇总"。

（5）单击【完成】按钮，系统即开始汇总表页并保存汇总结果。

图 5-22　汇总条件设置对话框

第五节　报表的输出

报表的输出有屏幕显示、打印输出、磁盘输出、网络传输等多种形式。其中，打印输出还包括打印预览、打印设置、页面设置等功能，下面将简单介绍打印输出的方法。

一、强制分页

系统提供自动分页和强制分页功能。其中，强制分页用于打印输出，并不从本质上改变报表格式，所以在格式状态和数据状态均可进行操作。

（1）将光标移到某行的第一列单元、某列的第一行单元或中间的某一个单元。

（2）单击【工具】｜【强制分页】选项，系统即显示一条横向虚线或纵向虚线，将该页分为两页；或者显示十字虚线，将该页分为四页。

（3）单击【工具】｜【取消全部分页】选项，则取消分页。

二、页面设置

（1）打开需要进行页面设置的报表。

（2）选择【文件】｜【页面设置】命令，系统即弹出页面设置对话框。

（3）在上、下、左、右页边距编辑框中分别输入页边距值。

（4）在缩放比例编辑框中输入缩放倍数，倍数允许在 0.3 倍到 3 倍之间。

（5）在"页首页尾"中选择页首和页尾的类型和范围。

三、打印

在格式状态下只打印报表的格式，在数据状态下则可以打印当前表页的所有内

容。操作方法如下:
(1) 打开需要打印的报表文件。
(2) 选择【文件】|【打印】命令,打开打印对话框。
(3) 在打印对话框中设置打印机、打印纸的大小、打印方向、纸张来源、图像的分辨率、图像抖动、图像的浓度、打印品质、打印到文件、打印范围。
(4) 开始打印。

四、报表的分析

报表分析实际上是对报表数据的分析,系统一般提供图形分析法和视图分析法。

1. 图形分析法

图形分析法就是将报表中选定的数据以图形方式显示,使用户直观地观察到数据的大小或变化的情况。图形实际上是表的延伸,它反映的仍然是分析表中的数据,只不过表现形式更加直观。目前,国内流行的通用报表处理软件一般都提供饼图、直方图、折线图、立体图四种图形分析功能。图形分析法的操作步骤是:(1) 选取绘图数据;(2) 选择图形类型;(3) 根据系统提示制成图形。

2. 视图分析法

在报表系统中,如果要对各个表页的相同行或列区域的数据进行比较,可以利用视图分析法。视图分析法是先从某一张表或多张表中抽取具有某种特定经济含义的数据,形成一张"虚表",然后对生成的"虚表"进行重新分类或对比分析,但"虚表"本身不保存数据。手工报表分析难以实现视图分析,因此该功能对用户而言很有意义。

本 章 小 结

本章在概述报表处理方式、功能结构、基本概念、操作流程的基础上,主要介绍了用友 ERP-U8 报表处理系统的报表格式设计、报表公式编辑、报表数据处理以及报表输出的具体方法,其中尤其详细介绍了主要取数函数的格式以及单元公式的定义方法。

用友 ERP-U8 报表处理系统是一个应用广泛和较受青睐的系统,为了使读者学以致用,本章给出了资产负债表与利润表的主要单元公式,建议读者在理解的基础上,利用自己建立的账套数据编制资产负债表和利润表,并生成具体的数据。

基 本 概 念

自定义报表、固定表与可变表、格式/数据状态、报表格式、单元属性、单元公式、审核公式、取数函数、报表模板、表页、关键字、表页汇总、舍位处理。

练 习 题

一、单项选择题

1. 下列报表由自定义报表系统生成的是_____。
   A. 资金日报表　　　　　　　　　B. 资产负债表
   C. 科目余额表　　　　　　　　　D. 银行存款余额调节表

2. 下列功能不属于报表系统的是_____。
   A. 文件管理　　　　　　　　　　B. 报表定义
   C. 系统参数定义　　　　　　　　D. 数据处理

3. UFO报表的基本处理流程是_____。
   A. 设计格式→定义公式→数据处理→图形处理→打印
   B. 定义公式→设计格式→数据处理→图形处理→打印
   C. 设计格式→定义公式→图形处理→数据处理→打印
   D. 设计格式→图形处理→数据处理→定义公式→打印

4. 在报表系统中，表页的标记是_____。
   A. 关键字　　　B. 报表格式　　　C. 报表公式　　　D. 报表数据

5. 在格式状态下录入了数据的单元，都是_____单元。
   A. 数据型　　　B. 表样型　　　　C. 日期型　　　　D. 字符型

6. 下列功能不属于单元属性定义的是_____。
   A. 单元类型　　B. 字体图案　　　C. 对齐方式　　　D. 关键字

7. 报表尺寸定义的目的是_____。
   A. 定义单元属性　　　　　　　　B. 确定报表的列数
   C. 确定报表的行数　　　　　　　D. 确定报表的行数和列数

8. 在UFO中，要想将A1：C4设置成组合单元，应选择的组合方式是_____。
   A. 按行组合　　B. 按列组合　　　C. 取消组合　　　D. 整体组合

9. 在UFO中，编辑报表公式和格式都要处于_____状态。
   A. 其他状态　　　　　　　　　　B. 格式
   C. 格式或数据状态均可　　　　　D. 数据

10. 在UFO中，求累计发生额的账务取数函数名为_____。
    A. QC　　　　B. QM　　　　　C. FS　　　　　　D. LFS
    E. DFS　　　F. JE

11. 如果发现生成的报表中有公式的单元数据错误，修改的方法是_____。
    A. 直接修改公式　　　　　　　　B. 直接键入正确的数据
    C. 返回格式状态修改数据　　　　D. 返回格式状态修改公式

12. 在UFO中，欲查找某一期间利润表的数据，需要在_____下查询。

A. 数据状态　　　B. 导出文件　　　C. 打印输出　　　D. 格式状态

二、多项选择题

1. 下列功能属于报表系统的是_____。
   A. 文件管理　　　B. 报表定义　　　C. 报表输出　　　D. 数据处理
2. 在 UFO 中，表体格式设置的主要内容是_____。
   A. 行高列宽　　　B. 套用格式　　　C. 单元属性　　　D. 区域画线
3. 单元类型用于定义单元数据的类型，UFO 的单元类型有_____。
   A. 逻辑型　　　B. 数值型　　　C. 字符型　　　D. 表样型
4. 在报表系统中报表公式主要有_____。
   A. 报表单元公式　　　　　　B. 合并报表公式
   C. 舍位平衡公式　　　　　　D. 审核公式
5. 利用报表模板设计报表只需在报表模板对话框中选择_____即可。
   A. 你所在的行业　B. 财务报表名　C. 单位名称　　D. 会计制度
6. "报表取数函数"指从本表或其他报表取数，可以实现的功能有_____。
   A. 表页内部取数　　　　　　B. 本表表页之间取数
   C. 表间取数　　　　　　　　D. 从预设报表取数
7. 下列方法可以输入单元公式的是_____。
   A. 在编辑框中输入"＝"和公式　　B. 点击【fx】按钮，输入公式
   C. 双击单元格输入公式　　　　　　D. 按"＝"键输入公式
8. 在舍位平衡公式的定义中，舍位位数为 4 表示_____。
   A. 舍位区域中所有数据舍位后保留小数点后 4 位
   B. 舍位区域中所有数据保留小数点后 4 位
   C. 舍位区域中所有数据除以 10000
   D. 舍位区域中所有数据的小数点向左移动 4 位
9. UFO 的表页管理功能有_____。
   A. 交换表页　　　　　　　　B. 删除表页
   C. 表页排序　　　　　　　　D. 插入和追加表页
10. 在 UFO 中，可以实现的报表汇总功能有_____。
    A. 表间汇总　　　B. 表页汇总　　　C. 可变区汇总　　　D. 虚表汇总

三、判断题

1. 在 UFO 中，可以自定义报表模板。　　　　　　　　　　　　　　（　）
2. 在 UFO 中，单元中的数据类型只有表样型、数值型和字符型三种。（　）
3. UFO 报表可直接在格式状态下获取总账数据。　　　　　　　　　（　）
4. 在 UFO 中，只能从总账中提取财务数据。　　　　　　　　　　　（　）
5. 在 UFO 中，关键字偏移量为负数，则表示关键字的位置向左偏移的距离。
　　　　　　　　　　　　　　　　　　　　　　　　　　　　　　　（　）

6. UFO 报表的自定义关键字只能是数值型。（　　）
7. UFO 报表在数据状态下可以调整报表的行高和列宽。（　　）
8. UFO 报表在格式状态下可以进行删除表页的操作。（　　）
9. UFO 报表在数据状态下可以修改审核公式。（　　）
10. 表页汇总是将一个报表的多个表页数据进行立体叠加。（　　）

实训六　报表处理

一、实训目的

1. 理解报表编制的原理及流程。
2. 掌握报表格式定义、单元公式定义的操作方法。
3. 掌握报表数据处理、表页管理及图表功能等操作。
4. 掌握如何利用报表模板生成一张报表。

二、实训内容

1. 利用报表模板生成资产负债表和利润表。
2. 自定义资产负债表、利润表和现金流量表。

要求如下：

（1）表头：表名设置为"黑体、14 号、居中"；编制单位行设置为"楷体、12 号"；年、月、日设为关键字。
（2）表体：表体中文字设置为"楷体、12 号、加粗、居中"。
（3）表尾："制表人："设置为"楷体、12 号、右对齐"。

三、实训资料

以下给出的是资产负债表、利润表的格式与 1、2 月份的标准数据。其中，利润表第 3 列用的是本年累计金额，读者可以改为上期金额。需用表页区分不同月份的报表，且设单位名称、年、月为关键字。此外，不要套用模板编制报表。

1. 一月份资产负债表

表 5-5　资产负债表

会企 01 表

制表单位：　　　　　　　　　201×年 01 月 31 日　　　　　　　　　单位：元

资产	期末数	年初数	负债和股东权益	期末数	年初数
流动资产：			流动负债：		
货币资金	3545747.76	2997000.00	短期借款	400450.00	639450.00
交易性金融资产	332600.00	31900.00	交易性金融负债		
应收票据	524300.00	524300.00	应付票据	300000.00	426300.00

(续表)

资产	期末数	年初数	负债和股东权益	期末数	年初数
应收账款	776000.00	620218.00	应付账款	2288314.00	2033020.00
预付账款	213150.00	213150.00	预收账款		
应收利息			应付职工薪酬	259665.00	234465.00
应收股利			应交税费	286217.97	78012.00
其他应收款	10600.00	10600.00	应付利息	180000.00	0
存货	4839909.00	5499209.00	应付股利	43987.68	0
一年内到期的非流动资产			一年内到期的非流动负债		
其他流动资产			其他应付款	145177.80	108706.00
流动资产合计	10242306.76	9896377.00	其他流动负债		
非流动资产:			流动负债合计	3903812.45	3519953.00
可供出售金融资产			非流动负债:		
持有至到期投资			长期借款	3291230.00	2911230.00
长期应收款			应付债券		
长期股权投资	550197.00	550197.00	长期应付款		
投资性房地产			专项应付款		
固定资产	2127229.52	1845487.00	预计负债		
在建工程	3582450.00	3197250.00	递延所得税负债		
工程物资	200000.00		其他非流动负债		
固定资产清理			非流动负债合计	3291230.00	2911230.00
生产性生物资产			负债合计	7195042.45	6431183.00
油气资产			所有者权益:		
无形资产	1151010.00	1278900.00	实收资本	8000000.00	8000000.00
开发支出			资本公积		
商誉			减:库存股		
长期待摊费用	426300.00	426300.00	盈余公积	1636511.05	1600000.00
递延所得税资产			未分配利润	1447939.78	1163328.00
其他非流动资产			所有者权益合计	11084450.83	10763328.00
非流动资产合计	8037186.52	7298134.00			
资产总计	18279493.28	17194511.00	负债和所有者权益总计	18279493.28	17194511.00

2. 一月份利润表

表 5-6　利　润　表

会企 02 表

编制单位：　　　　　　　　　　201×年 01 月　　　　　　　　　　单位：元

项目	本期金额	本年累计金额
一、营业收入	1880000.00	1880000.00
减：营业成本	1103477.91	1103477.91

(续表)

项目	本期金额	本年累计金额
营业税金及附加		
销售费用	82830.00	82830.00
管理费用	269169.74	269169.74
财务费用	0.00	0.00
资产减值损失		
加：公允价值变动收益		
投资收益	60000.00	60000.00
其中：对联营企业和合并企业的投资收益		
二、营业利润	424522.35	424522.35
加：营业外收入	2291.67	2291.67
减：营业外支出		
其中：非流动资产处置损失		
三、利润总额	486814.02	486814.02
减：所得税费用	121703.51	121703.51
四、净利润	365110.51	365110.51
五、每股收益：		
（一）基本每股收益	0.0456	0.0456
（二）稀释每股收益	0.0456	0.0456

3. 二月份资产负债表

表 5-7　资产负债表

会企01表

编制单位：　　　　　　　　　201×年02月28日　　　　　　　　　单位：元

资产	期末数	年初数	负债和股东权益	期末数	年初数
流动资产：			流动负债：		
货币资金	6148910.94	2997000.00	短期借款	300450.00	639450.00
交易性金融资产	332600.00	31900.00	交易性金融负债		
应收票据	524300.00	524300.00	应付票据	300000.00	426300.00
应收账款	1138004.00	620218.00	应付账款	2164314.00	2033020.00
预付账款	213150.00	213150.00	预收账款		
应收利息			应付职工薪酬	287665.00	234465.00
应收股利			应交税费	663855.11	78012.00
其他应收款	10600.00	10600.00	应付利息	195000.00	0
存货	4197409.00	5499209.00	应付股利	142817.67	0
一年内到期的非流动资产			一年内到期的非流动负债		

(续表)

资产	期末数	年初数	负债和股东权益	期末数	年初数
其他流动资产			其他应付款	191020.76	108706.00
流动资产合计	12564973.94	9896377.00	其他流动负债		
非流动资产：			流动负债合计	4245122.54	3519953.00
可供出售金融资产			非流动负债：		
持有至到期投资			长期借款	2791230.00	2911230.00
长期应收款			应付债券	2200000.00	
长期股权投资	550197.00	550197.00	长期应付款		
投资性房地产			专项应付款		
固定资产	2204138.71	1845487.00	预计负债		
在建工程	3825450.00	3197250.00	递延所得税负债		
工程物资	450000.00		其他非流动负债		
固定资产清理			非流动负债合计	4991230.00	2911230.00
生产性生物资产			负债合计	9236352.54	6431183.00
油气资产			所有者权益：		
无形资产	1023120.00	1278900.00	实收资本	8000000.00	8000000.00
开发支出			资本公积		
商誉			减：库存股		
长期待摊费用	426300.00	426300.00	盈余公积	1718731.68	1600000.00
递延所得税资产			未分配利润	2089095.43	1163328.00
其他非流动资产			所有者权益合计	11807827.11	10763328.00
非流动资产合计	8479205.71	7298134.00			
资产总计	21044179.65	17194511.00	负债和所有者权益总计	21044179.65	17194511.00

4. 二月份利润表

表 5-8 利 润 表

会企 02 表

编制单位： 201×年 02 月 单位：元

项目	本期金额	本年累计金额
一、营业收入	2660000.00	4540000.00
减：营业成本	1145972.12	2249450.03
营业税金及附加		
销售费用	87683.25	170513.25
管理费用	302069.60	571239.34
财务费用	28000.00	28000.00
资产减值损失		

(续表)

项目	本期金额	本年累计金额
加：公允价值变动收益		
投资收益	0.00	60000.00
其中：对联营企业和合并企业的投资收益		
二、营业利润	1096275.03	1520797.38
加：营业外收入	0.00	2291.67
减：营业外支出		
其中：非流动资产处置损失		
三、利润总额	1096275.03	1583089.05
减：所得税费用	274068.76	395772.27
四、净利润	822206.27	1187316.78
五、每股收益：		
（一）基本每股收益	0.1028	0.1484
（二）稀释每股收益	0.1028	0.1484

第六章

应收款与应付款管理系统

学习目标

1. 了解应收款管理系统的主要功能与操作流程。
2. 掌握应收款管理系统初始设置的主要内容与设置方法。
3. 掌握应收款管理系统的主要业务处理功能与操作方法。
4. 了解应收款管理系统的主要输出账表与统计分析功能。
5. 了解应付款管理系统的主要功能与主要业务处理。

各种会计软件或ERP都具有应收款与应付款的管理功能,而且一般都提供独立的应收款与应付款系统。其中,应收款系统用于核算和管理客户往来款项,而应付款系统用于核算和管理供应商往来款项,而且两个系统之间还可能发生一些转账或对冲业务。

应收款管理和应付款管理两个系统在系统设置、系统功能、应用方案、操作流程等方面均极为相似,只要掌握其中任何一个系统的应用方法,另一个系统的应用就可以融会贯通。因此,本章将主要介绍用友ERP-U8系统的应收款管理系统的功能与操作方法,只在最后一节简要介绍应付款管理系统。

第一节 应收款管理系统概述

应收款管理与销售密切相关,其整个会计核算业务包括:销售收入和费用核算、销售成本核算、销售税金及附加的核算、应收账款的核算。但应收款管理主要是从财务的角度核算因销售产生的应收款和预收款,以及同时对提供劳务而发生的款项进行管理。

一、应收款的核算方式

应收款主要指企业因销售商品或提供劳务而发生的应收款项。各种会计软件或ERP一般提供两种方式对应收款进行核算和管理,其中:

(1) 总账系统核算方式。对于业务量不大、管理要求不高的企业,可以在总账系统中通过明细科目或通过往来辅助账来核算应收款。

(2) 应收款管理系统核算方式。如果核算业务比较复杂、管理要求比较高，则应该通过建立应收款管理系统进行专门核算与管理。

二、应收款管理系统的主要目标

应收款管理系统通过发票、其他应收单、收款单，对企业应收款进行综合管理，其目标有三：一是及时核算应收款业务，反映企业资金流动状况；二是反映和监督应收账款的回收情况，估计可能发生的坏账；三是反映客户的欠款余额和信誉程度，为销售管理提供决策支持。

应收款管理系统处理的主要单据包括：

(1) 应收单据。主要包括销售发票与其他应收单，其中销售发票是企业发生销售业务时开出的业务发票，最常见的是普通发票和增值税发票。其他应收单是记录销售业务之外的应收款凭据，例如，应收代垫费用款、应收利息款、应收罚款、提供劳务的应收款、其他应收款等。应收单据确定了企业与客户的债权关系。

(2) 收款单据。企业收到客户的款项要开出收款单据，多收或退货则要开退款单（即付款单），两者记录了企业实际的收款信息。

(3) 应收票据。应收票据指企业在经营活动中收到的客户在指定日期支付特定款项的书面承诺，主要包括银行承兑汇票和商业承兑汇票。

三、应收款管理系统的逻辑模型

应收款管理系统需要进行单据处理、结算处理、坏账处理、凭证处理、期末处理、账表输出和统计分析，其中主要业务部分的数据流图如图 6-1 所示，它在一定程度上反映了系统的逻辑模型。

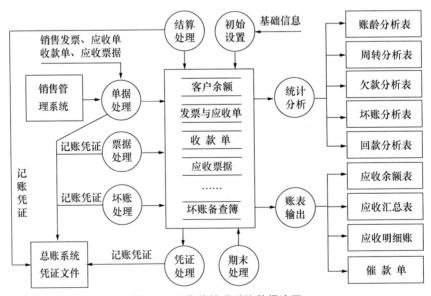

图 6-1 应收款管理系统数据流图

四、应收款管理系统的主要功能

应收款管理系统提供的主要功能如图 6-2 所示,包括系统设置、单据处理、结算处理、坏账处理、制单处理、期末处理、账表管理等功能。

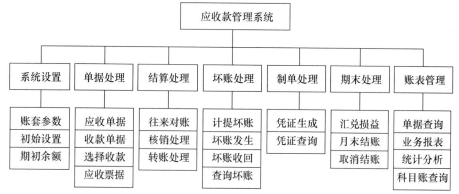

图 6-2 应收款管理系统的主要功能

(1) 系统设置。主要提供账套参数设置、初始设置(包括科目设置、单据类型设置、账龄区间设置、坏账初始设置、报警级别设置)以及输入期初余额。

(2) 业务处理。主要包括单据处理、核销处理、转账处理、坏账处理、制单处理、汇兑损益处理、期末处理。

(3) 账表管理。主要提供各类单据的查询,总账、余额表、明细账、对账单等多种业务账表以及各种统计分析表的查询功能。

五、应收款管理系统与其他系统的联系

应收款系统与销售、总账、应付、财务分析、报表等许多系统都有密切关系(如图 6-3 所示)。

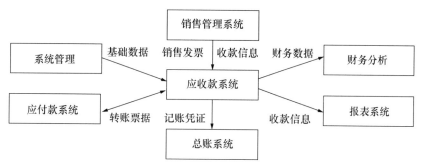

图 6-3 应收款系统与其他系统的关系

(1) 应收款系统与销售管理系统如果同时使用,则与销售有关的票据均应从销售系统输入,应收款系统与之共享这些数据,进行必要核销、制单等处理,在应收款系统中只需输入其他应收单据。但如果不使用销售系统,则所有票据都必须输入应收款

系统。

（2）应收款系统应该生成总账系统所需的记账凭证，而且所有客户往来凭证全部由应收款系统生成，其他系统不再生成这类凭证。

（3）应收款与应付款系统之间可以进行转账处理，如可以用应收款冲抵应付款。

（4）应收款管理系统向 UFO 报表系统提供数据。

六、应收款管理系统的操作流程

应收款系统的操作流程如图 6-4 所示，即必须从系统初始设置开始，然后正式进入周而复始的日常业务处理，期末必须结账。

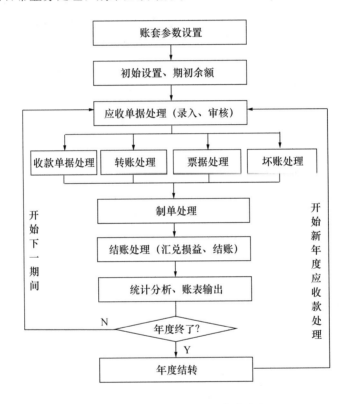

图 6-4 应收款管理系统的操作流程

1. 系统设置

首次使用应收款管理系统，需要进行系统设置，包括账套参数设置、初始设置和期初余额三部分内容，系统设置完成后，注册进入系统进行日常处理。

2. 日常处理

应收款管理系统的日常处理主要包括以下内容：

（1）录入应收单：通过应收单据的录入来记录应收款项的形成；

（2）收款结算：录入收款单，进行收款结算；

（3）转账处理：应收款项之间、应收款与应付款之间，进行转账处理；

（4）票据处理：对收到的商业汇票进行录入、结算、贴现等票据处理；

（5）坏账处理：对相关的应收款项进行坏账发生、收回、计提和查询等处理；

（6）制单处理：对以上处理业务编制记账凭证。

3．期末处理

日常处理完毕后，进行期末结账处理。

第二节　应收款管理系统的系统设置

应收款管理系统的系统设置主要包括客户信息、账套参数、会计科目、结算方式、凭证模板、账龄区间、坏账计提比例、单据类型、报警级别等设置以及录入初始数据。用友 ERP-U8 应收款系统的部分设置在【基础设置】中完成（如客户分类、客户级别、客户档案等），下面笔者将介绍在应收款系统中的初始设置。

一、启用应收款管理系统

企业要应用应收款管理系统，第一步必须做的是启用系统。

【例 6-1】　启用应收款管理系统，启用日期为 20××年 1 月 1 日。

企业应用应收款管理系统的第一步是启用该系统，操作步骤是：

（1）将计算机系统日期改为"20××年 1 月 1 日"。

（2）登录用友 ERP-U8 企业应用平台，在【基础设置】选项卡中，执行【基本信息】｜【系统启用】命令，启用应收款管理系统，启用日期为 20××年 1 月 1 日。

二、账套参数设置

账套参数设置将影响整个账套的使用效果，由于有些选项在系统启用后不能修改，所以参数必须慎重选择。

启动企业应用平台后，执行【财务会计】｜【应收款管理】｜【设置】｜【选项】命令，即进入如图 6-5 所示的账套参数设置窗口，其中有【常规】【凭证】【权限与预警】【核销设置】四个选项页。

1．【常规】选项页设置

【常规】选项页如图 6-5 所示，主要有应收账款核算模型、单据审核日期依据、汇兑损益方式、坏账处理方式、代垫费用类型等设置，以及是否自动计算现金折扣、是否登记支票、应收票据是否直接生成收款单等选择项目。

2．【凭证】选项页设置

【凭证】选项页主要有受控科目制单方式、非控科目制单方式、控制科目依据、销售科目依据等设置，以及核销是否生成凭证、预收冲应收是否生成凭证、红票对冲是否生成凭证、单据审核后是否立即制单等选择项目。

3．【权限和预警】选项页设置

【权限和预警】选项页主要有是否启用客户权限、是否启用部门权限、录入发票

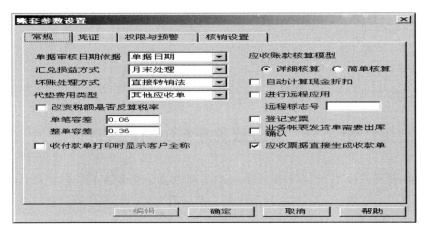

图 6-5 账套参数设置窗口

时显示提示信息、单据报警、是否信用额度控制、信用额度报警等设置。

4.【核销设置】选项页设置

【核销设置】选项页主要有应收款核销方式、规则控制方式、核销规则、收付款单审核后是否立即核销等设置。

【例 6-2】 在应收款管理系统中设置账套参数，要求如下：

（1）常规选项。应收账款核算模型选择"详细核算"、单据审核日期依据选择"单据日期"、汇兑损益方式选择"月末处理"、坏账处理方式选择"应收余额百分比法"，其他选项采用默认值设置。

（2）凭证选项。选择月结前全部生成凭证、核销生成凭证、预收冲应收生成凭证、红票对冲生成凭证、单据审核后立即制单等项目。

（3）权限和预警选项。不选择单据报警，不选择信用额度控制、信用额度报警。

（4）核销设置选项。核销方式选择"按单据"，不选收付款单审核后立即核销。

操作流程如下：

（1）登录用友 ERP-U8 企业应用平台，选择【财务会计】｜【应收款管理】｜【设置】｜【选项】命令，即进入账套参数设置窗口。

（2）先单击【编辑】按钮，系统提示"选项修改需要重新登录才能生效"，再单击【确定】按钮。

（3）逐一按要求选择账套参数，最后单击【确定】按钮结束。

三、初始设置

启动企业应用平台后，选择【财务会计】｜【应收款管理】｜【设置】｜【初始设置】命令，即进入如图 6-6 所示的初始设置窗口，该窗口左边显示了需要设置的项目。

1. 科目设置

为了简化凭证生成操作，需要预先设置各业务类型凭证中的常用科目，以便系统在生成凭证时依据制单规则自动带入科目。

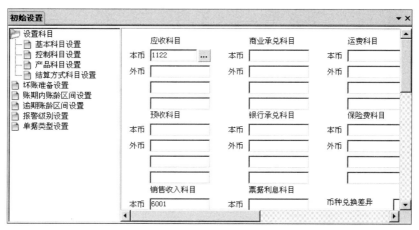

图 6-6　科目设置界面

在初始设置窗口左边选择【科目设置】,即进入如图 6-6 所示的科目设置界面。设置主要包括基本科目、控制科目、产品科目、结算方式科目设置。其中,基本科目指凭证制单所需要的基本科目,例如应收科目、预收科目、销售收入科目、税费科目;产品科目主要有销售收入科目、应交增值税科目、销售退回科目等。

【例 6-3】　按如下要求为南方公司应收款管理系统设置科目:

(1) 基本科目设置:应收科目为 1122、预收科目为 2203、销售收入科目为 6001、税费科目为 22210105。

(2) 结算方式科目:现金结算为 1001,支票、汇票、汇兑等结算为 1002。

操作流程如下:

(1) 选择【应收款管理】|【设置】|【初始设置】命令,进入初始设置窗口。

(2) 在初始设置窗口,选择【设置科目】|【基本科目设置】命令,录入应收科目本币"1122"、预收科目本币"2203",以及其他基本科目。

(3) 在初始设置窗口,选择【设置科目】|【结算方式科目设置】命令,按要求依次在"结算方式""币种""科目"栏输入信息。

(4) 单击【退出】按钮返回。

此操作中需要注意的是,在基本科目设置中,设置应收科目"1122 应收账款"、预收科目"2203 预收账款"和"1121 应收账款"之前,必须在企业应用平台的【基础设置】中设置相应会计科目的辅助核算为"客户往来",受控系统为"应收系统",否则系统会提示"本科目应为应收受控科目",导致该科目无法被选中。

2. 坏账准备设置

在初始设置窗口左边选择【坏账准备设置】,即进入如图 6-7 所示的坏账准备设置界面。但如果在选项设置中选择了直接转销法,则在初始设置中看不到坏账初始设置功能。在坏账准备设置界面的主要设置内容有:

(1) 销售收入百分比法或应收余额百分比法:需要录入坏账计提比率、坏账准备期初余额、坏账准备科目、对方科目。

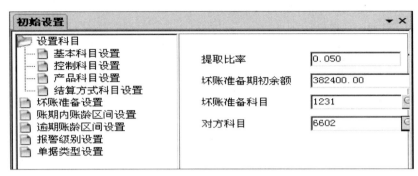

图 6-7 坏账准备设置界面

(2) 账龄分析法：需要录入坏账准备期初余额、选择账龄区间方案、针对账龄区间方案录入相应账龄区间的坏账计提比率。

【例 6-4】 对南方公司账套设置坏账准备，要求采用应收余额百分比法、提取比率为 3%、坏账准备期初余额为 19182、坏账准备科目为"1231 坏账准备"、对方科目为"6602"。

操作流程如下：

(1) 在初始设置窗口选择【坏账准备设置】，按要求依次录入坏账准备信息。

(2) 单击【确定】按钮，系统即弹出"储存完毕"提示窗口，再单击【确定】按钮。

3. 账期内账龄区间设置

账龄区间是根据应收账款的欠款、收款时间长短将应收款划分为几个级别，以便分析在一定期间内应收款与收款情况，评估客户信誉，并按一定的比例估计坏账损失。

在初始设置窗口左边选择【账期内账龄区间设置】命令，即进入账龄区间设置界面，设置内容包括：序号、总天数以及起止天数（系统根据输入的天数自动生成）。

【例 6-5】 对南方公司账套设置应收款的账龄区间，要求账龄区间总天数分别为 10 天、30 天、60 天、90 天、120 天。操作流程如下：

(1) 在初始设置窗口选择【账期内账龄区间设置】命令。

(2) 在【总天数】栏分别录入 10、30、60、90 和 120，如图 6-8 所示。

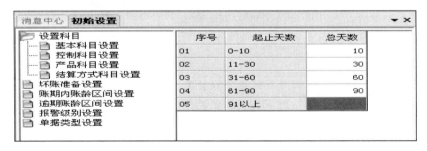

图 6-8 账期内账龄区间设置

4. 逾期账龄区间设置

逾期账龄区间指逾期应收账款或收款的时间间隔。目的是进行逾期应收账款或收款的账龄查询和账龄分析，其操作方法与账期内账龄区间设置相似，设置内容仍是序号、总天数、起止天数。

5. 报警级别设置

报警级别指按照客户欠款余额与其授信额度的比例分为不同的级别，以便于掌握各个客户的信用情况。在初始设置窗口选择【报警级别设置】命令，进入设置界面，设置内容包括：序号、级别名称、比率、起止比率。

【例 6-6】 将南方公司客户应收款的报警级别设置为 A—F 级，各级的总比率分别设置为：10%、20%、30%、40%、50%，总比率在 50% 以上为 F 级。

操作流程如下：

（1）在初始设置窗口选择【报警级别设置】命令，进入图 6-9 所示的设置窗口。

（2）在设置窗口【总比率(%)】栏分别录入 10、20、30、40、50，再在【级别名称】栏分别录入 A、B、C、D、E、F 即可。

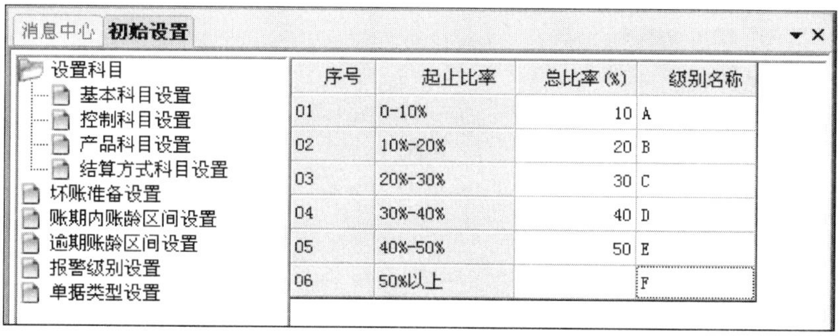

图 6-9 报警级别设置

6. 单据类型设置

单据类型设置指将往来业务与单据类型建立对应关系，以便于快速处理业务以及进行分类汇总、查询、分析。系统提供以下两大类型的单据：

（1）发票。发票分增值税专用发票和普通发票，如果使用销售系统，则发票还包括销售调拨单和销售日报。发票类型由系统设定，不能修改删除。

（2）应收单。应收单记录销售业务之外的应收款情况，企业可以设置不同类型的应收单，例如，可将应收单分为应收代垫费用款、应收利息款、应收罚款、其他应收款等。

四、期初余额

期初余额指启用应收款系统之前发生但尚未结算的业务。初次使用系统时，必须将上期未处理完的单据都录入系统，以保证数据的连续性和完整性。期初余额按单据种类分别录入，其中包括发票、应收单、预收单、应收票据。操作流程如下：

（1）选择【应收款管理】|【设置】|【期初余额】命令，系统即弹出期初余额

一查询窗口，选择需要增加的单据名称、单据类别后，单击【确定】按钮，打开如图 6-10 所示的期初余额明细表。

图 6-10　期初余额明细表

（2）单击【增加】按钮，在弹出的单据类别对话框中选择单据名称、单据类型和方向，单击【确定】按钮后，屏幕显示一张空白单据。需要注意的是，如果录入的是红字单据，则选择方向应为负向。

（3）单击【增加】按钮，逐一按栏目输入单据数据（如图 6-11 所示）。

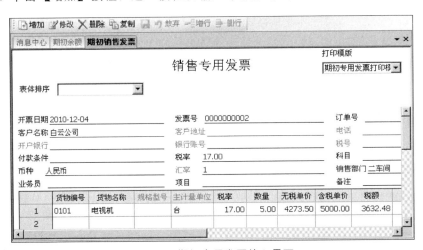

图 6-11　期初专用发票输入界面

（4）数据输入后，单击【保存】按钮，保存所输入的单据。

（5）重复(3)(4)可以继续增加期初单据。

（6）单击【退出】按钮，返回期初余额明细表界面。

期初余额录入或引入后，在期初余额明细表界面可以单击【对账】按钮，与总账系统进行对账。在日常业务中，可对期初发票、应收单、预收款、票据、合同结算单进行后续的核销、转账处理。

【例 6-7】　按期初单据设置南方公司的应收款期初余额。第五章的实训六中有 6 张期初单据，以下是其中前 2 张单据。

(1) 单据编号0001，20××年11月26日，销售100台电视机给高山公司，税率为17％，含税单价为1500元，税价合计（应收账款）为150000元，部门为销售科，业务员为梁容。

(2) 单据编号0002，20××年12月5日，销售200台录像机给维维公司，税率为17％，含税单价为1600元，税价合计（应收账款）为320000元，部门为销售科，业务员为刘宁。

操作流程如下：

(1) 选择【设置】|【期初余额】命令，打开期初余额—查询窗口，单击【确定】按钮，进入期初余额明细表窗口。

(2) 单击【增加】按钮，打开单据类别对话框。

(3) 选择单据名称为"销售发票"，单据类型为"销售专用发票"，方向为"正向"，然后单击【确定】按钮，打开销售专用发票窗口。

(4) 单击【增加】按钮，修改开票日期为"20××-11-26"，按要求录入第1张销售发票，单击【保存】按钮。

(5) 重复以上方法继续录入第2张销售专用发票直至结束。

第三节　应收款管理系统的业务处理

应收款管理系统的日常处理主要包括单据处理、票据管理、转账处理、坏账处理、制单处理以及查询统计。

企业对每一笔业务的处理流程是：发生销售或提供劳务时填写相应的销售发票或其他应收单；如收回款项，则填写对应的收款单；如有部分预收款，可通过收款单作相应的预收单，待业务发生后再选定相应的预收单、收款单和销售发票进行核销。对于一次销售或劳务活动，发票与收款单可能同时产生，也可能先开票后收款，还可能先收款后开票。这三种情况分别对应现销、赊销和预收款。

一、应收单据的处理

企业应收款源自销售发票和其他应收单，如前所述，如果不使用销售管理系统，则全部应收单据都必须在应收款系统输入。

1. 应收单据的录入

企业应收单据包括销售发票与其他应收单，其中销售发票有增值税发票和普通发票两种基本格式。应收单据的录入方法如下：

(1) 选择【应收款管理】|【应收单据处理】|【应收单据录入】命令，系统即弹出单据类别对话框。

(2) 在对话框中选择新增单据的单据名称、类型与方向，单击【确定】按钮显示如图6-12所示的空白单据。

(3) 单击【增加】按钮，录入应收单据信息。

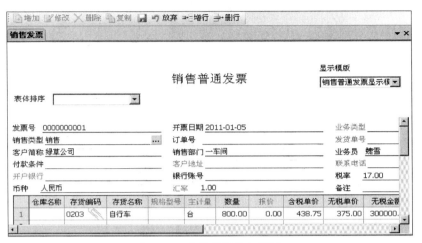

图 6-12 应收单据录入界面

（4）应收单据录入完毕后，单击【保存】按钮保存。

【例6-8】 录入南方公司1月份发生的应收单据（即第2笔）：1月7日，销售200台录像机给客户苹果公司，含税单价为2223元，销售价款为380000元，增值税额为64600元，该批产品实际成本为230000元，产品已发出，价款未收到。

操作流程如下：

（1）将计算机系统日期改为"20××年1月7日"，以"20××年1月7日"为登陆日期，进入企业应用平台。

（2）打开业务工作选项卡，选择【财务会计】|【应收款管理】|【应收单据处理】|【应收单据录入】命令，打开单据类别对话框。

（3）选择单据名称为"销售发票"，单据类型为"销售专用发票"，方向为"正向"，然后单击【确定】按钮，打开销售专用发票窗口。

（4）单击【增加】按钮，在客户简称栏录入"3005"，或单击客户简称栏参照按钮，选择"苹果公司"，系统会自动显示客户相关信息；在销售类型栏录入"1"，在销售部门栏录入"销售部"。

（5）在窗口表格存货编码栏录入"1002"，或单击存货名称栏的参照按钮选择"录像机"，在数量栏录入"200"，在"含税单价"栏录入"2223"。

（6）单击【保存】按钮，保存并退出窗口。销售专用发票录入界面如图6-13所示。

2. 应收单据的审核

应收单据必须经过审核，一旦经过审核，系统即同时执行记账功能，而且只有经过审核才能执行制单处理。因此，已审核的应收单据不允许修改与删除。应收单据可以在单据录入中直接进行审核，也可以选择【应收单据审核】命令集中进行审核，其操作流程如下：

（1）选择【应收款管理】|【应收单据处理】|【应收单据审核】命令，系统即弹出应收单过滤条件窗口，用户可设置过滤条件。

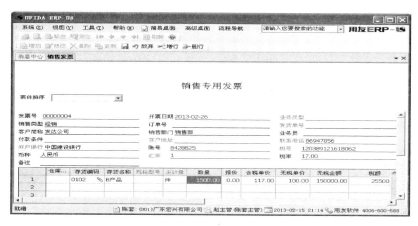

图 6-13 销售专用发票录入界面

（2）自动批审。设置过滤条件后，如果单击【批审】按钮，系统即将符合条件的未审核单据全部一次性审核处理。

（3）批量审核。设置过滤条件后，单击【确定】按钮，系统显示如图 6-14 所示的应收单据列表，双击选择标志栏或打钩选择需要审核的应收单据，然后单击【审核】按钮，系统即在所选单据上填入审核日期与审核人，完成审核处理。

图 6-14 应收单据列表

（4）单张审核。在图 6-14 的单据列表界面选择要审核的记录，单击工具栏的【单据】按钮，系统即显示该单据，再单击【审核】按钮，即完成一张单据的审核。

（5）取消审核。系统提供批量弃审和单张弃审功能，该功能会清空单据的审核人和审核日期，使其回到未审核的状态，但已经制单的单据不能弃审。

【例 6-9】 对例 6-8 中录入的应收单据进行集中审核，可参照以上流程进行操作。

二、收款单据的处理

应收款项形成后，如果收到客户支付的款项，应对应收单据进行结算处理。单据的结算处理包括收款单的录入、审核以及对发票和应收单进行核销。

1. 收款单据的录入

收款单记录客户支付的款项，但根据收款时间和收款项目，收款单有应收款、预收款、其他费用三种类型，不同类型的后续业务处理与约束也不同。收款单据的录入方法如下：

(1) 选择【应收款管理】|【收款单据处理】|【收款单据录入】命令，系统即弹出空白的收款单。

(2) 单击【增加】按钮，依据原始单据录入收款单信息(如图 6-15 所示)，其中可根据需要参照订单号、发(销)货单号、合同号信息。

图 6-15 收款单据录入界面

(3) 收款单据录入完毕后，单击【保存】按钮保存。

【例 6-10】 录入南方公司 1 月份发生的 2 笔收款业务单据：

(1) 20××年 1 月 5 日，收到前年 11 月 26 日销售电视机给高山公司的应收账款 150000 元(为销售商品收入，含增值税)。

(2) 20××年 1 月 18 日，收到维维公司应收账款 134000 元，存入银行。

操作步骤：

(1) 选择【应收款管理】|【收款单据处理】|【收款单据录入】命令，打开如图 6-15 所示的收款单录入窗口。

(2) 单击【增加】按钮，修改日期为"20××-01-05"，在"客户"栏录入"1001"，系统会自动显示客户相关信息；在"结算方式"栏录入"7"，在"金额"栏录入"150000"，在"摘要"栏录入"收到电视机货款"；单击款项类型窗口。

(3) 单击【保存】按钮。

(4) 重复第(2)(3)步录入第 2 张收款单据。

2. 收款单据的审核

收款单据的审核有三层含义：一是确认收款；二是审查单据输入的正确性；三是记入应收明细账。月末结账前收款单必须全部审核完毕。同样，已审核的收款单据不允许修改与删除。

收款单据可以在单据录入界面单击【审核】按钮即时审核，也可以选择【应收款管理】|【收款单据处理】|【收款单据审核】命令进行集中审核。审核操作的流程

与应收单据审核流程相似,也可以进行自动批审、批量审核、单张审核、取消审核,具体操作流程不再赘述。作为练习,请读者完成对南方公司收款单的审核操作。

三、核销处理

核销在收款单据与应收单据之间进行,目的是将已结清的债权及时销账,冲减本期应收。系统提供按单据核销与按产品核销两种方式,且提供自动核销和手工核销两种方法。其中,自动核销是按用户设定的核销方式由计算机自动对已结清的往来业务标注核销标记;手工核销是对自动核销的一种补充,一般是先调出同一科目同一客户的未核销业务,然后通过人工判定该业务是否已结清,是则加注核销标记。下面介绍手工核销的操作方法。

(1) 选择【应收款管理】|【核销处理】|【手工核销】命令,系统即弹出核销过滤条件对话框,设置过滤条件。

(2) 单击【确定】按钮,进入如图 6-16 所示的单据核销界面,显示符合条件的应收单据(下部列表)和收款单据(上部列表)。

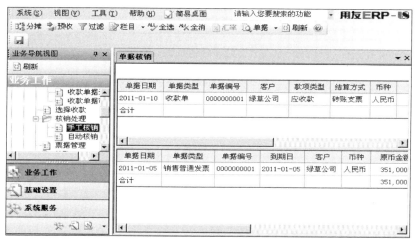

图 6-16 单据核销界面

(3) 在单据核销界面,选择核销单据与被核销单据,输入本次结算金额;也可单击【分摊】按钮,将结算金额分摊到被核销单据处。

(4) 单击【保存】按钮,核销处理即完成。

【例 6-11】 对南方公司的收款单和应收单据进行核销处理,操作流程如下:

(1) 选择【核销处理】|【手工核销】命令,打开核销条件对话框,在"客户"栏录入"1001",或单击"客户"栏的参照按钮,选择"高山公司"。

(2) 单击【确定】按钮,打开单据核销窗口,显示符合条件的应收单据(下部列表)和收款单据(上部列表)。

(3) 在单据核销窗口选择核销单据与被核销单据,并在窗口下半部分的本次结算栏的第 1 行录入"150000"。

（4）单击【保存】按钮，核销处理即完成。

四、票据管理

如果客户用银行承兑汇票或商业承兑汇票支付货款，企业必须将应收票据录入记账，结转应收账款，日后还可能需要对应收票据进行结算、贴现、背书等处理。

1. 应收票据的录入

应收票据的具体录入方法如下：

（1）选择【应收款管理】｜【票据管理】命令，系统即弹出过滤条件选择窗口，设置过滤条件后，单击【过滤】按钮进入票据管理主界面。

（2）在票据管理主界面单击【增加】按钮，打开如图6-17所示的应收票据输入界面。

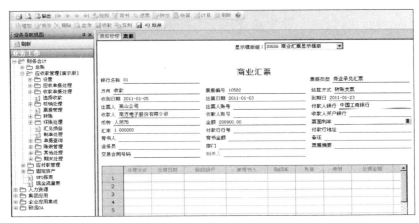

图6-17 应收票据输入界面

（3）在票据录入界面输入数据，其中蓝色为必录项，包括票据类型、方向、票据编号、结算方式、收到日期、出票日期、到期日、出票人、收款人、币种、金额、汇率等。

（4）输入完毕后，单击【保存】按钮保存票据。如果在选项中选择应收票据直接生成收款单，则保存后自动生成一张收款单，也可以单击【生单】按钮生成收款单。

【例6-12】 南方公司2月21日采用商业承兑汇票结算方式销售250台录像机给青草公司，含税单价为1404元，价款为300000元，增值税额为51000元，收到351000元的商业承兑汇票1张（票据编号510329，期限6个月），产品实际成本为200000元。

操作流程如下：

（1）在票据管理窗口单击【增加】按钮，进入商业汇票窗口。

（2）单击票据类型栏的参照按钮，选择"商业承兑汇票"；在票据编号栏录入"510329"；在结算方式栏录入"301"；在收到日期栏录入"20××-02-21"；在"出票日期"栏录入"20××-02-21"，在"到期日"栏录入"20××-08-21"；在出票人栏录入"2004"；在金额栏录入"351000"；在票据摘要栏录入"收到商业承兑汇票"。

（3）单击【保存】按钮。

2. 应收票据的处理

应收票据输入后，即可进行贴现、背书、退票、转出、结算、计息、收款等处理。一般的操作方法是先进入票据管理主界面选择一张票据，在工具栏上单击贴现、背书、退票、转出、结算、计息、收款等图标，打开处理窗口，在此作进一步的处理操作。

【例 6-13】 2 月 22 日，南方公司将【例 6-12】的 351000 元承兑汇票到银行办理贴现，年贴现率为 16％，贴现息为 28000 元，增加银行存款 323000 元。

操作流程如下：

(1) 以"20××年 2 月 22 日"为登录日期，进入企业应用平台。

(2) 选择【财务会计】│【应收款管理】│【票据管理】命令，系统即弹出过滤条件选择对话框，单击【过滤】按钮，进入票据管理窗口。

(3) 在票据管理窗口双击选择栏，选中 2 月 21 日填制的票据编号为 510329 的商业承兑汇票。

(4) 单击【贴现】按钮，打开如图 6-18 所示的票据贴现对话框。

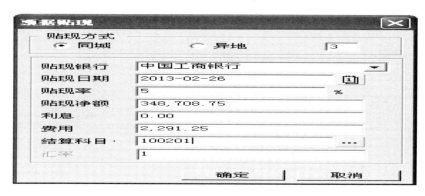

图 6-18 票据贴现对话框

(5) 在贴现率栏录入"16"，在结算科目栏录入"1002"。

(6) 单击【确定】按钮，系统即提示"是否立即制单"，单击【是】按钮即生成贴现凭证。

五、转账处理

企业往来业务既有应收款、预收款，也有应付款、预付款，它们之间难免要产生转账业务，因此系统提供转账以及编制相应凭证的功能。

1. 主要对冲转账业务

(1) 应收冲应收，指将一个客户(或部门、业务员)的应收款转到另一个客户(或部门、业务员)，一般用于客户合并、部门撤销、业务员离职、已审核的单据客户错填等情况。处理方法是将应收或预收账款在客商之间、部门之间或业务员之间进行转账。

(2) 预收冲应收，指处理客户的预收款与该客户的应收款的转账核销业务。一般按客户单位找出未核销的应收单据和预收单据，然后通过手工或自动进行。

(3) 应收冲应付，指用客户的应收账款，冲抵供应商的应付款项。目的是实现应收款业务在客户和供应商之间的转账，解决应收债权与应付债务的冲抵。

(4) 红票对冲。即实现客户的红字应收单据与其蓝字应收单据、收款单与付款单之间的冲抵操作。系统提供自动和手工红票对冲两种方式。

2．转账的操作方法

在【应收款管理】｜【转账】菜单中提供上述四种转账业务功能，这四种业务操作方法类似，所以笔者仅以应收冲应收为例说明如何操作。

(1) 选择【应收款管理】｜【转账】｜【应收冲应收】命令，打开如图 6-19 所示的应收冲应收窗口。

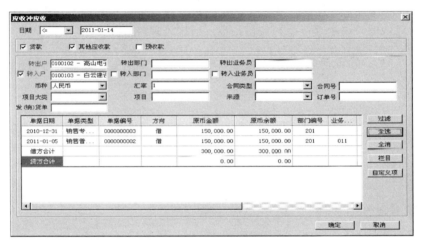

图 6-19 应收冲应收窗口

(2) 在货款、其他应收款、预收款和合同结算单等的复选框中选择需要转出的单据类型。

(3) 选择并账类型，默认按客户进行并账。

(4) 选择转出转入户、转出转入部门或转出转入业务员等并账条件。

(5) 单击【过滤】按钮，系统即列出转出户中所有满足条件的全部单据。可手工输入并账金额（金额必须大于 0 且小于等于余额），或双击本行将余额自动填充为并账金额。

(6) 单击【确定】按钮即实现应收款的转出、转入处理。

六、坏账处理

在实际工作中，经常发生客户无法偿还债务或因产品质量而拒付货款等情况，企业根据谨慎性原则，需要预计可能产生的坏账损失，计提坏账准备，并在实际发生坏账时进行坏账准备的冲减。坏账处理包括坏账计提、坏账发生、坏账收回和坏账查询等功能。

1. 坏账准备的计提

企业应在期末分析各项应收款项的可收回性，对预计可能发生的坏账损失，计提坏账准备。系统提供的计提坏账的方法主要有销售收入百分比法、应收账款百分比法和账龄分析法。例如，应收账款百分比法的操作方法如下：

（1）选择【应收款管理】|【坏账处理】|【计提坏账准备】命令，进入如图6-20所示的坏账计提窗口，按所设置的坏账计提方法，系统会自动算出应收账款总额、计提比率、坏账准备、坏账准备余额以及本次计提金额。

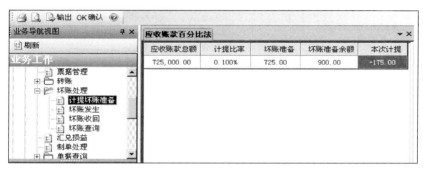

图 6-20 坏账计提窗口

（2）单击工具栏【确认】图标，系统提示"是否立即制单"，单击【是】按钮，系统即自动生成并显示坏账计提凭证，单击【保存】按钮将凭证存入总账系统。

【例 6-14】 南方公司按应收账款余额百分比（3%）计提坏账准备。操作方法如下：

（1）选择【应收款管理】|【坏账处理】|【计提坏账准备】命令，系统即自动算出本次计提金额；

（2）单击【确认】，系统提示"是否立即制单"，单击【是】按钮，系统即自动生成坏账计提凭证；

（3）单击【保存】按钮将凭证存入总账系统。

2. 坏账损失的处理

当坏账发生时，企业应选定发生坏账的应收单据和本次发生的坏账损失金额，及时用坏账准备进行冲销。具体方法如下：

（1）选择【应收款管理】|【坏账处理】|【坏账发生】命令，系统即弹出坏账发生对话框。

（2）输入日期、客户、部门、业务员、币种以及其他辅助条件后，单击【确定】按钮，打开如图6-21所示的坏账发生单据明细界面，系统即列出满足条件的所有单据。

（3）在确定为发生坏账的单据处，直接输入本次坏账发生金额。

（4）单击【确定】按钮，系统提示"是否立即制单"，单击【是】按钮，系统即生成一张坏账损失处理凭证，并将本次发生坏账金额的单据记入应收明细账。

■ 会计信息系统

图 6-21 坏账发生单据明细

3. 坏账收回的处理

当被确定为坏账的应收款被收回时，应通过坏账收回功能进行处理。坏账收回时，应首先填制一张收款单，其金额为收回的坏账金额；然后再进行坏账收回处理。需要注意的是，填制的收款单不必进行审核，否则无法完成坏账收回操作。具体操作方法如下：

(1) 选择【应收款管理】|【收款单据处理】|【收款单据录入】命令，填制一张收款单，其金额为收回的坏账金额。

(2) 选择【应收款管理】|【坏账处理】|【坏账收回】命令，系统即弹出如图 6-22 所示的坏账收回对话框，可在其中选择客户及结算单号（即收回坏账的收款单）等信息。

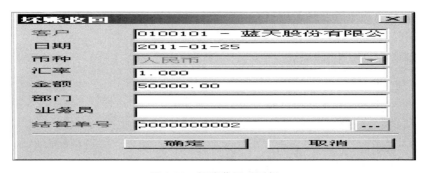

图 6-22 坏账收回对话框

(3) 单击【确定】按钮，系统提示"是否立即制单"，单击【是】按钮，系统即自动生成坏账收回记账凭证，单击【否】按钮则暂不制单。

4. 坏账查询

坏账查询用于查询或打印一定期间内处理的坏账损失和坏账收回记录。可以查看坏账发生和收回的综合信息，也可详细查看每一笔坏账的发生和收回情况。

七、制单处理

制单处理主要指记账凭证的生成与查询，涉及应收款的各类凭证均由本系统自动生成，并直接存入总账系统，由总账系统审核记账。

1. 制单类型

应收款系统应为每一种单据或业务处理编制相应的记账凭证，具体包括发票制单、应收单制单、收付款单制单、核销制单、票据处理制单、汇兑损益制单、转账制单、并账制单、现结制单、坏账处理制单等类型。其中，有些类别的业务处理还包括若干子处理，这些处理也必须编制相应的记账凭证。例如，票据处理中的票据背书、转出、贴现、收款、退回、计息等处理也都必须编制相应的记账凭证。

2. 制单规则

各种凭证都有确定的形式，关键是会计科目，而科目一般可以取自单据、受控科目、结算方式、凭证模板、默认值等。例如，对销售发票制单时，若单据上有科目则取单据上的科目，否则先判断控制科目依据，根据控制科目依据取"控制科目设置"中对应的科目。然后，系统判断销售科目依据，取"产品科目设置"中对应的科目。若没有设置，系统则取"基本科目设置"中设置的应收科目和销售科目，若这两个设置中都没有对应科目，则手工输入。

例如，若控制科目依据为按客户，则系统根据发票上的客户，确定借方科目为应收账款—××客户；若销售科目依据为按存货分类，则系统依据发票上的存货，查找其存货分类的销售科目为主营业务收入—××存货，应交税费科目为应交增值税—销项税额。于是可以自动生成如下凭证：

借：应收账款—×× 客户
　　贷：主营业务收入—××存货
　　　　应交税费—应交增值税—销项税额

3. 制单方式

(1) 实时制单：系统在业务处理过程中提供实时制单功能，例如，在输入或审核单据时通过【制单】按钮制单，或在处理业务时实时生成凭证。

(2) 成批制单：系统提供一个统一的制单平台，可以在此快速、成批生成凭证。此外，还可依据规则进行合并制单等处理，即通过设置规则将多张发票(或应收单、收款单)经汇总后生成一张记账凭证。

4. 成批制单操作方法

(1) 选择【应收款管理】|【制单处理】命令，系统即弹出如图6-23所示的制单查询对话框，选择制单类型并输入过滤条件，如选择"发票制单"。

(2) 单击【确定】按钮，进入如图6-24所示的制单界面，系统即列出符合条件的所有未制单且已经记账的单据，单击【单据】按钮可显示光标所在记录的单据。

(3) 从凭证类别栏的下拉列表中选择凭证类别，并输入制单日期。

(4) 如果希望系统自动形成凭证的摘要内容，可以单击【摘要】按钮，设置凭证摘要。

(5) 选择需要制单的单据，方法是双击"选择标志"栏，系统会生成一个序号，表明该单据要制单。序号可以手工修改，相同序号的记录可制成一张凭证。也可单击

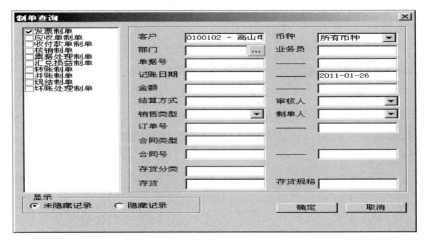

图 6-23 制单查询对话框

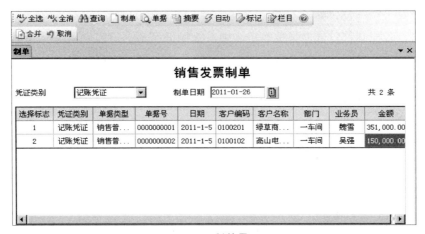

图 6-24 制单界面

【合并】按钮进行合并制单。

（6）单击【制单】按钮，进入凭证界面，继续完成制单的后续操作，如补充摘要、科目等。操作完毕后，单击【保存】按钮将当前凭证存入总账系统。

八、期末处理

应收款系统在一个会计期间结束时也必须进行期末处理，而且只有经过结账处理，系统才能进入下一个会计期间。期末处理除了处理汇兑损益之外，主要有：

1. 月末结账

如果本月各项处理全部结束，则可执行月末结账处理，而且一旦执行了月末结账处理，该月将不能再进行任何处理。月末结账应该注意的问题：

（1）如果上月没有结账，则本月不能结账，而且一次只能选择一个月进行结账。

（2）本月的应收单据在结账前应该全部审核。

(3)若本月还有未核销的结算单,则不能结账。

(4)应收款管理系统结账后,总账管理系统才能结账。

(5)如果应收管理系统与销售管理系统同时启用,应在销售管理系统结账后,才能对应收款管理系统进行结账处理。

(6)如果结账期间是本年度最后一个期间,则本年度进行的所有处理必须制单,否则不能进行下一个年度的结账。

【例6-15】 南方公司已完成1月份应收款的所有业务处理,请进行月末结账处理。

(1)选择【应收款管理】|【期末处理】|【月末结账】命令,打开如图6-25所示的月末处理对话框。

图6-25 月末处理对话框

(2)选择结账月份,即双击一月的【结账标志】栏。

(3)单击【下一步】按钮,系统列出各类业务的处理情况。

(4)单击【完成】按钮,执行结账功能。

2. 取消月结

选择【应收款管理】|【期末处理】|【取消月结】命令,系统即弹出取消结账对话框,选择要取消结账月份,单击【确认】按钮即可。

3. 年末结转

月末结账并无许多实质内容,但如果是年度结账,则需要结转本年度文件和生成新年度数据文件,并将未核销的业务转到下年度。其操作方法如下:

(1)在系统管理中选择【年度账】|【结转上年数据】命令,然后单击【应收应付结转】按钮。

(2)若系统检查后发现上年有未审核的发票或应收单,则会弹出提示框。

(3)若直接单击【结转】按钮,系统即将所有未审核的发票和应收单全部结转到下年;但如果单击【不结转】按钮,则退出本次结转处理。

(4)单击【确认】按钮,系统即根据本次所选单据继续进行结转。

第四节　应收款系统的单据与账表输出

一、单据查询

应收款系统通过单据查询提供对单据的查询功能，并可根据用户需要查询单据的处理过程，包括核销、转账等操作记录。

（1）发票查询。可查询未审核、已审核、已核销、未核销、包含余额为零的发票，可以选择按表体显示，查询条件设置窗口如图 6-26 所示。

（2）应收单查询。可查询未审核、已审核、已核销、未核销、包含余额为零的应收单。

（3）收付款单查询。可查询已核销、未核销、已审核、未审核，且款项类型为应收款、预收款、费用的收付款单。

（4）凭证查询。可以通过凭证查询来查看、修改、删除、冲销应收账款系统传到账务系统中的凭证。

（5）单据报警查询。可对已审核、未审核、已制单、未制单的单据进行单据报警查询。

（6）信用报警查询。可对已审核、未审核、已制单、未制单的单据进行信用报警查询。

（7）应收核销明细表。可查询应收款的详细核销情况。

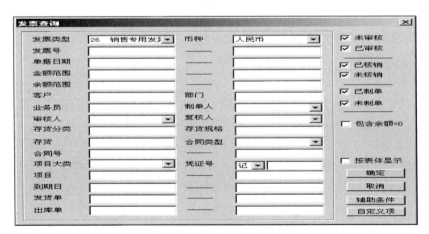

图 6-26　发票查询条件设置窗口

二、业务账表

1. 主要业务账表

应收款系统的业务账表主要提供业务总账、业务明细账、业务余额表、对账单等账表输出功能。

(1) 业务总账，输出一定时期内发生的业务汇总情况。

(2) 业务明细账，输出客户、客户分类、地区分类、部门、业务员、存货分类、存货、客户总公司、主管业务员、主管部门在一定期间内发生的应收及收款的明细情况。

(3) 业务余额表，输出客户、客户分类、地区分类、部门、业务员、客户总公司、主管业务员、主管部门一定时期所发生的应收、收款以及余额情况。

(4) 对账单，输出一定时期内各客户、客户分类、客户总公司、地区分类、部门、业务员、主管部门、主管业务员的对账单并生成相应的催款单。

此外，系统提供与总账的对账功能，即将应收款系统生成的业务账与总账系统中的科目账进行核对，检查两个系统中的往来账是否相符。

2. 业务账表的查询

业务账表的一般查询方法是：

(1) 选择【应收款管理】|【账表管理】|【业务账表】命令，系统即显示业务总账、业务明细账、业务余额表等五项业务账表功能供选择。

(2) 双击选择一种账表输出功能，系统即弹出过滤条件选择对话框。

(3) 设置条件之后，单击【过滤】按钮，系统即显示查询结果。应收余额表如图6-27所示。

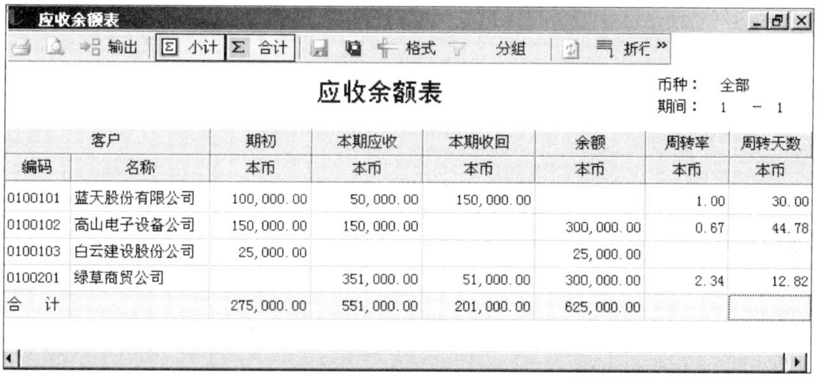

应收余额表

客户		期初	本期应收	本期收回	余额	周转率	周转天数
编码	名称	本币	本币	本币	本币	本币	本币
0100101	蓝天股份有限公司	100,000.00	50,000.00	150,000.00		1.00	30.00
0100102	高山电子设备公司	150,000.00	150,000.00		300,000.00	0.67	44.78
0100103	白云建设股份公司	25,000.00			25,000.00		
0100201	绿草商贸公司		351,000.00	51,000.00	300,000.00	2.34	12.82
合　计		275,000.00	551,000.00	201,000.00	625,000.00		

图6-27　应收余额表

三、统计分析

应收款系统提供应收账龄分析、收款账龄分析、欠款分析、收款预测等统计分析功能，以助管理企业应收款，降低坏账比例。其中，应收账龄分析用于分析客商一定时期内各个账龄区间的应收款情况，其操作方法如下：

(1) 选择【应收款管理】|【账表管理】|【统计分析】|【应收账龄分析】命令，系统即弹出如图6-28所示的账龄分析过滤条件选择窗口。

(2) 选择过滤条件，包括选择客户分类、客户、地区、部门、业务员、存货、客户总公司、主管业务员、主管部门、科目等。

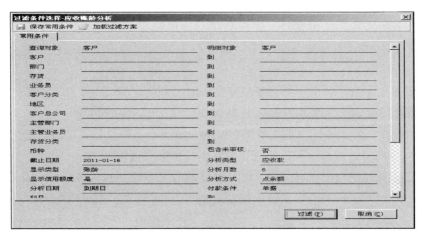

图 6-28 账龄分析过滤条件选择窗口

（3）单击【过滤】按钮，系统即弹出如图 6-29 所示的应收账龄分析表。

图 6-29 应收账龄分析表

第五节 应付款管理系统

应付款主要指企业因赊购商品、原料或接受劳务而发生的应付款项。应付款管理关系企业在经营过程中主要的现金流出，所以也是会计信息系统的重要组成部分。

一、应付款管理系统概述

应付款管理与采购、存货密切相关，所以有些软件甚至将三者集成为一个系统，共同完成对企业采购存货、储存存货、应付款等经济活动的核算与管理。目前，主要 ERP 系统都将应付款管理设置为一个独立子系统，主要负责对应付款的核算与管理。

1. 应付款的核算方式

企业可以在总账系统中通过明细科目或辅助核算来核算应付款,但如果应付款业务比较复杂,则应该选择应付款管理系统。

2. 应付款管理系统的目标

应付款系统的目标一是正确选择结算方式与结算时间,跟踪应付账款的到期期限,争取合理折扣;二是及时核算企业应付账款与预付账款,反映和监督采购资金支出和应付情况;三是及时提供债务总额和现金需要量,为采购管理提供决策支持。应付款管理系统处理的主要票据有:应付单据、付款单据、应付票据。

3. 应付款管理系统的主要功能

应付款系统提供的主要功能如图 6-30 所示,包括系统设置、单据处理、核销处理、转账处理、制单处理、期末处理以及账表管理等。

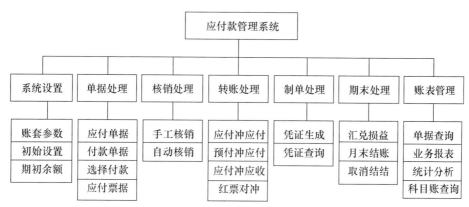

图 6-30 应付款管理系统的主要功能

4. 应付款管理系统与其他系统的联系

应付款管理系统与采购、总账、应收、报表、财务分析等系统都有非常密切的关系,其主要接口如图 6-31 所示。

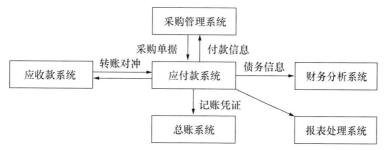

图 6-31 应付款管理系统与其他系统的关系

(1) 应付款系统如果与采购系统同时使用,则与采购有关的票据均应在采购系统中输入,应付款系统可以与之共享这些数据,在应付款系统中只需输入应付单据。但如果没有使用采购系统,则所有票据都必须在应付款系统中输入。

(2) 应付款系统生成总账系统所需的记账凭证,而且所有的供应商往来凭证全部由应付款系统生成,其他系统不再生成这类凭证。

(3) 应付款系统与应收款系统之间可以进行转账处理,如用应付款冲抵应收款。

5. 应付款管理系统的应用流程

应付款系统的应用流程如图6-32所示,即必须从系统初始设置开始,然后正式进入周而复始的日常业务处理,期末也必须结账。

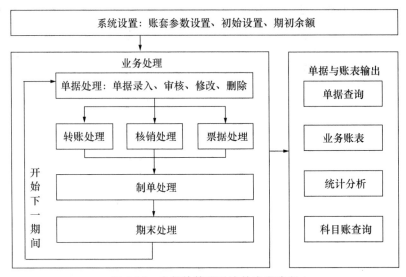

图6-32 应付款管理系统的应用流程

二、应付款管理系统的系统设置

用友ERP-U8系统除了通过基础设置提供一些公共设置(主要是客商信息中的供应商分类、供应商档案)之外,应付款系统的设置还包括:

1. 账套参数设置

账套参数通过选项来设置,即选择【应付款管理】|【设置】|【选项】命令,进入如图6-33所示的账套参数设置窗口,该窗口有四个选项页。

(1)【常规】选项页。主要有应付账款核算模型、单据审核日期依据、汇兑损益方式、费用支出单类型设置,以及是否自动计算现金折扣、是否登记支票,等等。

(2)【凭证】选项页。主要有受控科目制单方式、非控科目制单方式、控制科目依据、采购科目依据设置,以及核销、预付冲应付、红票对冲是否生成凭证,等等。

(3)【权限和预警】选项页。主要有是否启用供应商权限、是否启用部门权限、单据报警、信用额度报警等设置。

(4)【核销设置】选项页。主要有应付款核销方式、规则控制方式、核销规则、收付款单审核后是否立即核销等设置。

2. 初始设置

初始设置主要包括设置会计科目(基本科目、控制科目、产品科目、结算方式科

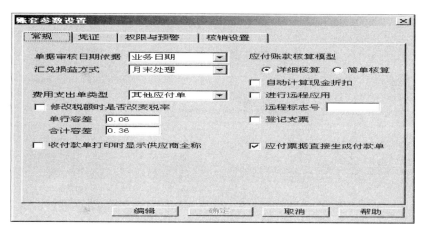

图 6-33 账套参数设置窗口

目)、账期内账龄区间设置、逾期账龄区间设置、报警级别设置、单据类型设置。

应付款系统的初始设置与应收款系统初始设置,无论内容与形式都十分类同,选择【应付款管理】|【设置】|【初始设置】命令,再选择【设置项目】,即可进入具体的设置界面。图 6-34 是账龄区间设置操作界面。

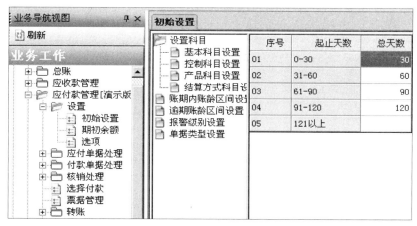

图 6-34 账龄区间设置操作界面

3. 期初余额

期初余额指在启用应付款系统之前已发生但尚未结算的业务。初次使用系统时,必须将上期未处理完全的单据都录入系统。期初余额按单据种类分别录入,其中包括发票、应付单、预付单、应付票据。图 6-35 是期初采购普通发票录入界面。

三、应付款管理系统的业务处理

应付款系统的业务处理主要包括应付单据处理、付款单据处理、票据处理、核销处理、转账处理、制单处理、汇兑损益处理以及期末处理。

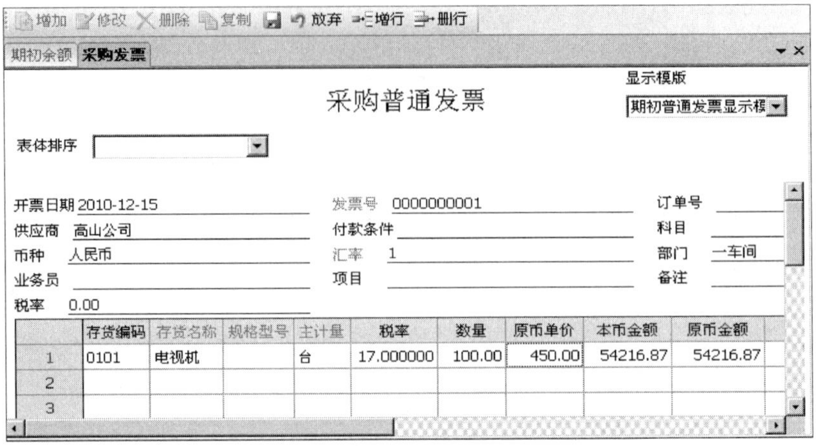

图 6-35 期初采购普通发票录入界面

1. 应付单据的处理

企业每发生一笔应付款业务，都会产生相应的业务单据。如前所述，如果没有使用采购系统，则所有票据都必须在应付款系统输入。

(1) 应付单据的录入。应付单据包括采购发票与各式应付单，而且与应收单据格式基本相同，操作方法相仿，即选择【应付款管理】|【应付单据处理】|【应付单据录入】命令录入应付单据。图 6-36 为采购专用发票录入界面。

图 6-36 采购专用发票录入界面

(2) 应付单据的审核。应付单据审核的目的是确认应付账款并审查输入的正确性。应付单据可以在录入界面直接进行审核，也可用【应付款管理】|【应付单据处理】|【应付单据审核】命令进行集中审核。

2. 付款单据的处理

付款单据记录企业支付的款项。企业一般通过直接付款、签发应付票据或应收账款冲销、红蓝票对冲等业务进行应付账款冲减。

(1) 付款单据的录入。付款单据用【应付款管理】|【付款单据处理】|【付款

单据录入】命令录入，图6-37为付款单录入界面。需要注意的是，如果已在账套参数中选择"登记支票"，则系统会自动将"结算方式＋票据号"登记在总账的支票登记簿；否则需要单击【登记】按钮，才可将上述信息登记到总账的支票登记簿。

图6-37 付款单录入界面

（2）付款单据的审核。付款单据的审核的目的同样是确认付款、审查正确性以及记入应付明细账。可选择【应付款管理】|【付款单据处理】|【付款单据审核】命令进行该操作。

3. 核销处理

付款核销有两个执行时机：一是在付款单据显示界面单击【核销】按钮进行核销，二是利用【应付款管理】|【核销处理】命令进行集中核销。核销处理也有手工和自动两种方法，其中手工核销指将付款单与应付发票、应付单进行勾对处理；自动核销指通过核销功能，将相关的付款单与应付单据作核销标记，冲减本期应付。

4. 票据管理

如果企业用银行承兑汇票或商业承兑汇票支付货款，企业必须利用票据管理功能将应付票据录入系统，日后还可能要对应付票据进行计息、结算、转出、查询等操作。应付票据的输入与应收票据类同。

5. 转账处理

应付款管理系统可以实现应付冲应付、预付冲应付、应付冲应收、红票对冲等转账功能。在【应付款管理】|【转账】菜单中分别提供上述四种转账功能，且操作方法类似。

6. 制单处理

应付款系统需要为每一种类型的付款业务编制相应的记账凭证。常见的制单类型有发票制单、进口发票制单、应付单制单、合同结算单制单、收付款单制单、核销制单、票据处理制单、并账制单、现结制单、转账制单、汇兑损益制单。

系统提供实时制单与成批制单两种方式。其中，前者指在输入或审核单据时通过【制单】按钮制单，或在处理业务时即时生成凭证；后者指选择【应付款管理】|

【制单处理】命令，进入统一的制单平台以快速、成批生成凭证。

7. 期末处理

应付款系统的期末处理主要包括汇兑损益处理、月末结账或年末结转等业务。如果确认本月的各项处理已经结束，即可以执行月末结账功能。同样，结账后该月将不能再进行任何处理。选择【应付款管理】|【期末处理】|【月末结账】命令，即可进行结账操作。

四、应付款系统的单据与账表输出

1. 单据查询

应付款系统通过单据查询功能提供对发票、应付单、收付款单、生成的凭证、单据报警等单据的查询，并可查询单据的处理过程，包括核销、转账等操作记录。

2. 业务账表

应付款系统的业务账表主要提供业务总账、明细账、余额表、对账单等账表输出，以及与总账的对账功能。选择【应付款管理】|【账表管理】|【业务账表】命令，系统即显示业务总账、业务明细账、业务余额表等五项业务账表功能供用户选择。

3. 统计分析

应付款系统提供应付账龄分析、付款账龄分析、欠款分析、付款预测等统计分析功能。其中，欠款分析用于分析供应商、部门或业务员的欠款金额以及欠款组成情况。选择【应付款管理】|【账表管理】|【统计分析】|【欠款分析】命令，即可进行统计分析。

本 章 小 结

应收款管理系统和应付款管理系统关系企业在经营过程中主要的现金流入和流出，所以它是会计信息系统的重要组成部分，国外将总账、应收、应付三个系统视为会计信息系统的主体。

本章主要介绍应收款管理系统，涉及基本概念、系统初始设置、业务处理和账表输出功能的操作方法，其中业务处理包括应收单据处理、收款单据处理、票据管理、核销处理、转账处理、坏账处理、制单处理、期末处理等功能。由于应收和应付两个系统的功能和操作流程等方面均极为相似，所以本章只在最后一节简要介绍了应付款管理系统。

基 本 概 念

账套参数、账龄区间、报警级别、自动批审、批量审核、自动核销、手工核销、对冲转账、红票对冲、坏账处理、成批制单、业务总账、应付单据、应付冲应付、应付冲应收。

练 习 题

一、单项选择题

1. 通过总账系统核算应收款的方法之一是_____。
   A. 通过总账科目核算 B. 通过往来辅助核算
   C. 通过账簿核算 D. 通过报表核算
2. 如果应收和销售系统同时应用,则销售发票一般在_____中产生。
   A. 账务处理系统 B. 销售业务系统
   C. 采购业务系统 D. 库存管理系统
3. 下列系统与应收款管理系统没有直接联系的是_____。
   A. 销售管理系统 B. 账务处理系统
   C. 存货管理系统 D. 应付款管理系统
4. 下列目标不属于应收款管理系统的是_____。
   A. 及时核算应收款业务 B. 反映和监督应收款的回收情况
   C. 及时办理产品销售业务 D. 反映客户的欠款情况和信誉程度
5. 在应收款管理系统的初始设置中不包含_____。
   A. 科目设置 B. 坏账准备设置
   C. 账龄区间设置 D. 应收票据设置
6. 应收款系统的初始数据按单据种类分别录入,但其中不包括_____。
   A. 应收发票 B. 应收票据 C. 记账凭证 D. 应收单
7. 在应收款系统中,用于反映指定期间往来单位应收款的期初余额、本期发生额合计及期末余额的报表是_____。
   A. 到期债权列表 B. 业务余额表
   C. 应收款明细表 D. 应计利息表
8. 下列目标不属于应付款管理系统的是_____。
   A. 跟踪应付账款的到期期限,争取合理折扣
   B. 反映和监督采购资金支出和应付情况
   C. 及时办理采购业务,保证材料不短缺
   D. 及时提供债务总额和现金需要量,为采购管理提供决策支持
9. 在会计软件或 ERP 中应付款一般不能_____。
   A. 通过总账系统明细科目核算 B. 通过采购管理系统核算
   C. 通过总账系统往来辅助核算 D. 通过应付款管理系统核算
10. 应付款管理系统处理的票据中不包含_____。
    A. 采购发票与应付单 B. 付款单和退款单
    C. 应付票据 D. 应收票据

二、多项选择题

1. 在应收款管理系统的初始设置中包含_____。
   A. 科目设置　　　　　　　　　　B. 坏账准备设置
   C. 账龄区间设置　　　　　　　　D. 单据类型设置

2. 在应收款系统中对收款单的主要处理内容包括_____。
   A. 更新客户、商品等总账　　　　B. 计提坏账准备
   C. 生成对应的记账凭证　　　　　D. 往来核销处理

3. 应收应付的主要核算方式有_____。
   A. 在总账系统中通过设置明细科目进行核算
   B. 在总账系统中通过设置往来辅助账进行核算
   C. 通过专门的应收、应付款系统进行核算
   D. 通过库存管理系统进行核算

4. 与应收款系统有数据联系的系统有_____。
   A. 采购管理系统　　　　　　　　B. 总账系统
   C. 销售管理系统　　　　　　　　D. 应付款管理系统

5. 应收款系统初始设置的主要工作包括_____。
   A. 设置账套参数　　　　　　　　B. 初始设置
   C. 客户档案设置　　　　　　　　D. 初始数据的输入

6. 应收款系统转账对冲包括_____。
   A. 预收款冲预收款　　　　　　　B. 应收款冲应付款
   C. 应收款冲应收款　　　　　　　D. 预收款冲应收款

7. 应收款系统在一个会计期间结束时也必须进行期末处理,内容主要有_____。
   A. 汇兑损益处理　　B. 月末结账　　C. 年末结转　　D. 制单处理

8. 应收款系统提供的分析功能一般有_____。
   A. 应收款账龄分析　　　　　　　B. 收款账龄分析
   C. 应收款欠款分析　　　　　　　D. 坏账分析

9. 应付款管理系统处理的票据主要有_____。
   A. 采购发票与应付单　　　　　　B. 应收票据
   C. 付款单和退款单　　　　　　　D. 应付票据

10. 应付款系统日常处理业务包括_____。
    A. 单据处理　　B. 转账处理　　C. 核销处理　　D. 制单处理

三、判断题

1. 总账系统不具有处理往来业务的功能。　　　　　　　　　　　　　　(　　)

2. 应收款核销方式主要有按科目、按余额、按单据、按存货核销等方式。
（　　）

3. 若收到客户款项而销售或劳务尚未发生，则在输入收款单时要作预收款处理，将该款项全部转为预收款。（　　）

4. 应收款系统必须具有销售发票的新增、修改、删除、查询、审核和记账等功能。（　　）

5. 通过总账系统的明细科目或辅助核算功能可以核算应收款，但不能核算应付款。（　　）

6. 应付款系统的统计分析主要包括账龄分析、付款分析、付款预测等功能。
（　　）

7. 所有的供应商往来凭证全部由应付款系统生成，其他系统不生成这类凭证。
（　　）

8. 应付款系统的初始设置主要包括设置企业基本信息、账套参数、初始设置，以及录入供应商档案和初始数据。（　　）

9. 应付款系统与采购系统、总账系统有密切联系，但与应收款系统无关。
（　　）

10. 应付款系统主要处理采购发票、应付单、付款单、退款单、应付票据等单据。
（　　）

实训七　应收款核算与管理

一、实训目的

通过实训演练，了解应收款管理系统的主要功能与操作流程。掌握初始设置、业务处理、输出账表与统计分析的内容与操作方法。

二、实训内容

（1）系统设置。包括账套参数设置、初始设置（科目设置、单据类型设置、账龄区间设置、坏账初始设置、报警级别设置）以及期初余额的录入。

（2）业务处理。包括单据处理、核销处理、转账处理、坏账处理、制单处理、汇兑损益处理、期末处理。

（3）账表管理。包括各类单据的查询，总账、余额表、明细账、对账单等业务账表的查询，以及各种统计分析表的查询。

三、实训资料

1. 账套参数

（1）常规选项。应收账款核算模型选择"详细核算"、单据审核日期依据选择"单据日期"、汇兑损益方式选择"月末处理"、坏账处理方式选择"应收余额百分比法"，其他由读者考虑设置。

（2）凭证选项。选择月结前全部生成凭证、核销生成凭证、预收冲应收生成凭证、红票对冲生成凭证、单据审核后立即制单等项目。

（3）权限和预警选项。可以不选择单据报警、信用额度控制、信用额度报警等设置。

（4）核销设置选项。应收款核销方式选择"按单据"，不选收付款单审核后立即核销。

2. 初始设置

（1）基本科目设置：应收科目为1122、预收科目为2203、销售收入科目为6001、税费科目为22210105。

（2）结算方式科目：现金结算为1001；支票、汇票、汇兑等结算为1002。

（3）坏账准备设置：应收余额百分比法、计提比例为3%、坏账准备期初余额为19182.00、坏账准备科目为1231、对方科目为6602。

（4）账龄区间设置：1—30、31—60、61—90、91—120、121以上。

3. 销售类型

表6-1 销售类型

销售类型编码	销售类型名称	出库类别	是否默认值
1	批发	销售出库	否
2	直销	销售出库	否

在销售发票录入界面，单击【…】按钮，进入销售类型基本参照与编辑界面。

4. 初始资料

（1）应收账款与应收票据期初余额

表6-2 应收账款与期初余额

客户	应收账款余额	应收票据余额
高山公司	150000.00	208400.00
绿水公司	48000.00	315900.00
维维公司	320000.00	
青草公司	121400.00	
合计	639400.00	524300.00

（2）期初单据

① 单据编号0001，20××年11月26日，销售100台电视机给高山公司，税率为17%，含税单价为1500元，税价合计（应收账款）为150000元，部门为销售科，业务员为梁容。

② 单据编号0002，20××年12月5日，销售200台录像机给维维公司，税率为

17%，含税单价为1600元，税价合计（应收账款）为320000元，部门为销售科，业务员为刘宁。

③ 单据编号0001，20××年11月30日，为绿水公司提供维修服务，应收账款为48000元，部门为销售科，业务员为龙勇。

④ 单据编号0002，20××年12月18日，为青草公司提供技术服务，应收账款为121400元，部门为销售科，业务员为庞渝。

⑤ 单据编号0001，20××年10月15日，采用商业承兑汇票结算方式销售150台电视机给绿水公司，含税单价为2106元，价款为270000元，增值税额为45900元，收到315900元的商业承兑汇票1张。

⑥ 单据编号0002，20××年12月10日，公司给高山公司提供技术服务，收到208400元的商业承兑汇票1张。

4. 一月份应收款业务

（1）20××年1月5日，收到20××年11月26日销售100台电视机给高山公司的应收账款150000元（此为销售商品收入，含增值税）。（对应1月份的第6号凭证）

（2）20××年1月7日，销售200台录像机给客户苹果公司，含税单价为2223元，销售价款为380000元，增值税额为64600元，该批产品实际成本为230000元，产品已发出，价款未收到。（对应1月份的第9号凭证）

（3）20××年1月18日，收到应收客户维维公司账款134000元，存入银行。（对应1月份的第21号凭证）

（4）20××年1月31日，按应收账款余额百分比（3%）计提坏账准备4818元。（对应1月份的第34号凭证）

5. 二月份应收款业务

（1）收到200×年11月19日销售给绿水公司的应收账款48000元（此为销售商品收入，不含增值税），存入银行。（对应2月份的第1号凭证）

（2）销售60台电视机给维维公司，含税单价为1560元，价款为80000元，增值税额为13600元，产品已发出，价款未收到。（对应2月份的第7号凭证）

（3）销售240台录像机给高山公司，含税单价为1365元，价款为280000元，增值税额为47600元，价款未收到。（对应2月份的第14号凭证）

（4）按应收账款余额百分比（3%）计提坏账准备11196元。（对应2月份第16号凭证）

（5）2月21日，采用商业承兑汇票结算方式销售250台录像机给青草公司，含税单价为1404元，价款为300000元，增值税额为51000元，收到351000元的商业承兑汇票1张（票据编号510329，期限6个月），产品实际成本为200000元。（对应2月份第23号凭证）

（6）2月22日，办理上述351000元的承兑汇票贴现，年贴现率为16%，贴现息为28000元，增加银行存款323000元。（对应2月份第24号凭证）

实训八 应付款核算与管理

一、实训目的

通过实训演练,了解应付款管理系统的主要功能与操作流程。掌握初始设置、业务处理、输出账表与统计分析的内容与操作方法。

二、实训内容

1. 系统设置。包括账套参数设置、初始设置(科目设置、账龄区间设置、报警级别设置、单据类型设置)以及期初余额的录入。

2. 业务处理。包括单据处理、核销处理、转账处理、制单处理、汇兑损益处理、期末处理。

3. 账表管理。包括各类单据的查询、总账、余额表、明细账、对账单等业务账表的查询,以及各种统计分析表的查询。

三、实训资料

1. 账套参数

(1)常规选项。应付账款核算模型选择"详细核算"、单据审核日期依据选择"单据日期"、汇兑损益方式选择"月末处理",其他由读者考虑设置。

(2)凭证选项。选择月结前全部生成凭证、核销生成凭证、预付冲应付生成凭证、红票对冲生成凭证、单据审核后立即制单等项目。

(3)核销设置选项。应付款核销方式选择"按单据",不选收付款单审核后立即核销。

2. 初始设置

(1)基本科目设置:应付科目为2202、预付科目为1123、采购科目为1401、税费科目为22210101。

(2)结算方式科目:现金结算为1001;支票、汇票等结算为1002。

(3)账龄区间设置:1—30、31—60、61—90、91—120、121以上。

3. 初始资料

(1)应付账款与应付票据期初余额

表6-3 应付账款与期初余额

供应商	应付账款余额	应付票据余额
上海电子	250000.00	300000.00
厦门元件	700000.00	
左营元件	884000.00	

(续表)

供应商	应付账款余额	应付票据余额
右安塑料	199020.00	
中国材料		126300.00
合计	2033020.00	426300.00

(2) 期初单据

① 单据编号 0001，20××年 10 月 21 日，向厦门元件公司采购 500 箱元件 A，税率为 17%，含税单价为 1400 元，税价合计（应付账款）为 700000 元，部门为采购科，业务员为沈玥。

② 单据编号 0002，20××年 12 月 16 日，向左营元件公司采购 340 箱元件 B，税率为 17%，含税单价为 2600 元，税价合计（应付账款）为 884000 元，部门为采购科，业务员为宋科。

③ 单据编号 0001，20××年 11 月 8 日，接受上海电子公司提供的技术服务，应付账款为 250000 元，部门为采购科，业务员为乔瑛。

④ 单据编号 0002，20××年 12 月 12 日，接受右安公司提供的劳务服务，应付账款为 199020 元，部门为采购科，业务员为乔瑛。

⑤ 单据编号 0001，20××年 11 月 5 日，用商业承兑汇票结算方式从上海电子公司采购一批元件 A，税价合计为 300000 元，部门为采购科，业务员为乔瑛。

⑥ 单据编号 0002，20××年 12 月 23 日，接受中国材料公司提供的技术服务，开出 126300 元的商业承兑汇票 1 张。

4. 一月份应付款业务

(1) 1 月 6 日，用银行存款支付中国材料公司到期的商业承兑汇票（购买商品）126300 元。（对应 1 月份的第 8 号凭证）

(2) 1 月 16 日，向厦门元件公司采购 100 箱元件 A，税率为 17%，含税单价为 1380.60 元，价款为 118000 元，进项税为 20060 元，税价合计为 138060 元，均未付款，业务员为宋科。（对应 1 月份的第 19 号凭证）

(3) 1 月 20 日，向左营元件公司采购 50 箱元件 B，税率为 17%，含税单价为 2344.68 元，价款为 100200 元，进项税额为 17034 元，税价合计为 117234 元，均未付款，业务员为宋科。（对应 1 月份的第 23 号凭证）

5. 二月份应付款业务

(1) 2 月 18 日，支付厦门元件公司购买元件 A 的应付账款 124000 元。（对应 2 月份的第 20 号凭证）。

第七章

薪资管理系统

> **学习目标**
>
> 1. 了解薪资管理系统的主要功能与操作流程。
> 2. 掌握薪资管理系统的建账以及初始设置的内容与方法。
> 3. 掌握薪资管理系统的主要业务处理的操作方法。
> 4. 掌握薪资管理系统统计分析功能的操作方法。

薪资核算与管理既关系职工的切身利益,也影响企业人力资源的配置决策以及成本费用的核算与控制。由于计算机管理薪资的效益显著,这个系统不仅普及率高,而且在早期就受到重视,其应用甚至可以追溯到 20 世纪 50 年代。

第一节 薪资管理系统概述

新《企业会议准则》将工资的概念扩展为职工薪酬,明确定义职工薪酬为企业为获得职工提供的服务而给予各种形式的报酬以及其他相关支出。显然,工资只是职工薪酬的一个组成部分,但工资仍然是薪酬的主要构成要素,其他薪酬或支出往往都与工资相关。

一、薪酬的构成与制度

应付职工薪酬不仅包括传统意义上的工资、奖金、津贴和补贴等工资类薪酬,也包括以往包含在福利费和期间费用中的职工福利费、工会经费、职工教育经费、各类社会保险费等,甚至包括诸如辞退补偿、带薪休假等职工薪酬形式。其中,职工工资一般由计时工资、计件工资、奖金、津贴、补贴、加班工资以及特殊情况下支付的工资构成。国家或企业对工资等级、工资标准、工资形式、奖励与津贴都制定了严格的制度。

二、薪资管理系统的特点

薪资管理系统相对简单、规模较小,其主要特点如下:
(1)薪酬结构变化大。例如,薪酬中的工资结构各单位往往不同,而且同一个单位不同月份也有区别，因此工资结构必须由企业定义。

（2）薪酬数据来源广。薪酬数据可从多个来源收集，例如，基本工资、职务工资等数据从人事部门收集，考勤和产量记录从车间收集。

（3）薪酬解决方案多。一般单位对所有人员统一核算薪酬，但有的单位需要分别对在职、退休、离休人员核算，有的单位需要分别对正式工、临时工核算薪酬，还有的单位需要每月多次发放薪酬，这就形成了所谓的工资类别。

三、薪资管理系统的逻辑模型

薪资管理系统包含初始设置、人员变动、数据输入、计算汇总、个税处理、费用分配、银行代发、期末处理、报表输出和统计分析等多种处理，其中主要业务部分的数据流图如图 7-1 所示，它一定程度上反映了系统的逻辑模型。

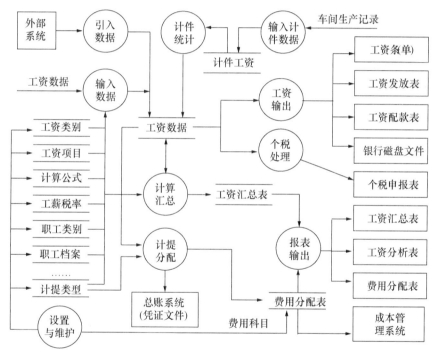

图 7-1 薪资管理系统数据流图

四、薪资管理系统的主要功能

薪资管理系统适用于各类单位进行工资核算、工资发放、工资费用分摊、工资统计分析和个人所得税核算等，其主要功能如图 7-2 所示。

1. 工资建账

工资建账的主要功能是建立工资账，如果选择多类别工资核算，则可以使用工资类别的建立、打开、关闭、删除等功能。

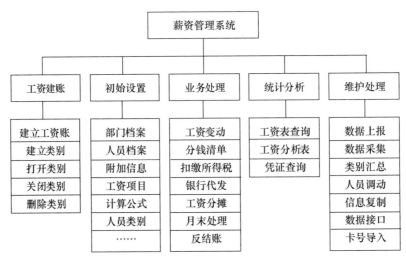

图 7-2 薪资管理系统的主要功能

2. 初始设置

初始设置功能主要包括薪资标准体系、调资业务、附加信息、代发银行、工资项目、计算公式、人员类别、部门档案、人员档案等设置。

3. 业务处理

业务处理功能主要包括调资、工资变动、分钱清单、工资分摊、生成凭证、银行代发、扣缴所得税、结账与反结账等业务处理。

4. 统计分析

统计分析主要提供工资表查询和工资分析表等功能。例如，工资表包括工资发放签名表、工资发放条、工资卡以及各种汇总表、明细表、统计表等。

5. 维护处理

维护处理主要包括数据上报、数据采集、类别汇总、人员调动、信息复制、数据接口、卡号导入等功能。

五、薪资管理系统与其他系统的关系

薪资系统与多个系统有数据联系，其中最主要的联系如图 7-3 所示。

（1）薪资系统与人事管理系统是人力资源管理的两个主要子系统，两者应实现信息共享。

（2）薪资系统每月必须将费用分配表以及其他与工资发放、计提、扣款有关的信息，以记账凭证的形式传送给总账系统。

（3）薪资系统每月将费用分配表直接传送给成本管理系统。

此外，薪资系统应尽可能与车间、总务等管理信息系统建立直接联系，以便从中获取数据，并为银行系统提供职工存款数据。

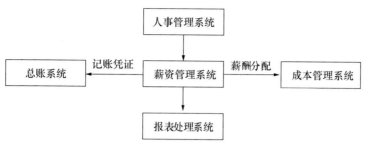

图 7-3 薪酬管理系统与其他系统的关系

六、薪资系统的操作流程

薪资系统的操作流程如图 7-4 所示，即系统安装之后首先要建立工资账并进行一系列初始设置，然后才能进行周而复始的日常处理，包括：处理人员变动、输入或引入薪酬数据、计算汇总、个税处理、费用计提与分摊、银行代发、期末处理。此外，还可以查询或输出各种工资表与分析表。

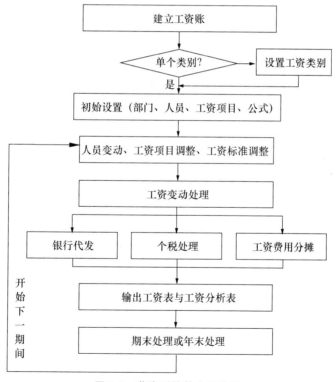

图 7-4 薪资系统的应用流程

第二节 薪资管理系统的初始设置

薪资系统的设置内容包括建立工资账、工资类别、工资项目、计算公式、部门档案、职工类别、职工档案、工薪税率、计件工资标准、计提费用类型、银行代发文件格式等。

一、建立工资账

1. 启用薪资管理系统

企业要应用薪资管理系统，第一步必须启用系统。

【例 7-1】 南方公司启用薪资管理系统，启用月份为 20××年 1 月。操作流程如下：

（1）注册登录企业应用平台。

（2）选择【基础设置】｜【基本信息】｜【系统启用】命令，打开系统启用窗口，选择"薪资管理"复选框，弹出日历窗口，选择薪资系统启用日期为"20××-01-01"。

（3）单击【确定】按钮，系统即弹出"确实要启用当前系统吗？"提示框，单击【是】按钮返回。

2. 建立工资账

应用薪资系统的第一步是建立工资账套，这是整个薪资管理正确运行的基础。当初次使用薪资管理系统时，系统将自动进入建账向导。建账向导分为以下四个步骤：

（1）参数设置。需要确定工资类别的个数、货币名称、是否核算计件工资。

（2）扣税设置。选择是否由单位进行代扣个人所得税处理。

（3）扣零设置。确定是否扣零以及如何扣零，通常在发放现金工资时需要进行扣零设置。

（4）人员编码设置。即确定人员编码长度，但用友 ERP-U8 系统 8.72 版要求人员编码与公共平台设置的人员编码一致，因此在此不能设置。

【例 7-2】 建立南方公司薪资管理账套。要求工资类别个数为单个、以人民币核算、不核算计件工资、代扣个人所得税、工资发放不扣零处理、人员编码与公共平台一致。

（1）在【企业应用平台】选择【人力资源】｜【薪资管理】命令，进入建立工资账向导之参数设置窗口（如图 7-5 所示），选择本账套所需处理的工资类别个数为"单个"，默认货币名称为"人民币"，不选"是否核算计件工资"框。

（2）单击【下一步】按钮，进入建账向导之扣税设置窗口，选中"是否从工资中代扣个人所得税"复选框。

（3）单击【下一步】按钮，进入建账向导之扣零设置窗口，不选择扣零。

（4）单击【下一步】按钮，进入建账向导之人员编码设置，在此不需设置。

图 7-5　建立工资账向导之"参数设置"窗口

(5) 单击【完成】按钮，结束建账向导。需要注意的是，上述部分参数设置可以在【设置】│【选项】菜单中进行设置或修改。

二、初始设置

工资账套建立后，必须设置一些系统运行所需的基础信息，包括工资类别、人员附加信息、工资项目、银行、人员类别、人员档案、计算公式等设置，其中有些信息可用【基础设置】│【基础档案】命令设置，有些则可用【人力资源】│【薪资管理】命令设置。

1. 建立工资类别

如果在建立工资账时选择处理多个工资类别，则"薪资管理"下会增加一个"工资类别"子菜单，其中包括建立、打开、关闭、删除工资类别等功能。

工资类别用于对工资核算范围的分类，一个单位可以建立多个工资类别。一般可按人员、部门或时间设置工资类别，例如，可分别对在职、退休、离休人员核算工资，或者分别对正式工、临时工核算工资，或者每月分多次发放工资，当然也可以整个单位不分类。

新建工资类别必须在部门设置之后进行，其操作方法如下：

(1) 选择【人力资源】│【薪资管理】│【新建工资类别】命令，打开如图 7-6 所示的新建工资类别向导，首先输入新建工资类别名称。

(2) 单击【下一步】按钮，进入部门选择界面，可以为新建工资类别选择所包含的部门。需要注意的是，可以选择部分部门，也可选择全部部门。

(3) 单击【完成】按钮，则新工资类别建立成功并提示是否以当前日期作为启用日期，一般选择【确定】按钮，完成工资类别新建。

2. 部门档案设置

部门档案属系统基础档案，应该在建立企业账套时选择【基础设置】│【基础档案】│【机构人员】│【部门档案】命令设置(详见第三章第三节)，薪资系统的部门

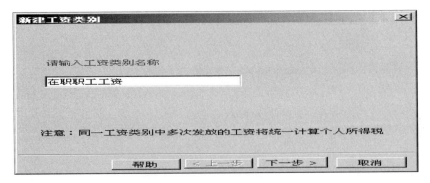

图 7-6 新建工资类别

设置同样使用该命令,且一般只作若干增补。

3. 银行设置

当企业采用银行代发形式发放工资时,需要确定银行名称及账号长度。发放工资的银行可按需要设置多个,这里的银行名称设置是指所有工资类别涉及的银行名称。

【例 7-3】 设置南方公司工资代发银行档案。代发银行为工商银行南都市高新区支行,假设工资账号为 12 位,前 9 位为 360257821,后三位为职工编码,如李文的账号为 360257821001,其余依次类推。

操作流程如下:

(1)在企业应用平台,选择【基础设置】|【基础档案】|【收付结算】|【银行档案】命令,打开银行档案窗口。

(2)单击【增加】按钮,打开增加银行档案窗口,输入银行编码"360257821"、银行名称"工商银行南都市高新区支行"、默认个人账号"定长"、账号长度"12"、自动带出账号长度"9"。

(3)单击【保存】按钮。

4. 人员附加信息设置

人员信息除了由系统设定的编号、姓名、所在部门、人员类别之外,还允许企业增加一些辅助管理信息,尤其预设若干项目供选择,包括性别、民族、婚否、技术职称、学历、职务、年龄、身份证号、出生年月等。设置方法如下:

(1)选择【人力资源】|【薪资管理】|【设置】|【人员附加信息设置】命令,打开如图 7-7 所示的人员附加信息设置窗口。

(2)单击【增加】按钮,输入附加信息名称或从"栏目参照"列表中选择系统提供的信息名称,再次单击【增加】按钮,保存新增名称并可继续增加下一条记录。

(3)如果选中"是否参照",则可单击【参照档案】按钮,设置附加信息的参照值。

(4)确认增加的附加信息是否为必须输入项。

(5)单击【对应设置】按钮,可对人员附加信息与人事基础信息设置对应关系,使双方对应人员信息保持一致。

（6）单击【确定】按钮，结束附加信息设置。

图 7-7 人员附加信息设置窗口

【例 7-4】 增加"性别""学历""技术职称""职务"为人员附加信息项目。

操作方法是选择【人力资源】|【薪资管理】|【设置】|【人员附加信息设置】命令，打开如图 7-7 所示的设置窗口，从"栏目参照"列表中先后选择"性别""学历""技术职称""职务"，按【增加】按钮增加。

5．人员类别设置

为了按不同人员进行工资处理或统计分析，有必要按一定的标准对单位员工进行分类。人员类别的设置方法如下：

（1）选择【基础设置】|【基础档案】|【机构人员】|【人员类别】命令，打开如图 7-8 所示的人员类别设置窗口。

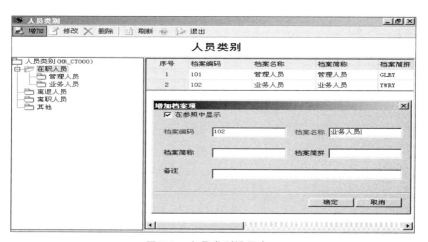

图 7-8 人员类别设置窗口

（2）单击【增加】按钮，系统即弹出"增加档案项"对话框，在其中输入人员类别的档案编码、名称等信息后，单击【确定】按钮保存，并继续设置。

（3）全部设置完毕后，单击【退出】按钮返回。

237

【例 7-5】 设置南方公司人员类别:管理人员、生产人员、营销人员,档案编码分别为 101、102、103。

设置方法:在如图 7-8 所示的人员类别设置窗口,单击【增加】按钮输入一类人员的档案编码和名称,每增加一类后按【确定】按钮,全部增加完毕后按【退出】按钮返回。

6. 人员档案设置

人员档案指工资发放人员的基本信息,员工的增减变动都必须在此进行处理。具体操作方法是:选择【人力资源】|【薪资管理】|【设置】|【人员档案】命令,打开人员档案界面,显示人员档案列表,在此可进行人员增减变动处理。

(1) 新增人员档案

① 在人员档案界面单击【增加】按钮,打开如图 7-9 所示的人员档案明细窗口。

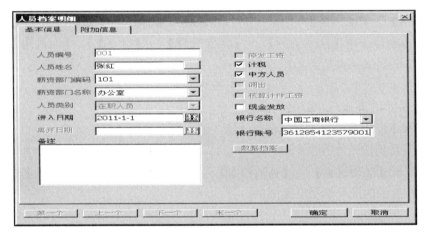

图 7-9 人员档案明细窗口

② 单击【人员姓名】栏右边的按钮,弹出"人员选入"窗口,在此可从基础档案中选择已存在的人员,方法是双击选中人员记录,输入人员编号、人员姓名、部门及人员类别信息并返回人员档案明细窗口。

③ 继续编辑其他信息,包括核对或选择部门信息、参照选择或输入该人员进入本单位的日期、选择代发银行的名称与输入银行账号、选择是否计税、选择是否核算计件工资、是否现金发放,等等。

④ 单击【确认】按钮保存设置,并新增其他人员记录。

(2) 人员调动处理

① 选择【薪资管理】|【设置】|【人员档案】命令,打开人员档案列表。

② 在人员列表中选中需要调出的人员。

③ 单击工具栏上的【修改】按钮,进入人员档案窗口。

④ 在【基本信息】页中选择"调出",并选择或录入"离开日期"。

⑤ 单击【确认】按钮更新设置。

【例7-6】 设置南方公司人员档案，1月份发放工资人员如实训七所示。由于全部人员档案均在【基础档案】设置中录入系统，在此只需按以上方法从中选择即可。

7. 工资项目设置

为了适应不同企业工资款项的差异，薪资系统提供设置工资项目的功能。企业不仅在系统初建时必须设置工资项目，日后也应当根据需要适当增减其中的项目。

薪资管理系统中提供了一些固定的工资项目，它们是工资账中不可缺少的，主要包括应发合计、扣款合计、实发工合计。此外，根据工资建账的设置，系统可能自动增加本月扣零、上月扣零、代扣税、计件工资等固定项目。固定项目不能删除和重命名。企业在固定项目之外还可以根据需要增加一些项目，如基本工资、岗位工资和奖金等。工资项目的设置内容主要是项目的名称、类型、长度、小数位数以及增减项。增减项用于确定工资项目计算属性，其中"增项"项目将自动计入应发合计，"减项"项目自动计入扣款合计，"其他"项目不计入应发合计或扣款合计。

设置工资项目的具体操作方法如下：

（1）选择【人力资源】|【薪资管理】|【设置】|【工资项目设置】命令，打开如图7-10所示的工资项目设置窗口。

图7-10 工资项目设置

（2）单击【增加】按钮，在工资项目列表中增加一空行，直接输入或从"名称参照"列表中选择工资项目，并设置新增项目的类型、长度、小数位数和增减项。

（3）单击【增加】按钮保存并新增一空行，继续设置新的工资项目。

（4）单击【上移】【下移】按钮可调整工资项目的排列顺序。

（5）最后单击【确定】按钮结束工资项目设置。

【例 7-7】 南方公司的工资项目如表 7-1 所示，设置其中非固定项目。

表 7-1 工资项目

工资项目名称	类型	长度	小数	增减项
基本工资	数字	8	2	增项
奖金	数字	8	2	增项
津贴	数字	8	2	增项
书报费	数字	8	2	增项
交通费	数字	8	2	增项
应发合计	数字	8	2	其他
所得税	数字	8	2	减项
社会保险	数字	8	2	减项
住房公积	数字	8	2	减项
扣款合计	数字	8	2	其他
实发工合计	数字	8	2	其他

操作流程如下：

(1) 选择【薪资管理】【设置】|【工资项目设置】命令，打开工资项目设置窗口。

(2) 单击【增加】按钮，在工资项目列表中增加一空行，在【工资项目名称】栏输入或从"名称参照"下拉列表中选择"基本工资"。

(3) 双击【类型】按钮，在下拉列表框中选择"数字"选项，用同样的方法，将长度设为"8"，小数设为"2"，增减项选择"增项"。

(4) 反复执行(2)(3)两步，增加其他工资项目。

(5) 最后单击【确认】按钮，系统会弹出"工资项目已经改变，请确认"对话框，单击【确定】按钮结束。

8. 计算公式设置

(1) 计算公式与函数

工资项目中有些项目的数据需要利用项目之间的关系求得，因此必须为其定义计算公式。计算公式由工资项目、运算符和函数组成。系统提供若干函数用于定义计算公式，例如，条件取值函数 iff、取整函数 int，等等。以下为工资项目计算公式：

请假扣款＝请假天数＊100

养老保险＝(基本工资＋奖励工资)＊0.05

书报费＝iff(人员类别＝"经理人员"，500，200)

基本工资＝

    case

        when 职务＝"总经理" then 10000

        when 职务＝"经理" then 8000

        when 职务＝"副经理" then 6000

        when 职务＝"主管"then 4000
        else 2500
    end
实发工合计＝应发合计－应扣合计
(2) 公式的一般定义方法

计算公式可以直接输入，但必须在设置工资项目之后定义，而且应发合计、应扣合计、实发工合计等公式由系统根据增减项自动生成。公式的一般定义方法如下：

① 选择【薪资管理】｜【设置】｜【工资项目设置】命令，打开工资项目设置窗口。

② 单击【公式设置】页，打开如图 7-11 所示的计算公式定义界面。

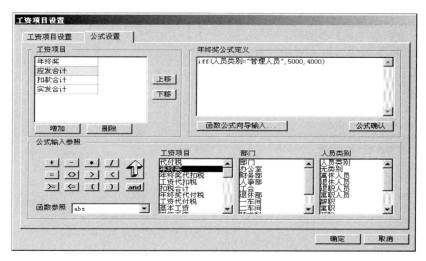

图 7-11 计算公式定义界面

③ 从【工资项目】栏中选择需要定义公式的项目，或单击【增加】按钮从下拉列表中选择需要设置计算公式的工资项目。

④ 单击公式定义区可以直接输入公式，或者利用"公式输入参照"编辑公式，或者单击【函数公式向导输入】按钮设置公式。

⑤ 单击【公式确认】按钮，系统即对公式进行合法性检查，检查无误即可保存。同样，单击【上移】【下移】按钮可调整计算公式的次序。

【例 7-8】 设置"社会保险"计算公式，假设按基本工资的 18％计提。

操作流程如下：

① 选择【薪资管理】｜【设置】｜【工资项目设置】命令，打开公式设置选项卡。

② 单击【增加】按钮，在工资项目列表中增加一空行。单击该行，在下拉列表中选择"社会保险"选项。

③ 单击"社会保险公式定义"文本框，直接输入公式 iff(部门＝"退休部"，0，

基本工资*0.18)。

④ 单击【公式确认】按钮进行检查与保存。

(3) 函数公式设置向导

计算公式可以利用函数公式向导进行设置，方法如下：

① 在图 7-11 中单击【函数公式向导输入】按钮，进入函数向导第一步，在"函数名"列表中选取需要的函数。

② 单击【下一步】按钮，进入向导第二步。在算术表达式栏目中输入计算表达式，可参照选择工资项目。

③ 单击【完成】按钮，返回"公式设置"。

【例 7-9】 用函数公式向导设置例 7-8 的"社会保险"计算公式。

操作流程如下：

① 在【公式设置】选项卡中单击【增加】按钮，在工资项目列表中增加一空行，单击该行并在下拉列表框中选择"社会保险"选项。

② 单击【公式定义】文本框，再单击【函数公式向导输入】按钮，系统即弹出如图 7-12 所示的"函数向导——步骤之 1"对话框。

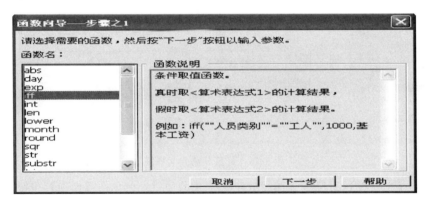

图 7-12 函数向导——步骤之 1

③ 从【函数名】中选择"iff"，单击【下一步】按钮，系统即弹出"函数向导——步骤之 2"对话框。

④ 单击【逻辑表达式】按钮，系统即弹出参照对话框，从【参照列表】下拉列表框中选择"部门"选项，从下拉列表中选择"退休部"，单击【确定】按钮返回。

⑤ 在"数学表达式 1"后面的文本框中输入"0"，在"数学表达式 2"后面的文本框中输入"基本工资*0.18"，单击【完成】按钮返回公式设置窗口。

⑥ 单击【公式确认】按钮后，再单击【确定】按钮退出公式设置。

9. 设置所得税纳税基数

薪资管理系统提供自动计算个人所得税功能，为此需要预先定义所得税率并设置扣税基数。具体操作方法如下：

(1) 选择【薪资管理】|【设置】|【选项】命令，打开选项窗口，单击【扣税

设置】按钮后，再单击【编辑】按钮，界面如图7-13所示。

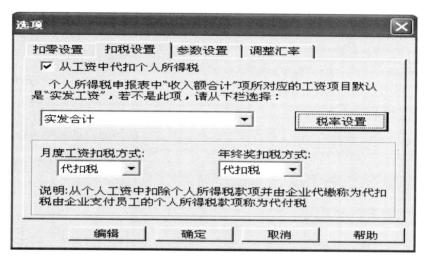

图7-13 扣税设置

（2）单击【税率设置】按钮，打开"个人所得税申报表——税率表"对话框，按国家颁布的工资、薪金所得所使用的七级超额累进税率，将基数设置为"3500"。还可以设置附加费用（如设为"1300"），进一步调整应纳税所得额下限、应纳税所得额上限、税率、速算扣除数，如图7-14所示。

图7-14 个人所得税申报表——税率表

（3）单击【确定】按钮返回选项对话框，再单击【确定】按钮退出。

10．其他设置

除上述设置之外，企业还可根据需要进行薪资标准设置、调资设置、选项设置，等等。笔者限于篇幅，不再赘述。

第三节　薪资管理系统的业务处理

薪资系统的业务处理主要包括人员变动处理、工资变动数据的输入、扣缴所得税、银行代发、工资分摊、月末结账等处理。

一、人员变动处理

薪资系统提供增删员工以及修改现有员工基本信息的功能，以适应企业的人员变动。人员变动必须在人员档案中处理，即选择【薪资管理】|【设置】|【人员档案】命令，打开人员档案界面，在此进行人员增减变动处理。

二、工资变动处理

工资变动处理的主要工作是调整工资项目和输入或调整工资数据。在工资数据项目中有些是固定不变的，如基本工资、岗位工资、工龄工资以及一些较固定的补贴；有些是每月可能改变的数据项，如水电费扣发、事病假扣发、各类奖金等。显然，每月必须录入的是变动的工资数据。

1. 调整工资项目

如果当月工资项目有变化，一般在处理工资变动数据之前，选择【薪资管理】|【设置】|【工资项目设置】命令进行项目调整。当然，也可以在工资变动界面，单击工具栏上的【设置】按钮，打开工资项目设置窗口进行项目调整。

2. 工资变动数据的输入或调整

工资变动数据的输入或调整方法是：选择【薪资管理】|【业务处理】|【工资变动】命令，打开如图7-15所示的工资变动界面，系统即列示所有人员的所有工资项目。用户可直接在列表中输入或修改数据，但一般通过以下方法录入：

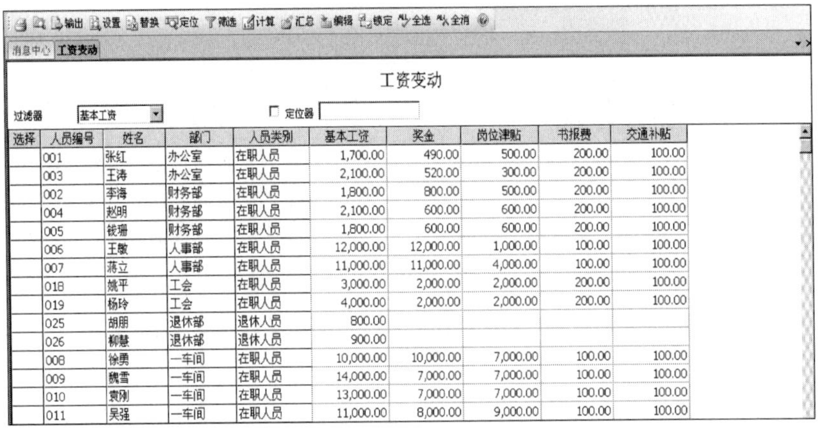

选择	人员编号	姓名	部门	人员类别	基本工资	奖金	岗位津贴	书报费	交通补贴
	001	张红	办公室	在职人员	1,700.00	490.00	500.00	200.00	100.00
	003	王涛	办公室	在职人员	2,100.00	520.00	300.00	200.00	100.00
	002	李海	财务部	在职人员	1,800.00	800.00	500.00	200.00	100.00
	004	赵明	财务部	在职人员	2,100.00	600.00	600.00	200.00	100.00
	005	钱珊	财务部	在职人员	1,800.00	600.00	600.00	200.00	100.00
	006	王敏	人事部	在职人员	12,000.00	12,000.00	1,000.00	100.00	100.00
	007	蒋立	人事部	在职人员	11,000.00	11,000.00	4,000.00	100.00	100.00
	018	姚平	工会	在职人员	3,000.00	2,000.00	2,000.00	200.00	100.00
	019	杨玲	工会	在职人员	4,000.00	2,000.00	2,000.00	200.00	100.00
	025	胡朋	退休部	退休人员	800.00				
	026	柳慧	退休部	退休人员	900.00				
	008	徐勇	一车间	在职人员	10,000.00	10,000.00	7,000.00	100.00	100.00
	009	魏雪	一车间	在职人员	14,000.00	7,000.00	7,000.00	100.00	100.00
	010	袁刚	一车间	在职人员	13,000.00	7,000.00	7,000.00	100.00	100.00
	011	吴强	一车间	在职人员	11,000.00	8,000.00	9,000.00	100.00	100.00

图7-15　工资变动界面

（1）对单个员工录入数据。如果需要对单个特定员工录入或修改数据，可单击工具栏的【编辑】按钮,打开如图 7-16 所示的页编辑窗口进行录入或修改操作。

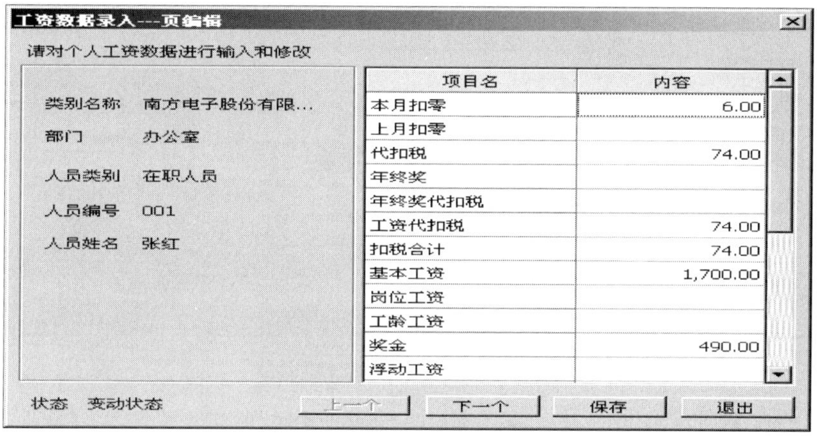

图 7-16 页编辑窗口

(2) 对一组项目录入数据。如果只对某些项目录入数据,如事假扣款、病假扣款、缺勤扣款等,可使用项目过滤器功能,即在【过滤器】下拉列表中选择"过滤设置",系统即弹出如图 7-17 所示的窗口,从"工资项目"中选择某些项目进行录入。需要注意的是,可将此次过滤设置保存在过滤器中,以便下次直接调用。

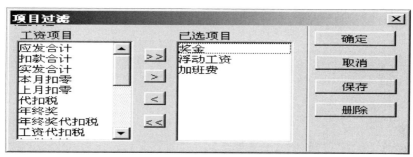

图 7-17 项目过滤窗口

(3) 对一组人员录入数据。如果要单独录入某个部门或人员的数据,可单击【定位】按钮,打开部门/人员定位窗口,设置需要录入数据的部门或人员,然后录入。也可以单击【筛选】按钮打开数据筛选设置窗口,选择符合条件的人员进行录入处理。

(4) 数据替换。对符合条件的某个工资项目,统一替换为一个相同的数据。例如,发给所有办公室的人员 200 元书报费,就可以使用数据替换功能。方法是勾选参与替换的人员范围,单击工具栏的【替换】按钮,打开如图 7-18 所示的工资项数据替换窗口,设置替换关系和条件之后单击【确定】按钮即可。

(5) 从其他系统取数。如果在工资项目中设置了与人事项目的对应关系,则单击【取数】按钮,系统将自动获得对应的人事薪资数据。

3. 其他处理

(1) 计算与汇总。在工资变动数据处理完毕并执行自动扣税等操作之后,一般需

图 7-18 工资项数据替换窗口

要对个人工资数据进行重新计算和汇总,以确保数据的一致与完整。单击工具栏的【计算】按钮或点击右键菜单的"重新计算",即开始计算工资数据;而单击工具栏的【汇总】按钮或点击右键菜单的"数据汇总",即可以汇总工资数据。

(2) 动态计算。点击右键菜单的【动态计算】,则每当数据变动时系统都会自动对变动的数据进行计算,而不必单击【重新计算】按钮。

(3) 排序。系统提供数据排序功能。在工资变动界面,单击鼠标右键,从快捷菜单中选择"排序",系统即进行排序处理。可以选择按人员编码、人员姓名或部门进行排序,如果需要按某个工资项目数据排序,只需将光标定位在该列中,然后选择快捷菜单中的【排序】|【选择列】|【升序(降序)】命令即可。

【例 7-10】 按实训七的资料录入南方公司 1 月份月员工的基本工资、奖金、津贴、书报费等工作数据。

操作流程如下:

(1) 选择【薪资管理】|【业务处理】|【工资变动】命令,打开工资变动界面。

(2) 单击【过滤器】下拉列表框,从中选择"过滤设置"选项,打开项目过滤对话框,从"工资项目"中选择"基本工资""奖金""津贴""书报费"等项目,并单击【>】按钮,将所需的项目选入已选项目列表框。

(3) 单击【确定】按钮,开始录入数据。

(4) 录入完毕后,单击【计算】【汇总】按钮,计算并汇总工资数据。

【例 7-11】 按实训七的资料录入南方公司 1 月份在职员工的交通费。由于交通费(105 元/人)只发给在职职工,所以可以通过替换功能实现,无须一一输入。方法如下:

(1) 在工资变动界面单击【替换】按钮,打开工资项数据替换窗口(如图 7-18 所示)。

(2) 在"将工资项目"栏下拉列表中选择"交通费",在"替换成"栏中输入"105"。

(3) 在"替换条件"栏中设置条件:部门<>"退休部"。

(4) 单击【确定】按钮，则所有在职职工的交通费均被设置为 105 元。

三、个人所得税申报处理

薪资系统提供自动计算个人所得税和输出个税报表功能，但用户若要使用这两个功能预先要做两件事：第一是必须定义所得税率（上一节已有介绍），第二是确定有关个税的报表。

1. 定义个税报表

定义个税报表具体操作方法如下：

(1) 选择【薪资管理】|【业务处理】|【扣缴所得税】命令，打开如图 7-19 所示的个人所得税申报模版窗口。系统预置了多个地区的申报表模版，包括个人信息登记表、扣缴个人所得税报表和扣缴个人所得税汇总报告表。

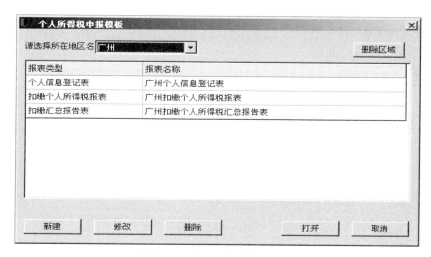

图 7-19　个人所得税申报模版

(2) 如果系统提供的报表格式与要求差异不大，可以单击【修改】按钮进入"所得税申报格式设置"进行修改；如果完全不符要求，则单击【新建】按钮设置全新格式的申报表。

2. 个税申报处理

(1) 选择【薪资管理】|【业务处理】|【扣缴所得税】命令，打开如图 7-19 所示的个人所得税申报模版窗口，从【请选择所在地区名】下拉列表中选择所在地区以及其中的一张报表，如选择"广州扣缴个人所得税报表"。

(2) 单击【打开】按钮，系统即弹出如图 7-20 所示的"所得税申报"过滤条件设置窗口，在窗口中设置条件，如【查询范围】设为"本次发放"、【查询方式】设为"汇总"。

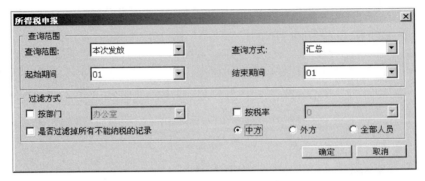

图 7-20 所得税申报过滤条件设置

(3) 条件设置完毕后，单击【确定】按钮即打开如图 7-21 所示的个人所得税扣缴申报表。

所得税申报

个人所得税扣缴申报表

2011年1月 -- 2011年1月

总人数：26

姓名	证件号码	所得项目	所属期间(起)	所属期间(止)	收入总额	法定扣减额	应纳税所得额	税率	速算扣除数	应纳税额	已扣缴税款
张红		工资	20110101	20111231	2990.00	2000.00	968.59	10	25.00	71.86	71.86
李海		工资	20110101	20111231	3400.00	2000.00	1352.77	10	25.00	110.28	110.28
王涛		工资	20110101	20111231	3220.00	2000.00	1204.58	10	25.00	95.46	95.46
赵明		工资	20110101	20111231	3600.00	2000.00	1574.77	10	25.00	132.48	132.48
钱珊		工资	20110101	20111231	3300.00	2000.00	1274.77	10	25.00	102.48	102.48
王敏		工资	20110101	20111231	25200.00	2000.00	23173.77	25	1375.00	4418.44	4418.44
薄立		工资	20110101	20111231	26200.00	2000.00	24176.44	25	1375.00	4669.11	4669.11
徐勇		工资	20110101	20111231	27200.00	2000.00	25173.74	25	1375.00	4918.44	4918.44
魏雪		工资	20110101	20111231	28200.00	2000.00	26173.67	25	1375.00	5168.42	5168.42
袁刚		工资	20110101	20111231	27200.00	2000.00	25163.48	25	1375.00	4915.87	4915.87
吴强		工资	20110101	20111231	28200.00	2000.00	26173.37	25	1375.00	5168.34	5168.34
赵民		工资	20110101	20111231	24200.00	2000.00	22177.37	25	1375.00	4169.34	4169.34
张山		工资	20110101	20111231	29200.00	2000.00	27134.04	25	1375.00	5408.51	5408.51
马毅		工资	20110101	20111231	29200.00	2000.00	27166.45	25	1375.00	5416.61	5416.61
胡华		工资	20110101	20111231	32200.00	2000.00	30166.78	25	1375.00	6166.70	6166.70
江雨		工资	20110101	20111231	4400.00	2000.00	2333.78	15	125.00	225.07	225.07
杜星		工资	20110101	20111231	6000.00	2000.00	3947.55	15	125.00	467.13	467.13
姚平		工资	20110101	20111231	7300.00	2000.00	5278.45	20	375.00	680.69	680.69
杨玲		工资	20110101	20111231	8300.00	2000.00	6267.00	20	375.00	878.40	878.40
孙业		工资	20110101	20111231	4200.00	2000.00	2200.00	15	125.00	205.00	205.00
郭伟		工资	20110101	20111231	4200.00	2000.00	2200.00	15	125.00	205.00	205.00
李辉		工资	20110101	20111231	7200.00	2000.00	5177.37	20	375.00	660.47	660.47
陈军		工资	20110101	20111231	7200.00	2000.00	5178.31	20	375.00	660.66	660.66
严波		工资	20110101	20111231	6200.00	2000.00	4167.48	15	125.00	500.12	500.12
胡朋		工资	20110101	20111231	800.00	2000.00	0.00	0	0.00	0.00	0.00

图 7-21 个人所得税扣缴申报表

(4) 如果需要，可以单击【栏目】按钮进入所得税申报格式设置窗口，增减报表栏目或调整栏目的次序。

四、银行代发工资

银行代发工资是比较流行的一种工资发放形式，这要求薪资系统具有设置银行文件格式和生成输出文件等功能。系统一般预置银行文件模板供用户选择，并允许用户根据需求修改模板文件格式。具体操作方法如下：

(1) 选择【薪资管理】|【业务处理】|【银行代发】命令，打开选择部门范围窗口，从中选择参与银行代发的企业部门。

(2) 选择部门后单击【确定】按钮，打开银行代发一览表，单击【格式】按钮，系统即弹出如图 7-22 所示的银行文件格式设置窗口。

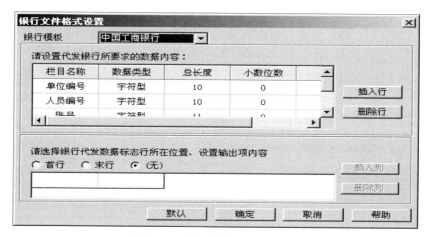

图 7-22　银行文件格式设置窗口

（3）在格式设置窗口，首先从"银行模板"中选择代发银行（如"中国工商银行"）的文件格式，如有必要可以在此基础上增减行，每行定义输出文件的一个字段。

（4）单击【确定】按钮保存所设格式，系统即生成银行代发一览表。

（5）在一览表界面单击【输出】按钮，系统即弹出"另存为"对话框，设置输出路径、文件名以及选择文件类型后单击【保存】按钮，即可生成银行代发文件。

五、工资分摊

工资分摊一般要进行分摊和生成凭证两项工作，即按用途对工资费用进行分配，并编制转账凭证存入总账系统。具体操作步骤如下：

（1）选择【薪资管理】|【业务处理】|【工资分摊】命令，进入如图 7-23 所示的工资分摊窗口。

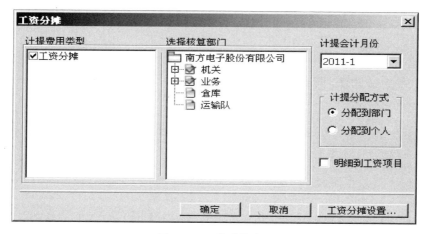

图 7-23　工资分摊窗口

（2）计提费用类型设置。首次应用时需要设置计提费用类型。操作流程如下：

① 在工资分摊窗口中单击【工资分摊设置】按钮，进入分摊类型设置窗口。

② 单击【增加】按钮，系统即弹出分摊计提比例设置窗口，要求输入计提类型名称和分摊计提比例。如需要也可以单击【修改】或【删除】按钮修改或删除工资分配计提类型。

③ 单击【下一步】按钮，进入如图 7-24 所示的分摊构成设置界面。在此需要选择部门、人员类别、工资项目以及借贷方科目。如果需要定义辅助核算，还必须选择项目大类以及具体核算项目。

部门名称	人员类别	工资项目	借方科目	借方项目大类	借方项目	贷方科目	贷方项目大类
办公室,财务部,…	在职人员	应发合计	6602			221101	
一车间	在职人员	应发合计	50010101	生产成本项目	产品A	221101	
二车间	在职人员	应发合计	50010102	生产成本项目	产品B	221101	

图 7-24 分摊构成设置界面

④ 单击【完成】按钮，即可增加一个新的分摊类型。

(3) 在如图 7-23 所示的工资分摊窗口，选择参与本次费用分摊的计提费用类型、参与核算的部门以及计提月份、计提分配方式。此外，还可以确定是否明细到工资项目，若选中此项，则按工资项目明细列示分摊表格。

(4) 单击【确定】按钮，系统即显示应付工资一览表(如图 7-25 所示)。

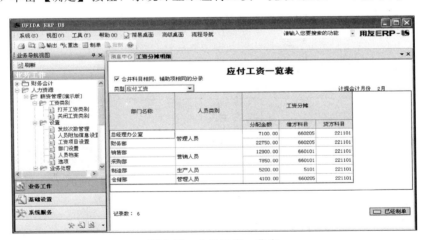

图 7-25 应付工资一览表

(5) 生成凭证。在工资分摊一览表界面的【类别】下拉列表中选择需要生成凭证的费用分摊类型，单击【制单】按钮，进入凭证填制窗口，从中选择凭证类别后单击【保存】按钮，系统即生成并保存凭证。如果单击【批制】按钮，系统即一次生成所有参与本次分摊的凭证。

六、期末处理

1. 月末结转

每当会计期末,薪资系统就要进行期末结账处理。期末结账的作用,一是将本期的工资数据结转到下一期,二是自动生成下一期新的工资明细表。期末结账只有在会计年度的 1～11 月份才能进行。但如果本期的工资数据未汇总,系统将不允许期末结账。

月末结转的操作流程如下:

(1) 选择【薪资管理】|【业务处理】|【月末处理】命令,进入如图 7-26 所示的月末处理窗口,在此窗口中选择"月末处理"。

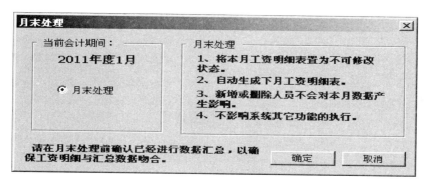

图 7-26 月末处理窗口

(2) 单击【确定】按钮,系统提示是否继续,若单击【是】按钮则系统进一步提示"是否选择清零项",单击【是】按钮即进入选择清零项目窗口。所谓清零项,是指需要清除全部数据的工资项,下月再重新输入数据。

(3) 选择清零项目后单击【确定】按钮,系统即结转本月数据并结束本月工作。

2. 反结账

在期末结账后若发现还有一些业务需要继续处理,可以使用反结账功能取消已结账标志。方法是选择【业务处理】|【反结账】命令,进入反结账窗口,从中选择反结账的工资类别后,单击【确定】按钮,系统即执行反结账处理。

3. 年末结转

每年 12 月不能在薪资系统执行【月末处理】功能,必须登录管理系统选择【年度账】|【结转上年数据】命令进行结转。

第四节 薪资管理系统的统计分析

薪资管理系统通过各种工资表、工资分析表、转账凭证,提供各种统计分析信息,供决策人员使用。

一、工资表

工资表包括工资发放签名表、工资条(或工资单)、工资卡、工资统计表、部门工资汇总表、人员类别工资汇总表,以及各种条件汇总表、明细表、统计表,主要用于本月工资发放和统计。

选择【薪资管理】|【统计分析】|【账表】|【工资表】命令,系统即弹出图7-27所示的工资表窗口,从中选择报表后单击【查看】按钮,即可查看所需的表。

图 7-27 工资表选择窗口

二、工资分析表

工资分析表是基于工资数据所进行的分析和比较,包括:工资项目分析表、工资增长分析、员工工资汇总表、分类统计表(按月、部门、项目)、员工工资项目统计表、分部门各月工资构成分析表、部门工资项目构成分析表等。操作方法如下:

(1)选择【薪资管理】|【统计分析】|【账表】|【工资分析表】命令,系统即弹出如图 7-28 所示的工资分析表窗口,从窗口中选择一个分析表。

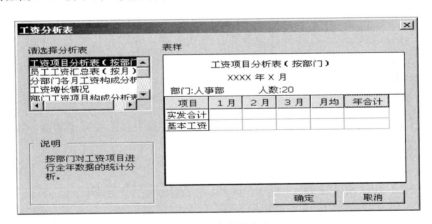

图 7-28 工资分析表窗口

(2)窗口右侧显示所选分析表的表样,单击【确定】按钮,按照系统的提示完成后续选择或其他操作,即可查看所需的分析表。

本章小结

薪酬核算与管理关系职工的切身利益以及成本费用的核算与控制，加上薪资系统与其他系统相比要简单一些，所以薪资系统在电算化的早期就受到重视，因此普及率很高。

本章在综述薪资管理系统的特点、主要功能、操作流程的基础上，主要介绍了薪资系统的初始设置、主要日常业务的处理内容与方法，以及主要输出账表与统计分析功能。其中的重点是系统的初始设置，尤其是工资项目、计算公式、个税处理的设置。此外，也要求掌握薪资系统的主要业务处理方法。

基本概念

薪酬、扣零设置、工资类别、人员类别、工资项目、工资变动处理、动态计算、个人所得税申报模版、银行代发、工资分摊。

练 习 题

一、单项选择题

1. 下列功能中不属于薪资管理系统的是_____。
   A. 输入各种工资数据　　　　　　B. 工资计算和发放
   C. 工资费用的汇总和分配　　　　D. 工资成本核算
2. 薪资管理系统的初始化设置不包括_____。
   A. 建立人员档案　　　　　　　　B. 设置工资类别
   C. 设置工资项目之间的数据运算关系　D. 工资变动数据的录入
3. 设置职工类别的目的之一是_____。
   A. 便于工资汇总和分配　　　　　B. 便于工资计算
   C. 便于职工人事管理　　　　　　D. 便于工资系统与账务系统的联系
4. 关于人员档案的描述不正确的是_____。
   A. 人员编码一经确定，则不允许修改
   B. 人员档案可从基础档案中选择已存在的人员
   C. 有工资停发标志的人员不再进行工资发放，但保留人员档案，以后可恢复发放
   D. 点击【数据档案】按钮，可进入工资数据录入页签直接输入职工的工资
5. 在下列工资项目中需要定义计算公式的是_____。

A. 职务工资　　　B. 副食补贴　　　C. 交通补贴　　　D. 加班补贴

6. 由于不同单位的工资结构不同，工资系统必须提供_____的功能。

A. 定义工资项目　　　　　　　　　B. 设置工资类别

C. 设置职工类别　　　　　　　　　D. 银行代发工资

7. 对薪资管理系统，下列内容的描述正确的是_____。

A. 在工资项目设置中，"代扣税"是一个自定义项

B. 在公式计算中，"代扣税"可以通过自定义公式计算

C. 不支持计件工资的核算

D. 薪资管理系统与总账系统没有直接联系

8. 如果要对一组项目录入工资数据，应该选择的功能是在工资变动界面_____。

A. 单击【编辑】按钮　　　　　　　B. 使用项目过滤器功能

C. 单击【定位】或【筛选】按钮　　D. 单击【替换】按钮，使用数据替换功能

9. 如果只想输入"奖金"和"缺勤天数"两个工资项目的数据，最佳方法是利用系统提供的_____功能。

A. 页编辑　　　B. 筛选　　　C. 替换　　　D. 过滤器

10. 下列属于工资分析表的是_____。

A. 工资发放签名表　　　　　　　　B. 工资条

C. 部门工资项目构成表　　　　　　D. 人员类别工资汇总表

二、多项选择题

1. 薪资管理系统的主要功能有_____。

A. 初始设置　　　B. 单据处理　　　C. 业务处理　　　D. 期末处理

E. 工资分析　　　F. 报表输出

2. 通用薪资管理系统在建立账套之后的初始化工作还包括_____。

A. 工资类别设置　　　　　　　　　B. 工资项目设置

C. 计算公式设置　　　　　　　　　D. 职工类别设置

E. 变动数据的初始录入　　　　　　F. 工薪税率设置

3. 薪资系统启用后如果需要对相关的选项进行设置，在【设置】|【选项】中可以修改以下哪些内容_____。

A. 扣零设置　　　B. 扣税设置　　　C. 参数设置　　　D. 调整汇率

4. 下列有关工资类别的说法中正确的有_____。

A. 一个单位可以不建立工资类别　　B. 一个单位可以建立多个工资类别

C. 可按人员、部门设置工资类别　　D. 可按工资核算时间设置工资类别

5. 如果企业采用银行代发工资的方式，需要设置_____。

A. 银行名称　　　B. 账号长度　　　C. 银行地址　　　D. 职工账号

6. 工资变动数据的录入方式一般有_____。

A. 单个记录录入方式 B. 按工资项目分组录入方式
C. 按条件成批置入数据 D. 从外部直接导入数据

7. 薪资系统的人员变动处理主要指对员工及其信息的增删变动,包括_____。

A. 增加工资 B. 增加员工
C. 删除员工 D. 工资费用分配表

8. 进行工资分摊时,需要选择的内容包括_____。

A. 计提费用类型 B. 选择核算部门
C. 计提分配方式 D. 计提会计月份

9. 在薪资管理系统分摊类型设置中,可以设置的分摊类型有_____。

A. 制造费用 B. 应付福利费 C. 职工教育经费 D. 管理费用

10. 需要用"计算"功能对工资数据重新计算的情况是_____。

A. 修改了工资数据 B. 重新设置了计算公式
C. 进行了数据替换 D. 修改了税率

三、判断题

1. 薪资管理系统只与总账系统和报表管理系统存在数据传输关系。（　　）

2. 薪资系统的初始设置主要包括设置会计科目、核算项目、工资类别、工资项目、计算公式、职工类型、职工档案等内容。（　　）

3. 一个单位可以建立多个工资类别,不同类别的职工部门、人员、工资项目和计算公式都可以不同。（　　）

4. 工资类别与人员类别是相同的概念。（　　）

5. 薪资系统每月必须将工资费用分配表以记账凭证的形式直接传送给成本系统。（　　）

6. 薪资系统的特点之一是工资数据一般按来源收集,因此工资数据可按来源分组录入。（　　）

7. 薪茨系统提供的固定工资项目不允许在计算公式中出现。（　　）

8. 在薪资管理系统中,扣除个人所得税的税率可以任意修改。（　　）

9. 第一次进行工资类别汇总时,需要在工资类别中设置工资项目的计算公式。（　　）

10. 工资业务处理完毕后,需要经过记账处理才能生成各种工资报表。（　　）

实训九　薪资核算与管理

一、实训目的

通过实训演练,了解薪资系统的主要功能与操作流程,掌握初始设置、业务处理、统计分析的具体内容与操作方法。

二、实训内容

（1）薪资管理系统的建账以及初始设置，包括建立工资账、人员附加信息、设置工资项目、计算公式、职工类别、职工档案、工薪税率等。

（2）薪资管理系统的主要业务处理，包括人员变动处理、输入工资变动数据、扣缴所得税、银行代发、工资分摊、月末结账等处理。

（3）薪资管理系统主要统计分析与查询。

三、实训资料

1. 建立工资账的资料

要求工资类别个数为单个、人民币核算、不核算计件工资、代扣个人所得税、工资发放时不作扣零处理、人员编码与公共平台的人员编码一致。

2. 人员附加信息

即职工的性别。

3. 人员类别

即将职工分为管理人员、生产人员、营销人员。

（1）办公室、财务、人事、工会等部门的职工属于管理人员，其工资记入管理费用，退休人员的工资也记入管理费用。

（2）销售、采购等部门的职工属于营业人员，其工资记入销售费用。

（3）一、二车间的职工均为生产工人，其工资记入生产成本。

4. 工资项目

表 7-2　工资项目

工资项目名称	类型	长度	小数	增减项
基本工资	数字	8	2	增项
奖金	数字	8	2	增项
津贴	数字	8	2	增项
书报费	数字	8	2	增项
交通费	数字	8	2	增项
应发合计	数字	8	2	其他
所得税	数字	8	2	减项
社会保险	数字	8	2	减项
住房公积	数字	8	2	减项
扣款合计	数字	8	2	其他
实发工合计	数字	8	2	其他

5. 计算公式

（1）应发合计＝基本工资＋奖金＋津贴＋书报费＋交通费

（2）社会保险如果按基本工资的18%计提，则计算公式为：

社会保险＝iff(部门＝"退休部",0,基本工资＊0.18)

(3) 住房公积如果按基本工资的10％计提,则计算公式为：

住房公积＝iff(部门＝"退休部",0,基本工资＊0.1)

(4) 扣款合计＝所得税＋社会保险＋住房公积
(5) 实发工合计＝应发合计－扣款合计

6. 扣缴所得税

按新税制扣缴个人所得税,税率如表7-3所示。

表7-3 税率表

级数	应纳税所得额下限（元）	应纳税所得额上限（元）	税率（%）	速算扣除数（元）
1	0.00	1500.00	3	0.00
2	1500.00	4500.00	10	105.00
3	4500.00	9000.00	20	555.00
4	9000.00	35000.00	25	1005.00
5	35000.00	55000.00	30	2755.00
6	55000.00	80000.00	35	5505.00
7	80000.00		45	13505.00

注：应纳税所得额＝月收入额（即应发工资）－三险一金－起征点

7. 代发银行

全部职工均由工商银行南都市高新区支行代发工资,假设账号为12位,前9位均为360257821,后三位为职工编码,如李文的账号为360257821001,其余依次类推。

8. 工资分摊

按如表7-4所示的设置,编制工资分摊凭证。

表7-4 工资分摊设置

部门	人员类别	工资项目	借方科目	借方科目名称	贷方科目
办公室	管理人员	应发工资	6602	管理费用	221101
财务部	管理人员	应发工资	6602	管理费用	221101
人事部	管理人员	应发工资	6602	管理费用	221101
工会	管理人员	应发工资	6602	管理费用	221101
一车间	生产人员	应发工资	50010101	生产成本—基本生产成本—电视机	221101
二车间	生产人员	应发工资	50010102	生产成本—基本生产成本—录像机	221101
销售科	营销人员	应发工资	6601	销售费用	221101
采购科	营销人员	应发工资	6601	销售费用	221101
退休部		应发工资	6602	管理费用	221101

9. 一月份工资表

表 7-5　一月份工资表

职工代码	姓名	部门	基本工资（元）	奖金（元）	津贴（元）	书报费（元）	交通费（元）	应发工资（元）	社会保险（元）	住房公积（元）	所得税（元）	实发工资（元）
001	李文	办公室	12600.00	12600.00	1050.00	105.00	105.00	26460.00				
002	陈辉	办公室	1785.00	514.50	525.00	210.00	105.00	3139.50				
003	邓芳	办公室	2205.00	546.00	315.00	210.00	105.00	3381.00				
004	高明	财务部	14700.00	7350.00	7350.00	105.00	105.00	29610.00				
005	江曼	财务部	2205.00	630.00	630.00	210.00	105.00	3780.00				
006	王姜	财务部	1890.00	630.00	630.00	210.00	105.00	3465.00				
007	范莉	人事部	11550.00	11550.00	4200.00	105.00	105.00	27510.00				
008	陈军	人事部	1890.00	840.00	525.00	210.00	105.00	3570.00				
009	陈玉	工会	10500.00	10500.00	7350.00	105.00	105.00	28560.00				
010	黄海	一车间	13650.00	7350.00	7350.00	105.00	105.00	28560.00				
011	高旭	一车间	11550.00	8400.00	9450.00	105.00	105.00	29610.00				
012	何伟	一车间	12600.00	1050.00	11550.00	105.00	105.00	25410.00				
013	陈菁	一车间	13650.00	1050.00	15750.00	105.00	105.00	30660.00				
014	黄强	二车间	13650.00	1050.00	15750.00	105.00	105.00	30660.00				
015	陈涛	二车间	14700.00	15750.00	3150.00	105.00	105.00	33810.00				
016	黎静	二车间	2730.00	735.00	945.00	105.00	105.00	4620.00				
017	李海	二车间	4515.00	787.50	787.50	105.00	105.00	6300.00				
018	梁容	销售科	3150.00	2100.00	2100.00	210.00	105.00	7665.00				
019	刘宁	销售科	4200.00	2100.00	2100.00	210.00	105.00	8715.00				
020	龙勇	销售科	2625.00	1050.00	630.00	0.00	105.00	4410.00				
021	庞渝	销售科	2940.00	1050.00	315.00	0.00	105.00	4410.00				
022	乔瑛	采购科	4725.00	1575.00	1050.00	105.00	105.00	7560.00				
023	沈玥	采购科	4725.00	1575.00	1050.00	105.00	105.00	7560.00				
024	宋科	采购科	4200.00	1050.00	1050.00	105.00	105.00	6510.00				
025	孙阳	退休部	840.00	0.00	0.00	0.00	0.00	840.00				
026	谭娜	退休部	945.00	0.00	0.00	0.00	0.00	945.00				
合计			174720.00	91833.00	95602.50	3045.00	2520.00	367720.50				

其中，社会保险、住房公积、所得税的合计数分别为 31128.30 元、17293.50 元、45877.10 元。

10. 二月份工资表

表 7-6　二月份工资表

职工代码	姓名	部门	基本工资（元）	奖金（元）	津贴（元）	书报费（元）	交通费（元）	应发工资（元）	社会保险（元）	住房公积（元）	所得税（元）	实发工资（元）
001	李文	办公室	13230.00	13230.00	1050.00	105.00	105.00	27720.00				
002	陈辉	办公室	1874.25	540.23	525.00	210.00	105.00	3254.48				
003	邓芳	办公室	2315.25	573.30	315.00	210.00	105.00	3518.55				
004	高明	财务部	15435.00	7717.50	7350.00	105.00	105.00	30712.50				
005	江曼	财务部	2315.25	661.50	630.00	210.00	105.00	3921.75				

(续表)

职工代码	姓名	部门	基本工资（元）	奖金（元）	津贴（元）	书报费（元）	交通费（元）	应发工资（元）	社会保险（元）	住房公积（元）	所得税（元）	实发工资（元）
006	王姜	财务部	1984.50	661.50	630.00	210.00	105.00	3591.00				
007	范莉	人事部	12127.50	12127.50	4200.00	105.00	105.00	28665.00				
008	陈军	人事部	1984.50	882.00	525.00	210.00	105.00	3706.50				
009	陈玉	工会	11025.00	11025.00	7350.00	105.00	105.00	29610.00				
010	黄海	一车间	14332.50	7717.50	7350.00	105.00	105.00	29610.00				
011	高旭	一车间	12127.50	8820.00	9450.00	105.00	105.00	30607.50				
012	何伟	一车间	13230.00	1102.50	11550.00	105.00	105.00	26092.50				
013	陈菁	一车间	14332.50	1102.50	15750.00	105.00	105.00	31395.00				
014	黄强	二车间	14332.50	1102.50	15750.00	105.00	105.00	31395.00				
015	陈涛	二车间	15435.00	16537.50	3150.00	105.00	105.00	35332.50				
016	黎静	二车间	2866.50	771.75	945.00	105.00	105.00	4793.25				
017	李海	二车间	4740.75	826.88	787.50	105.00	105.00	6565.13				
018	梁容	销售科	3307.50	2205.00	2100.00	210.00	105.00	7927.50				
019	刘宁	销售科	4410.00	2205.00	2100.00	210.00	105.00	9030.00				
020	龙勇	销售科	2756.25	1102.50	630.00	0.00	105.00	4593.75				
021	庞渝	销售科	3087.00	1102.50	315.00	0.00	105.00	4609.50				
022	乔瑛	采购科	4961.25	1653.75	1050.00	105.00	105.00	7875.00				
023	沈玥	采购科	4961.25	1653.75	1050.00	105.00	105.00	7875.00				
024	宋科	采购科	4410.00	1102.50	1050.00	105.00	105.00	6772.50				
025	孙阳	退休部	882.00	0.00	0.00	0.00	0.00	882.00				
026	谭娜	退休部	992.25	0.00	0.00	0.00	0.00	992.25				
合计			183456.00	96424.66	95602.50	3045.00	2520.00	381048.15				

其中，社会保险、住房公积、所得税的合计数分别为32684.75元、18158.21元、48148.61元。

第八章

固定资产管理系统

学习目标

1. 了解固定资产管理系统的主要功能与操作流程。
2. 掌握固定资产管理系统初始设置的主要内容与操作方法。
3. 掌握固定资产管理系统卡片管理的主要内容与操作方法。
4. 掌握固定资产管理系统的主要业务处理内容与操作方法。
5. 了解固定资产管理系统的主要输出账表与作用。

固定资产是企业进行生产经营活动的物质技术基础,它的核算与管理不仅影响企业资产的状况,也影响各项成本费用甚至最终利润。所以固定资产不仅是企业财务核算与管理的重要内容,也决定了固定资产管理系统必然是会计信息系统的一个重要组成部分。

第一节 固定资产管理系统概述

固定资产是指使用期限在一年以上,单位价值较高,并在使用过程中保持原有物质形态的资产。固定资产可以从不同角度进行分类,例如,按经济用途和使用情况可分为生产经营用固定资产、非生产经营用固定资产、租出固定资产、不需用固定资产、未使用固定资产、土地、融资租入固定资产;按实物形态可分为土地、房屋及建筑物、机器设备、电子设备、运输设备和其他设备等大类。

一、固定资产管理系统的特点

固定资产管理系统的目的是反映和监督固定资产的收入、调出、保管、使用、折旧以及清理报废等情况,保持固定资产的良好状态以及提高利用效率,从而形成科学的、有机的管理体系,使得会计核算和资产管理相结合、实物管理和价值管理相结合,提高工作效率。

固定资产管理系统的主要特点是:

(1)实现对固定资产的多类别管理。通过对资产的分类,可以从不同角度提供管理所需的信息,满足财务、管理和使用部门的不同需求。

(2) 实现固定资产信息共享,财务、管理、使用部门共用一套账。
(3) 采用按项折旧以提高折旧计算的准确性。
(4) 固定资产数据量大而且需要长时间保留。
(5) 系统初建工作量大但日常工作不多。企业固定资产数量多,因此反映每一项资产的数据项也很多,所以在系统初始化时工作量很大,但系统正式使用后的日常工作量不大。

二、固定资产管理系统的逻辑模型

实现以上任务的固定资产系统的数据流图如图 8-1 所示,它在某种程度上反映了系统的模型,它的基础和核心仍然是固定资产卡片。

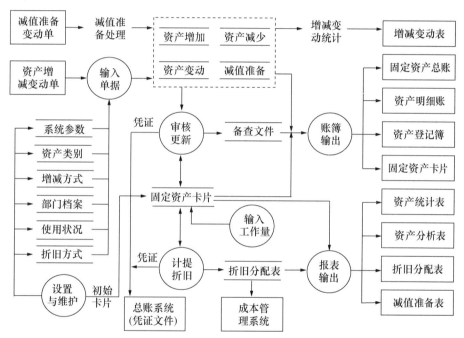

图 8-1 固定资产管理系统数据流图

三、固定资产管理系统的主要功能

固定资产管理系统的主要功能如图 8-2 所示,包括初始设置、卡片管理、业务处理、账表输出以及系统维护等功能。

1. 初始设置

主要包括账套初始、选项参数、部门档案、部门对应折旧科目、资产类别、增减方式、使用状况、折旧方式等信息设置。

2. 固定资产卡片管理

主要包括固定资产卡片项目与卡片样式的设置、录入卡片、增减资产处理、资产评估、盘盈盘亏处理等功能,其中资产评估包括对原值、使用年限、净残值率、折旧

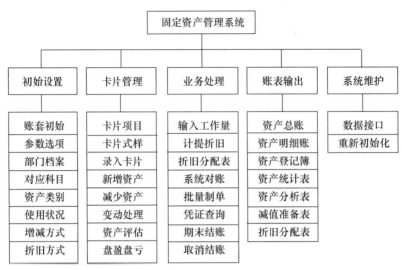

图 8-2 固定资产管理系统的主要功能

方法等进行评估。

3. 固定资产业务处理

主要包括输入工作量、计提折旧、查阅折旧清单、查阅折旧分配表、系统对账、批量制单、凭证查询等功能。

4. 账表输出

主要提供账簿（如固定资产总账、明细账、固定资产登记簿）、分析表（如部门构成、使用状况、价值结构、类别构成等分析表）、各种统计表、减值准备表、折旧分配表等输出功能。

四、固定资产管理系统与其他系统的关系

资产管理系统与总账、成本、报表、设备管理等系统都有联系，一般是固定资产系统向这些系统提供数据，其接口如图 8-3 所示。

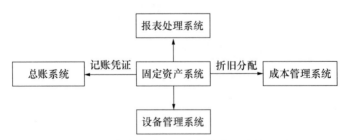

图 8-3 固定资产管理系统与其他系统的关系

（1）固定资产系统必须将日常处理的资产增加、减少、涉及原值或累计折旧的变动、减值准备，以及每月的计提折旧数据，都以记账凭证的形式传输给总账系统。同时，通过对账保持固定资产账目的平衡。

(2) 固定资产系统每月或定期按部门分配折旧费,并将分配结果传输给成本系统。

五、固定资产管理系统的操作流程

固定资产系统的操作流程如图 8-4 所示,即系统启用之后首先要对账套设置参数以及进行其他基础设置,然后才能进行周而复始的日常业务处理,包括:固定资产增减变动处理、减值准备处理、折旧处理、凭证处理、期末处理。此外,需要的时候可以查询或打印输出各种固定资产账表。

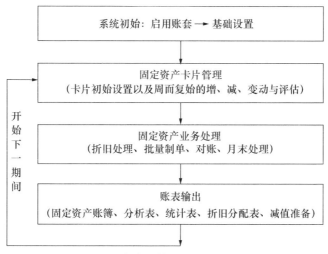

图 8-4 固定资产管理系统的应用流程

第二节 固定资产管理系统的初始设置

系统的初始设置主要包括启用固定资产账套以及基础设置,系统初始设置的主要任务是建立一个满足单位具体需求的固定资产账套。

一、启用固定资产账套

固定资产账套是在会计核算账套的基础上建立的,因此,用户首先要注册进入相关账套,然后再建立固定资产子账套。

1. 启用固定资产管理系统

如果在建立企业会计账套时没有启用固定资产系统,则在使用该系统时必须先行启用,方法如下:

(1) 选择【开始】|【程序】|【ERP-U8】|【企业应用平台】命令,注册登录企业应用平台。

(2) 选择【基础设置】|【基本信息】|【系统启用】命令,打开系统启用窗口,选中"FA 固定资产"复选框,系统即弹出日历窗口。选择系统启用日期为"20××-01-01",单击【确定】按钮,系统即弹出"确实要启用当前系统吗?"提示框,单击

【是】按钮返回。

2. 固定资产账套初始化

首次使用固定资产系统时,系统会提示"这是第一次打开此账套,……,是否进行初始化?",用户给出肯定回答之后,系统即开始账套初始化过程。固定资产账套初始化是一个向导,其操作步骤如下:

(1)账套主管选择【财务会计】|【固定资产】命令,进入"初始化账套向导"约定及说明界面,认真阅读之后单击【下一步】按钮。

(2)查看启用月份。启用年月已在【系统启用】功能中确定,所以此处只能查看,无法修改。单击【下一步】按钮,打开折旧信息设置界面。

(3)折旧信息。如图 8-5 所示,折旧信息主要包括确定本账套是否计提折旧、主要折旧方法、折旧汇总分配周期以及确定最后一个月是否将剩余折旧全部提足。折旧分配周期一般为 1 个月,也可指定几个月分配一次。单击【下一步】按钮,进入编码方式设置。

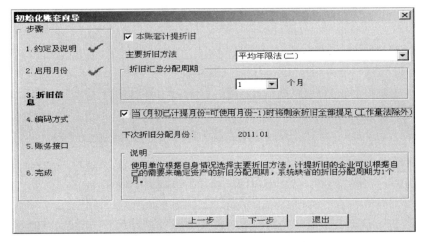

图 8-5 折旧信息设置界面

(4)编码方式。如图 8-6 所示,这一步需要确定资产类别编码方式、资产编码方式以及序号长度。其中,资产编码方式有手工输入和自动编号两种选择,如果选择"自动编号",可单击下拉按钮,从"类别编号+序号、部门编号+序号、类别编号+部门编号+序号、部门编号+类别编号+序号"列表中选择一种。系统类别编码最多可设置 4 级 10 位,并可以对每一级设定编码长度。系统推荐用户采用国家规定的 4 级 6 位(2112)方式。需要注意的是,一个账套只能选择一种资产自动编码方式,一经设定,该自动编码方式不得修改。单击【下一步】按钮,进入财务接口设置。

(5)账务接口。如图 8-7 所示,需要确定是否与账务系统进行对账以及指定对账科目(一般是资产原值和累计折旧科目)、确定对账不平是否允许月末结账。用户一般应选中"与账务系统进行对账"复选框,选择固定资产对账科目为"1601,固定资产",累计折旧对账科目为"1602,累计折旧",选择"在对账不平情况下允许固定资

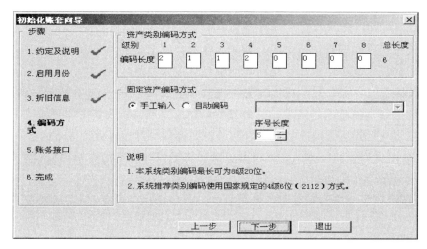

图 8-6　编码方式设置界面

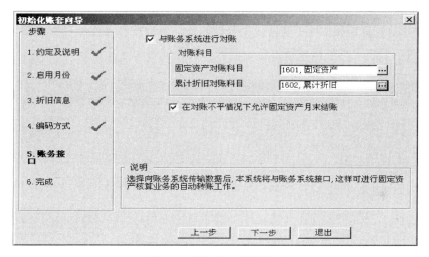

图 8-7　财务接口设置界面

产月末结账"复选框。单击【下一步】按钮，进入最后一个步骤。

需要注意的是，本系统在月末结账前自动执行一次对账功能，如果对账结果不平，说明数据存在偏差，应予以调整。但偏差不一定是由错误导致，也有可能是操作的时间差异造成的，因此用户也可以选择"在对账不平情况下允许固定资产月末结账"。

（6）完成。系统显示全部设置的信息，用户对这些信息进行核对，核对无误后单击【完成】按钮，系统提示是否确定设置正确并保存，单击【是】按钮，系统继续提示"已成功初始化本固定资产账套！"，单击【确定】按钮即进入固定资产系统主界面。需要注意的是，退出向导后有些参数是不能修改的，如需修改只能初始化系统设置。

二、选项设置

选项设置包括在账套初始化中设置的参数和在账套运行中使用的一些参数。退出账套初始化向导后,有些参数在选项功能中仍可以修改。

(1) 选择【固定资产】|【设置】|【选项】命令,进入选项界面,该界面有5个页签,其中基本信息不能修改。单击【编辑】按钮可以修改其中的可修改项。

(2) 在"与账务系统接口"页签,除了设置接口科目还可设置以下内容:

① 业务发生后立即制单。如不选择,系统将把没有制单的原始单据收集到批量制单部分,利用批量制单功能统一完成。

② 月末结账前一定要完成制单登账业务。即如果存在没有制单的凭证,本期不允许结账。

③ 固定资产缺省入账科目、累计折旧缺省入账科目、减值准备缺省入账科目。固定资产系统制作记账凭证时,凭证中上述科目的缺省值将由此设置确定,当这些设置为空时,凭证中默认科目为空。

(3) "其他"页签如图8-8所示,设置内容涉及资产减少卡片的保存时限、卡片断号填补设置、是否允许转回减值准备、是否自动连续增加卡片,等等。

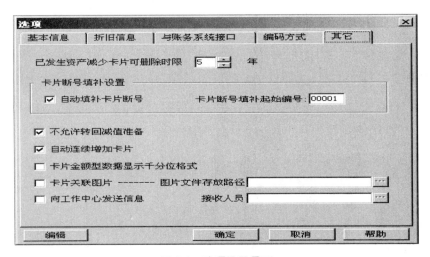

图8-8 选项设置界面

(4) 修改或设置完毕后,单击【确定】按钮保存并退出。

【例8-1】 对南方公司固定资产账套进行基础设置。要求:业务发生后立即制单;"固定资产"入账科目为"1601,固定资产";"累计折旧"入账科目为"1602,累计折旧";"固定资产减值准备"入账科目为"1603,固定资产减值准备"。

操作方法:选择【固定资产】|【设置】|【选项】命令,进入选项界面,在"与账务系统接口"页签中进行设置。

三、部门档案设置

设置固定资产的使用部门,主要包含部门编码、名称、负责人、部门属性等信息。部门档案可用【基础档案】|【机构人员】|【部门档案】命令设置。

四、部门对应折旧科目设置

固定资产折旧费用一般按部门归集,因此需要为每一个部门选择一个折旧科目,以便在录入卡片时自动显示折旧分摊科目,并在生成部门折旧分配表后据此自动编制折旧分配记账凭证。具体操作步骤如下:

(1) 选择【固定资产】|【设置】|【部门对应折旧科目】命令,打开如图 8-9 所示的设置窗口。

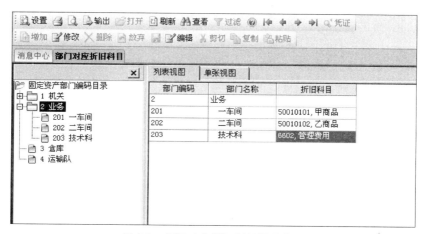

图 8-9 部门对应折旧科目设置窗口

(2) 在左侧部门目录中选择一个部门,单击"列表视图"页签,可查看该部门的编码、名称、上级名称和对应折旧科目等详细信息;单击"单张视图"页签,系统即显示选中的部门详细信息。

(3) 单击【修改】按钮,可修改该部门的对应折旧科目。修改上级部门的折旧科目可以同步修改下级部门的折旧科目。

【例 8-2】 按表 8-1 提供的资料对南方公司各部门设置对应折旧科目。

表 8-1 南方公司部门对应折旧科目一览表

部门编码	部门名称	对应折旧科目
101	办公室	6602 管理费用
102	财务部	6602 管理费用
103	人事部	6602 管理费用
104	工会	6602 管理费用
201	一车间	50010101 基本生产成本—电视机

(续表)

部门编码	部门名称	对应折旧科目
202	二车间	50010102 基本生产成本—录像机
301	采购科	6601 销售费用
302	销售科	6601 销售费用
4	退休部	6602 管理费用

操作方法：选择【固定资产】|【设置】|【部门对应折旧科目】命令，进入如图 8-9 所示的部门对应折旧科目窗口，然后选择要设置的部门并单击【修改】按钮，逐一选择折旧科目。

五、资产类别设置

固定资产种类繁多，只有科学分类，才能强化管理。固定资产一般分大类以及明细类别，其类别设置方法如下：

（1）选择【固定资产】|【设置】|【资产类别】命令，打开资产类别设置窗口。

（2）在左侧目录树中选择资产大类，单击"列表视图"页签可查看该类别的编码、名称、上级名称、使用年限等信息。

（3）在左侧分类目录中选择要增加类别的上一级资产类别，单击【增加】按钮，系统即显示该类别单张视图设置窗口（如图 8-10 所示）。

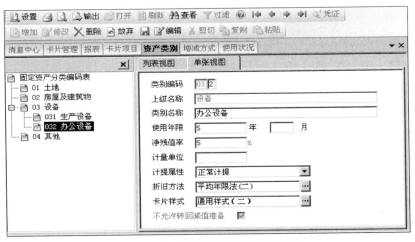

图 8-10　资产类别单张视图设置窗口

（4）输入类别编码、类别名称、使用年限、净残值率、计量单位、计提属性、折旧方法、卡片样式等信息。

（5）单击【保存】按钮保存设置。

【例 8-3】 按表 8-2 提供的资料设置南方公司的固定资产类别。

表 8-2 南方公司资产类别及相关信息一览表

类别编码	类别名称	使用年限(月)	净残值率(%)	计提属性	折旧方法	转回减值准备
01	土地	840		不计提		
02	房屋及建筑物					
021	经营用房	240	5	正常计提	平均年限法	允许
022	非经营用房	840	5	正常计提	平均年限法	允许
03	机器设备					
031	经营用设备	60	5	正常计提	平均年限法	不允许
032	办公用设备	60	5	正常计提	平均年限法	不允许
04	运输设备					
041	经营用车辆	120	5	正常计提	工作量法	不允许
042	非经营用车辆	120	5	正常计提	工作量法	不允许
05	其他					
051	办公用家具	120	5	正常计提	平均年限法	不允许

操作方法：打开如图 8-10 所示的资产类别单张视图设置窗口，逐一在左侧"固定资产分类编码表"中选定一个大类，然后选择"单张视图"页签并单击【增加】按钮，输入相关信息后单击【保存】按钮保存设置。

六、增减方式设置

企业资产增减方式设置分增加方式和减少方式两类。增加方式主要有直接购入、投资者投入、捐赠、盘盈、在建工程转入、融资租入等；减少方式主要有出售、盘亏、投资转出、捐赠转出、报废、毁损、融资租出等。系统已经预置若干基本的增减方式，用户可以对其设置进行修改（如补充对应入账科目），也可以增加新的增减方式。增减方式的设置方法如下：

（1）选择【固定资产】|【设置】|【增减方式】命令，打开增减方式设置界面，系统即显示列表视图。

（2）在界面左侧增减方式目录表中选择某种增加或减少方式，单击【增加】按钮，进入如图 8-11 所示的增减方式单张视图设置窗口。

（3）输入新增加的增减方式名称和对应入账科目等信息，其中入账科目用于生成凭证。如果组织属事业单位，还可对增加方式确定是否使用列支科目。

（4）在列表视图界面单击【修改】或【删除】按钮可以实现增减方式的修改或删除。

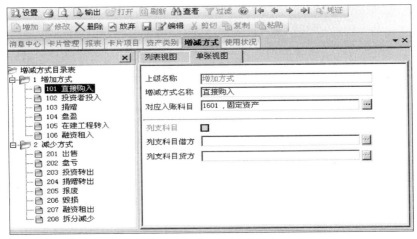

图 8-11 增减方式单张视图设置窗口

【例 8-4】 按表 8-3 提供的资料设置南方公司固定资产的增减方式。

表 8-3 南方公司固定资产增减方式以及对应入账科目一览表

增加方式	对应入账科目
直接购入	银行存款(1002)
投资者投入	实收资本(4001)
捐赠	资本公积—其他资本公积(400202)
盘盈	待处理财产损溢—待处理固定资产损溢(190102)
在建工程转入	在建工程(1604)
减少方式	对应入账科目
出售	固定资产清理(1606)
投资转出	长期股权投资—成本(151101)
捐赠转出	固定资产清理(1606)
盘亏	待处理财产损溢—待处理固定资产损溢(190102)
报废	固定资产清理(1606)

操作方法：本例的增减方式在系统中已经预置，因此只需补充对应入账科目即可。方法是在增减方式目录表窗口，逐一选择一种增减方式并单击【修改】按钮，输入对应入账科目后单击【保存】按钮保存设置。全部修改完毕后，单击【退出】按钮返回。

七、使用状况设置

资产使用状况主要分：使用中（在用、季节性停用、经营性出租、大修理停用）、未使用、不需用等。企业据此可以统计资产的利用效率以及正确计提折旧。操作方法如下：

（1）选择【固定资产】|【设置】|【使用状况】命令，打开如图 8-12 所示的使

用状况设置窗口，系统即显示列表视图。

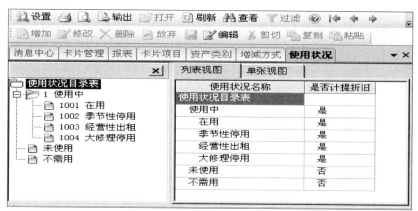

图 8-12 使用状态设置窗口

（2）单击【增加】【删除】【修改】按钮，可以实现使用状况的增、删、改操作。具体操作方法与增减方式的操作类似。

八、折旧方法设置

设置折旧方法的目的是为了自动计算折旧。系统预设 7 种常用折旧方法，包括不提折旧、平均年限法（两种）、工作量法、年数总和法、双倍余额递减法（两种），此外还提供折旧方法的自定义功能，具体操作方法如下：

（1）选择【固定资产】|【设置】|【折旧方法】命令，打开如图 8-13 所示的折旧方法设置窗口，同时系统显示列表视图。

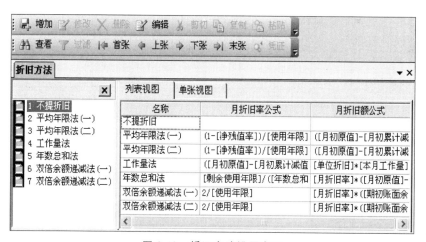

图 8-13 折旧方法设置窗口

（2）单击【增加】按钮，系统即显示单张视图设置窗口，输入折旧方法名称、月折旧率和月折旧额公式，然后单击【确定】按钮，即完成新折旧方法的定义。

（3）单击【删除】【修改】按钮可以实现折旧方法的删、改操作。

【例 8-5】 为南方公司设置一种称为"剩余月份平均法"的折旧方法,要求平均分摊资产的剩余价值。

操作方法:选择【设置】|【折旧方法】命令,打开折旧方法设置界面,单击【增加】按钮,输入折旧方法名称"剩余月份平均法"、月折旧率公式"月折旧率=1/(使用年限-已使用月份)"和月折旧额公式"月折旧额=月折旧率*(月初原值-月初累计折旧-月初净残值)",然后单击【确定】按钮。

第三节 固定资产卡片管理

固定资产卡片管理主要包括资产的增减变动处理、批量变动处理、资产评估以及资产盘盈盘亏处理。但在正式处理卡片业务之前,用户必须先完成卡片的初始设置以及原始卡片的录入。

一、卡片设置

1. 卡片项目设置

为了满足企业对固定资产的管理需求,资产管理系统允许用户自定义卡片项目。一般做法是将卡片项目分为两种,一种是系统提供的基本项目,如原值、资产名称、使用年限、折旧方法等,这些称为系统项目;另一种是由用户根据企业需要定义的项目,这些称为自定义项目。为此,系统需要提供卡片项目的增加、修改、删除等功能。其中,增加卡片项目的方法是:

(1)选择【固定资产】|【卡片】|【卡片项目】命令,打开如图 8-14 所示的卡片项目设置界面。

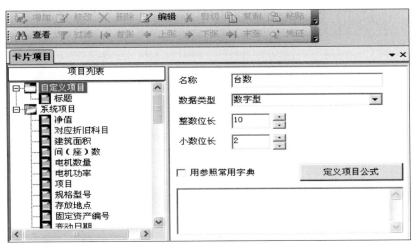

图 8-14 卡片项目设置界面

(2)单击【增加】按钮,进入自定义卡片项目界面,输入卡片项目名称、数据类型、整数位长、小数位长以及确定是否参照常用字典。

(3) 如果增加的是数值型项目且不选择"用参照常用字典",则要定义本项目和其他项目的数据关系,即单击【定义项目公式】按钮,在显示的定义公式界面中编辑计算公式。

(4) 单击【保存】按钮保存设置。

2. 卡片样式设置

卡片样式指卡片的显示格式,系统除了提供默认的通用卡片样式之外,还提供样式设置功能,企业可根据需要设置卡片不同的样式,甚至可以对不同的资产设置不同样式的卡片。卡片样式设置包括表格线、对齐形式、字体大小、字型等格式,以及所包含的项目和项目在屏幕上的位置。

二、录入原始卡片

原始卡片指系统启用之前已经开始使用的固定资产卡片记录。为了保持历史资料的连续性以及正确计提折旧,录入原始卡片是系统初始设置中一项必不可少的内容。但考虑到录入工作量太大,原始卡片的录入不必在第一个期间结账前完成,任何时候都可以录入原始卡片。原始卡片的录入方法是:

(1) 选择【固定资产】|【卡片】|【录入原始卡片】命令,系统即弹出资产类别参照界面,用户可从中选择录入卡片所属的资产类别。

(2) 单击【确定】按钮,打开如图 8-15 所示的录入固定资产卡片界面,用户在此录入或参照选择各资产项目的内容。

图 8-15 录入固定资产卡片界面

(3) 固定资产的主卡录入后,单击其他页签可以输入附属设备和固定资产在录入卡片以前发生的各种变动。

(4) 单击【保存】按钮将录入的卡片保存。

【例 8-6】 按实训九提供的南方公司的期初资料,录入固定资产卡片。

操作方法:打开如图 8-15 所示的录入固定资产卡片界面,按提供的资料逐一录入。操作中的注意事项如下：

(1) 固定资产的"开始使用日期"按账套启用时间和已提月数进行推算。

(2) 固定资产的"对应折旧科目"按资产使用部门确定。

三、固定资产的增加

单位购进或通过其他方式增加资产，必须通过资产增加功能录入系统，即录入相应的固定资产卡片。但需要注意的是，只有当固定资产"开始使用日期的会计期间＝录入操作的会计期间"时，系统才能接受资产的增加操作。其操作方法如下：

(1) 选择【固定资产】|【卡片】|【资产增加】命令，系统即弹出资产类别选择界面。

(2) 选择录入卡片所属的资产类别，单击【确定】按钮，进入如图 8-16 所示的新增固定资产卡片录入界面。

图 8-16 新增固定资产卡片录入界面

(3) 录入卡片各项内容。需要注意的是，录入日期不能修改，原值必须是卡片录入月月初的价值，已计提月份不包括使用期间停用的月份。

(4) 资产主卡信息录入后，单击其他选项卡输入附属设备及其他信息。需要注意的是，"附属"页签上的信息只供参考，不参与计算。

(5) 单击【保存】按钮，保存录入的新增固定资产卡片。

(6) 执行制单功能可生成记账凭证并存入总账系统，使固定资产入账。

【例 8-7】 将南方公司 1 月份购入的"机床设备"（参照实训九资料）输入系统。

操作流程如下：

(1) 在固定资产类别档案窗口，选择资产类别为"经营用设备"，单击【确认】按钮，打开新增固定资产卡片录入界面。

(2) 输入固定资产名称为"机床设备"；双击部门名称，选择"一车间"；双击增加方式，选择"直接购入"；双击使用状况，选择"在用"；输入原值"320000"，使用年限(月)"240";开始使用日期为"201×-01-03"。

(3) 单击【保存】按钮,此时可以进入填制凭证窗口制单,或留待月末再通过【处理】|【批量制单】命令进行批量制单。

四、固定资产的减少

固定资产遇到出售、盘亏、投资转出、捐赠转出、报废、毁损、融资租出等情况,需要及时进行资产减少处理。操作方法如下:

(1) 选择【固定资产】|【卡片】|【资产减少】命令,系统即弹出如图8-17所示的资产减少窗口。

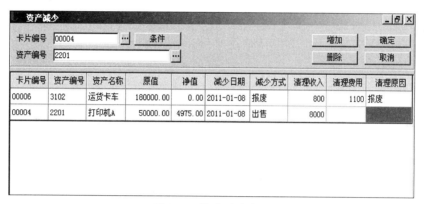

图8-17 资产减少窗口

(2) 输入卡片或资产编号(或设置条件选择要减少的资产),单击【增加】按钮,将需要减少的资产添加到窗口下方的资产减少列表。

(3) 在减少列表中输入资产减少日期、减少方式、清理收入、清理费用、清理原因等信息。清理收入和费用也可以在卡片附表的"清理信息"中输入。

(4) 单击【确定】按钮完成资产的减少处理。

操作中注意事项如下:

(1) 系统提供对已减少资产卡片的查阅功能,只有超过保留期限才可将资产从系统中完全删除。若想恢复已减少的资产,可以在卡片管理界面中选择"已减少的资产",选中要恢复的资产,选择【卡片】|【撤销减少】命令即可。只有当月减少的资产才可以恢复,如果资产减少操作已制作凭证,必须删除凭证后才能恢复。

(2) 由于减少资产当月仍需要计提折旧,所以减少操作必须在当月折旧之后执行。

【例8-8】 1月15日,南方公司出售打印机(2201)一台,售价为20000元。

操作流程:选择【卡片】|【资产减少】命令,打开资产减少窗口,选择资产编号"2201",单击【增加】按钮,选择减少方式为"出售",单击【确定】按钮完成操作。

五、固定资产的变动

固定资产在使用过程中有些卡片项目需要进行修改,但一般把与计算和报表汇总有关项目的调整称为资产变动处理,它主要包括:原值变动、部门转移、使用状况调整、折旧方法调整、累计折旧调整、使用年限调整、工作总量调整、净残值(率)调整、资产类别调整。此外,计提与转回减值准备也按资产变动处理。

1. 一般的变动处理

变动操作必须通过变动单进行处理。系统为不同类型的变动单提供不同的操作界面,原值增加的操作过程如下:

(1)选择【固定资产】│【卡片】│【变动单】│【原值增加】命令,系统即弹出如图 8-18 所示的固定资产变动单(原值增加)输入界面;或者选择【固定资产】│【卡片】│【变动单】命令,在系统弹出的窗口中通过右上角的下拉列表选择"原值增加"。

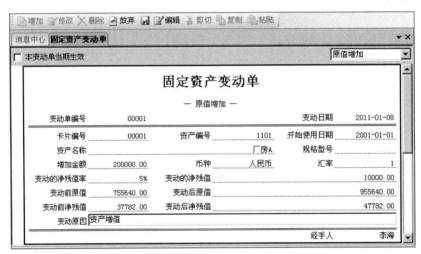

图 8-18 固定资产变动单(原值增加)输入界面

(2)输入卡片编号或资产编号,系统将自动显示资产名称、开始使用日期、规格型号、变动的净残值率、变动前净残值、变动前原值。

(3)输入增加金额,选择币种。系统将自动显示汇率,并自动计算变动的净残值、变动后原值、变动后净残值。

(4)输入变动原因。

(5)单击【保存】按钮,完成操作,卡片上相应的项目(原值、净残值、净残值率)即根据变动单改变。

(6)单击【凭证】按钮可以制作相应的记账凭证。

【例 8-9】 2016 年 2 月 10 日,南方公司"厂房 B"需要进行大修,故需要修改相应的固定资产卡片,将使用状况由"在用"修改为"大修理停用"。

操作流程如下:

(1)单击【卡片】│【变动单】│【使用状况调整】命令,打开固定资产变动单输入界面。

(2)选择资产编号为"1102"的卡片,系统即自动显示厂房 B 的开始使用日期、资产名称及变动前使用状况。选择变动后使用状态为"大修理停用",变动原因为"大修理"。

(3)单击【保存】按钮,系统提示数据保存成功,单击【确定】按钮返回。

2.减值准备处理

固定资产减值准备以变动单的方式进行处理,内容包括:

(1)减值准备期初。选择【固定资产】|【卡片】|【变动单】|【减值准备期初】命令,打开减值准备期初变动单界面,录入期初数据。需要注意的是,只有原始卡片才能录入减值准备期初,而且这种变动单不需要记账。

(2)计提减值准备。减值准备按单项资产计提,即在期末或年末逐项检查固定资产,如果由于市价持续下跌或技术陈旧等原因导致其可回收金额低于账面价值,则将差额作为减值准备处理。选择【固定资产】|【卡片】|【变动单】|【计提减值准备】命令,可以打开如图 8-19 所示的固定资产变动单(计提减值准备)输入界面,具体操作方法不再赘述。

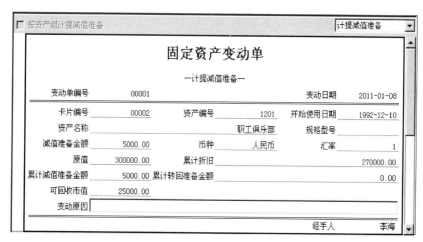

图 8-19 固定资产变动单(计提减值准备)输入界面

(3)转回减值准备。如果已计提的固定资产价值又得以恢复,则在原已计提的减值准备范围内转回。选择【固定资产】|【卡片】|【变动单】|【转回减值准备】命令,可以打开固定资产变动单(转向减值准备)输入界面,具体操作方法也不再赘述。

六、资产评估

固定资产评估是资产评估的重要组成部分,评估内容主要包括:原值、累计折旧、净值、使用年限、工作总量、净残值率。具体操作方法如下:

(1)选择【固定资产】|【卡片】|【资产评估】命令,打开资产评估窗口,窗口左侧会列示全部已有的评估单。

(2)选择评估项目与评估的资产。在资产评估窗口单击【增加】按钮,进入评估资产选择对话框，在左侧的可评估项目列表中选择要评估的项目，并用手工或以条件方式挑选出要评估的资产。

（3）制作资产评估单。如图 8-20 所示，录入评估后数据或通过自定义公式生成评估后数据，系统据此生成评估单，评估单会显示评估资产的评估项目在评估前后的数据。

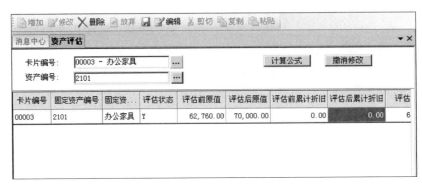

图 8-20　资产评估窗口

（4）评估单完成后，单击【保存】按钮。

（5）如果评估后的原值与累计折旧之和不等于评估前的数据，则单击【凭证】按钮，通过生成记账凭证的方式将变动数据传输到总账系统。

第四节　固定资产业务处理

固定资产系统除了提供卡片管理功能之外，还提供折旧、对账、批量制单、查询凭证、月末结账等业务处理功能。

一、固定资产的折旧处理

企业应当在固定资产的使用寿命内按期计提折旧。系统每期计提折旧一次，根据固定资产卡片资料自动计算每项资产的折旧，并自动生成折旧分配表，然后制作记账凭证。固定资产折旧处理一般包括输入工作量、计算折旧、折旧分配、编制折旧转账凭证等功能。

1. 输入工作量

如果账套内有资产选择工作量法计提折旧，则计提折旧前必须录入这些资产当月的工作量。具体方法是：选择【固定资产】|【处理】|【工作量输入】命令，打开工作量输入窗口，系统会列出采用工作量法计提折旧的所有资产，提示用户输入当月工作量。

2. 计提折旧

系统每期计提折旧一次，处理内容包括逐项资产计提折旧、自动生成折旧分配表和制作记账凭证，并将当期的折旧额累加到累计折旧项目。

（1）选择【固定资产】｜【处理】｜【计提本月折旧】命令，系统即提示：“是否要查看折旧清单?”，单击【是】按钮。

（2）系统继续提示：“本操作将计提本月折旧，并花费一定时间，是否要继续?”，再次单击【是】按钮。

（3）系统开始计提本月折旧处理，并在计提完成后显示折旧清单和折旧分配表。

系统允许一个期间内多次计提折旧，由于每次计提只将计提的折旧累加到月初的累计折旧，所以不会重复累计。但如果上次计提折旧已制单，则必须删除凭证才能重新计提折旧。如果计提折旧后又对账套进行影响折旧计算或分配的操作，则必须重新计提折旧，否则系统不允许结账。

3. 折旧清单

选择【固定资产】｜【处理】｜【折旧清单】命令，打开如图 8-21 所示的折旧清单浏览界面，界面中列示了所有应计提折旧资产的计提折旧信息，包括资产名称、计提原值、月折旧率、单位折旧、月工作量、本月计提折旧额等信息，全年折旧清单还列出了各项资产 12 个月的月折旧额、本年累计折旧等信息。

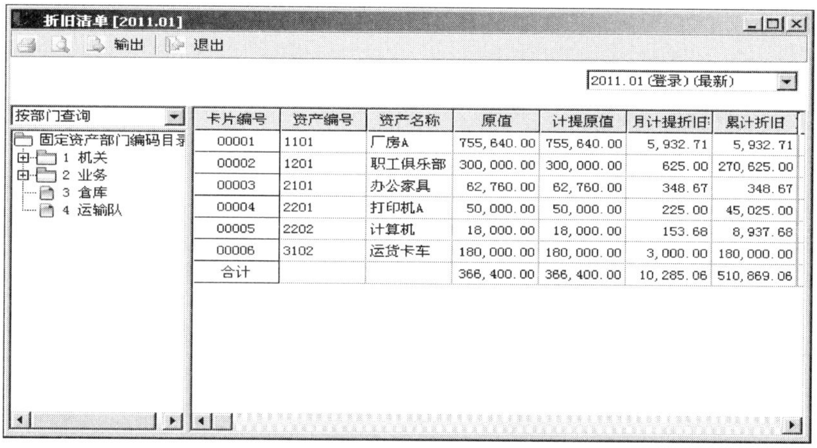

卡片编号	资产编号	资产名称	原值	计提原值	月计提折旧	累计折旧
00001	1101	厂房A	755,640.00	755,640.00	5,932.71	5,932.71
00002	1201	职工俱乐部	300,000.00	300,000.00	625.00	270,625.00
00003	2101	办公家具	62,760.00	62,760.00	348.67	348.67
00004	2201	打印机A	50,000.00	50,000.00	225.00	45,025.00
00005	2202	计算机	18,000.00	18,000.00	153.68	8,937.68
00006	3102	运货卡车	180,000.00	180,000.00	3,000.00	180,000.00
合计			366,400.00	366,400.00	10,285.06	510,869.06

图 8-21　折旧清单浏览界面

4. 折旧分配表

折旧分配表是编制记账凭证以及将折旧额分配到成本和费用的依据。系统在折旧分配周期的最后一个期间，在计提折旧的同时自动按部门或类别生成折旧分配表。例如，如果选定折旧分配周期是一个月，则每期计提折旧后自动生成折旧分配表；如果选定的是三个月，则只有到三的倍数的期间，即第三、六、九、十二期间计提折旧后才自动生成折旧分配凭证。

选择【固定资产】｜【处理】｜【折旧分配表】命令，即可打开如图 8-22 所示的折旧分配表浏览界面。折旧分配表有部门折旧分配表和类别折旧分配表两种，但用户只能选择一种编制记账凭证。

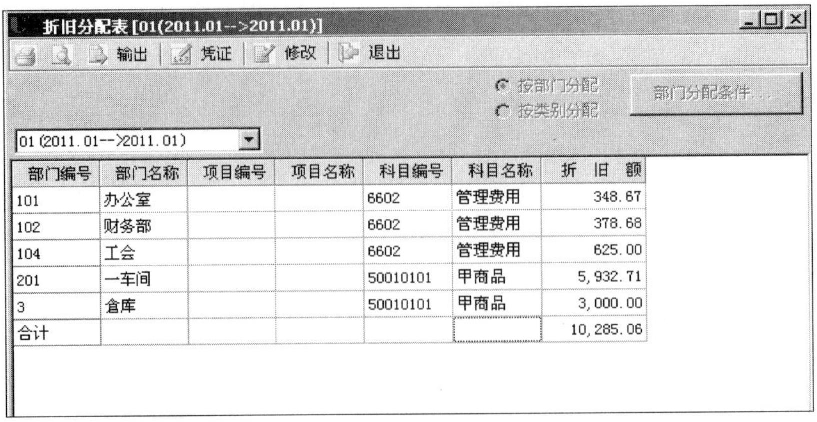

部门编号	部门名称	项目编号	项目名称	科目编号	科目名称	折旧额
101	办公室			6602	管理费用	348.67
102	财务部			6602	管理费用	378.68
104	工会			6602	管理费用	625.00
201	一车间			50010101	甲商品	5,932.71
3	仓库			50010101	甲商品	3,000.00
合计						10,285.06

图 8-22　折旧分配表浏览界面

二、批量制单

固定资产系统需要为总账系统编制的记账凭证包括：资产增加、资产减少、原值变动、累计折旧调整、计提或转回减值准备、折旧分配等业务，以及涉及原值或累计折旧的卡片修改和资产评估。系统提供以下两种制单方式：

1. 即时制单

如果在选项设置中选择了“业务发生后立即制单”，则在一项业务完成后，单击【制单】按钮则系统立即编制记账凭证。

2. 批量制单

如果在选项设置中没有选择“业务发生后立即制单”，则在完成后没有即时制单的业务，系统会将其记录在批量制单表中，以便期末或其他时机集中成批对其编制记账凭证。具体操作方法如下：

（1）选择【固定资产】｜【处理】｜【批量制单】命令，打开如图 8-23 所示的批量制单表，表中会列出本次制单之前所有应制单而没有制单的业务。

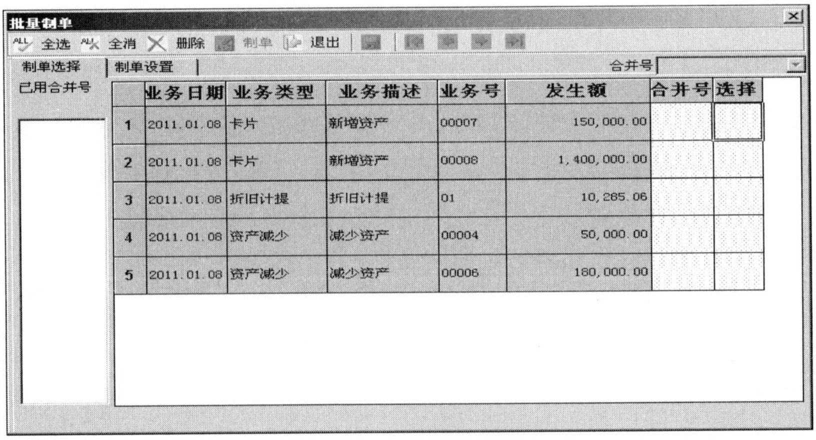

	业务日期	业务类型	业务描述	业务号	发生额	合并号	选择
1	2011.01.08	卡片	新增资产	00007	150,000.00		
2	2011.01.08	卡片	新增资产	00008	1,400,000.00		
3	2011.01.08	折旧计提	折旧计提	01	10,285.06		
4	2011.01.08	资产减少	减少资产	00004	50,000.00		
5	2011.01.08	资产减少	减少资产	00006	180,000.00		

图 8-23　批量制单表

(2) 单击【制单选择】选项卡，在列表中选择需要制单的记录（即在"选择"一栏中作"Y"标记）。如果需要可以进行汇总制单，即合并号相同的记录可汇总制成一张凭证。

(3) 单击【制单设置】选项卡，根据实际情况和需要进行选择。

(4) 单击【凭证】按钮，系统即根据设置进行批量制单或汇总制单。

(5) 单击【保存】按钮。

由系统自动编制的记账凭证，有些可能是不完整的，如根据资产增加编制的凭证可能只有借方科目和金额，这就需要用户通过编辑以补充贷方科目，以使凭证完整。此外，固定资产系统所编制的记账凭证，可通过【固定资产】|【处理】|【凭证查询】命令查看或删除。

三、月末处理

固定资产系统的期末处理主要包括对账与结账两项功能。

1. 对账

为了确保固定资产系统管理的资产价值与总账系统固定资产科目的数值相等，每个会计期末至少要执行一次对账操作，根据对账结果确定是否能够结账。

操作方法如下：

(1) 选择【固定资产】|【处理】|【对账】命令，系统即开始对账。

(2) 对账完毕系统弹出"与账务对账结果"提示框，检查对账结果后，单击【确定】按钮退出。

2. 月末结账

固定资产系统每月必须结账一次，结账后当期的数据不能再修改。如果月末未结账，系统将不允许处理下一会计期间的数据。每年12月结账时，系统还要求完成本年所有记账凭证的编制。操作方法如下：

(1) 执行【固定资产】|【处理】|【月末结账】命令，系统即弹出月末结账对话框。

(2) 单击【开始结账】按钮，系统开始进行结账处理，并提示用户核对与账务对账的结果。

(3) 如果对账结果平衡，则单击【确定】按钮，系统即提示"月末结账成功完成"。

3. 取消结账

取消结账俗称"反结账"，其实质是恢复到结账前状态。如果需要修改结账前的数据，则必须执行取消结账功能。选择【固定资产】|【处理】|【恢复月末结账前状态】命令，系统会弹出提示信息，单击【是】按钮，系统即执行取消结账功能。需要注意的是，必须以需要恢复的月份登录系统，而且不能跨年度恢复数据。

第五节　固定资产的账表输出

为了及时了解固定资产的数量、质量、分布、使用等情况，固定资产系统提供了分析表、减值准备表、统计表、账簿、折旧表五类账表输出功能。

一、主要账表

1. 分析表

分析表包括部门构成分析表、使用状况分析表、价值结构分析表、类别构成分析表。

2. 减值准备表

减值准备表主要包括减值准备总账、减值准备余额表、减值准备明细账。

3. 统计表

统计表包括评估汇总表、评估变动表、固定资产统计表、逾龄资产统计表、盘盈盘亏报告表、役龄资产统计表、固定资产原值一览表、固定资产到期提示表。

4. 账簿

固定资产账簿包括固定资产总账、单个固定资产明细账、部门类别明细账、固定资产登记簿。

5. 折旧表

折旧表包括部门折旧计提汇总表、固定资产折旧清单表、固定资产折旧计算明细表、固定资产及累计折旧表一、固定资产及累计折旧表二。

二、账表的查询

账表的一般查询方法如下：

（1）选择【固定资产】|【账表】|【我的账表】命令，系统即显示报表选择框，其中会列出分析表、减值准备表、统计表、账簿、折旧表五类账表供选择（如图 8-24 所示）。

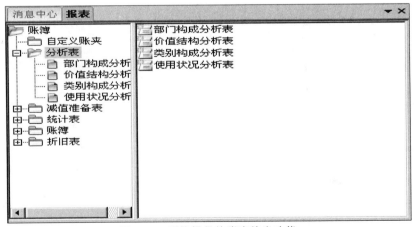

图 8-24　系统提供的账表输出功能

(2) 选择其中一个账表(如部门构成分析表),弹出查询条件对话框。
(3) 设置条件之后单击【确定】按钮,系统即显示查询结果。

本章小结

固定资产管理系统能够提供对资产的多类别管理和信息共享,提高折旧计算的准确性,提高管理水平与效率,所以固定资产管理系统也是深受企事业单位青睐的一个系统。

本章在综述固定资产管理系统的特点、主要功能、操作流程的基础上,主要介绍了固定资产系统的初始设置、固定资产卡片管理、固定资产业务处理以及主要账表输出功能与操作方法。其中的重点仍然是系统的初始设置。建议读者以实训资料为基础,练习固定资产管理系统的使用方法。

基本概念

账套初始化、折旧汇总分配周期、部门对应折旧科目、资产类别、增减方式、使用状况、折旧分配表、资产变动处理、减值准备处理、资产评估、批量制单。

练习题

一、单项选择题

1. 下列功能不属于固定资产核算系统的是_____。
   A. 系统管理　　　B. 初始设置　　　C. 卡片管理　　　D. 业务处理
2. 下列参数不能在初始化过程中设置的是_____。
   A. 主要折旧方法　　　　　　　　B. 使用年限
   C. 固定资产编码方式　　　　　　D. 折旧汇总分配周期
3. 账套初始化后,有些参数在选项功能中仍可以修改,方法是打开选项对话框后选择某一页签,单击_____按钮即可修改其中允许修改的参数。
   A.【确定】　　　B.【取消】　　　C.【编辑】　　　D.【帮助】
4. 下列设置不属于【固定资产】|【设置】命令功能的是_____。
   A. 折旧方法设置　　　　　　　　B. 卡片项目设置
   C. 增减方式设置　　　　　　　　D. 资产类别设置
5. 在录入固定资产卡片时,下列项目中由系统自动给出而不能更改的是_____。
   A. 对应折旧科目　　　　　　　　B. 录入人
   C. 存放地点　　　　　　　　　　D. 固定资产名称

6. 在固定资产系统中，计提资产减值准备的命令是_____。

   A.【处理】|【计提减值准备】

   B.【处理】|【资产减少】

   C.【卡片】|【变动单】|【计提减值准备】

   D.【卡片】|【卡片管理】

7. 固定资产系统计提折旧时是在固定资产卡片中的_____进行计算折旧额的。

   A. 逐个部门　　B. 逐个资产　　C. 逐类资产　　D. 逐个用途

8. 计提折旧处理的内容不包括_____。

   A. 逐项资产计提折旧　　　　B. 生成折旧统计表

   C. 制作折旧记账凭证　　　　D. 生成折旧分配表

9. 下列处理不属于【固定资产】|【处理】命令功能的是_____。

   A. 工作量输入　　　　　　B. 计提本月折旧

   C. 月末结账　　　　　　　D. 账表处理

10. 若要从总体上了解固定资产的折旧计提程度，可选择系统提供的_____。

    A. 类别构成分析表　　　　B. 部门构成分析表

    C. 价值结构分析表　　　　D. 使用状况分析表

二、多项选择题

1. 固定资产管理系统的主要作用是_____。

   A. 生成固定资产卡片　　　　B. 完成固定资产日常业务的核算和管理

   C. 自动计提折旧　　　　　　D. 及时反映固定资产的增减变动

2. 账套初始化后，下列参数在选项功能中不可以再修改的是_____。

   A. 主要折旧方法　　　　　　B. 是否计提折旧

   C. 开始使用期间　　　　　　D. 资产编号自动编码方式

3. 在账务接口设置中，需要确定_____。

   A. 是否与账务系统进行对账　　B. 指定对账科目

   C. 确定对账不平是否允许月末结账　D. 确定是否需要制作记账凭证

4. 用【固定资产】|【卡片】命令可以实现的功能有_____。

   A. 录入原始卡片　　　　　　B. 资产增加处理

   C. 资产减少处理　　　　　　D. 资产评估处理

5. 下列资产卡片能通过"原始卡片录入"功能录入系统的是_____。

   A. 开始使用日期为 1999-01-10，录入时间为 1999-02-10

   B. 开始使用日期为 1999-01-10，录入时间为 2000-02-10

   C. 开始使用日期为 1999-01-10，录入时间为 1999-01-22

   D. 开始使用日期为 1999-01-10，录入时间为 1998-02-10

6. "资产增加"即新增加固定资产卡片，以下说法正确的是_____。

   A. 新卡片第一个月不提折旧，折旧额为空或零

B. 原值录入的一定要是卡片录入月月初的价值，否则将会出现计算错误
C. 允许在卡片的规格型号中输入或粘贴如"直径符号"等工程符号
D. 因为是资产增加，该资产需要入账，所以可执行制单功能

7. 下列情况属于固定资产减少的是_____。
A. 净值减小　　　B. 到期报废　　　C. 投资转出　　　D. 盘亏

8. 下列方式能查看折旧清单的是_____。
A. 选择【卡片】│【折旧分配表】命令
B. 选择【处理】│【折旧清单】命令
C. 选择【卡片】│【折旧清单】命令
D. 选择【处理】│【计提本月折旧】命令，选择计提折旧后查看折旧清单

9. 在固定资产系统中修改凭证时，下列内容能修改的是_____。
A. 摘要　　　　　　　　　　　B. 用户自行增加的凭证分录
C. 系统缺省的分录的折旧科目　　D. 系统缺省的分录的金额

10. 系统不允许结账，可能的原因有_____。
A. 本月未提折旧
B. 提取本月折旧后又改变了某项资产的折旧方法
C. 对账不平
D. 有两项固定资产增加未制单

三、判断题

1. 首次使用固定资产管理系统时，应先对账套进行初始化。（　　）
2. 一项固定资产选择多个"使用部门"时，累计折旧可以在多部门间按设置的比例分摊。（　　）
3. 固定资产的自动编码方式只能一种，一经设定则不得修改。（　　）
4. 固定资产账务接口选项指定的对账科目一般是资产原值和累计折旧科目。（　　）
5. 在固定资产子系统中，选择【设置】│【选项】命令，可以修改初始化过程中已设置的所有参数。（　　）
6. 固定资产原始卡片的录入任何时候都可以进行。（　　）
7. 通过资产增加功能录入新增固定资产卡片时，卡片中"开始使用日期"栏的年份和月份不能修改。（　　）
8. 一般把与计算和报表汇总有关的项目的调整称为资产变动处理。（　　）
9. 如某项已计提减值准备的固定资产的价值又得以恢复，应删除原减值准备变动单。（　　）
10. 企业将一台在用设备转为停用，在填写变动单的同时，应修改相应的固定资产卡片。（　　）

实训十　固定资产核算与管理

一、实训目的

通过实训演练，了解固定资产系统的主要功能与操作流程，掌握初始设置、卡片管理、业务处理、输出账表的内容与操作方法。

二、实训内容

(1) 固定资产系统的建账、启用以及初始设置。

(2) 固定资产卡片管理，如录入原始卡片、增减变动处理、资产评估。

(3) 固定资产的主要业务处理，包括输入工作量、计提折旧、查阅折旧清单、查阅折旧分配表、对账、批量制单、凭证查询、月末处理等。

(4) 查询账簿、分析表、统计表、减值准备表、折旧分配表。

三、实训资料

1. 建账资料

(1) 启用月份：20××年1月。

(2) 折旧信息：本账套计提折旧、折旧方法为平均年限法（二）、折旧汇总分配周期为1个月、当月初已计提月份=(可使用月份-1)时，将剩余折旧全部提足。

(3) 编码方式：资产类别编码采用"2112"方式，按"类别编码+部门编码+序号"自动编码，卡片序号长度为3。

(4) 财务接口：与财务系统进行对账，对账不平不允许月末结账。对账科目如下：

　　固定资产对账科目：1601固定资产

　　累计折旧对账科目：1602累计折旧

　　减值准备对账科目：1603减值准备

(4) 补充参数：业务发生后立即制单，月末结账前一定要完成制单登账业务。

2. 部门对应折旧科目

表8-4　部门对应折旧科目

部门编码	部门名称	折旧科目
101	办公室	6602 管理费用
102	财务部	6602 管理费用
103	人事部	6602 管理费用
104	工　会	6602 管理费用
201	一车间	50010101 基本生产成本—电视机
202	二车间	50010102 基本生产成本—录像机
301	采购科	6601 销售费用
302	销售科	6601 销售费用
4	退休部	6602 管理费用

3. 资产类别

表 8-5 资产类别以及相关信息

类别编码	类别名称	使用年限(月)	净残值率%	计提属性	折旧方法	转回减值准备
01	土地	840		不计提		
02	房屋及建筑物					
021	经营用房	240	5	正常计提	平均年限法	允许
022	非经营用房	840	5	正常计提	平均年限法	允许
03	机器设备					
031	经营用设备	60	5	正常计提	平均年限法	不允许
032	办公用设备	60	5	正常计提	平均年限法	不允许
04	运输设备					
041	经营用车辆	120	5	正常计提	工作量法	不允许
042	非经营用车辆	120	5	正常计提	工作量法	不允许
05	其他					
051	办公用家具	120	5	正常计提	平均年限法	不允许

4. 增减方式

系统预设各种增减方式,但需要补充对应入账科目。

表 8-6 系统预设的增减方式以及对应入账科目

增加方式	对应入账科目
直接购入	银行存款(1002)
投资者投入	实收资本(4001)
捐赠	资本公积—其他资本公积(400202)
盘盈	待处理财产损溢—待处理固定资产损溢(190102)
在建工程转入	在建工程(1604)
减少方式	对应入账科目
出售	固定资产清理(1606)
投资转出	长期股权投资—成本(151101)
捐赠转出	固定资产清理(1606)
盘亏	待处理财产损溢—待处理固定资产损溢(190102)
报废	固定资产清理(1606)

5. 使用状况、折旧方法:系统均已预设,无须另外设置。

6. 期初固定资产原始卡片

表 8-7　期初固定资产原始卡片（一）

资产编码	名称	部门名称	资产类别	原值（元）	预计残值率（%）	预计净残值（元）	累计折旧（元）
1101	厂房 A	车间一	经营用房	523498.60	0	0	0.00
1102	厂房 B	车间二	经营用房	1000000.00	0	0	500000.00
1201	职工俱乐部	工会	非经营用房	818222.40	0	0	340926.00
2101	办公家俱	办公室	办公用家具	124760.00	0	0	0
2201	打印机 A	财务部	办公用设备	50000.00	5	2500.00	28500.00
2202	计算机	财务部	办公用设备	36000.00	6	2160.00	17568.00
3102	运货卡车	销售科	经营用车辆	360000.00	0	0	180000.00
合计				2912481.00			1066994.00

表 8-8　期初固定资产原始卡片（二）

资产编码	折旧方法	增加方式	使用状态	总工作量（公里）	累计工作量（公里）	使用年限（年）	已提月数
1101	平均年限法	在建工程转入	在用			20	0
1102	平均年限法	在建工程转入	在用			20	120
1201	平均年限法	在建工程转入	在用			20	100
2101	平均年限法	投资者投入	在用			15	0
2201	年数总和法	直接购入	在用			5	24
2202	双倍余额递减法	投资者投入	在用			10	36
3102	工作量法	直接购入	在用	42000	21000	5	30

需要注意的是，固定资产"开始使用日期"按账套启用时间和已提月数进行推算，即，开始使用日期＝账套启用时间－（已提月数＋1），如上述"计算机（2202 号）"已提折旧 36 个月，如果账套起用日期为 2016 年 1 月，则投入使用时间应为 2012 年 12 月。

7. 一月份固定资产资料

(1) 1 月新增固定资产卡片。

表 8-9　1 月新增固定资产卡片（一）

编码	名称	部门名称	资产类别	原值(元)	预计残值率(元)	预计净残值(元)	累计折旧(元)
2103	机床设备	一车间	经营用设备	320000.00	0	0	0

表 8-10　1 月新增固定资产卡片（二）

编码	折旧方法	增加方式	使用状态	使用年限(年)	启用日期	已提月数
2103	平均年限法	直接购入	在用	20	201×.01.03	0

(2) 1 月固定资产工作量：运货卡车本月行驶 700 公里。

(3) 计提 1 月份折旧。

(4) 分摊 1 月份折旧费，生成转账凭证。

(5) 1月减少固定资产：1月15日，出售1台打印机(2201)，售价为20000元。

8. 二月份固定资产资料

(1) 2月新增固定资产卡片。

表8-11 2月新增固定资产卡片（一）

编码	名称	部门名称	资产类别	原值(元)	预计残值率(%)	预计净残值(元)	累计折旧(元)
2209	电讯设备	办公室	办公用设备	95000.00	0	0	0

表8-12 2月新增固定资产卡片（二）

编码	折旧方法	增加方式	使用状态	使用年限（年）	启用日期	已提月数
2209	平均年限法	直接购入	在用	10	201×.02.14	0

(2) 2月固定资产工作量：运货卡车本月行驶700公里。

(3) 计提2月份折旧。

(4) 分摊2月份折旧费，生成转账凭证。

第九章

供应链管理系统

学习目标

1. 了解供应链管理系统的功能和操作流程。
2. 了解采购管理、销售管理、库存管理和存货核算系统的主要功能。
3. 掌握供应链管理系统的初始设置方法。
4. 掌握供应链管理系统采购业务、销售业务、库存管理和存货核算的处理方法。

第一节 供应链管理系统概述

供应链管理俗称购销存管理,是 ERP 的一个重要组成部分,主要包括采购管理、销售管理、库存管理和存货核算等子系统,各个子系统既可以单独应用,也可以与相关子系统联合应用,企业借此可以实现销售、生产、采购、财务部门的高效协同。

一、供应链与供应链管理

1. 供应链

供应链又称需求链,它从采购原材料开始,经过核心企业以及相关企业的加工、组装以制成最终产品,最后由销售网络将产品送到消费者手中,其中包含了商品和信息从供应商到最终客户的所有流动过程。供应链上的供应商、制造商、批发商、零售商和销售者之间,伴随着物流的发生而形成了大量的信息流以及必要的资金流,而且由于物料在供应链上因加工、组装、运输等环节而增加其价值,所以说供应链不仅是一条物料链、信息链、资金链,也是一条增值链。

2. 供应链管理

供应链管理(supply chain management,SCM)是对供应链业务以及各种伙伴关系进行计划、组织、协调和控制的一体化管理。由于供应链的复杂性、动态性、匹配性,因此对供应链必须进行科学管理,以便进一步降低成本。供应链管理的基本思想是"横向一体化",不仅要通过业务流程重整与优化企业采购、库存、计划、制造、销售等内部管理,而且要更关注物料供应、协作加工、配送服务以及商业流通等外部管理,并在它们之间建立战略合作关系。

二、供应链管理系统的主要功能

用友 ERP-U8 供应链管理系统由众多子系统组成，其中主要有：

（1）采购管理系统：采购管理系统对采购业务的全部流程进行管理，提供请购、订货、到货、入库、开票、采购结算的完整采购流程，用户可根据实际情况进行采购流程的定制。

（2）销售管理系统：销售管理系统是用友 ERP-U8 供应链管理系统的重要组成部分，它提供了报价、订货、发货、开票的完整销售流程，支持普通销售、委托代销、分期收款、直运、零售、销售调拨等多种类型的销售业务，并可对销售价格和信用进行实时监控。用户可根据实际情况对系统进行定制，构建自己的销售业务管理平台。

（3）库存管理系统：库存管理系统能够满足采购入库、销售出库、产成品入库、材料出库、其他出入库、盘点管理等业务需要，提供仓库货位管理、批次管理、保质期管理、出库跟踪入库管理、可用量管理、序列号管理等全面的业务应用。

（4）存货核算系统：存货核算是企业会计核算的一项重要内容，存货核算系统应正确计算存货购入成本，促使企业努力降低存货成本；同时，应反映和监督存货的收发、领退、保管以及存货资金的占用情况，促进企业提高资金的使用效果。

三、供应链管理各系统之间的关系

在企业的日常工作中，采购供应部门、仓库、销售部门、财务部门等都涉及购销存业务及其核算的处理，各个部门的管理内容不同，部门之间的协调主要通过单据传递来实现，各部门（或业务系统）之间的关系如图 9-1 所示。

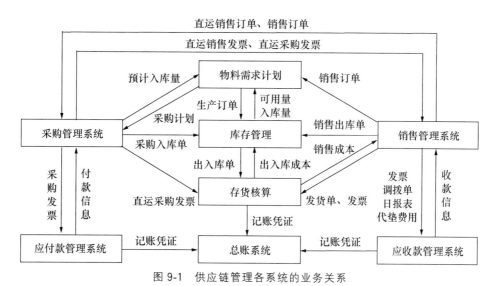

图 9-1 供应链管理各系统的业务关系

第二节 供应链管理系统的初始设置

供应链管理系统初始设置包括供应链管理系统建账、基础信息设置以及期初数据录入等项工作。

一、供应链管理系统的启用

用户要使用供应链管理系统，首先要启用相应的功能模块，其操作方法如下：
(1) 以账套主管身份注册登录企业应用平台。
(2) 在企业应用平台选择【基础设置】|【基本信息】|【系统启用】命令，选择启用功能即可。例如，选择启用"采购管理""销售管理""库存管理""存货核算""应收款管理""应付款管理"模块，启用日期为"2013-02-01"。

二、基础信息设置

在企业应用平台窗口，选择【基础设置】|【基础档案】命令，即可设置供应链系统基础信息，内容包括：存货分类、计量单位组及计量单位、存货档案、仓库档案、采购类型、销售类型、收发类别等。

【例9-1】 按下列表格内容设置广东宏兴有限公司的供应链管理基础信息。
(1) 存货分类

表 9-1 存货分类

存货分类编码	存货分类名称
01	原材料
02	产成品

(2) 计量单位组

表 9-2 计量单位组

计量单位组编号	计量单位组名称	计量单位组类别
1	无换算关系	无换算率

(3) 计量单位

表 9-3 计量单位

计量单位编码	计量单位名称	所属计量单位组名称
01	吨	无换算关系
02	件	无换算关系

(4) 存货档案

表 9-4 存货档案

存货编码	存货名称	所属类别	主计量单位	税率	存货属性
001	甲材料	原材料	吨	17%	外购、生产耗用
002	乙材料	原材料	吨	17%	外购、生产耗用
003	A产品	产成品	件	17%	自制、内销、外销
004	B产品	产成品	件	17%	自制、内销、外销

(5) 仓库档案

表 9-5 仓库档案

仓库编码	仓库名称	计价方式
1	原料库	移动平均法
2	成品库	移动平均法

(6) 收发类别

表 9-6 收发类别

收发类别编码	收发类别名称	收发标志	收发类别编码	收发类别名称	收发标志
1	正常入库	收	3	正常出库	发
11	采购入库	收	31	销售出库	发
12	产成品入库	收	32	领料出库	发
2	非正常入库	收	4	非正常出库	发
21	盘盈入库	收	41	盘亏出库	发
22	其他入库	收	42	其他出库	发

(7) 采购类型

表 9-7 采购类型

采购类型编码	采购类型名称	入库类别	是否默认值
1	普通采购	采购入库	是

(8) 销售类型

表 9-8 销售类型

销售类型编码	销售类型名称	出库类别	是否默认值
1	经销	销售出库	是
2	代销	销售出库	否

操作方法如下：

(1) 选择【基础设置】|【基础档案】|【存货】命令，打开如图 9-2 所示的存

货分类窗口，即可录入存货分类信息。

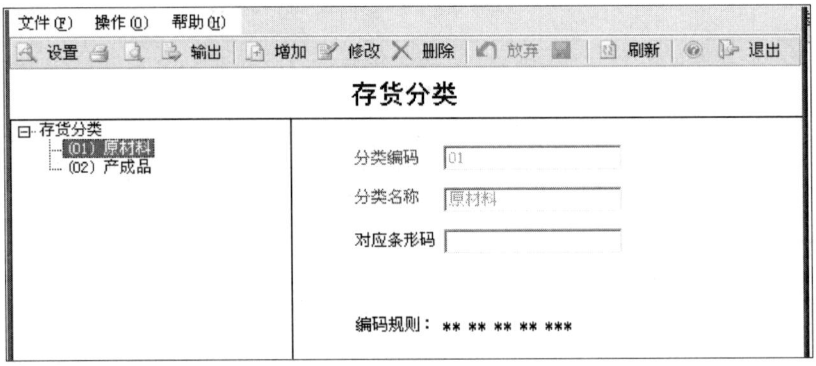

图 9-2 存货分类窗口

（2）用同样的方法完成其他供应链基础信息的设置。

三、基础科目设置

科目设置用于设置系统中生成凭证所需要的各种存货科目、差异科目、运费科目、税金科目、结算科目和对方科目等。在制单之前，应先在供应链模块将科目设置完整。如果事先未设置科目，则须在生成凭证时手工输入科目。

1. 存货核算系统

（1）存货科目：按照存货分类设置存货科目。

（2）对方科目：根据收发类别设置对方科目。

【例 9-2】 设置广东宏兴有限公司的存货科目和对方科目。

存货科目如下：

表 9-9 存货科目

仓库	存货科目
原料库	原材料（140301）
成品库	库存商品（140501）

对方科目如下：

表 9-10 对方科目

收发类别	对方科目
采购入库	在途物资（1402）
产成品入库	生产成本（500101）
销售出库	主营业务成本（640101）

操作方法如下：

（1）选择【业务工作】｜【供应链】命令，进入存货核算系统，选择【初始设置】

|【科目设置】|【存货科目】命令,按资料内容设置存货科目。

(2)在存货核算系统中,选择【初始设置】|【科目设置】|【对方科目】命令,按要求内容设置对方科目。

2. 应收款管理系统

【例 9-3】 设置广东宏兴有限公司的应收款管理基础信息,其中:

(1)坏账处理方式:应收余额百分比法、其他参数为系统默认。

(2)基本科目设置:应收科目 1122、预收科目 2203、销售收入科目 600101、应交增值税科目 22210101、其他暂时不设置。

(3)结算方式科目:现金结算对应科目 1001、转账支票对应科目 100201、现金支票对应科目 100201。

(4)坏账准备设置:提取比例 0.5%、期初余额 1170、科目 1231、对方科目 660204。

(5)账期内账龄区间设置如下:

表 9-11 账龄区间设置

序号	起止天数	总天数
01	0～30	30
02	31～60	60
03	61～90	90
04	91～120	120
05	121 以上	

(6)报警级别设置如下:

表 9-12 报警级别设置

序号	起止比率	总比率	级别名称
01	0 以上	10%	A
02	10%～30%	30%	B
03	30%～50%	50%	C
04	50%～100%	100%	D
05	100%以上		E

操作方法如下:

(1)选择【业务工作】|【财务会计】|【应收款管理】|【设置】|【选项】命令,打开如图 9-3 所示的账套参数设置窗口,设置坏账处理方式为应收余额百分比法。

■ 会计信息系统

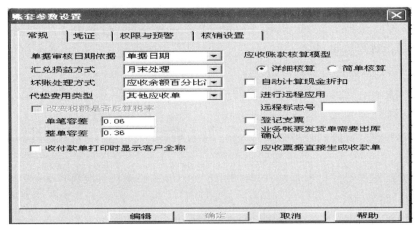

图 9-3 账套参数设置窗口

（2）选择【应收款管理】｜【设置】｜【初始设置】命令，按资料内容设置基本科目、结算方式科目、坏账准备设置、账期内账龄区间、报警级别等。坏账准备设置需要重新注册后进行。

3. 应付款管理系统

【例 9-4】 设置广东宏兴有限公司的应付款管理基础信息，其中：

（1）基本科目设置：应付科目 220201、预付科目 1123、采购科目 1402、采购税金科目 22210102、其他暂时不设置。

（2）结算方式科目设置：现金结算对应科目 1001、转账支票对应科目 100201、现金支票对应科目 100201。

（3）账期内账龄和报警级别设置参照【例 9-3】。

操作方法如下：

（1）选择【业务工作】｜【财务会计】｜【应付款管理】｜【设置】｜【初始设置】命令，按资料内容录入基本科目和结算方式科目。

（2）用同样的方法，设置账期内账龄和报警级别。

四、系统期初数据的录入

账簿都有期初数据以保证数据的连续性。初次使用供应链管理系统应先输入期初数据。

1. 采购管理系统期初数据

采购管理系统可能存在两类期初数据：一类是货到票未到即暂估入库业务，如果企业第一次启用采购管理系统，则应在采购管理系统未进行采购期记账前录入上月月末暂估入库存货数据；另一类是票到货未到即在途业务，对于这类业务应调用期初采购发票功能录入。

采购管理系统无论是否有期初数据，都要进行期初记账，否则无法进行日常业务处理，同时，库存管理系统和存货核算系统也不能记账。

【例9-5】 1月26日，广东宏兴有限公司收到南京泰得公司提供的10吨甲材料，单价为3000元，商品已验收入原材料库，至今未收到发票。

本例为货到票未到业务。

操作方法如下：

(1) 进入采购管理系统，选择【采购入库】|【入库单】命令，打开如图9-4所示的期初采购入库单窗口。

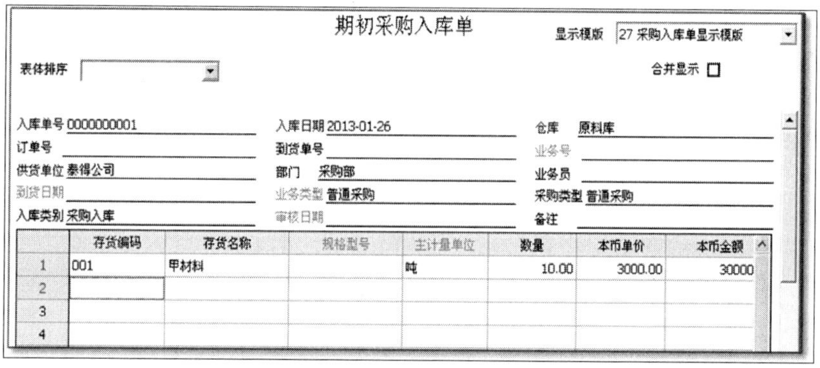

图9-4 期初采购入库单窗口

(2) 单击【增加】按钮，输入入库日期"2013-01-26"、选择仓库"原料库"、供货单位"南京泰得公司"、部门"采购部"、入库类别"采购入库"、采购类型"普通采购"。

(3) 选择存货编码"001"、输入数量"10"、本币单价"3000"，单击【保存】按钮保存。

(4) 选择【设置】|【采购期初记账】命令，系统即弹出期初记账信息提示对话框，单击【记账】按钮，返回采购管理系统。

2. 销售管理系统期初数据

销售管理系统期初数据是指销售系统启用日期之前已经发货、出库但未开具销售发票的存货。

【例9-6】 1月27日，广东宏兴有限公司销售部向广州中信集团出售100件A产品，单价为1000元，由成品仓库发货，该发货单尚未开票。

操作方法如下：

(1) 进入销售管理系统，选择【设置】|【期初录入】|【期初发货单】命令，进入如图9-5所示的期初发货单窗口。

(2) 单击【增加】按钮，输入发货日期"2013-01-27"、选择销售类型"经销"、选择客户名称"广州中信集团"、选择销售部门"销售部"。

(3) 选择仓库"成品库"、选择存货"A产品"、输入数量"100"、无税单价"1000"，单击【保存】按钮保存，再单击【审核】按钮，审核该发货单。

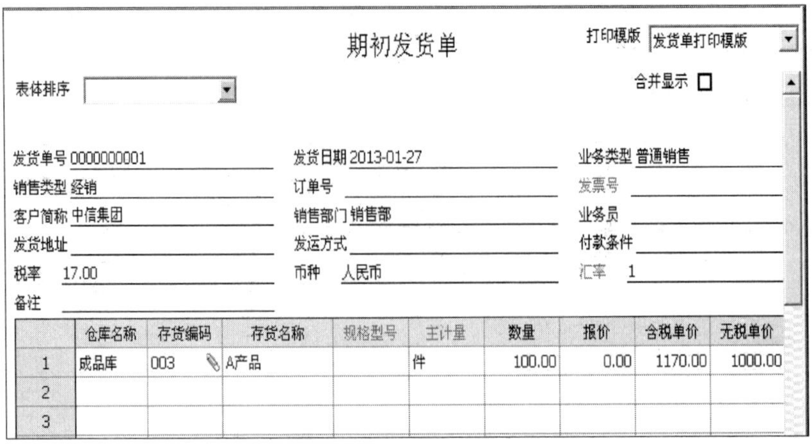

图 9-5 期初发货单窗口

3. 库存和存货核算系统期初数据

各个仓库存货的期初余额既可以在库存管理系统中录入，也可以在存货核算系统中录入。因该数据涉及总账对账，因此笔者建议在存货核算系统中录入。

【例 9-7】 1月31日，广东宏兴有限公司对各个仓库进行了盘点，结果如表 9-13 所示，要求录入库存和存货核算系统期初数据。

表 9-13 盘点结果

仓库名称	存货名称	数量	结存单价
原料库	甲材料	750 吨	200 元/吨
	乙材料	720 吨	420 元/吨
成品库	A产品	2500 件	600 元/件
	B产品	5000 件	50 元/件

操作方法如下：

方法1：在存货核算系统中录入存货期初数据并记账

（1）启用存货核算系统，选择【初始设置】|【期初数据】|【期初余额】命令，打开如图 9-6 所示的期初余额窗口。

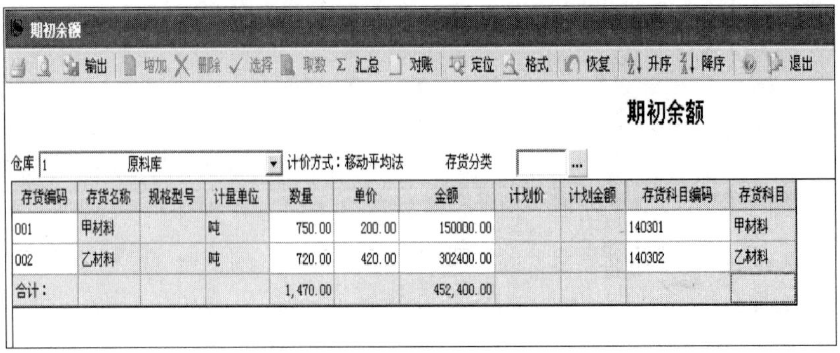

图 9-6 期初余额窗口

（2）选择仓库"原料库"，单击【增加】按钮，输入存货编码"001"、数量"750"、单价"200"。同理输入"乙材料"期初数据。

（3）选择仓库"成品库"，单击【增加】按钮，输入存货编码"003"、数量"2500"、单价"600"；输入存货编码"004"、数量"5000"、单价"50"。

（4）单击【记账】按钮，系统对所有仓库进行记账。

方法 2：在库存管理系统中录入存货期初数据并记账

（1）启用库存管理系统，选择【初始设置】|【期初结存】命令，打开期初结存窗口。

（2）选择仓库"原料库"，单击【修改】|【取数】按钮，然后单击【保存】按钮。录入完成后，单击【审核】按钮，系统即弹出审核成功提示对话框，单击【确定】按钮。

（3）同理，通过取数方式输入成品库存货期初数据，录入完成后单击【对账】按钮，系统即核对库存管理系统与存货核算系统的期初数据是否一致，若一致，系统会弹出"对账成功"信息提示对话框，单击【确定】按钮返回。

第三节　采购业务处理

采购是企业物资供应部门按确定的采购计划，通过市场采购或其他渠道，取得企业生产经营所需物资的一种经济活动。采购是企业价值链的重要环节，其业务处理一般通过采购管理系统实现。使用采购管理系统可以改善业务流程、提高采购效率、降低采购成本，据统计，总的采购成本可以降低 5%。本节主要介绍实际成本法下的企业采购活动的核算。

一、采购管理系统概述

1. 采购管理系统的基本任务

采购管理系统追求的目标是密切保持与供应商的联系，保障供给，降低采购成本。因此，采购管理系统的基本任务如下：

（1）管理有关供应商及其报价资料，为选择供应商提供信息支持。

（2）管理采购订单，管理和监督订单的编制、审核、签订和执行情况。

（3）处理采购发票、采购入库、采购结算、采购退货等采购业务，正确反映采购材料或商品的数量、成本和价格差异。

（4）协助应付款管理系统，加强对应付账款的管理与监督。

（5）提供与其他系统的数据接口，及时传递数据，相互协同处理。

2. 采购管理系统的逻辑模型

采购过程一般经过签约、收货和结算三个基本环节，主要处理流程包括：

（1）采购业务员根据采购请求或 MRP 系统提供的采购计划，通过查询供应商及其报价资料选择合适供应商，编制采购订单，签约后输入系统。

（2）仓库管理员收到供应商发来的存货并在验收后，根据采购订单、验收报告填制入库单，存入系统并传送给库存系统与存货系统。

（3）财务人员收到供应商的购货发票并在与采购订单核对无误后，将其输入系统。在电子商务环境下，采购发票可以通过 EDI 或其他途径接收，并自动转换后存入系统发票文件。

（4）采购结算，即根据采购订单自动核对采购发票与入库单，分析是否钱货两清、货到款未付、款付货未到以及部分付款等情况。

（5）输出采购统计表、明细表、分析表，如在途存货统计表、暂估入库统计表等。

采购管理系统主要部分的数据流图如图 9-7 所示，它基本反映了系统的逻辑模型。

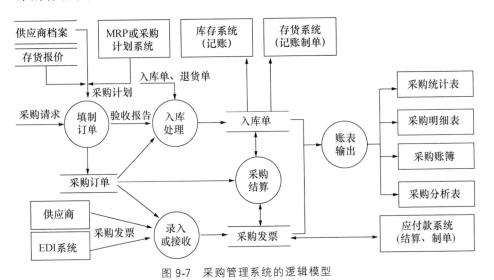

图 9-7 采购管理系统的逻辑模型

3. 采购管理系统与其他系统的数据联系

如图 9-8 所示，采购管理系统与 MRP、采购计划、质量管理、应付款管理、库存管理、存货管理等多个系统都共享基础数据或者相互提供处理结果，而且一般只有在采购管理系统进行月末处理之后，其他系统才可以进行月末处理。

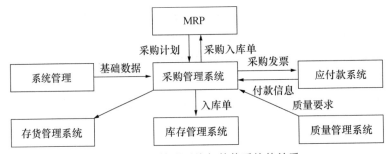

图 9-8 采购管理系统与其他系统的关系

4. 采购管理系统的基本功能

采购管理系统是用友 ERP-U8 供应链管理系统的一个子系统，它既可以单独使

用,也可以与用友 ERP-U8 的库存管理、存货核算、销售管理、应付款管理集成使用。它的主要功能包括以下几个方面:

(1) 采购系统初始设置。采购管理系统初始设置包括设置采购管理系统业务处理所需要的采购参数、基础信息及期初采购数据。

(2) 采购业务处理。可以对采购业务的日常操作,包括请购、订货、到货、入库、采购发票和采购结算等业务进行全过程管理,还可以处理普通采购业务、受托代销业务、直运业务等业务类型。

(3) 采购账簿及采购分析。采购管理系统可以提供各种采购明细表、增值税抵扣明细表、各种统计明细表及采购账簿供用户查询,同时提供采购成本分析、供应商价格对比分析、采购类型结构分析等分析表。

二、普通采购业务处理

普通采购业务适用于大多数企业的日常采购业务,它对采购请购、采购订货、采购入库、采购发票、采购成本核算、采购付款进行全过程管理。

1. 请购业务处理

采购请购是指企业内部各部门向采购部门提出采购申请,或采购部门汇总企业内部采购的需求列出采购清单。请购是采购业务的起点,可以依据审核后的采购请购单生成采购订单。在采购业务处理流程中,请购环节可以省略。

2. 订货业务处理

订货是指企业与供应商签订采购合同或采购协议,确定要货需求。供应商根据采购订单组织货物,企业根据采购订单进行验收。在采购业务处理流程中,订货环节也是可选的。

3. 到货业务处理

采购到货是采购订货和采购入库的中间环节,一般由采购业务员根据供方通知或送货单填写,确认对方所送货物、数量、价格等信息,以到货单的形式传递到仓库作为仓库管理收货的依据。在采购业务处理流程中,到货处理可选可不选。

4. 入库业务处理

采购入库是指将供应商提供的物料检验(也可以免检)合格后,放入指定仓库的业务。当采购管理系统与库存管理系统集成使用时,入库业务在库存管理系统中处理;当采购管理系统不与库存管理系统集成使用时,入库业务在采购管理系统中处理。在采购业务处理流程中,入库处理是必需的。

采购入库单是仓库管理员根据签收的实际数量填制的入库单据。采购入库单既可以直接填制,也可以复制采购订单或采购到货单。

5. 采购发票处理

采购发票是供应商开出的销售货物的凭证,财务人员根据采购发票确定采购成本,并据此登记应付账款。采购发票按业务性质分为蓝字发票和红字发票;按发票类型分为增值税专用发票、普通发票和运费发票。

采购发票既可以直接填制，也可以参照采购订单、采购入库单或其他采购发票生成。

6. 采购结算处理

采购结算也称采购报账，在用友 ERP-U8 采购管理系统中采购结算针对采购入库单，根据发票确定其采购成本。采购结算的结果是生成采购结算单，它是记载采购入库单与采购发票对应关系的结算对照表。采购结算分为自动结算与手工结算两种方式。

三、采购入库业务处理

采购入库业务按货物与发票到达的先后顺序，划分为单货同行、货到票未到（暂估入库）、票到货未到（在途存货）三种类型，不同的业务类型相应的处理方式有所不同。

1. 单货同行采购业务

单货同行采购业务处理流程如图 9-9 所示。

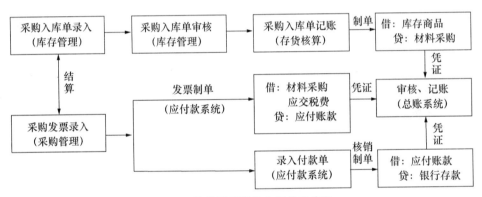

图 9-9 单货同行采购业务处理流程

2. 暂估入库（货到票未到）采购业务

暂估是指本月存货已经入库，但采购发票尚未收到，不能确定存货的入库成本，月底时为了正确核算企业的库存成本，需要将这部分存货暂估入账，形成暂估凭证。对暂估业务，系统提供了三种不同的处理方法，即月初回冲、单到回冲和单到补差。

3. 在途业务（票到货未到）

如果先收到了供货单位的发票，而没有收到供货单位的货物，可以对发票进行压单处理，待货物到达后，再一并输入系统作报账结算处理。但如果需要实时统计在途货物的情况，就必须将发票输入系统，待货物到达后，再填制入库单并作采购结算。

四、其他日常业务处理

1. 采购退货业务

由于材料质量不合格、企业转产等原因，企业可能发生退货业务，针对退货业务及发生的不同原因,系统采用了不同的解决方法。

2. 现付业务

现付业务是指当采购业务发生时,采购单位立即付款,由供货单位开具发票。

3. 综合查询

灵活运用采购管理系统提供的单据查询和账表查询功能,可以有效提高信息利用和采购管理水平。

五、操作实例

下面以实例介绍采购管理系统日常业务处理的操作方法。

【例 9-8】 2013 年 2 月,广东宏兴有限公司发生采购业务如下:

(1) 2 月 1 日,业务员刘云向青岛海台公司询问甲材料的价格 210 元/吨,刘云评估后认为价格合理,随即向上级主管提出请购要求,请购数量为 100 吨。业务员据此填制请购单。

(2) 2 月 2 日,上级主管同意向海台公司订购 100 吨甲材料,单价为 210 元/吨,要求到货日期为 2 月 5 日。

(3) 2 月 5 日,仓库管理员收到所订购的 100 吨甲材料,业务员填制到货单。

(4) 同日,仓库管理员将所收到的货物验收入原料库,填制采购入库单。

(5) 同日,收到该笔货物的专用发票一张,发票号为 112233。

(6) 业务部将采购发票交给财务部门,财务部确定此业务所涉及的应付款及采购成本,材料会计记材料明细账。

(7) 财务部开出转账支票一张付清采购货款,支票号为 CX12345。

操作方法如下:

1. 在采购管理系统中填制并审核请购单

(1) 选择【请购】|【请购单】命令,进入采购请购单窗口。

(2) 单击【增加】按钮,输入日期"2013-02-01",选择部门"采购部",请购人员"刘云"。

(3) 选择存货编码"001"、输入数量"100"、本币单价"210"、需求日期"2013-02-05"、供应商"海台公司",如图 9-10 所示。

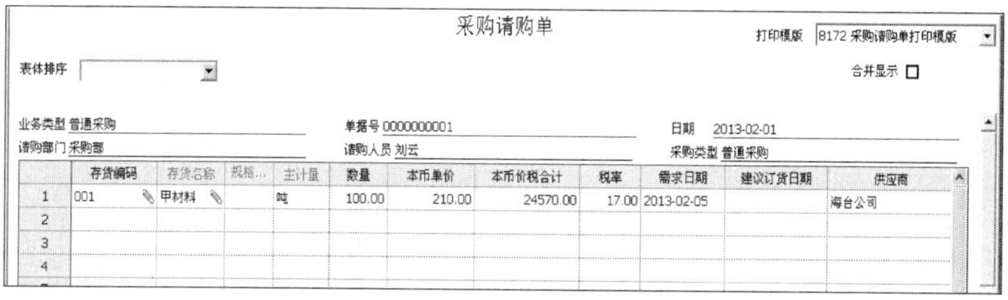

图 9-10 采购请购单窗口

(4) 单击【保存】按钮,然后单击【审核】按钮。完成以上步骤后退出采购请购单窗口。

2. 在采购管理系统中填制并审核采购订单

(1) 选择【采购订货】|【采购订单】命令，进入采购订单窗口。

(2) 单击【增加】按钮，选择【生单】下拉列表中的"请购单"命令，打开过滤条件选择窗口，单击【过滤】按钮，进入拷贝并执行窗口，如图9-11所示。

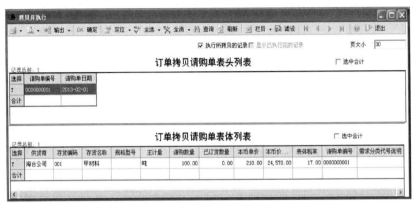

图 9-11 拷贝并执行窗口

(3) 双击需要参照的采购请购单的"选择"栏，单击【OK 确定】按钮，将采购请购单相关信息导入采购订单。

(4) 单击【保存】按钮，然后单击【审核】按钮。完成以上步骤后退出采购订单窗口。

3. 在采购管理系统中填制到货单

(1) 选择【采购到货】|【到货单】命令，进入到货单窗口。

(2) 选择【生单】下拉列表中的"采购订单"命令，打开采购订单列表过滤窗口，单击【过滤】按钮，进入拷贝并执行窗口。

(3) 双击需要参照的采购订单的选择栏，单击【确定】按钮，将采购订单相关信息带入采购到货单，输入日期"2013-02-05"，选择部门"采购部"，如图9-12所示。

图 9-12 到货单窗口

(4) 单击【保存】按钮，然后单击【审核】按钮。完成以上步骤后退出到货单窗口。

4. 在库存管理系统中填制并审核采购入库单

(1) 选择【入库业务】|【采购入库单】命令，进入采购入库单窗口。

(2)选择【生单】下拉列表中的"采购到货单(蓝字)"命令,打开采购到货单列表过滤窗口,单击【过滤】按钮,进入到货单生单列表窗口。

(3)双击需要参照的采购订单的选择栏,单击【OK 确定】按钮,将采购到货单相关信息带入入库单,入库日期为"2013-02-05",选择入库仓库为"原料库",如图9-13 所示。

图 9-13 采购入库单窗口

(4)单击【保存】按钮,然后单击【审核】按钮。完成以上步骤后退出采购入库单窗口。

5. 在采购管理系统中填制并审核采购发票

(1)以账套主管身份进入企业应用平台,选择【基础设置】|【单据设置】|【单据编号设置】命令,打开"单据编号设置"对话框。单击单据类型下的"采购管理",选择"采购专用发票",单击【修改】按钮,选中"完全手工编号"复选框,单击【保存】按钮。

(2)选择【采购发票】|【专用采购发票】命令,进入专用发票窗口。

(3)单击【增加】按钮,选择【生单】下拉列表中的"采购入库单"命令,打开"采购入库单列表过滤"窗口,单击【过滤】按钮,进入拷贝并执行窗口。

(4)选择需要参照的采购入库单,单击【OK 确定】按钮,将采购入库单相关信息带入采购专用发票,输入发票号"112233",如图9-14 所示。

图 9-14 专用发票窗口

(5)单击【保存】按钮后,退出专用发票窗口。

6. 在采购管理系统中进行采购结算

(1) 选择【采购结算】|【手工结算】命令，进入手工结算窗口。

(2) 单击【选单】按钮，进入结算选单窗口，单击【过滤】按钮，弹出"过滤统计选择—采购手工结算"对话框，单击【过滤】按钮，选择需要结算的发票和入库单，如图 9-15 所示，单击【OK 确定】按钮，返回手工结算窗口。

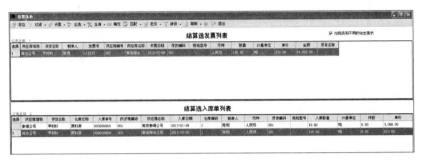

图 9-15　结算选单窗口

(3) 单击【结算】按钮，系统即弹出"完成结算！"提示信息框。

(4) 单击【确定】按钮，然后退出手工结算窗口。

7. 在应付款管理系统中审核采购专用发票并生成应付凭证

(1) 启用应付款管理系统，选择【应付单据处理】|【应付单据审核】命令，系统即弹出应付单过滤条件对话框，选择供应商"青岛海台公司"，单击【确定】按钮，进入单据处理窗口。

(2) 选择需要审核的单据，单击【审核】按钮，系统即弹出"审核成功"信息提示对话框，单击【确定】按钮返回后退出。

(3) 选择【制单处理】命令，系统即弹出制单查询对话框，选择"发票制单"复选框，选择供应商"青岛海台公司"，单击【确定】按钮，进入采购发票制单窗口。

(4) 单击【全选】按钮，或在"选择标志"栏输入某数字作为选择标志，选择凭证类别，如图 9-16 所示。单击【制单】按钮，进入"填制凭证"窗口。

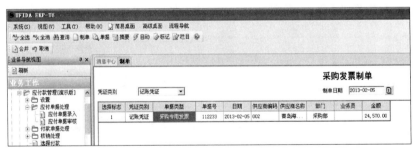

图 9-16　采购发票制单窗口

(5) 单击【保存】按钮，凭证左上角出现"已生成"标志，表示该凭证已传输到总账系统，如图 9-17 所示。

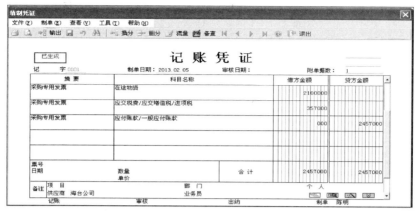

图 9-17 填制凭证窗口

8. 在存货核算系统中记账并生成入库凭证

(1) 选择【业务核算】│【正常单据记账】命令,系统即弹出"正常单据记账条件"对话框。

(2) 选择查询条件,单击【过滤】按钮,进入正常单据记账列表窗口,选择要记账的单据,单击【记账】按钮,退出正常单据记账列表窗口。

(3) 选择【财务核算】│【生成凭证】命令,进入生成凭证窗口。单击【选择】按钮,系统即弹出查询条件对话框。选择"采购入库单(报销记账)"复选框,单击【确定】按钮,进入选择单据窗口。

(4) 选择要制单的记录行,单击【确定】按钮,进入生成凭证窗口。选择凭证类别,单击【生成】按钮,进入填制凭证窗口。

(5) 单击【保存】按钮,凭证左上角出现"已生成"标志,表示该凭证已传输到总账系统,如图 9-18 所示。

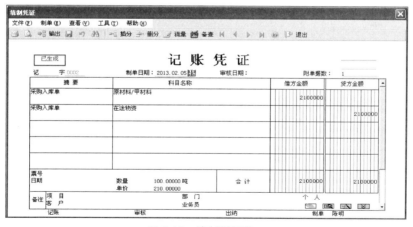

图 9-18 填制凭证窗口

9. 在应付款管理系统中处理付款并生成付款凭证,进行核销处理

(1) 选择【付款单据处理】|【付款单据录入】命令,进入付款单窗口。

(2) 单击【增加】按钮,选择供应商"海台公司",结算方式为"转账支票",金额"24570",如图9-19所示。单击【保存】按钮。

图9-19 "付款单"窗口

(3) 单击【审核】按钮,系统即弹出"是否立即制单?"信息提示对话框,单击【是】按钮,进入填制凭证窗口。选择凭证类别,单击【保存】按钮,凭证左上角出现"已生成"标志,表示凭证已传输到总账系统,如图9-20所示。

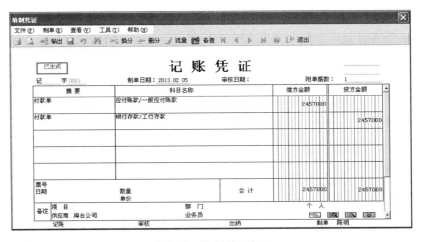

图9-20 填制凭证窗口

(4) 选择【核销处理】|【自动核销】命令,打开核销条件窗口。选择"海台公司",单击【确定】按钮,系统即弹出"是否自动核销"信息提示对话框,单击【是】按钮,系统即弹出"自动核销报告",单击【确定】按钮,核销完毕。

第四节 销售业务处理

销售以及回收货款是企业实现价值的关键环节,因此该环节也是供应链管理的一个重要组成部分。这一节主要介绍销售管理系统的基本功能与操作方法。

一、销售管理系统概述

1. 销售涉及的主要业务

销售是指企业因向客户提供产品(商品)或劳务活动而取得收入的过程。企业在产品销售过程中涉及的业务有制订销售计划、产品报价、市场预测、签发销售订单、签发提货单、开销售发票催收货款、售后服务、销售与市场分析等,其中涉及以下核算业务:

(1) 销售收入和费用核算。销售收入是企业向客户提供产品(商品)或劳务活动而获得的收入,企业应当在收到价款或索取价款的凭据时确认实现销售收入。

(2) 销售成本的核算。企业在确认销售收入的同时也确认销售成本。工业企业的销售成本通过产成品结转,而产成品的成本可以采用计划成本,也可以采用实际成本计算;商业企业的销售成本也有进价核算和售价核算两种方法。

(3) 销售税金的核算。企业在确认销售收入的同时,还要确认相应的销售税金及附加,包括产品税、增值税、营业税、城市建设维护税、资源税和教育费附加。

2. 销售管理系统的逻辑模型

销售循环从接受客户订单开始,其中除了收款之外,其余主要是销售管理系统的任务。销售业务有先发货后开票、开票直接发货、委托代销、零售等多种处理模式,但不管何种模式,销售过程一般包括签约、发货和开票结算三个基本环节,主要处理流程如下:

(1) 根据客户请求编制销售订单,客户签约后输入系统。

(2) 若采用先发货后开票模式,则按协议开出发货单供客户提货,即根据销售订单填制发货单,存入系统并传输给库存系统与存货系统,而且自动形成销售发票传输到应收账款系统收款结算。

(3) 若采用开票直接发货模式,则按协议开销售发票,并根据销售发票生成发货单,而且分别传输给应收款系统、库存系统与存货系统作进一步处理。如果双方都处于电子商务环境,则销售发票可以通过 EDI 或其他途径发送给客户。

(4) 输出销售统计表、明细表、分析表。

销售系统主要部分的数据流图如图 9-21 所示,它基本反映了系统的逻辑模型。

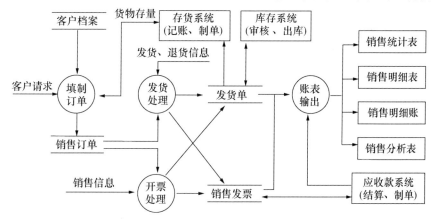

图 9-21 销售管理系统的逻辑模型

3. 销售管理系统与其他系统的数据联系

如图 9-22 所示，销售管理系统与系统管理、应收款管理、成本管理、库存管理、存货管理、主生产计划等系统都共享基础数据或者相互提供处理结果。

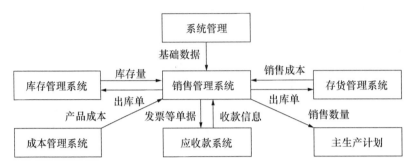

图 9-22 销售管理系统与其他系统的关系

4. 销售管理系统基本功能

销售管理是供应链的重要组成部分，它提供了报价、订货、发货、开票的完整销售流程，支持普通销售、委托代销、分期付款、直运、零售、销售调拨等多种类型的销售业务，并可以对销售价格和信用进行实时监控。用户可以根据实际情况对系统进行定制，构建自己的销售业务平台。它的主要功能包括以下几个方面：

（1）销售管理系统初始化设置。销售管理系统初始化设置包括销售管理系业务处理所需的各种业务选项、基础档案信息及销售期初数据。

（2）销售业务管理。销售业务管理主要处理销售报价、销售订货、销售发货、销售开票、销售调拨、销售退回、发货折扣、委托代销、零售业务等，并根据审核后的发票或根据发货单自动生成销售出库单，处理随同货物销售所发生的各种代垫费用，以及在货物销售过程中发生的各种销售支出。

销售管理系统可以处理普通销售、委托代销、直运销售、分期收款销售、销售调拨及零售等业务类型。

（3）销售账簿及销售分析。销售管理系统可以提供各种销售明细账、销售明细表及各种统计表。

二、用友 ERP-U8 销售管理系统日常业务处理

销售业务包括普通销售业务、委托代销业务、直运业务、分期收款业务、代垫费用业务、现收业务、销售退货业务等，笔者主要介绍普通销售业务。

普通销售支持正常的销售业务，适用于大多数企业的日常销售业务。普通销售业务根据实际业务流程不同，可以分为两种业务模式：先发货后开票模式（即先录入发货单）和开票直接发货模式（即先录入发票）。系统处理两种业务模式的流程不同，但允许两种流程并存。系统根据先录入发货单还是先录入发票判断两种流程。

1. 销售报价

销售报价是企业向客户提供的货品、规格、价格、结算方式等信息，双方达成协

议后，销售报价单可以转为有法律效力的销售合同或销售订单。在销售业务处理流程中，销售报价环节可以省略。

2. 销售订货

销售订货是指企业与客户签订销售合同，在系统中体现为销售订单。销售订单可以直接录入，也可以参照报价单生成销售订单。在销售业务处理流程中，订货环节也是可选的。已审核未关闭的销售订单可以参照生成销售发货单或销售发票。

3. 销售发货

销售发货是企业执行与客户签订的销售合同或销售订单，将货物发往客户的行为，它是销售业务的执行阶段。在销售业务处理流程中，销售发货是必需的。

在先发货后开票模式中，发货单由销售部门根据销售订单填制或手工输入，客户通过发货单取得货物所有权。发货单审核后，系统可以生成销售发票与出库单。

在开票直接发货模式中，发货单由销售发票产生，发货单只作浏览，不能进行修改、删除、弃审等操作，但可以关闭、打开；销售出库单根据系统自动生成的发货单生成。

4. 销售开票

销售开票是在销售过程中，企业给客户开具销售发票及其所附清单的过程，它是确定销售收入、计算销售成本、确认应交销售税金和确认应收款的依据，是销售业务的必要环节。

销售发票既可以直接填制，也可以对照销售订单或发货单生成。对照发货单开票时，多张发货单可以汇总开票，一张发货单也可拆单生成多张销售发票。

5. 销售出库

销售出库是销售业务处理的必要环节，在库存管理系统中则用于存货出库数量核算，在存货核算系统中则用于存货成本核算。

根据参数设置的不同，出库单可以在销售系统中生成，也可以在库存管理系统中生成。如果销售管理系统生成出库单，销售的货物只能一次全部出库，而由库存系统生成销售出库单，销售的货物可实现分次出库。

6. 出库成本确认

销售出库（开票）之后，要进行出库成本的确认。对于先进先出、后进先出、移动平均、个别计价这四种计价方式的存货，在存货核算系统中进行单据记账时要进行出库成本核算；而全月平均、计划价或销售法计价的存货，在期末处理时进行出库成本核算。

7. 应收账款确认及收款处理

及时进行应收账款确认及收款处理是财务核算工作的基本要求，该操作在应收款管理系统完成。

三、普通销售业务处理流程

普通销售业务可以分为两种业务模式：先发货后开票模式（即先录入发货单）和开

票直接发货模式(即先录入发票)。

1. 先发货后开票模式

先发货后开票模式的业务处理流程和单据流程如图 9-23 所示。

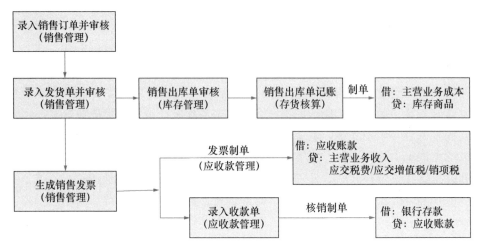

图 9-23　先发货后开票模式的业务处理流程和单据流程

2. 开票直接发货模式

开票直接发货模式的业务处理流程和单据流程如图 9-24 所示。

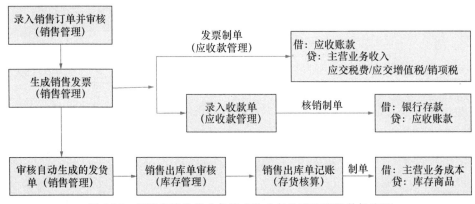

图 9-24　开票直接发货业务模式的业务处理流程和单据流程

四、操作实例

下面以实例介绍销售管理系统日常业务处理的操作方法。

【例 9-9】　2013 年 2 月,广东宏兴有限公司发生销售业务如下:

(1) 2 月 20 日,广州天马公司欲购进 A 产品 50 件,遂向广东宏兴有限公司销售部了解价格。销售部报价为 800 元/台,业务员填制并审核报价单。

(2) 广州天马公司了解情况后,要求订购 50 件,同时要求发货日期为 2 月 22 日,业务员填制并审核销售订单。

(3) 2月22日，广东宏兴有限公司从成品仓库向广州天马公司发出A产品，并据此开具销售发票一张。

(4) 销售部将销售发票交给财务部，财务部结转此业务的收入及成本。

(5) 2月23日，财务部收到广州天马公司转账支票一张，金额为46800元，支票号5566，据此填制收款单并制单。

操作方法如下：

启用销售管理系统，选择【设置】|【销售选项】命令，在设置中不选择"报价含税"复选框。

1. 在销售管理系统中填制并审核报价单

(1) 选择【销售报价】|【销售报价单】命令，进入销售报价单窗口。

(2) 单击【增加】按钮，输入报价日期"2013-02-20"、销售类型"经销"、客户"天马公司"、销售部门"销售部"。

(3) 选择存货编码"003"、名称"A产品"、输入数量"50"、报价"800"，如图9-25所示。

图 9-25 销售报价单窗口

(4) 单击【保存】按钮，并单击【审核】按钮，保存并审核报价单后退出。

2. 在销售管理系统中填制并审核销售订单

(1) 选择【销售订货】|【销售订单】命令，进入销售订单窗口。

(2) 单击【增加】按钮，选择"生单"下拉列表中的"报价"命令，打开订单参照报价单窗口。单击【过滤】按钮，在如图9-26所示的参照生单窗口上半部分中双击需要选择的报价单，单击【OK确定】按钮，将报价单信息带入销售订单。

(3) 修改销售订单表体中第一行的"预发货日期"为"2013-02-22"，单击【保存】按钮，然后单击【审核】按钮，保存并审核销售订单后退出。

3. 在销售管理系统中填制并审核销售发货单

(1) 选择【销售管理】|【设置】|【销售选项】命令，选择"可用量控制"选项卡，勾选"允许非批次存货超可用量发货"和"允许批次存货超可用量发货"。

(2) 选择【销售发货】|【发货单】命令，进入发货单窗口。

(3) 单击【增加】按钮，系统即弹出参照订单对话框，单击【过滤】按钮，选择已生成的销售订单，单击【OK确定】按钮，将销售订单信息带入发货单。输入发货日期"2013-02-22"，选择仓库"成品库"，如图9-27所示。

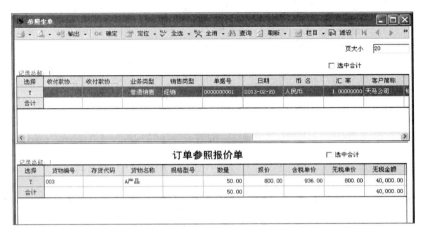

图 9-26 参照生单窗口

图 9-27 发货单窗口

(4) 单击【保存】按钮，然后单击【审核】按钮，保存并审核发货单后退出。

4. 在销售管理系统中根据发货单填制并复核销售发票

(1) 选择【设置】|【销售选项】命令，系统即弹出选项对话框。打开"其他控制"选项卡，选择"新增发票默认"为"参照发货"，单击【确定】按钮返回。

(2) 选择【销售开票】|【销售专用发票】命令，进入销售专用发票窗口。

(3) 单击【增加】按钮，系统即弹出"发票参照发货单"对话框，单击【过滤】按钮，选择要参照的发货单，单击【OK 确定】按钮，将发货单信息带入专用发票，如图 9-28 所示。需要注意的是，在编辑"本单位开户银行"信息时，输入银行编码"001"，银行账号"123456789000"，银行名称"中国工商银行"，所属行编码"01"。

(4) 单击【保存】按钮，然后单击【复核】按钮，保存并复核销售专用发票后退出。

5. 在应收款管理系统中审核销售专用发票并生成销售收入凭证

(1) 选择【应收单据处理】|【应收单据审核】命令，系统即弹出单据过滤条件对话框，单击【确定】按钮，进入应收单据列表窗口，选择需要审核的单据，单击【审核】按钮，系统即弹出"审核成功！"信息提示对话框，单击【确定】按钮返回，

图 9-28 销售专用发票窗口

然后退出。

(2) 执行【制单处理】命令,系统即弹出制单查询对话框,选择"发票制单"复选框,单击【确定】按钮,进入如图 9-29 所示的销售发票制单窗口。

图 9-29 销售发票制单窗口

(3) 选择凭证类别,单击工具栏上【全选】按钮,选择窗口中的所有单据,单击【制单】按钮,系统即弹出根据发票生成的凭证。修改制单日期,输入附件数,单击【保存】按钮,凭证左上角出现"已生成"字样,表示已将凭证传输到总账系统,如图 9-30 所示。

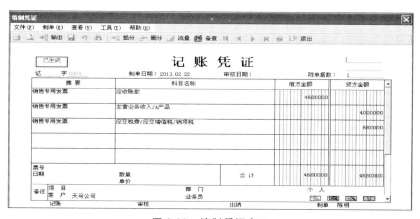

图 9-30 填制凭证窗口

6. 在库存管理系统中审核销售出库单

(1) 选择【出库业务】|【销售出库单】命令,进入销售出库单窗口。

(2) 找到需要审核的销售出库单,单击【审核】按钮,系统即弹出"该单据审核成功"信息提示对话框,单击【确定】按钮返回。

7. 在存货核算系统中对销售出库单记账并生成凭证

(1) 选择【业务核算】|【正常单据记账】命令，系统即弹出正常单据记账对话框。单击【确定】按钮，进入正常单据记账窗口。

(2) 单击需要记账的单据前的"选择"栏，然后单击【记账】按钮，系统即对单据进行记账，记账完成后，单据不在窗口中显示。

(3) 执行【财务核算】|【生成凭证】命令，进入生成凭证窗口。单击【选择】按钮，系统即弹出查询条件对话框。选择"销售专用发票"选项，单击【确定】按钮，进入选择单据窗口。

(4) 单击需要生成凭证单据前的"选择"栏，然后单击【确定】按钮，进入生成凭证窗口。选择凭证类别，单击【生成】按钮，系统即显示生成的凭证。

(5) 修改确定无误后，单击【保存】按钮，凭证左上角出现"已生成"字样，表示已将凭证传输到总账系统，如图 9-31 所示。

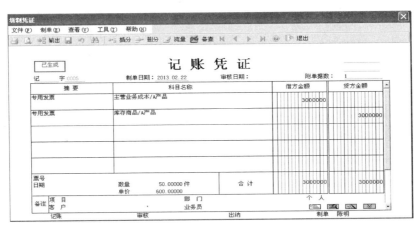

图 9-31　填制凭证窗口

8. 在应收款管理系统中输入收款单并制单

(1) 选择【收款单据处理】|【收款单据录入】命令，进入如图 9-32 所示的收付款单录入窗口，输入收款单信息。

图 9-32　"收付款单录入"窗口

(2) 单击【保存】按钮，然后单击【审核】按钮，系统即弹出"是否立即制单"信息提示对话框，单击【是】按钮。

(3) 系统在填制凭证窗口中显示生成的凭证，单击【保存】按钮。

(4) 选择【核销处理】|【自动核销】命令，对单据进行核销处理。

第五节 库存业务处理

一、库存管理系统基本功能

库存管理系统是供应链管理系统的一个子系统,它的主要功能包括以下几个方面:

1. 日常收发存业务处理

库存管理系统的主要功能是对采购管理系统、销售管理系统及库存管理系统填制的各种出入库单据进行审核,并对存货的出入库数量进行管理。

除管理采购业务、销售业务形成的入库和出库业务外,还可以处理出库间的调拨业务、盘点业务、组装拆卸业务、形态转换业务等。

2. 库存控制

库存管理系统支持批次跟踪、保质期管理、委托代销商品管理、不合格商品管理、现存量(可用量管理)、安全库存管理,可对超储、短缺、呆滞积压、超额领料等情况进行报警。

3. 库存账簿及统计分析

库存管理系统可以提供出入库流水账、库存台账、受托代销商品备查簿、委托代销商品备查簿、呆滞积压存货备查簿供用户查询,同时提供各种统计汇总表。

二、库存管理系统日常业务处理

1. 入库业务处理

库存管理系统主要是对各种入库业务进行单据填制和审核。

(1)填制入库单据

库存管理系统管理的入库业务单据主要包括以下三种:

① 采购入库单

采购业务员将采购的货物交到仓库时,仓库保管员对其所购货物进行验收确定,填制采购入库单。采购入库单生成的方式有4种:参照采购订单、参照采购到货单、检验入库(与GSP集成使用时)、直接填制。采购入库单的审核相当于仓库保管员对实际到货情况进行质量、数量的检验和签收。

② 产成品入库单

产成品入库单是管理工业企业的产成品入库、退回业务的单据。

对于工业企业,企业对原材料及半成品进行一系列的加工后,形成可销售的商品,然后验收入库。只有工业企业才有产成品入库单,商业企业没有此单据。

产成品一般在入库时是无法确定产品的总成本和单位成本的,因此,在填制产成品入库单时,一般只有数量,没有单价和金额。

产成品入库的业务处理流程如图9-33所示。

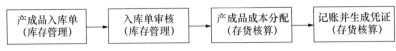

图 9-33 产成品入库业务处理流程

③ 其他入库单

其他入库单指除了采购入库单、产成品入库之外的其他入库业务，如调拨入库、盘盈入库、组装拆卸入库、形态转换入库等业务形成的入库单。

(2) 审核入库单据

库存管理系统中的审核具有多层含义，它既可以表示通常意义上的审核，也可用单据是否审核代表实物的出入库行为，即仓库管理员在入库单上的所有货物均办理入库手续后，对入库单进行审核。

2. 出库业务处理

(1) 销售出库

如果企业没有启用销售管理系统，销售出库单需要手工增加。

如果企业启用了销售管理系统，业务员可参照销售管理系统中审核后的销售发票、发货单、销售调拨单、零售日报生成出库单。根据选项设置，出库单可以在库存管理系统中填制、生成，也可以在销售代理系统中生成后传输到库存管理系统，由库存管理系统进行审核。

(2) 材料出库

材料出库单是工业企业领用材料时所填制的出库单据，材料出库单也是进行日常业务处理和记账的主要原始单据之一。只有工业企业才有材料出库单，商业企业没有此单据。

(3) 其他出库

其他出库指除销售出库、材料出库之外的其他出库业务，如维修、办公耗用、调拨出库、盘亏出库、组装拆卸出库、形态转换出库等。

三、操作实例

下面以两个实例介绍库存管理系统日常业务处理的操作方法：

【例 9-10】 2013 年 2 月，广东宏兴有限公司入库业务如下：

(1) 2 月 24 日，成品库收到当月制造部加工的 100 件 A 产品作为产成品入库。

(2) 随后，其收到财务部门提供的完工产品成本 60000 元，并立即进行成本分配，记账生成凭证。

操作方法：

1. 在库存管理系统中录入产成品入库单并审核

(1) 选择【入库业务】|【产成品入库单】命令，进入产成品入库单窗口。

(2) 单击【增加】按钮，输入入库日期"2013-02-24"、选择仓库"成品库"、入库类型"产成品入库"、部门"制造部"、存货编码"003A 产品"、输入数量"100"，单击【保存】,然后单击【审核】按钮。

2. 在存货核算系统中录入生产成本并对产成品成本进行分配

(1)选择【业务核算】|【产成品成本分配】命令,进入如图 9-34 所示的产成品成本分配表窗口。

存货/分类编码	存货/分类名称	存货代码	规格型号	计量单位	数量	金额
	存货 合计				100.00	60,000.00
02	产成品小计				100.00	60,000.00
003	A产品			件	100.00	60,000.00

图 9-34 产成品成本分配表窗口

(2)单击【查询】按钮,系统即弹出产成品成本分配表查询对话框,选择"成品库"选项,单击【确认】按钮,系统将符合条件的记录带入产成品成本分配表。

(3)在"003A 产品"记录行金额栏输入"60000",单击【分配】按钮,系统即弹出"分配操作顺利完成!"信息提示对话框,单击【确定】按钮。

(4)选择【日常业务】|【产成品入库单】命令,进入产成品入库单窗口,查看入库存货单价。

3. 在存货核算系统中对产成品入库单记账并生成凭证

(1)选择【业务核算】|【正常单据记账】命令,对产成品入库单进行记账处理。

(2)选择【财务核算】|【生成凭证】命令,进入产成品入库单生成凭证。在生成凭证窗口中对方科目输入"500101",单击【生成】按钮,生成如图 9-35 所示的凭证。

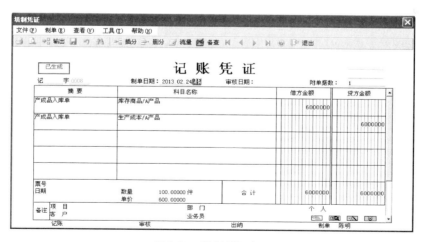

图 9-35 填制凭证窗口

【例 9-11】 2013 年 2 月，广东宏兴有限公司出库业务如下：

2 月 15 日，制造部向原料库领用 2 吨甲材料，用于生产 A 产品。记材料明细账，生成领料凭证。

操作方法如下：

1. 设置相关选项

在库存管理系统中，选择【初始设置】|【选项】命令，进入库存选项设置对话框。打开"可用量控制"选项卡，选中"允许超可用量出库"复选框，单击【确定】按钮。

2. 在库存管理系统中填制材料出库单

（1）选择【出库业务】|【材料出库单】命令，进入材料出库单窗口。

（2）单击【增加】按钮，填写出库日期"2013-02-25"、选择仓库"原料库"、出库类别"领料出库"、部门"制造部"。选择"001 甲材料"，输入数量"2 吨"。单击【保存】按钮，然后单击【审核】按钮。

3. 在存货核算系统中对材料出库单记账并生成凭证

（1）选择【业务核算】|【正常单据记账】命令，对材料出库单进行记账。

（2）选择【财务核算】|【生成凭证】命令，选择材料出库单生成凭证。

第六节　存货核算业务处理

一、存货核算系统基本功能

存货核算系统主要对企业存货的收发存业务进行核算，使企业掌握存货的耗用情况，及时准确地把各类存货成本分摊到各成本项目和成本对象上，为企业的成本核算提供基础数据。

存货核算系统的主要功能包括：

1. 存货出入库成本的核算
2. 暂估入库业务的处理
3. 出入库成本的调整
4. 存货跌价准备的处理

二、存货核算系统日常业务处理

存货核算系统日常业务处理包括入库业务处理、出库业务处理、单据记账、调整业务、暂估处理、生成凭证、月末处理等。

下面以实例介绍存货核算系统日常业务处理的操作方法：

【例 9-12】 2013 年 2 月，广东宏兴有限公司存货业务如下：

（1）2 月 25 日，向杭州西湖公司订购 200 吨乙材料，单价为 400 元/吨，仓库管理员将收到的货物收入原料库，填制采购入库单。

(2) 2月28日，销售部向珠海发达公司销售60件B产品，报价为80元/件，货物从成品库发出。

操作方法如下：

1. 材料入库业务

在库存管理系统中，输入采购入库单并审核，在存货核算系统中记账并生成凭证，如图9-36所示。记账时选择"采购入库单（暂估记账）"，生成凭证的存货科目为140302，对方科目为220202。

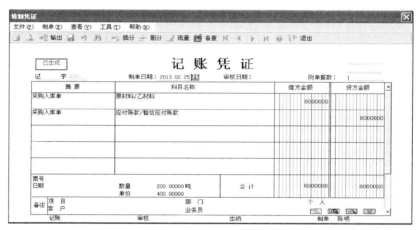

图9-36　"填制凭证"窗口

2. 销售出库业务

在销售管理系统中，输入销售发货单并审核，填制销售专用发票，在库存管理系统中审核销售出库单，在存货核算系统中记账并生成凭证，如图9-37所示。生成凭证的存货科目为140502，对方科目为640102。

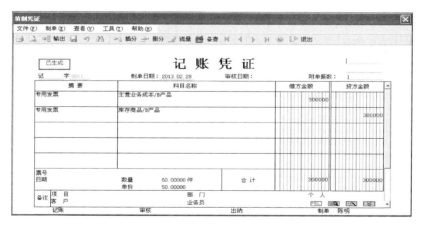

图9-37　填制凭证窗口

本章小结

供应链管理系统是用友 ERP-U8 系统的重要组成部分,它实现了企业物流、资金流管理的统一,主要包括采购管理、销售管理、库存管理和存货核算等模块。要使用供应链管理系统,首先应启用供应链管理系统并进行初始化设置。采购业务处理涉及的功能模块主要有采购管理系统、应付款管理系统、库存管理系统、存货核算系统和总账系统。销售业务处理涉及的功能模块主要有销售管理系统、应收款管理系统、库存管理系统、存货核算系统和总账系统。存货管理业务涉及的功能模块主要有库存管理系统、存货核算系统和总账系统。

基本概念

供应链、供应链管理、采购入库单、采购发票、采购结算、付款单、销售出库单、销售发票、收款单、库存管理、产成品入库单、存货核算。

练 习 题

一、单项选择题

1. 用户在用友 ERP-U8 系统中使用了供应链、总账、应收应付系统,那么结转的顺序正确的是_____。
    A. 供应链—总账—应收应付   B. 总账—应收应付—供应链
    C. 供应链—应收应付—总账   D. 应收应付—供应链—总账
2. 销售系统的期初单据不包括_____。
    A. 普通销售发货单   B. 分期收款发货单
    C. 期初委托代销发货单   D. 销售发票
3. 销售订单参照报价单生成,报价单必须符合什么条件_____。
    A. 已保存、未审核、未关闭   B. 已保存、已审核、未关闭
    C. 已保存、已审核、已关闭   D. 任何时候都可以
4. 销售系统新增发票时,默认参照_____生成。
    A. 销售报价单   B. 销售订单   C. 销售发票   D. 手工输入
5. 如果设置了"普通业务必有订单",则订单不可以_____生成。
    A. 参照销售报价单   B. 参照普通销售订单
    C. 参照合同   D. Pto 选配
6. "库存管理"是用友 ERP-U8 供应链管理系统的重要产品,但是并不能处理_____业务。

A. 盘点管理　　　B. 成本管理　　　C. 其他出入库　　D. 材料出库

7. 以下对于库存期初数描述错误的是_____。

A. 账簿都应有期初数据，以保证其数据的连贯性

B. 初次使用"库存管理"时，应先输入全部存货的期初数据

C. 如系统中已有上年数据，在结转上年数据后，上年度各存货结存自动结转本年

D. 库存模块与存货模块的期初数据，必须分别录入不能相互取数

8. "库存管理"是用友 ERP-U8 供应链管理系统的重要产品，它不具备_____功能。

A. 仓库货位管理　　B. 资金管理　　　C. 可用量管理　　D. 保质期管理

9. 在按照存货核算成本时，以下哪步操作是必需的_____。

A. 在存货档案中设置存货的计价方式

B. 在仓库档案中设置仓库的计价方式

C. 设置仓库存货对照表

D. 设置存货货位对照表

10. 关于采购的手工结算，以下说法正确的是_____。

A. 手工结算可拆单处理

B. 一行入库记录可以分次结算

C. 可以同时对多张入库单和多张发票进行手工结算

D. 以上说法全部正确

二、多项选择题

1. 采购期初数据录入包括_____。

A. 期初暂估入库　　　　　　　　B. 期初在途存货

C. 存货期初数据　　　　　　　　D. 期初受托代销商品

2. 库存管理系统选项包括_____。

A. 通用设置　　　B. 专用设置　　　C. 可用量控制　　D. 可用量检查

3. 采购结算业务中，采购结算制单时，借方取_____。

A. 存货科目　　　B. 运费科目　　　C. 税金科目　　　D. 应付科目

4. 使用手工结算功能可以对以下哪几项进行采购结算_____。

A. 入库单与发票结算　　　　　　B. 蓝字入库单与红字入库单结算

C. 蓝字发票与红字发票结算　　　D. 费用折扣分摊

5. 采购业务中制单类型包括_____。

A. 发票制单　　　B. 应收单制单　　C. 核销制单　　　D. 现结制单

6. 用友 ERP-U8 销售管理系统支持的销售业务包括_____。

A. 代垫费用　　　B. 零售　　　　　C. 分期付款销售　D. 委托代销

7. 以下哪些销售单据提供了关闭功能_____。

A. 销售发货单　　B. 销售订单　　　C. 销售支出单　　D. 销售发票

8. 库存选项主要包括_____部分。
   A. 通用设置　　　　B. 专用设置　　　　C. 可用量控制　　　　D. 可用量检查
9. 其他入库单是指除采购入库、产成品入库之外的其他入库业务，如_____等业务形成的入库单。
   A. 调拨入库　　　　　　　　　　B. 盘盈入库
   C. 组装拆卸入库　　　　　　　　D. 形态转换入库
10. 用友 ERP-U8 供应链管理系统中，与存货模块有直接数据传递的模块是_____。
    A. 采购管理　　　　B. 销售管理　　　　C. 库存核算　　　　D. 财务系统

三、判断题

1. 供应链管理系统必须和总账系统同时启用。（　　）
2. 没有期初数据时，也必须进行期初记账，以便输入日常采购单据数据。（　　）
3. 用友 ERP-U8 供应链管理系统主要适合工业企业使用，不适合商业企业使用。（　　）
4. 采购订单和采购入库单是一对一的关系，是唯一对应的。（　　）
5. 收发存汇总表反映各仓库各存货各种收发类别的收入、发出及结存情况。（　　）
6. 用友 ERP-U8 供应链管理系统的存货系统中，本月已记账单据也可转到下月再生成凭证。（　　）
7. 采购入库单记账，使用正常单据记账的功能。（　　）
8. ERP-U8 销售管理系统分为三种业务类型：普通销售业务、委托代销业务、直运业务。（　　）
9. 在普通销售业务处理流程中，销售发货不是必需的环节。（　　）
10. 只有工业企业才有产成品入库单，商业企业没有此单据。（　　）

实训十一　供应链管理系统初始设置与业务处理

一、实训目的

练习采购管理系统、销售管理系统、库存管理系统以及存货核算系统的初始化设置及业务处理。

二、实训要求

1. 启用采购管理系统、销售管理系统、库存管理系统以及存货核算系统。
2. 采购管理系统、销售管理系统、库存管理系统以及存货核算系统初始设置。

3. 采购业务、销售业务、库存业务及存货核算业务的日常处理。

三、实训资料

1. 供应链管理系统的启用

启用采购管理系统、销售管理系统、库存管理系统以及存货核算系统，启用日期为 2013 年 2 月 1 日。

2. 基础档案设置

(1) 存货分类

表 9-14　存货分类

存货分类编码	存货分类名称
01	原材料
02	产成品

(2) 计量单位组

表 9-15　计量单位组

计量单位组编号	所属计量单位组名称	计量单位组类别
1	无换算关系	无换算率

(3) 计量单位

表 9-16　计量单位

计量单位编码	计量单位名称	所属计量单位组名称
01	吨	无换算关系
02	件	无换算关系

(4) 存货档案

表 9-17　存货档案

存货编码	存货名称	所属类别	主计量单位	税率	存货属性
001	甲材料	原材料	吨	17%	外购、生产耗用
002	乙材料	原材料	吨	17%	外购、生产耗用
003	A产品	产成品	件	17%	自制、内销、外销
004	B产品	产成品	件	17%	自制、内销、外销

(5) 仓库档案

表 9-18　仓库档案

仓库编码	仓库名称	计价方式
1	原料库	移动平均法
2	成品库	移动平均法

(6) 收发类别

表 9-19 收发类别

收发类别编码	收发类别名称	收发标志
1	采购入库	收
2	产品入库	收
3	材料出库	发
4	销售出库	发

(7) 采购类型

表 9-20 采购类型

采购类型编码	采购类型名称	入库类别	是否默认值
1	本地采购	采购入库	是
2	外地采购	采购入库	否

(8) 销售类型

表 9-21 销售类型

销售类型编码	销售类型名称	出库类别	是否默认值
1	本地销售	销售出库	是
2	外地销售	销售出库	否

3. 采购管理系统初始化设置

(1) 采购选项

采购选项采用默认值。

(2) 采购期初数据录入

期初无暂估入库存货。

期初在途存货(期初采购专用发票资料)如下：

表 9-22 期初采购专用发票资料（一）

业务类型	发票类型	发票号	供货单位	采购类型	税率(%)
普通采购	专用发票	20130201	海台公司	本地采购	17
部门名称	业务员	发票日期			
采购部	王采购	2013.02.01			

表 9-23 期初采购专用发票资料（二）

存货编码	计量单位	数量	原币单价(元)
001	吨	6000	25
002	吨	500	40

（3）采购期初记账

4. 销售管理系统初始化设置

（1）销售选项设置

业务控制：销售生成出库单。

其他控制：新增发货单、退货单、发票不参照单据。

（2）其他参数采用默认值。

5. 库存管理系统初始化设置

（1）库存选项设置

库存选项设置采用默认值。

（2）期初数据录入与审核

表 9-24 期初原料库数据

存货编码	存货名称	计量单位	数量	单价(元)	金额(元)
001	甲材料	吨	750	200	150000
002	乙材料	吨	720	420	302400

表 9-25 期初成品库数据

存货编码	存货名称	计量单位	数量	单价(元)	金额(元)
003	A产品	件	2500	600	1500000
004	B产品	件	5000	50	250000

6. 存货核算系统初始化设置

（1）存货核算选项设置

存货核算选项采用默认值。

（2）存货期初数据录入（或取数）

数据同库存管理系统；期初对账与记账。

（3）科目设置

表 9-26 存货科目设置

仓库编码	仓库名称	存货分类编码	存货分类名称	存货科目编码	存货科目名称
1	原料库	01	原材料	1403	原材料
2	成品库	02	产成品	1405	库存商品

表 9-27 对方科目设置

类别编码	类别名称	存货分类编码	存货分类名称	对方科目编码	对方科目名称
1	采购入库	01	原材料	1402	在途物资
2	产品入库	02	产成品	5001	生产成本
3	材料出库	01	原材料	5001	生产成本
4	销售出库	02	产成品	6401	主营业务成本

7. 供应链管理系统业务处理

(1) 2013 年 2 月 10 日，采购部业务员王采购从南京泰得公司采购 50 吨甲材料，无税单价为 190 元/吨，材料收入原料库。2 月 11 日，公司采用转账支票结清所有款项。请分别录入或生成采购增值税专用发票、入库单和付款单等，并生成相关凭证。

(2) 2013 年 2 月 18 日，销售部业务员高山销售给发达公司 3000 件 A 产品，无税单价为 700 元/件，货物已发出。2 月 19 日，收到发达公司转账支票一张，结清所有款项。请分别录入或生成销售增值税专用发票、收款单、销售出库单等，并生成相关凭证。

(3) 2013 年 2 月 19 日，制造部为生产 A 产品，从原料库领用 8 吨甲材料，10 吨乙材料。请生成出库单、记账并生成凭证。

(4) 2013 年 2 月 20 日，制造部生产完工 150 件 A 产品，单位产品成本为 550 元，入成品库。请生成入库单、记账并生成凭证。

第十章

计算机审计

学习目标

1. 了解计算机审计的内容、方法、步骤,以及计算机处理对审计的影响。
2. 掌握会计信息系统内部控制的特点、分类、控制措施与审计步骤。
3. 掌握会计信息系统数据的主要审计方法。
4. 了解审计软件的分类与通用审计软件的主要功能。

计算机审计是与会计信息化同时发展起来的一个计算机应用领域,由于审计的经验性,它在一段较长的时间里只取得了缓慢的进展。但近年来,由于政府的提倡和大力投入,先后涌现了若干实用性较强的审计软件,计算机审计取得了突破性的发展,其中互联网信息共享、大数据处理、人工智能这几项可以用于审计工作的技术应用,影响着未来的审计格局。这一章将对计算机审计进行简要讨论。

第一节 计算机审计概论

计算机审计是伴随现代信息技术和会计信息化而发展起来的一个学科,虽然与传统审计并无本质区别,但审计目的、审计内容、审计方法、审计流程、审计的法律依据与传统审计之间还是存在一定差异。

一、计算机审计的含义

1. 什么是计算机审计

计算机审计虽然在国内外学术界有多种称谓(如 EDP 审计、电算化审计等),但其基本含义是明确的,即所谓计算机审计,主要是指对计算机会计系统的审计以及以计算机为工具辅助审计工作。

2. 计算机审计的目的

计算机审计的主要目的与传统审计并无不同,仍然是执行经济监督、鉴证与评价职能。但它还肩负着以下两个任务:

(1) 保护计算机信息系统资源的安全、完整和可靠。计算机信息系统资源包括硬件资源与软件资源,其中,软件资源主要是各种程序和数据文件,而会计数据正是以数据文件的形式存在。因此,通过审计评价系统资源是否安全、完整与可靠,查找威胁系统资源的漏洞并提出改进建议,就成了计算机审计的目的之一。

(2)提高计算机应用的效率、效果和效益。即通过审计评价计算机信息系统的应用是否达到较高的效率、是否达到预期效果、是否收到效益,并提出改进建议。

二、计算机审计的发展

随着信息技术水平的提高与不同审计方法的采用,计算机审计经历了绕过计算机审计、进入计算机审计、计算机辅助审计、远程审计以及基于大数据审计等发展阶段。

1. 绕过计算机系统审计

在计算机应用的早期,人们一般沿用对手工会计的审计方法,该方法不理会会计核算程序如何处理和控制,也不审查机内各种数据文件,而只审查输入的数据、输出的各种报表和账簿,以及组织、操作、维护、机房等管理制度。这种审计方法绕过了计算机系统,因而审计结果缺乏可靠性。这种审计方法要求会计软件是可靠的。

2. 进入计算机系统审计

随着会计信息系统内部处理日益复杂化,输入与输出越来越缺少一一对应的关系,不但某些记账凭证可以由系统自动生成,不同功能模块之间可以提供数据,而且打印输出也不那么及时,尤其不少内部控制措施还实现了程序化。这使得审计人员不得不进入计算机系统进行审计,审计人员不仅要审查计算机会计系统的输入数据、输出结果以及各种运行管理制度,而且还要审查计算机系统的合法性、正确性和安全性。

3. 计算机辅助审计

计算机辅助审计是指借助计算机辅助完成审计工作,即利用计算机系统现有的软件工具或审计软件,以更有效地完成某些审计任务。当然,审计是一项经验性很强的工作,有些工作是需要经验判断的,如各种管理制度就不便于借助计算机来作出肯定或否定的评价。但是审计的不少具体业务仍有规律可循,可以借助计算机来处理。

4. 远程实时审计

随着互联网,尤其是云计算的广泛应用,远程审计、云审计正在悄然兴起。远程实时审计就是利用计算机和网络传输技术对审计机关以外的部门、单位的财政、财务收支实施经常性、即时性审计。审计机构只要取得被审计单位的审计权限,审计人员就可以通过网络远程进入被审计单位的计算机系统,直接审核会计信息或者利用审计软件对会计信息进行抽样、审查、核对与分析。例如,首都公安系统建立了远程实时监审系统,审计人员通过该系统可实现对被审计单位财务系统的联网监控,实现对被审计单位会计规范性监审、凭证监审和科目监审。同时,系统还提供强大的远程实时查证工具。

云审计让审计人员按照自己的时间、方式进行审计,摆脱对某一具体硬件或程序的依赖,且无须关注使用何种计算机程序,也无须关注数据的存储、共享和工作时效性问题,将精力集中于审计信息的获取、分析与报告。

5. 基于大数据的审计

大数据是一种数据集合,其规模大大超出传统数据库软件的获取、存储、管理、分析能力范围。人们通常把这些数据与采集它们的工具、平台、分析系统一起合称为"大数据"。

2014年10月,国务院《关于加强审计工作的意见》提出:"探索在审计实践中运用大数据技术的途径,加大数据综合利用力度,提高运用信息化技术查核问题、评价判断、宏观分析的能力",首次将大数据审计列为审计工作重点。基于大数据审计的主要特点是:

(1) 可以采用总体审计模式。由于抽样审计样本的有限性,而忽视了大量的业务活动,无法完全发现和揭示被审计单位的重大舞弊行为,隐藏着严重的审计风险。采用总体审计模式,可以搜集和分析被审计对象相关的所有数据,实现跨行业、跨企业的数据搜集和分析。

(2) 审计成果可以综合应用。目前,审计人员的审计成果主要是提供被审计单位的审计报告,其格式固定,内容单一,包含的信息较少。大数据审计中,审计人员的审计成果除了审计报告外,还有在审计过程中采集、挖掘、分析和处理的大量的资料和数据,这些可以用于被审计单位改进经营管理,促进审计成果的综合应用,提高综合审计成果的应用效果。

(3) 可以实施高效数据审计。大数据更强调数据的完整性和混杂性,帮助审计人员进一步接近事情的真相,"局部"和"精确"将不再是审计人员追求的目标,审计人员追求的是事物的"全貌"和"高效"。审计人员应使用分布式拓扑结构、云数据库、联网审计、数据挖掘等新型的技术手段和工具,从大规模、多种类的数据中快速提取有价值的知识信息,实现对数据的实时分析,从而使审计人员能够更及时地发现问题,有效提高审计工作效率。

(4) 审计线索的逻辑基础。因果关系仍然是审计取证的逻辑基础,但从发现审计线索的角度来看,由于大数据技术对相关关系的开发和利用,使得数据分析对因果逻辑关系的依赖降低,甚至更多地倾向于应用基于相关关系的数据分析来发现审计线索。例如,将审计信息与工商部门的企业登记信息比对,就能发现投资开公司的家庭是否申请低保;将审核信息与房屋产权登记信息比对,就能发现购买大面积商品房的家庭是否申请低保,等等。

三、计算机信息处理对审计的影响

以计算机为核心的现代信息技术的应用不仅引发会计处理技术的革命,也对审计带来一系列巨大影响。

1. 对审计环境的影响

计算机网络、云数据、大数据以及 ERP、AIS、电子商务的应用,不仅使企业经营环境、组织机构、经营方式与管理模式等审计环境发生变化,而且各种经济数据都集中由计算机处理，人的控制作用虽然受到削弱，但更多的人有了接触与删改数据的机会。

2. 对审计线索的影响

审计线索主要体现在证账表以及它们之间的关系上。由于账簿由凭证自动生成，而报表又根据定义的公式从账簿自动生成，凭证成了最主要的审计线索，而且会计软件一般都提供证账表一体化查询功能，为审计提供了较清晰的线索。但也应该看到，不仅账簿体系之间失去了牵制作用，而且由于原始凭证的来源与形式更加复杂，其中不少是从网上接收或由其他子系统自动生成的电子凭证，系统保存的资料也往往没有全部打印输出，从而使得系统内部保存的资料与手工保存的实物资料都不一定完整，为两者的印证带来不便。此外，磁介质存储的会计数据缺乏证据力，计算机内部又可能隐匿存在多套账，真假难辨，将审计线索弄得更模糊。

3. 对审计内容的影响

为了监督被审计单位财政或财务收支的真实性、合法性和效益性，计算机审计除了审计系统数据之外，还必须审计计算机系统的安全性与可靠性，其中尤其要审计会计软件系统，测试其处理的合法性、正确性、完整性，同时检查它是否做了不应该做的事情。且由于相当一部分内部控制已实现程序化，对这部分控制的测试一般只在软件评审时进行。此外，若采用总体审计模式，审计人员可以搜集和分析被审计对象所有的相关数据，实现跨行业、跨企业的数据搜集和分析。

4. 对审计准则的影响

为了适应计算机审计的需要，各国审计机关不仅在已有的审计法规中增加计算机审计的条款，而且为计算机审计制定了专门的准则，如《国际审计准则第 15 号》《国际审计准则第 16 号》《国际审计准则第 200 号》，以及我国颁布的《独立审计具体准则第 20 号》。

5. 对审计方法的影响

计算机审计除了继续沿用传统审计的一些行之有效的方法之外，还应该利用信息系统本身的功能对会计数据进行查询与分析，其中尤其通过证账表一体化查询功能可以验证三者之间的关系。还可以采用通用审计软件辅助审计，通过分析信息系统的抽样数据，不仅可以评价信息系统的可靠性与信息的正确性，还可以提高审计效率。此外，还可以采用总体审计模式等基于大数据的审计方法。

6. 对审计人员的影响

由于现代信息技术对审计带来了上述种种影响，因此对审计人员提出了更高的要求。为了能够在信息技术环境下执行、监督、鉴证与评价任务，审计人员除了必须具有会计、审计、管理、法律等知识之外，还应该具有一定的计算机、网络、信息系统、云技术、大数据等技能。

四、计算机审计的内容

计算机审计虽然包括对手工会计的审计以及对计算机会计信息系统的审计，但主要还是对计算机会计系统的审计。根据计算机会计信息系统的组成及其工作特点，对计算机会计信息系统的审计主要包括以下内容：

1. 系统开发审计

系统开发审计是指对计算机会计信息系统开发过程实施的审计，这对确保系统功能的正确性、处理过程的合法性、内部控制的可靠性、软件文档的完整性具有积极意义。系统开发审计属于事前审计，审计人员除了参与系统分析、系统设计之外，还应对开发过程各阶段的工作进行审计，利用自己的会计和审计知识，对系统的结构、功能、控制措施提出建议。

2. 系统功能的审计

在计算机会计信息系统中，会计数据由系统自动进行处理，处理功能是否完善，是否符合现行会计制度和有关政策，处理结果是否正确，均依赖于系统本身的设计，所以必须对处理功能和正确性进行审计。这项审计一般通过软件测试来进行，是一项非常具有技术性的工作。但由于商品化会计软件已经通过严格的专家测试，所以笔者认为只需证实这类软件是否为合法版本就行。

3. 系统内部控制的审计

计算机会计系统内部控制决定了系统是否安全和可靠，没有有效的控制，系统的程序与数据就有可能被人篡改、窃取，甚至遭受黑客的攻击和破坏，所以它成了审计的重点之一。由于内部控制包括管理制度所体现的控制和应用程序所实现的控制，所以审计工作除了要对有关的组织机构、人员分工、系统操作、机房管理等制度进行审查之外，还应该测试应用程序的内部控制功能，如输入控制、处理控制、输出控制以及其他安全控制。

4. 会计数据的审计

系统数据包括各种纸质证账表和各种数据文件，它们是计算机会计系统运行的历史资料，反映了一个单位的各项经济业务活动，因此是重要的审计线索。同时，数据之间反映的逻辑关系，也是对会计软件正确性的有力验证。对系统内部数据一般要进行实质性测试和分析性审核，直接检查各会计账户的余额与发生额。为了提高审计速度，审计人员应该利用系统提供的检索、打印和跟踪功能来查证资料。

日常审计一般不涉及对上述第1、2项内容的审计，即审计内容主要还是对系统内部控制和会计数据的审计。

五、计算机审计的基本方法

计算机审计的不同发展阶段，往往采用与信息技术水平、审计人员知识结构相适应的审计方法，因而就有所谓绕过计算机审计、进入计算机审计、计算机辅助审计、远程审计以及基于大数据的审计等审计方法。

六、计算机审计的基本步骤

计算机审计如同传统手工审计一样，一般可以分为计划、实施和报告三个阶段。

1. 计划阶段

计划阶段的主要任务是通过对被审计单位的初步调查，制订审计计划与方法。其中与传统审计不同点如下：

（1）需要了解计算机会计信息系统的基本情况。包括系统的主要处理与控制，软硬件基本配置、主要的文档资料等。

（2）需要确定审计范围与方法。其中，会计软件如果经过专家评审则可不予审计，否则就需要确定审计的功能对象，并考虑是否聘请专家参与审计。

2. 实施阶段

这是计算机审计的重点，包括对计算机会计系统内部控制的评价和计算机内部会计数据的测试，一般需要按照审计计划对审计对象进行检查、取证、分析与评价。其中：

（1）内部控制的审计

内部控制的审计是指对被审计单位内部控制制度及遵守情况进行的测试。一般审计步骤如下：

① 了解与描述内部控制。审计人员通过调查了解信息系统的基本组成、处理流程、内部控制的基本环节，确定符合性测试的重点与目的。

② 符合性测试。审计人员对内部控制措施的实施与执行情况进行测试，内容包括：组织与管理、开发与维护、软件与硬件、系统安全、文档资料、输入输出与处理等。

③ 评价内部控制。对系统控制进行全面评价。

（2）会计数据的审计

对会计数据的审计俗称实质性测试，即对系统处理功能与处理结果进行测试，一般通过审核账户余额与发生额，确认系统处理结果的正确性、真实性与可靠性。

3. 报告阶段

报告阶段的主要任务是整理与评价审计证据、审查审计工作底稿、编写审计报告。与一般审计不同的是，计算机审计需要对计算机信息系统的功能作出评价，必要时还应提出改进建议。

七、各国政府对计算机审计的管理与计算机审计的法律依据

1. 各国政府对计算机审计的管理

世界各国一直关注计算机审计的发展与管理。美国注册会计师协会（AICPA）早在20世纪70年代开始就先后发布了《EDP对审计人员研究和评价内部控制的影响》《计算机处理对检查财务报表的影响》。国际会计师联合会（IFAC）也分别于1984年2月、10月和1985年6月公布了三个有关计算机审计的国际审计准则，分别是：《在电子数据处理环境下的审计》《计算机辅助审计技术》和《电子计算机数据处理环境对会计制度和有关的内部控制研究与评价的影响》。

我国从1993年起先后颁布了一系列有关计算机审计的法规，1999年还颁布了

《独立审计具体准则第 20 号——计算机信息系统环境下的审计》等。2002 年，国家审计署申请的"金审工程"被列为国家电子政务重点启动的 12 个业务系统之一，其建设的总目标是：建成对依法接受审计监督的财政收支或者财务收支的真实性、合法性实施有效监督的国家审计信息系统。

近年来，我国对大数据的发展、管理、利用和监督工作越来越重视。2014 年 10 月，国务院《关于加强审计工作的意见》中提出："探索在审计实践中运用大数据技术的途径，加大数据综合利用力度，提高运用信息化技术查核问题、评价判断、宏观分析的能力"，首次将大数据审计列为审计工作重点。2015 年 8 月，国务院《促进大数据发展行动纲要》从国家层面提出实施大数据战略，全面推进我国大数据发展，建设数据强国，提升国家竞争力。2015 年 12 月，中央办公厅、国务院办公厅《关于实行审计全覆盖的实施意见》又明确要求："构建大数据审计工作模式，提高审计能力、质量和效率，扩大审计监督的广度和深度。"2016 年 5 月，国家审计署《"十三五"国家审计工作发展规划》明确提出，要创新审计管理模式和组织方式，全面推广"总体分析、发现疑点、分散核实、系统研究"的数字化审计方式。2017 年 5 月，国务院办公厅《政务信息系统整合共享实施方案》也明确要求使用政务信息系统和开展常态化的政务信息共享审计，探索政务信息系统审计的方式方法。

2. 计算机审计的法律依据

我国政府直接或间接为计算机审计提供了法律依据，例如：

(1) 准则性法规。国家审计机关关于计算机审计的有关法规，如《独立审计具体准则第 20 号——计算机信息系统环境下的审计》。

(2) 制度性法规。对内部控制、会计信息以及财务软件的审计，可以依据国家制定的《会计法》以及会计电算化的有关法规。

(3) 安全性法规。对计算机系统、管理信息系统以及外部环境的审计，可以依据国家制定的有关计算机信息系统安全法规。

第二节　会计信息系统内部控制与审计

计算机会计信息系统由于存储介质、处理方式和程序诸多方面的变革，潜伏了损害或泄漏数据的风险，而且随着系统规模的扩大、数据共享程度的提高以及开放式网络的应用，会计系统的安全保护问题不仅越来越突出，也更加依赖于内部控制以及对它的审计。

一、计算机会计系统内部控制的特点与分类

内部控制是企业为了维护会计数据的正确性和可靠性、经营的有效性和财产的完整性而制定的各种规章制度、组织措施、管理方法和业务处理过程的总称。内部控制可分为会计控制和管理控制两部分。其中，会计控制的对象是会计核算，包括会计的

工作组织和全部会计方法、会计规程，目的在于保护财产并提高会计数据的可靠性。

1. 计算机会计系统内部控制面临的新课题

计算机信息处理环境虽然不改变内部控制的定义和目标，但由于会计数据的存储、处理方式以及会计工作组织的改变，尤其当企业推行 ERP 并且采用互联网、内联网技术之后，不仅会加强财务会计与企业内其他业务部门的联系，而且通过远程处理与网上支付实现网络财务管理，凡此种种都对内部控制的内容、重点、形式、技术、范围产生重大影响。

计算机会计系统内部控制面对许多新课题，例如：

（1）会计人员的控制问题。首先是如何设定操作员身份和控制其操作权限，其次是职责如何分离问题。

（2）会计数据的真实性问题。由于修改磁性介质的信息不留痕迹，也无法采用红线改错法，无法实现签字、盖章这样使信息证据化的操作，同时，因数据容易复制也难以区分正本和副本。

（3）网络财务与电子商务的控制问题。除了必须对远程处理实现控制，还必须对网上支付实现控制，即保证支付信息的机密性、支付过程的完整性、交易双方的合法身份以及互操作性，实现安全支付。

（4）电子凭证的确认与控制问题。电子凭证分为内部和外部两类，对电子凭证的控制主要包括正确收发、真伪确认、安全传递等问题。

（5）内部控制的程序化问题。用户身份的识别、操作权限的控制、输入数据检验、数据处理程序、数据输出等，都应该由计算机系统内部自动进行控制。

2. 计算机会计系统内部控制的特点

计算机会计系统与手工会计相比，内部控制具有若干新的特点，例如：

（1）内部控制的范围与内容大为扩展。手工会计的内部控制主要集中在对会计人员的职责与权限、会计数据的处理方法与流程的控制；而计算机会计系统的内部控制还包括对计算机软硬件系统、网络通信系统的安全与可靠性的控制，对电子凭证的控制。

（2）内部控制的重点在数据采集环节。在计算机会计系统中，一切记账、算账、制表等处理均由计算机自动完成，人工无法进行干预，所以只要输入的数据正确，就不会错误输出。因此，内部控制的关键在于确保手工输入以及从网络上获取的数据的准确性。

（3）内部控制的形式是人机共同控制。在计算机会计系统中，不少内部控制措施实现了程序化，内部控制以计算机控制为主，一切记账、算账、制表等内部处理过程均由计算机自动进行。但人工制单、数据录入、系统管理、软硬件维护需要手工操作。

（4）内部控制的实施采用许多新技术。手工会计的内部控制以制度管理为主，但计算机会计必须借助许多新技术才能实现有效控制。例如，必须采用计算机数据保密技术、备份与恢复技术、防木马与防病毒技术，才能确保会计数据的安全可靠。

3. 计算机会计系统内部控制的分类

计算机会计系统的内部控制可按不同方法进行分类，目前常见的分类方法有以下几种：

（1）按控制的范围分类

按控制的范围一般将内部控制分为一般控制与应用控制两大类。一般控制指对会计信息系统的构成要素与应用环境实施的控制，具体包括组织与管理控制、系统开发与维护控制、系统操作控制、软硬件系统控制、档案资料控制、系统安全控制，等等。应用控制指对计算机会计系统的具体数据处理活动所进行的控制，包括对会计数据的输入控制、处理控制、输出控制三个方面。

（2）按控制的目标分类

按实施控制的目标可以将内部控制分为预防性控制、检查性控制和纠正性控制三大类。

① 预防性控制，是指为预防可能出现的差错或舞弊行为而采取的控制措施，如对操作员只授所需权限、实行职责分离、设备加锁、安装防毒软件，等等。

② 检查性控制，是指为了能够及时发现差错或舞弊行为而采取的控制措施，如对输入数据进行各种检验、设置系统日志等，以尽快发现具有危害性的错误。

③ 纠正性控制，是指为及时纠正已发现的差错或舞弊行为而采取的控制措施，如数据自动恢复、安装 UPS 电源等，以便在出现问题时及时纠正。

（3）按控制的实现方法分类

按实施控制的实现方法可以将内部控制分为制度控制和程序控制两大类。

① 制度控制。控制一般是以管理制度的形式实行，即由主管部门制定一系列的规章制度，以保证会计核算软件正常、安全运行，向企业提供准确无误的会计信息。会计信息系统的管理制度一般包括组织管理制度、机房管理制度、操作管理制度、文档管理制度、系统开发和维护制度、岗位责任制度，等等。

② 程序控制。一部分内部控制机制是靠会计软件本身来实现的，或者由人机共同来实现。例如，对用户身份和操作权限的控制，对数据输入、处理、输出的控制，对初始设置与维护的控制，都应该通过会计软件来实现。软件本身所具有的内部控制措施是评价会计软件合法性和可靠性的基础，或者说它们是会计软件所必备的功能。

二、内部控制的主要措施

将计算机会计系统内部控制分为一般控制与应用控制是国内外最流行的分类方法，所以下面将按此分类介绍计算机会计系统的主要控制措施。

1. 一般控制

一般控制（general control）主要包括组织与管理控制、系统开发与维护控制、系统操作控制、软硬件系统控制、档案资料控制、系统安全控制。

（1）组织与管理控制，主要从职能划分与岗位责任来对机构进行控制，基本原则是职责分离，不要让一个人包办一项业务的全过程，也不允许包办财物的记录和保管。主要措施有：开发维护与操作人员分离、信息处理与会计或业务部门分离、信息处理人员的职责分离。

（2）系统开发和维护控制。该项控制的目的是确保系统开发与维护的合法性与有效性，主要措施有：① 系统开发授权，开发要有周密的计划、科学的方法和严格的标准，开发过程要分阶段进行，每一个阶段都要形成符合标准格式的文档资料；② 系统开发要有用户与审计人员参与；系统测试应由非开发人员担任；新系统取代旧系统必须符合一定的条件；软件维护必须按照规定的手续进行。

（3）系统操作控制。操作控制通过制订操作规程来实现，内容主要包括：人员管理、机房管理、操作规程管理、日志管理。

（4）软硬件设备控制。设备控制主要指对硬件与软件设备的使用与维护的管理控制，主要内容包括：接触控制、规定设备的维修保护制度、规定设备的放置和保管、规定设备使用的温度等环境条件、防火防盗等措施。

（5）文档与数据控制。文档资料首先包括系统开发、使用和维护的各种说明书以及程序；其次还包括运行过程中产生的各种纸质凭证、账簿和报表资料，以及各种介质的数据资料。控制内容主要包括：文档管理控制、数据备份控制、数据访问控制。

（6）系统安全控制。系统安全控制旨在确保系统设备的安全，包括硬件、软件、数据的安全保护，如授权管理、数据加密存储、网络通信控制、电子商务相关活动的控制。

2. 应用控制

应用控制（application control）主要由计算机系统或会计软件来实现，具体包括对会计数据的输入控制、处理控制、输出控制三个方面。

（1）输入控制。输入控制的目的是防止未经审核或错误数据输入系统，主要控制措施有：数据采集控制、数据完整性控制、数据正确性控制、数据审核控制。此外，会计信息系统因电子商务的特殊性需要从网络获取业务数据、网络银行的收付数据，输入控制应该包括对这些原始数据的有效性、正确性、完整性的控制。

（2）处理控制。数据处理一般包括汇总、分类、记账、对账、结账、账表生成等，控制目标是保证处理的正确性与可靠性。处理控制主要由会计软件实现，并要求硬件系统提供必要的保证。主要控制措施有：处理流程控制（输入→审核→记账→结账→生成报表）、处理条件控制（如凭证必须经过审核而且连续编号才能记账、本期业务处理完毕才能结账）、处理有效性控制、数据修改控制、数据恢复控制、各种检验控制，等等。

（3）输出控制。会计信息的输出包括查询、打印、向存储介质输出以及网络传输等形式，内容涉及各种会计报表、日记账、明细账、总账。输出控制最重要的目标是拒绝未经授权的输出以及保证各种输出结果的完整性和正确性。输出控制的主要措施有：输出授权控制、输出完整性控制、输出内容控制、打印过程控制。

三、对内部控制的审计

内部控制审计的目的是确定系统控制措施是否完善以及已有控制是否有效,针对内部控制的缺陷或薄弱环节提出改进意见,并据此调整实质性测试的范围。对内部控制的审计一般按以下步骤进行:

1. 了解与描述内部控制

审计人员通过询问、实地考察、查阅文档资料、填制内控制度调查表等方法,了解信息系统的基本组成、处理流程、内部控制的基本环节,并在此基础上检查控制点是否有所需的控制措施以及控制的效果,进一步确定符合性测试的重点与目的。

内部控制的描述可以用调查表法、文字表述法或者流程图法。其中,流程图比较直观和容易理解,适用于对计算机信息系统内部控制的描述。

2. 符合性测试

符合性测试是指对内部控制措施的实施与执行情况进行测试,主要涉及三个问题,即必要的内控措施是否存在、是否按规定执行、执行是否有效。测试步骤如下:

(1) 确定测试顺序。例如,确定先测试一般控制,还是同时测试一般控制与应用控制。

(2) 确定测试对象。通常不必对所有控制措施进行测试,所以要选择重点测试对象。

(3) 确定是否有互补测试。如果两个或多个控制措施之间有联系,可以只测试其中一个。

(4) 选择测试工具或技术。

(5) 设计测试数据。包括有效数据与无效数据。

(6) 进行测试。输入测试数据以检查系统控制的可靠性和准确性。

(7) 分析与评价测试结果。

3. 评价内部控制

评价计算机会计与手工会计内部控制的方法并无本质区别,一般是在符合性测试之后,根据应有的控制是否存在、设置的控制是否执行、执行的控制是否有效,对系统控制进行全面评价。在评价中注意是否有重大控制缺陷、是否有过控或失控,并且对薄弱环节提出建议。此外,由于内部控制越强,风险水平就越低,所以应该根据评价结果调整实质性测试计划。

第三节 会计数据的审计

会计数据是会计信息系统的加工对象与最终产品,它的正确与完整在很大程度上决定了系统功能是否正确、控制是否可靠,所以数据必然是审计的重点。对数据的审计通常称为实质性测试,一般在符合性测试的基础上进行。

一、会计数据的审计目的与内容

1. 数据审计的目的

对手工会计与计算机会计数据的审计的目的是相同的,但由于计算机会计系统主要以电磁介质存储数据,电磁数据不仅易于修改、复制、受损、缺乏证据力,而且计算机内部又可能隐匿存在多套账,真假难辨,将审计线索弄得更模糊。所以对数据的审计不仅更加重要,范围更宽(既有电磁数据又有输出纸质信息),而且有一定的难度。

会计数据审计的目标:

(1) 审查数据的合法性。主要是审查原始数据即输入或采集到系统的数据的合法性,如业务期间的确认、科目分类、报表编制是否符合会计制度与准则。

(2) 审查数据的真实性。不仅要审查电磁介质上存储的数据是否真实反映被审计单位的经济活动与财务状况,而且要审查打印输出的信息是否与电磁数据一致。

(3) 审查数据的正确性。首先要审查被审计单位的经济业务是否完整无缺地录入系统,然后在此基础上审查数据处理结果是否正确。

2. 数据审计的内容

会计数据包括各种纸质证账表和机内各种数据文件,它们是计算机会计系统运行的历史资料,是重要的审计线索。同时,数据之间反映的逻辑关系,也是对会计软件正确性的有力验证。对系统内部数据一般要进行实质性测试和分析性审核,直接检查各会计账户的余额与发生额。因此,数据审计包括两个方面:

(1) 对账户余额和经济业务进行直接检查,主要包括审查凭证、账簿和报表的内容。除了核对总账与明细账的余额是否一致之外,还必须审查经济业务的合法性,例如,检查是否少报应收账款、存货估价是否正确、是否把营业外支出列入成本,等等。

(2) 对综合性财务信息进行分析性审核。例如,通过比较不同期间的会计信息、实际与计划数据的差异,或通过财务比率分析、趋势分析,查找会计处理中的错误或不法行为。

二、会计数据的审计范围与数据抽样的标准

1. 会计数据的审计范围

审计范围主要从两个方面考虑:一是确定审计哪些数据文件,二是确定从数据文件中抽取多少样本量。这两个方面虽然取决于具体信息系统的结构以及被审计单位的业务数量,但也与内部控制的强弱有直接关系。

一般而言,内部控制措施越有效,审计测试的范围就越小,例如,如果确信系统的处理控制是有效的,那么对总账、日记账、明细账文件的审计就是多余的;反之,内部控制的可信赖程度越低,审计测试的范围就越大,当审计人员对内部控制完全失去信心时,甚至可以直接进入全面的审计测试。因此,审计测试范围应该在符合性测

试之后确定,即通过评价内部控制的可靠程度确定审计时实质性测试的范围。

2. 数据抽样的标准

数据审计需要从数据文件中选取数据样本进行审查分析,审计人员一般应按以下原则抽取样本数据:

(1) 重要性。如选取数额较大的数据记录进行审计测试。

(2) 敏感度。如选取外界信息使用者比较敏感的数据记录进行审计测试。

(3) 统计抽样。按统计抽样原理随机抽样或分层抽样,如按金额大小分组抽样。

(4) 异常数据。需要通过分析性审核来选取数据进行审计测试。

三、会计数据的审计方法与步骤

1. 会计数据审计的主要方法

计算机数据文件一般必须采用计算机辅助的方法进行审计,即通过软件来测试数据文件的正确性与完整性,例如,可以用会计软件、审计软件或诸如 Excel 之类的其他软件直接或间接审计会计数据文件。

(1) 人工审核数据输出结果。这就是所谓的绕过计算机审计方法,即只检查由会计系统打印输出的证账表以及其他会计信息,而不理会计算机会计内部存储的数据文件。但这种方法暗藏着一种危机,即打印输出的信息不一定是数据文件的真实数据,而审计人员又难以辨别真假。

(2) 用会计软件直接审计会计数据。会计软件一般设有证账表一体化查询功能以及财务分析功能,这不仅可以利用查询功能直接检查各会计账户的余额与发生额,测试总账与明细账的余额是否一致、是否有遗漏数据未作处理、计算是否正确、科目是否用错,而且可以利用财务分析功能对综合性财务信息进行分析性审核,检查各种报表之间的数据差异。此外,利用会计软件还可以检验输出信息与数据文件的一致性,甚至可以检查被审计单位是否存在非法账套。因此,在没有审计软件的情况下,审计人员应该首先考虑利用会计软件对数据文件进行审计测试。

(3) 用 Excel 辅助审计会计数据。Excel 等表处理软件具有强大的表格处理、数据管理、查询筛选、分类汇总、统计分析、图表编辑等功能,其中不少功能与审计软件有异曲同工之效,因此 Excel 不仅可以用于财务分析,也可以用于辅助审计会计数据。方法如下:

① 利用查询、筛选功能审核某些重要或敏感的数据。例如,查询金额较大的记录并分析其合法性,查询并检查是否把营业外支出列入成本。

② 利用分类汇总或统计功能可以审核综合信息的正确性。例如,对凭证按科目分类汇总可以检查总账的发生额的正确性,等等。

③ 利用财务函数进行检查与分析。例如,用折旧函数计算各项固定资产的应提折旧额,据此复核会计系统的计提折旧额。

④ 利用图表编辑功能进行分析性审核。例如,可以生成分析表格以比较不同期间的会计信息、实际与计划数据的差异,生成统计图直观反映指标的变化、结构或

趋势。

（4）用数据库系统辅助审计会计数据。由于 SQL Server、Access 之类的数据库系统不仅具有很强的数据处理能力，而且具有很强的数据检索和分析功能，因此，数据库系统成为审计人员的查账工具之一。利用数据库系统辅助实质性测试，一般不能直接对数据文件进行实质性测试，而应先将会计数据文件中的数据导入数据库系统，然后利用这些系统的查账或分析功能进行实质性测试。

（5）用审计软件辅助审计会计数据。审计软件是为审计而设计的，其主要功能是根据审计要求从会计数据文件中抽样数据，在此基础上进行财务分析或者进行核对、比较、汇总会计资料，或者按指定内容和格式打印出报表或账页供审查。使用审计软件可以减少对被审计单位会计软件及其操作人员的依赖性，提高审计结果的可靠性。

除此之外，随着互联网的普及以及网络安全的有效保障，远程实质性测试也将是可行的。远程测试是审计人员通过网络远程登录，从被审计单位获取会计数据，并对数据进行实质性测试。

2. 会计数据审计的步骤

对会计数据的审计测试一般按以下步骤进行：

（1）调查会计数据结构与需求。即通过调查了解会计软件系统采用何种数据库系统、会计数据库的构成、数据表的结构以及数据表之间的关联、从数据库可以导出的数据格式，确定会计数据的采集需求。

（2）会计数据采集与转换。即通过直接复制、文件传输、ODBC 等方式，从会计软件系统中获取会计数据，并将其转换为辅助审计工具（如某种审计软件、电子表格软件如 Excel、数据库系统等）所需要的数据格式。

（3）建立会计账表。目的是形成审计环境，即根据凭证生成分类账与科目余额表，并进一步生成统一会计报表，为审计做准备。

（4）数据测试与分析。通过查账、测算、核对、验证、汇总、分析，完成对计算机会计数据的实质性测试。

（5）审计取证。对在测试过程中发现的不符事项或重分类误差，以会计分录的形式记入审计工作底稿，测试结束时再将这些分录分别汇总到调整分录汇总表、重分类分录汇总表、未调整不符事项汇总表。

第四节　用会计软件直接审计会计数据

通过会计软件或 ERP 的检索功能不仅可以作抽样检查，而且可以核对证账、账账、账表之间的逻辑关系。另外，会计软件还提供较强的报表分析功能，利用这些分析功能可以对综合性财务信息进行分析性审核，检查各种报表之间的数据差异。

利用会计软件或 ERP 审计会计数据的最大优点是可直接对数据文件进行测试，无需建立数据备份，方法简单易行，而且比查阅纸质资料要有效得多，速度也要快得多。

下面是几个审计事例，其操作界面均为金蝶 K/3 系统。

【例 10-1】 审查是否有购进固定资产不入固定资产账而直接列入当期费用的问题。

审计方法：本例应在账簿中筛选出"借：周转材料，贷：银行存款"并且金额大于 5000 元的记录，因为这样的记录才有可能将固定资产当作周转材料列入当期费用。金蝶 K/3 的检索条件设置如图 10-1 所示。

图 10-1　审查购进固定资产是否列入当期费用检索条件

【例 10-2】 审查有无其他业务收入而无反映收入增加的问题。

审计方法：在账簿中筛选出贷方为"其他业务收入"且借方不是"应收账款"的记录，如果检索到满足条件的记录则应进一步分析。金蝶 K/3 的检索条件设置如图 10-2 所示。

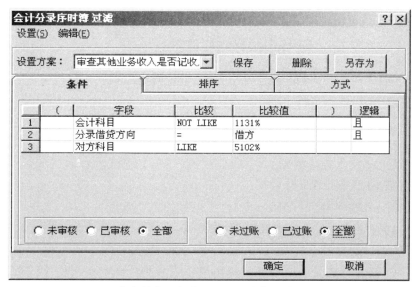

图 10-2　审查其他业务收入是否反映收入增加检索条件

【例 10-3】 审查营业税应税业务发生时，是否按规定交纳营业税。

审计方法：在账簿中筛选出借方为"应收账款"或"其他应收款"而贷方没有"应交营业税"科目的记录，如果检索到满足条件的记录，则应进一步分析。金蝶 K/3 的检索条件设置如图 10-3 所示。

图 10-3 审查有无按规定交纳营业税检索条件

第五节 用 Excel 辅助审计会计数据

利用 Excel 辅助审计会计数据，一般需要经过从会计软件或 ERP 中获取会计数据、数据整理或生成会计表以及查询分析几个环节。

一、从会计软件或 ERP 中获取会计数据

Excel 有许多方法可以从会计软件或 ERP 中获取会计数据，例如：

（1）直接读取经转换的数据文件，即在会计软件中以指定文件格式存储查询结果或导出文件，其中就包括 Excel 文件格式（*.xls），用户可以将需要的会计数据保存入工作簿，供 Excel 处理。

（2）在 Excel 中选择【数据】|【获取外部数据】|【运行数据库查询】命令，从会计软件或 ERP 中获取会计数据。

（3）在 Excel 中选择【打开】命令，直接打开会计软件或 ERP 文件，然后选择【文件】|【另存为】命令，将其保存为"Microsoft Excel Workbook（*.xls）"文件。

【例 10-4】 将金蝶 K3 数据转换为 Excel 数据表。

金蝶 K/3 将会计凭证、明细账、总账或报表转换为 Excel 文件（*.xls）的方法如下：

(1) 查找数据,如用"凭证查询"功能找出需要引出的凭证。
(2) 选择【文件】│【引出】命令,在对话框中指定 Excel 文件类型。
(3) 指定 Excel 文件的存放路径和文件名。

二、数据整理或生成数据汇总表

从会计软件导入的数据表往往含有一些对审计并不重要的字段,而一些必需的字段又不一定存在,因此需要根据审计的要求对数据表进行整理,除了增删一些字段之外,必要时还要对单元数据进行一些变换处理。此外,往往还需要利用分类汇总、数据透视表等功能,生成若干汇总表,以便核对总账、明细账或会计报表。

【例 10-5】 在 Excel 中按总账科目汇总记账凭证。

方法:先在 Excel 记账凭证表中增加一列"总账科目",并用函数 LEFT(单元号,4)从明细科目中截取 4 位总账科目,然后再对总账科目执行分类汇总,即生成总账科目汇总表。其中,单元号指明细科目代码所在的单元位置。

三、数据查询与分析

Excel 提供方便且实用的数据排序与筛选功能,其中筛选功能又分自动筛选和高级筛选,当一张会计数据表很大时,可以使用这些筛选功能从工作表中选择满足给定条件的部分数据,如从数以万计的凭证中查找所关注的数据记录。

【例 10-6】 审查票据兑现时,是否按兑现金额如实反映银行存款。

审计方法:从应收票据明细账中筛选出贷方金额大于 0 而对方科目不是"银行存款"的记录,如果存在这样的记录,则应进一步查明原因。本例可用高级筛选功能实现,因为查询涉及对方科目,所以在 Excel 中不能对凭证表而只能对明细账进行检索,具体方法如下:

(1) 打开明细账表,选定工作表的某个空白区域为条件区域。条件区域至少两行,首行为字段名,以下各行设置条件。本例假定选择 1、2 行为条件区域。

(2) 在条件区域中设置筛选条件。需要注意的是,在字段名下方的同一行中输入多个条件,表示多个条件的"与"关系;在字段名下方的不同行中输入多个条件,表示多个条件的"或"关系。本例的条件设置如图 10-4 所示。

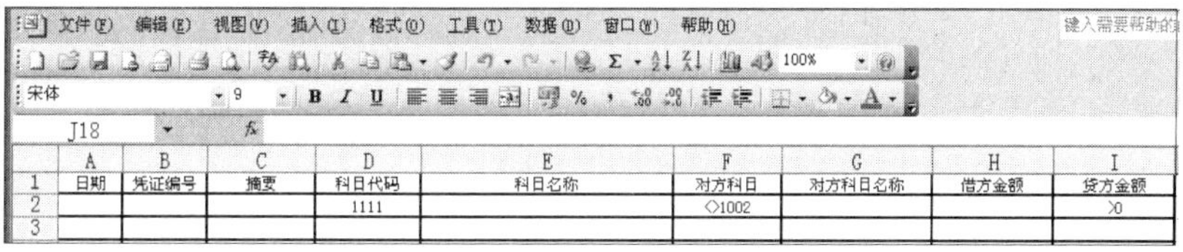

图 10-4 在条件区域中设置筛选条件

(3) 单击数据清单中的任一单元格之后,选择【数据】│【筛选】│【高级筛选】命令,并在系统弹出的"高级筛选"设置窗口中设置结果输出区域、指定列表区域(或称数据区域)和条件区域。本例的设置如图 10-5 所示。

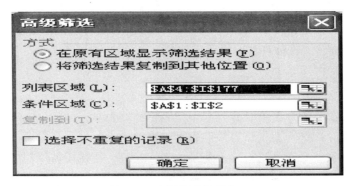

图 10-5　高级筛选设置窗口

(4) 单击【确定】按钮，即可获得筛选结果。

此外，利用 Excel 的建模功能，通过建立财务分析模型可以对企业的经营与财务状况进行审核性分析与评价。

第六节　用数据库系统辅助审计会计数据

数据库系统由于具有强大的数据处理、检索和分析功能，因此利用数据库系统辅助数据审计，已经为不少审计人员所接受，其中，SQL Server、Access 数据库系统尤其受到青睐。SQL Server 是微软公司用于大型网络环境的数据库产品，其提供的结构化查询语言(structured query language，SQL)是目前使用最为广泛的数据库标准语言，因其能够表达复杂的查询条件且操作简单，最适用于审计会计数据。下面将主要介绍基于 SQL Server 的辅助审计技术。

利用数据库系统辅助审计数据的过程与 Excel 大体相同，一般也需要先从会计软件或 ERP 中将数据导入数据库，然后在整理数据的基础上，实施数据审计与分析。

一、引入审计数据

在 SQL Server 中可以利用数据转换工具(DTS)将多种格式的数据导入数据库。DTS 是支持跨数据库平台的数据转换工具，它提供如下两种途径启动导入数据功能：

(1) 工具—数据转换服务—导入数据(或导出数据)；

(2) 工具—向导—数据转换服务—DTS 导入向导(或 DTS 导出向导)。

图 10-6 为 SQL Server 数据导入向导的第一个操作界面。

二、数据审计与分析

数据审计的内容之一是对账户余额和经济业务进行直接检查，其中审查会计凭证可以检验经济业务的合法性，如检查是否少报应收账款、存货估价是否正确、是否把营业外支出列入成本，等等。下面介绍十个针对企业会计凭证表的审计事例以及相应的 SQL 语句，这些资料主要来自《现场审计实施系统》的审计经验。

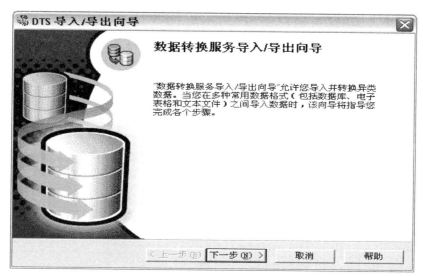

图 10-6　SQL Server 数据导入向导

【例 10-7】　按照《现金管理暂行条例》第 3 条的规定，审查除发工资、奖金或预借差旅费等情况之外，现金使用是否超范围、超限额。

审计方法：筛选出"贷：库存现金"，且摘要中不含"工资""奖金""稿费""补""津贴""劳保""福利""出差""差旅费"等内容，且现金贷方发生额大于结算起点的所有记录（如 1000 元）。如果检索到满足条件的记录，则进一步查明真相。可以使用的 SQL 查询语句如下：

SELECT DISTINCT 凭证号

FROM 凭证表

WHERE LEFT(科目代码，4)＝'1001' AND 贷方金额 ＞1000

　　AND 摘要 NOT LIKE '％工资％'

　　AND 摘要 NOT LIKE '％奖金％'

　　AND 摘要 NOT LIKE '％补％'

　　AND 摘要 NOT LIKE '％津贴％'

　　AND 摘要 NOT LIKE '％劳保％'

　　AND 摘要 NOT LIKE '％福利％'

　　AND 摘要 NOT LIKE '％出差％'

　　AND 摘要 NOT LIKE '％差旅费％'

【例 10-8】　审查除从银行提取现金以外，有无异常现金收入。

审计方法：筛选出"借：库存现金，贷方不是银行存款"，并且金额大于 1000 元的记录，如果检索到满足条件的记录，则应进一步查明真相。可以使用的 SQL 查询语句如下：

SELECT DISTINCT 凭证号

FROM 凭证表

```
WHERE 凭证号 IN
    (SELECT DISTINCT 凭证号
     FROM 凭证表
         WHERE LEFT(科目代码,4) = '1001' AND 借方金额>1000)
    AND LEFT(科目代码,4) <> '1002'
    AND 贷方金额 <> 0
```

【例 10-9】 核对银行对账单，审查转账事项是否真实、合法，是否有出租、出借账户、挪用公款、非法出借资金、隐瞒利息收入等问题。

审计方法：筛选出"借：银行存款，贷：银行存款"的分录，如果检索到满足条件的记录，则应进一步查明真相。可以使用的 SQL 查询语句如下：

```
SELECT DISTINCT 凭证号
FROM 凭证表
WHERE 凭证号 IN
    (SELECT DISTINCT 凭证号
     FROM 凭证表
         WHERE LEFT(科目代码,4) = '1002' AND 借方金额<>0)
    AND LEFT(科目代码,4) = '1002'
    AND 贷方金额 <> 0
```

【例 10-10】 审查有无实现销售而未反映收入增加的情况。

审计方法：筛选出"借：应收账款，贷方不是主营业务收入"的记录，如果检索到满足条件的记录，则应进一步查明真相。可以使用的 SQL 查询语句如下：

```
SELECT DISTINCT 凭证号
FROM 凭证表
WHERE 凭证号 IN
    (SELECT DISTINCT 凭证号
     FROM 凭证表
         WHERE LEFT(科目代码,4) = '1122' AND 借方金额 <> 0)
    AND LEFT(科目代码,4) <> '6001'
    AND 贷方金额 <> 0
```

【例 10-11】 审查销售业务时，注意核对委托银行收款单、销货发票，检查是否按成交实际金额和垫付运杂费等款项之和记账。

审计方法：筛选出"借：应收账款，贷：主营业务收入"的记录，并审查检索到的记录是否存在问题。可以使用的 SQL 查询语句与例 10-10 相同，即：

```
SELECT DISTINCT 凭证号
FROM 凭证表
WHERE 凭证号 IN
    (SELECT DISTINCT 凭证号
```

FROM 凭证表
　　　　WHERE LEFT(科目代码,4)＝'1122' AND 借方金额 <> 0)
　　AND LEFT(科目代码,4)＝'6001'
　　AND 贷方金额 <> 0

【例 10-12】 审查销售实现时是否按规定交纳税金。

审计方法：筛选出"借：应收账款，贷方不是应交税费"的记录，如果检索到满足条件的记录，则应进一步查明真相。可以使用的 SQL 查询语句如下：

SELECT DISTINCT 凭证号
FROM 凭证表
WHERE 凭证号 IN
　（SELECT DISTINCT 凭证号
　　FROM 凭证表
　　　WHERE LEFT(科目代码,4)＝'1122' AND 贷方金额 <> 0)
　AND LEFT(科目代码,4) <> '2221'
　AND 借方金额 <> 0

【例 10-13】 应收账款收回时，如果借方不是银行存款，则审查是否存在异常转账、调账等情况。

审计方法：筛选出"贷：应收账款，借方不是银行存款"的记录，如果检索到满足条件的记录，则应进一步审查是否存在异常转账、调账等情况。可以使用的 SQL 查询语句如下：

SELECT DISTINCT 凭证号
FROM 凭证表
WHERE 凭证号 IN
　（SELECT DISTINCT 凭证号
　　FROM 凭证表
　　　WHERE LEFT(科目代码,4)＝'1122' AND 贷方金额 <> 0)
　AND LEFT(科目代码,4) <> '1002'
　AND 借方金额 <> 0

【例 10-14】 其他应收款增加时，通常应当付款，如果货币资金未减少，则审查是否存在异常转账、调账等情况。

审计方法：筛选出"借：其他应收款，贷方不是库存现金或银行存款"的记录，如果检索到满足条件的记录，则应审查是否存在异常转账、调账等情况。SQL 查询语句如下：

SELECT DISTINCT 凭证号
FROM 凭证表
WHERE 凭证号 IN
　（SELECT DISTINCT 凭证号

FROM 凭证表

　　WHERE LEFT(科目代码，4) = '1221' AND 借方金额 <> 0)

　AND LEFT(科目代码，4) NOT IN('1001'，'1002')

　AND 贷方金额 <> 0

【例 10-15】 收回其他应收款时，货币资金应当增加，否则应当审查是否存在异常转账、调账等情况。

审计方法：筛选出"贷：其他应收款，借方不是库存现金或银行存款"的记录，如果检索到满足条件的记录，则应审查是否存在异常转账、调账等情况。可以使用的 SQL 查询语句如下：

SELECT DISTINCT 凭证号

FROM 凭证表

WHERE 凭证号 IN

　(SELECT DISTINCT 凭证号

　　FROM 凭证表

　　WHERE LEFT(科目代码，4) = '1221' AND 贷方金额 <> 0)

　AND LEFT(科目代码，4) NOT IN('1001'，'1002')

　AND 借方金额 <> 0

【例 10-16】 审查利息是否在财务费用科目核算。

审计方法：查找摘要中有"利息"字样，发生科目中无"利息收入、利息支出、财务费用"的凭证，如果检索到满足条件的记录，则应进一步查明真相。可以使用的 SQL 查询语句如下：

SELECT DISTINCT 凭证号

FROM 凭证表

WHERE LEFT(科目代码，4) NOT IN('6011'，'6411'，'6603') AND(摘要 LIKE '％利息％')

第七节　用专用审计软件审计会计数据

审计软件是为计算机辅助审计而设计的一种管理信息系统。自 20 世纪 90 年代以来，由各级审计机关、内审机构、社会审计组织、软件公司开发的审计软件不胜枚举，其中部分软件通过了国家审计署的评审，成了商品化软件。

一、审计软件的主要目标

审计软件主要用于辅助审计人员实施与管理审计业务，其主要目标如下：

1. 辅助审计实施

辅助审计实施是计算机审计的主要目标，即利用审计软件完成某些审计任务。当然，审计是一项经验性很强的工作，有些工作需要职业判断，难以借助计算机来作出肯定或否定的评价。但是不少具体审计业务仍可以借助审计软件来处理，例如，内部控制测试、数据抽样、数据分析、报表审计、分析性审核、审计文档编辑等审计业务都可以由审计软件辅助完成。

如前所述，可以用会计软件、数据库系统、Excel 软件来辅助审计会计数据，但审计软件是专门为辅助审计设计的，不仅功能更有针对性，而且操作也更为方便。

2. 辅助审计管理

审计是一个收集与评价审计证据的过程，其中涉及审计法规、客户资料、以前年度审计报告以及其他影响审计活动的各种外部资料。如何管理审计信息以及时为审计人员提供支持，就是计算机辅助审计管理的主要目标。计算机辅助审计管理可以建立独立的审计管理信息系统来实现。审计管理信息系统具有采集、存储、处理、传输和检索审计信息等功能，一般包含审计计划、审计法规、审计档案、审计单位等子系统，以及用于审计机关内部管理的人事、财务、科研、行政等管理子系统。

二、审计软件的分类

审计软件可以从不同的角度进行分类，例如：

1. 按软件的用途分类

按软件在审计中的作用可以将审计软件分为以下两大类：

（1）辅助审计实施的软件。这类软件用于直接辅助审计业务的实施，如审计抽样软件、企业审计软件，等等。其中，审计抽样软件用于计算机统计抽样，功能包括计算样本量、从审计文件中随机选取样本、根据样本推断总体、记录抽样结果等；企业审计软件对一般企业实施辅助审计，功能包括审计项目管理、数据分析、报表审计、分析性审核、审计文档编辑等。

（2）辅助审计管理的软件。这类软件用于审计管理，常见的有审计法规管理软件、审计档案管理软件、审计对象管理软件、审计信息管理软件等。

① 审计法规管理软件，用于录入、存储、维护、检索、摘录各种财经或审计法规。为了便于管理与检索，一般需要建立一个法规目录文件和一个法规正文文件，其中，法规正文一般以文本文件格式存储。

② 审计档案管理软件，用于管理每一个审计项目的档案资料，内容包括审计项目、审计日期、审计进度、审计组长、审计工作底稿、取证资料、审计报告等。在计算机上管理全部审计档案工作量较大，一个简化的办法是人机结合，在计算机上只建立一个档案资料目录文件，保存审计工作底稿、取证资料，审计报告则继续手工管理。

③ 审计对象管理软件，用于管理审计对象基本资料以及年度审计情况，为审计计划的制订和审计的实施提供信息。一般用单位文件存储审计对象的基本信息，每个单位存储一个记录，内容包括单位代码、名称、法人、行业、邮编、地址、电话、传真、Email、银行账号、税务登记号等；用年审文件存储以往年度的审计情况，每个单位每年存储一个记录，内容包括单位代码、名称、年度、主要财务指标、审计时

间、审计项目负责人、发现问题(或审计调整)、审计决定(或审计报告类型)等,其中财务指标应设多个字段存储。

2. 按软件的功能分类

按软件功能的综合程度可以将审计软件分为以下两大类:

(1) 专用审计软件,指针对不同行业或不同被审计单位开发的审计软件,由于适用范围有所限制,因此实用性较强。例如,工程预决算审计软件、财政总预算审计软件、海关审计软件、银行审计软件、外资审计软件、证券公司审计软件、税务审计软件、国库审计软件、经济效益审计软件以及审计业务文件生成软件等,都是行业专用审计软件。

(2) 通用审计软件,指功能较全面、可辅助对不同行业或不同类型被审计单位进行审计的审计软件。这类软件一般面向会计师事务所或内审机构,代表性的软件有通审2000、审计之星、金审软件等。

三、通用审计软件的主要功能

利用审计软件对被审计单位会计进行计算机审计时,一般要先编制审计计划,然后从被审计单位的计算机系统获取会计凭证等基础数据,并按会计处理流程生成会计账簿与报表,在此基础上利用系统提供的工具进行审计测试与数据分析,生成相应的工作底稿,最后通过审计调整,评价审计结果,形成审计结论,出具审计报告。因此,通用审计软件必须包括会计处理、审计处理、审计管理等几大部分,具体功能涉及机构管理、计划管理、会计处理、审计实施、审计完成、法规管理、系统管理。通用审计软件的功能结构如图10-7所示。

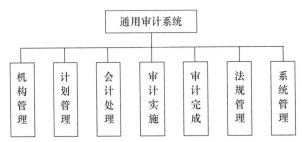

图 10-7 通用审计软件的功能结构

1. 机构管理

机构管理的主要对象是会计师事务所与被审计单位。

(1) 审计机构管理:主要是对会计师事务的管理,功能包括事务所基本信息的管理、部门管理、人员管理、成本控制、业务档案管理、管理制度,等等。

(2) 被审计单位管理:管理被审计单位基本信息以及年度审计情况,为审计计划的制订和审计的实施提供信息。

2. 计划管理

审计过程一般包括计划、实施与完成三个阶段,其中审计计划管理的主要功能是编制、审核总体计划以及具体项目的审计程序。

(1) 编制业务约定书：提供查询了解被审计单位基本情况、按工作量和资产总额等标准计费、按模板编辑业务约定书等功能。

(2) 编制审计计划：根据用户报表自动计算与确定审计项目的重要性水平，在此基础上确定重点审计项目。

(3) 编制审计程序：提供审计准备、内部控制调查、符合性测试、实质性测试、审计完成等阶段的基本审计程序，审计人员可以此为蓝本编辑正式的项目审计程序。

3. 会计处理

会计处理主要包括获取数据、数据转换、账表生成等功能，其目的是形成审计环境。

(1) 获取数据：指从被审计单位计算机会计系统获取会计数据，其中主要是记账凭证、会计科目表及年初余额，一般是通过文件拷贝、双机互联、网络传递等方式，将数据文件拷贝到审计软件数据区。1998年，中国软件行业协会财务及企业管理软件分会发布了《中国财务软件数据接口标准 CSIA/ABM 98001号》，而且一些大型会计软件或 ERP 系统还提供输出数据格式转换功能，这为审计软件获取会计数据提供了方便。

(2) 数据转换：即通过"模板对应编辑"，将获得的会计数据转换成审计软件所需格式的数据文件，其中主要有凭证文件、科目表文件、年初余额文件。有些数据（如存货、银行对账单等）如果不能直接从被审计单位计算机系统获得，则还应该提供人工输入功能。

(3) 账表生成：指审计软件模拟会计软件的数据处理功能，根据凭证生成分类账与科目余额表，并进一步生成统一的会计报表。有些软件甚至提供报表合并工作平台与抵消分录编辑功能，以便审计人员编制合并报表。

4. 审计实施

审计实施模块具体完成实施阶段的审计工作，一般提供查账、测算、核对、抽样、汇总、分析等审计功能。

(1) 查账：无论财务审计还是效益审计都离不开查账，为此，系统提供对凭证、总账、明细账的查询功能，并能从总账或报表追溯到凭证即证账表一体化查账功能。

(2) 测算：用于审查会计软件计算方法的正确性或数据是否被非法篡改，审计人员据此可以计算材料成本差异率与差异分配、计算各种方法的折旧额、计算各种存货计价方法的结转成本、计算应交税金等，然后与被审计单位的结果进行对比分析。

(3) 核对：主要提供对账表、账账、账证、账实、未达账项以及对被审计单位提交的账表与审计软件生成的账表进行核对等功能。

(4) 抽样：审计抽样是指从被审总数据中抽取一定数量的样本进行审查，通过对样本的审查结果推断被审总数据特性的一种审计方法。审计抽样虽然分判断抽样与统计抽样，但都包含确定抽样总体、确定样本量、选取样本、评价抽样结果等步骤。在符合性测试中一般运用属性抽样，具体有固定样本量抽样、"停一走"抽样和发现抽样等方法,其结果只有两种,即"对与错"或"是与不是"。实质性测试主要运用变量抽样技术,具体方法主要有:PPS抽样和随机抽样。它们可用于确定账户金额的多少或是否存在重大差错,如审查应收账款金额、存货数量与金额、工资费用等。

(5)汇总:该功能一般通过对指定条件的记录进行汇总,以便核对审计中需要特别关注或有疑问的数据。

(6)分析:主要用于实质性测试,包括账龄分析与比率分析。账龄分析通过显示账龄分析表,借以估计坏账损失。比率分析通过计算财务指标或比较趋势,评价被审计单位的财务状况和经营成果。

5. 审计完成

审计完成主要提供整理审计问题与编制审计报告的功能:

(1)汇总审计问题:在审计实施过程中发现的不符事项或重分类误差,一般以会计分录的形式记入系统提供的审计工作底稿。审计实施结束时,审计人员应利用系统提供的汇总功能,将这些分录分别汇总到调整分录汇总表、重分类分录汇总表、未调整不符事项汇总表。其中调整分录要经被审计单位确认,并反映到会计报表的试算平衡表以及审定表中。

(2)编制审计报告:用于辅助审计人员编制审计报告。一般处理方法是在审计报告模板的基础上,通过引入工作底稿汇总文件的内容或人工输入需要调整的内容以形成审计报告初稿,并通过进一步修改形成最终的审计报告。

6. 法规管理

审计法规管理用于建立法规库,一般提供录入、维护、检索、摘录各种财经或审计法规的功能。为了便于管理与检索,需要建立一个法规目录和一个法规正文文件,其中法规正文文件内容主要包括:法规编号、名称、发文日期、生效日期、法规类别、适用行业、法规正文等。

7. 系统管理

主要提供系统设置、授权管理、密码管理、数据备份与恢复等功能。

四、几个流行的审计软件

审计软件在"百花齐放"之后,涌现了若干实用性较强的系统,其中较流行的有审计之星、通审软件、审易软件、现场审计实施系统等,下面简单介绍其中的两个系统。

1. 审计之星

审计之星自2000年问世以来,已经发展到第四代,功能不断强化。其中,第二代审计之星由查证系统、单体系统、合并系统三部分构成,这三部分既可单独使用,也可组合使用。2006年问世的第三代审计之星为集团审计网络实时版。该版本在IT内审作业的技术基础上,利用计算机和网络传输技术,对审计机关以外的部门或单位的财政、财务收支实施经常性、即时性的审计,实现了审计工作的远程化、实时化和可预警化。

(1) 主要特点

第二代审计之星的主要特点是：采用标准数据接口与专用软件相结合的导入方法解决数据采集问题，采用符合传统审计的逆向检查方法、智能化的会计制度执行情况检查，并提供多种方法的记账凭证检查以及留有审计轨迹的底稿系统，等等。

第三代审计之星除了继承第二代审计之星的分析管理功能之外，还具有以下特点：

① 实现三大转变，即从事后审计转变为事后审计与事中审计相结合、从静态审计转变为静态审计与动态审计相结合、从现场审计转变为现场审计与远程审计相结合。

② 多单位联合作业的协调。审计的内容可以分为企业经济活动、财务记录、网络系统、外部网络、相关企业审计等，第三代审计之星能帮助审计人员进一步分工协作，实现集团多单位协作，联合审计。

③ 实时监控，即通过实时采集财务数据以及对业务流程的实时处理，对被审计单位进行动态监控，实现事前预防和事中控制；通过定义各种指标的预警数据类型和金额，对企业内部控制进行全过程、全方位的监督和评价，做到事前审核、事中监督，及时发现各个环节存在的问题。审计人员可以对可能的违法违纪行为设置预警指标、预警方案、设置自动产生疑点数据的业务处理记录，并发邮件、短信给需要提醒的人员。此外，审计人员还可以由最初的审计疑点追踪到原始凭证。

审计之星教育版的主界面如图10-8所示。

图10-8 审计之星教育版的主界面

(2) 主要功能

① 基础信息管理功能：提供对审计工作相关信息的管理功能，包括对审计机构、审计人员、专项审计类型、被审机构、被审机构负责人等基础信息的管理。

② 审计信息管理功能：提供审计办公自动化功能，其中包括新建邮件、收件箱、邮件草稿、即时通信、会议安排等日常办公的相关功能。

③ 审计底稿及成果管理功能：提供对审计底稿及相关审计成果的管理功能，其中包括按项目统计审计成果、按问题性质统计审计成果、生成审计项目明细表与审计项目统计明细数据表等管理功能。

④ 实时监控管理功能：通过设置监控方案的方式实现实时监控功能，其中包括监控方案的设置、凭证关系监控设置、凭证分录金额监控设置、科目金额监控设置、凭证分录制单人与复核人监控、监控历史、监控对象使用情况的相关管理功能。

⑤ 实时查证工具：通过系统提供的实时查证工具实现多种审计方法，其中包括标准科目、实际科目、科目对应设置、资产负债表、科目明细账、科目余额表、趋势分析、会计科目规范设置检查、期初期末结转一致性检查、账户余额异常方向检查、凭证借贷平衡检查、凭证大额检查、凭证抽样、凭证条件设置检查、冲销凭证、整数凭证等相关的管理功能。

2. 现场审计实施系统

现场审计实施系统是国家审计实施系统的一个组成系统，该系统由国家审计署组织开发，是"金审工程"建设的重大成果。

(1) 审计实施系统

审计实施系统是计算机辅助审计的信息系统，根据审计实施方式的不同，审计实施系统包括现场审计实施系统和联网审计实施系统两大部分。

① 现场审计实施系统。现场审计实施系统又名审计师办公室，英文名称为 Auditor Office，简称"AO 系统"。现场审计实施系统已是审计人员开展计算机审计、强化审计项目管理、实现审计信息共享的重要系统，目前已成为全国 8 万多名审计人员现场审计的必备工具。

② 联网审计实施系统。联网审计实施系统是审计机关实施联网审计的信息系统，英文名称为 Online Auditing，简称"OLA 系统"。联网审计是对需要经常性审计且关系国计民生的重要部门和行业实施"预算跟踪＋联网核查"模式的计算机审计。联网审计以确定的采集周期在线获取被审计单位系统中的审计所需数据，进行实时的审计处理，及时发现问题并及时反馈，督促被审计单位及时规范管理，采用动态、远程审计的方式，达到事中审计的效果和效益，并对积累的历史数据进行趋势分析和预测评价，提出审计评价意见和审计建议。

(2) 现场审计实施系统的研制

AO 系统是"金审工程"投资开发的审计软件，审计署于 2005 年和 2008 年先后发布了两个版本。该软件体现了以下特点：

① 能够在审计系统广泛应用。国家审计署要求不仅审计署业务司、派出审计局、特派员办事处能够使用该软件，而且省级审计厅、地市审计局甚至有条件的县级审计机关也可以使用。

② 符合国家审计机关的业务规范。该软件由审计署主持开发，不仅充分满足国家审计机关的业务规范要求，还能准确分析国家审计业务需求，因此该软件是符合我国

国家审计机关应用实际,更符合国家审计目标的审计软件。

③ 博采众长。为了搞好 AO 系统的设计和开发,2002 年 8 月,审计署组织"金审工程"应用系统集成商——中国计算机软件与技术服务总公司,对已通过审计署评审的计算机审计软件进行逐一调研分析,并请审计署机关、特派办和地方审计机关的开发人员详细介绍软件功能及设计思路,确立了"在既有审计软件的基础上完善、整合,进行深度开发"的工作思路。因此,AO 系统是博采众长的结果,是在吸收整合基础上的提高,应当说是审计机关集体智慧的结晶。

AO 系统适用于对财政、行政事业、固定资产投资、农业与资源环保、社会保障、外资运用、金融、企业和领导干部经济责任等审计项目的专业审计。

(3) 现场审计实施系统的主要功能

AO 系统基本解决了审计数据采集与转换的难题,它集成了项目管理、采集转换、审计分析、审计抽样、审计底稿五个主要功能,以及辅助工具、系统管理两个辅助功能,同时包含适合不同审计专业的审计专家经验、计算机审计方法,兼顾了软件通用性和审计专业性。下面笔者介绍其中几个主要功能:

① 数据采集与转换

数据采集与转换用于获取被审计单位的财务和业务数据,主要功能有:

一是财务数据采集。系统对于提供了标准数据接口的会计软件,可以直接从会计账套中自动获取数据;对于未提供数据接口的会计软件,则先在会计软件中将财务数据转换成数据库文件,再在审计软件中对这些文件进行重新整合,生成财务数据中间表。

二是会计期间定义及科目调整。

三是常规数据整理。常规数据整理是指对系统中采集的原始数据和当前账套中已经生成的数据进行修改、删除和过滤。

四是账表重建。即根据采集转换的数据自动生成总账、明细账、日记账和报表。

② 审计分析

审计分析功能主要包括账表分析、数据分析、审计方法、行业指标、疑点管理等。

一是账表分析。主要完成对会计基础资料的审计检查和分析,包括电子账簿管理、账簿审查、报表审查三部分内容。

二是数据分析。用于实现财务数据的分析处理,通过提供 SQL 查询器、分组表格分析工具、图表分析工具、自由表分析工具,实现数值统计、重号分析、断号分析、分类分析、数值分层分析、时间分层分析等功能。

三是审计方法。针对特定审计目标,选择相应的审计方法完成审计测试,其中一些方法可以编成程序以供下次使用。审计方法包括自动审计和手工审计两种,其中通过执行自动审计功能可以获取审计疑点。

四是行业指标。通过函数公式窗口,可以利用 Excel 提供的财务、统计、算术函数,完成一定指标的计算功能。

五是疑点管理。主要用于逐一检查审计分析过程中发现的疑点。

③ 审计抽样

审计抽样的主要功能包括:

一是抽样管理。用于浏览、导出、排序、汇总、删除已有的抽样信息。

二是抽样向导。提供自动导航功能,抽样流程为:输入抽样基本信息、选择数据、设定抽样和选样方法、抽样参数、确认抽样、导入样本数据。其中,抽样方法可选择符合性测试或实质性测试。

三是现场审核。包括制作现场审核表、输入审核结果。

四是评价向导。根据样本审核结果推断总体数据情况。

五是数据分布分析。系统根据审计人员设定的条件,以图形方式显示分析结果,如饼图、柱状图、拟合线图、区域图、点图等。

3. 审计的操作流程

应用 AO 系统开展审计的操作流程如图 10-9 所示,主界面如图 10-10 所示。

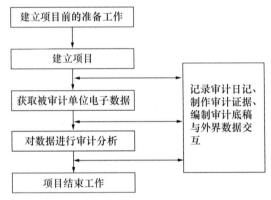

图 10-9 AO 系统的操作流程

图 10-10 AO 系统的主界面

本章小结

计算机审计是伴随现代信息技术和会计信息化而发展起来的一个学科领域,虽然它与传统审计并无本质区别,但审计目的、审计内容、审计方法、审计流程、审计的法律依据与传统审计还是存在一定的差异。

本章在介绍计算机审计的内容、方法、步骤的基础上,主要介绍了对会计信息系统内部控制以及会计数据的审计方法,尤其重点介绍了用会计软件直接审计会计数据、用 Excel 辅助审计会计数据、用数据库系统辅助审计会计数据以及用审计软件辅助审计会计数据。最后,还简要介绍了目前流行的审计软件。

基本概念

计算机审计、绕过计算机系统审计、进入计算机系统审计、计算机辅助审计、远程实时审计、云审计、基于大数据的审计、系统开发审计、系统功能审计、系统内部控制审计、会计数据审计、会计系统内部控制的分类、一般控制与应用控制、制度控制和程序控制、符合性测试、实质性测试、会计数据采集与转换、用会计软件审计会计数据、用 Excel 辅助审计会计数据、用数据库系统辅助审计会计数据、审计软件。

练习题

一、单项选择题

1. 下列属于大数据审计主要特点的是_____。
   A. 采用总体审计模式
   B. 因果关系才是审计取证的逻辑基础
   C. 审计成果只用于审计报告
   D. "局部"和"精确"将是审计人员追求的目标

2. 计算机信息处理对审计的影响不包括_____。
   A. 对审计环境、审计线索的影响　　B. 对会计方法、会计处理的影响
   C. 对审计内容、审计准则的影响　　D. 对审计方法、审计人员的影响

3. 计算机会计系统内部控制的分类方法不包括_____。
   A. 按控制的范围分类　　　　　　　B. 按控制的目标分类
   C. 按控制的实现方法分类　　　　　D. 按审计人员分类

4. 应用控制指对计算机会计系统数据处理活动所进行的控制,但不包括_____。
   A. 输入控制　　B. 处理控制　　C. 档案资料控制　　D. 输出控制

5. 计算机会计数据审计的目标不包括_____。
   A. 审查数据的合法性　　　　　　B. 审查数据的真实性
   C. 审查数据的正确性　　　　　　D. 审查数据的安全性
6. 审计计算机会计数据的主要方法不包括_____。
   A. 人工审核数据输出结果　　　　B. 用会计软件直接审计会计数据
   C. 用 Excel 辅助审计会计数据　　D. 用数据库系统辅助审计会计数据
   E. 用审计软件辅助审计会计数据　F. 用操作系统辅助审计会计数据
7. 会计软件中可以作抽样检查以及核对证账、账账、账表之间的逻辑关系的功能是_____。
   A. 定义功能　　B. 检索功能　　C. 记账功能　　D. 转账功能
8. 利用 Excel 辅助审计会计数据，不需要的环节有_____。
   A. 从会计软件或 ERP 中获取会计数据　　B. 数据整理或生成会计表
   C. 查询分析　　　　　　　　　　　　　D. 将 Excel 的会计数据返回会计软件
9. 利用数据库系统辅助审计数据的过程，不需要的环节有_____。
   A. 从会计软件或 ERP 中将数据导入数据库　B. 在数据库中整理导入的数据
   C. 打印输出数据库文件　　　　　　　　　D. 实施数据审计与分析
10. 下列不属于通用审计软件功能的有_____。
    A. 会计处理　　B. 审计处理　　C. 审计管理　　D. 会计核算
11. 在通用审计软件中，会计处理的目的是形成审计环境，但其中不包括_____。
    A. 建立数据库　B. 获取数据　　C. 数据转换　　D. 账表生成

二、多项选择题

1. 计算机审计经历的发展阶段主要有_____。
   A. 绕过计算机审计　　　　　　B. 进入计算机审计
   C. 计算机辅助审计　　　　　　D. 远程审计以及基于大数据审计
2. 对计算机会计信息系统的审计主要包括以下内容_____。
   A. 系统开发审计　　　　　　　B. 系统功能的审计
   C. 系统内部控制的审计　　　　D. 会计数据的审计
3. 计算机会计系统内部控制按控制的范围分类可分为_____。
   A. 一般控制　　B. 制度控制　　C. 应用控制　　D. 程序控制
4. 按控制的实现方法可将内部控制分为制度控制和程序控制两大类，其中程序控制包括_____。
   A. 对系统开发、功能的控制　　　B. 对用户身份和操作权限的控制
   C. 对数据输入、处理、输出的控制　D. 对初始设置与维护的控制
5. 对系统内部数据一般要进行实质性测试和分析性审核，直接检查_____。
   A. 会计账户的余额　　　　　　　B. 会计账户的发生额

C. 会计软件的功能　　　　　　D. 内部控制的有效性

6. 对会计数据的审计测试一般包括_____等步骤。
   A. 会计数据采集与转换　　　　B. 建立会计账表
   C. 数据测试与分析　　　　　　D. 审计取证

7. 会计软件中用于审计的主要功能是_____。
   A. 定义功能　　B. 检索功能　　C. 报表分析功能　　D. 结账功能

8. 在 Excel 中从会计软件或 ERP 中获取会计数据的方法有_____。
   A. 直接读取经转换的数据文件
   B. 选择【数据】|【获取外部数据】|【运行数据库查询】命令，从会计软件或 ERP 中获取会计数据
   C. 选择【打开】命令直接打开会计软件或 ERP 文件，然后选择【文件】|【另存为】命令，将其保存为 "Microsoft Excel Workbook(＊.xls)" 文件
   D. 选择【数据】|【筛选】命令，从会计软件或 ERP 中获取会计数据

9. 在 SQL Server 中启动导入数据功能的途径有_____。
   A. 工具—数据转换服务—导入数据
   B. 工具—向导—数据转换服务—DTS 导入向导
   C. 数据—数据转换服务—导入数据
   D. 数据—向导—数据转换服务—DTS 导入向导

10. 按软件在审计中的作用可以将审计软件分为_____。
    A. 辅助审计招标软件　　　　　B. 辅助审计会计软件
    C. 辅助审计实施软件　　　　　D. 辅助审计管理软件

11. 常见的辅助审计管理软件有_____。
    A. 审计法规管理软件　　　　　B. 审计档案管理软件
    C. 审计对象管理软件　　　　　D. 审计信息管理软件

12. 通用审计软件的具体功能有_____。
    A. 机构管理　　B. 计划管理　　C. 会计处理　　D. 审计实施
    E. 审计完成　　F. 法规管理

三、判断题

1. 计算机审计主要是指对计算机会计系统的审计以及以计算机为工具辅助审计工作。（　　）
2. 远程实时审计是指利用计算机和网络传输技术对审计机关以外的单位实施的审计。（　　）
3. 基于大数据审计的主要特点是不能采用总体审计模式。（　　）
4. 计算机审计的审计线索仅仅体现在证账表以及它们之间的关系。（　　）
5. 计算机会计系统与手工会计相比，内部控制的重点在于数据采集环节。（　　）

6. 计算机会计系统内部控制按控制的范围分为一般控制与应用控制两大类。
(　　)

7. 计算机会计系统内部控制按控制的实现方法分为制度控制和程序控制两大类。
(　　)

8. 应用控制包括对会计数据的输入控制、处理控制、输出控制三个方面。
(　　)

9. 会计数据审计的目标主要是审查数据的合法性、真实性、正确性。(　　)

10. 利用会计软件只能对内部控制进行符合性测试而不能对数据文件进行实质性测试。(　　)

11. 利用 Excel 辅助审计会计数据，一般无须从会计软件或 ERP 中获取会计数据。(　　)

12. 利用数据库系统辅助审计数据的过程与 Excel 大体相同，一般需要导入数据、整理数据、实施数据审计与分析。(　　)

13. 通用审计软件是指功能较全面、可辅助对不同行业或不同类型被审计单位进行审计的审计软件。(　　)

14. 通用审计软件不含会计处理等功能。(　　)

15. 审计之星、现场审计实施系统都不是通用审计软件。(　　)

参考文献

1. 黄微平编著:《会计信息系统》,暨南大学出版社 2011 年版。
2. 黄正瑞主编:《新编会计电算化》,中山大学出版社 2015 年版。
3. 北京用友软件股份有限公司发布的《用友 ERP-U8 用户手册》。
4. 北京用友软件股份有限公司发布的《用友 ERP-U872 系统(教学版)》。